U0941481

中国文库
哲学社会科学类

朱执信集

（上）

广东省哲学社会科学研究所历史研究室　编

中国出版集团
中華書局

图书在版编目(CIP)数据

朱执信集/广东省哲学社会科学研究所历史研究室编. -北京:中华书局,2012.3
(中国文库)
ISBN 978-7-101-08503-7

Ⅰ.①朱… Ⅱ.①广… Ⅲ.①朱执信(1885~1920)-文集
Ⅳ.①Z426

中国版本图书馆 CIP 数据核字(2012)第 007227 号

责任编辑:张玉亮
整体设计:翁 涌 李 梅
责任印制:王铁生

朱执信集
Zhuzhixin Ji
广东省哲学社会科学研究所历史研究室 编

中华书局 出版
http://www.zhbc.com.cn
E-mail:zhbc@zhbc.com.cn
北京市丰台区太平桥西里 38 号 邮编:100073
北京瑞古冠中印刷厂印刷 新华书店经销
2012 年 3 月第 1 版 2012 年 3 月第 1 次印刷
开本:880 毫米×1230 毫米 1/32 印张:25.5
字数:653 千字 印数:1-500
ISBN 978-7-101-08503-7
定价:87.00 元(全二册)

一九一八年朱执信像

（朱秩如藏）

一九二〇年六月二十四日朱执信致朱秩如函的手迹。
右上方年月日和左下方“九年”二字为收信人加。

“中国文库”出版前言

“中国文库”主要收选20世纪以来我国出版的哲学社会科学研究、文学艺术创作、科学文化普及等方面的优秀著作。这些著作，对我国百余年来的政治、经济、文化和社会的发展产生过重大积极的影响，至今仍具有重要价值，是中国读者必读、必备的经典性、工具性名著。

大凡名著，均是每一时代震撼智慧的学论、启迪民智的典籍、打动心灵的作品，是时代和民族文化的瑰宝，均应功在当时、利在千秋、传之久远。“中国文库”收集百余年来的名著分类出版，便是以新世纪的历史视野和现实视角，对20世纪出版业绩的宏观回顾，对未来出版事业的积极开拓，为中国先进文化的建设，为实现中华民族伟大复兴做出贡献。

大凡名著，总是生命不老，且历久弥新、常温常新的好书。中国人有“万卷藏书宜子弟”的优良传统，更有当前建设学习型社会的时代要求，中华大地读书热潮空前高涨。“中国文库”选辑名著奉献广大读者，便是以新世纪出版人的社会责任心和历史使命感，帮助更多读者坐拥百城，与睿智的专家学者对话，以此获得丰富学养，实现人的全面发展。

为此，我们坚持以邓小平理论和“三个代表”重要思想为指导，深入贯彻落实科学发展观，坚持贯彻“百花齐放、百家争鸣”的方针，坚持按照“贴近实际、贴近生活、贴近群众”的要求，以登高望远、海纳百川的广阔视野，披沙拣金、露钞雪纂的刻苦精神，精益求精、探赜索隐的严谨态度，投入到这项规模宏大的出版工作中来。

“中国文库”所收书籍分列于6个类别，即：(1)哲学社会科学类

(哲学社会科学各门类学术著作);(2)史学类(通史及专史);(3)文学类(文学作品及文学理论著作);(4)艺术类(艺术作品及艺术理论著作);(5)科技文化类(科技史、科技人物传记、科普读物等);(6)综合·普及类(教育、大众文化、少儿读物和工具书等)。计划出版约1000种,分辑出版。自2004年以来,已先后出版四辑,每辑约100种,分精平装两类。2011年时值辛亥革命100周年,特将"中国文库"第五辑作为"纪念辛亥革命100周年"特辑推出,主要收选民国时期原创性人文社科类名著。

"中国文库"所收书籍,有少量品种因技术原因需要重新排版,版式有所调整,大多数品种则保留了原有版式。一套文库,千种书籍,庄谐雅俗有异,版式整齐划一未必合适。况且,版式设计也是书籍形态的审美对象之一,读者在摄取知识、欣赏作品的同时,还能看到各个出版机构不同时期版式设计的风格特色,也是留给读者们的一点乐趣。

"中国文库"由中国出版集团发起并组织实施。收选书目以中国出版集团所属出版机构出版的书籍为基础,并邀约其他数十家出版机构参与,共襄盛举。书目由"中国文库"编辑委员会审定,中国出版集团与各有关出版机构按照集约化的原则集中出版经营。编辑委员会特别邀请了我国出版界德高望重的老专家、领导同志担任顾问,以确保我们的事业继往开来,高质量地进行下去。

"中国文库",顾名思义,所收书籍应当是能够代表中国出版业水平的精品。我们希望将所有可以代表中国出版业水平的精品尽收其中,但这需要全国出版业同行们的鼎立支持和编辑委员会自身的努力。这是中国出版人的一项共同事业。我们相信,只要我们志存高远且持之以恒,这项事业就一定能持续地进行下去,并将不断地发扬光大。

"中国文库"编辑委员会

中国文库

（第五辑）

【哲学社科类】

孙中山著作选编　陈铮选编 ……………………… 中华书局
黄兴集　湖南省社会科学院编 …………………… 中华书局
宋教仁集　陈旭麓主编 …………………………… 中华书局
廖仲恺集　广东省社会科学院历史研究所编 …………… 中华书局
朱执信集　广东省哲学社会科学研究所历史研究室编 … 中华书局
中国政治思想史　陶希圣著 ……………… 中国大百科全书出版社
民国政制史　钱端升等著 ………………………… 上海人民出版社
民国政党史　谢彬撰　章伯锋整理 ……………………… 中华书局
经学历史　皮锡瑞著　周予同注释 ……………………… 中华书局
清代学术概论　梁启超著　朱维铮校订 …………………… 中华书局
新唯识论　熊十力著 ……………………………… 上海书店出版社
逻辑　金岳霖著 …………………………… 中国人民大学出版社
科学与玄学　罗家伦著 ……………………………… 商务印书馆
中国古代经济史稿　李剑农著 ……………………… 武汉大学出版社
中国近代经济史　汪敬虞主编 ………………………… 人民出版社
中国交通史　白寿彝著 ……………………………… 团结出版社
中国经济原论　王亚南著 ……………… 中国大百科全书出版社
中国经济思想史　唐庆增著 ………………………… 商务印书馆
财政学　何廉、李锐著 ……………………………… 商务印书馆
货币与银行　杨端六著 ……………………………… 武汉大学出版社
刑法学　蔡枢衡著 ……………………………… 中国民主法制出版社
乡土中国　费孝通著 ………………………………… 人民出版社
文化人类学　林惠祥著 ……………………………… 商务印书馆
优生概论　潘光旦著 ………………………………… 北京大学出版社
西洋文化史纲要
　雷海宗撰　王敦书整理导读 ………………………… 上海古籍出版社
西学东渐记　容闳著　徐凤石　恽铁樵等译
　钟叔河导读、标点 ………………… 生活·读书·新知三联书店
中国现代语法　王力著 ……………………………… 商务印书馆
语言学史概要　岑麟祥编著　岑运强评注 …… 世界图书出版公司

蔡元培教育论著选　　高平叔编……………………人民教育出版社
陶行知教育论著选　　董宝良主编…………………人民教育出版社
中国报学史　　戈公振著………………生活·读书·新知三联书店
陆费逵文选　　陆费逵著………………………………………中华书局
张元济论出版　　张元济著　张人凤　宋丽荣选编……商务印书馆
韬奋文录　　邹韬奋著………………生活·读书·新知三联书店

【史学类】

国故论衡　　章太炎撰　庞俊　郭诚永疏证…………………中华书局
国史大纲　　钱穆著……………………………………………商务印书馆
通史新义　　何炳松著…………………………………………商务印书馆
台湾通史　　连横著………………………生活·读书·新知三联书店
武昌革命史　　曹亚伯著…………………中国大百科全书出版社
辛亥革命与袁世凯　　黎澍著……………中国大百科全书出版社
北洋军阀史　　来新夏等著…………………………东方出版中心
中国国民党史稿　　邹鲁编著………………………东方出版中心
中华民国外交史　　张忠绂编著……………………………华文出版社
西洋史　　陈衡哲著…………………………中国大百科全书出版社
欧化东渐史　　张星烺著……………………………………商务印书馆
清末立宪史　　高放著…………………………………………华文出版社

【文学类】

秋瑾诗文选注　　郭延礼　郭蓁编选…………………人民文学出版社
邹容集　　张梅编注……………………………………人民文学出版社
陈天华集　　刘晴波　彭国兴编　饶怀民补订……湖南人民出版社
于右任诗词选　　杨中州选注……………………………河南文艺出版社
南社诗选　　林东海　宋红选注………………………人民文学出版社
鸳鸯蝴蝶派作品选　　范伯群编选……………………人民文学出版社
文学研究会小说选　　李葆琰编选……………………人民文学出版社
创造社作品选　　刘纳编选………………………………人民文学出版社
太阳社小说选　　李松睿　吴晓东编选…………………人民文学出版社
湖畔社诗选　　刘纳编选…………………………………人民文学出版社
浅草－沉钟社作品选　　张铁荣编选…………………人民文学出版社
《语丝》作品选　　张梁编选……………………………人民文学出版社
未名社作品选　　黄开发编选……………………………人民文学出版社
新月派诗选　　蓝棣之编选………………………………人民文学出版社

象征派诗选　　孙玉石编选 …………………… 人民文学出版社
新感觉派小说选　　严家炎编选 ……………… 人民文学出版社
现代派诗选　　蓝棣之编选 …………………… 人民文学出版社
论语派作品选　　庄钟庆编选 ………………… 人民文学出版社
京派小说选　　吴福辉编选 …………………… 人民文学出版社
东北作家群小说选　　王培元编选 …………… 人民文学出版社
七月派作品选　　吴子敏编选 ………………… 人民文学出版社
西南联大文学作品选　　李光荣编选　　　　人民文学出版社
九叶派诗选　　蓝棣之编选 …………………… 人民文学出版社
荷花淀派小说选　　冯健男编选 ……………… 人民文学出版社
山药蛋派作品选　　高捷编选 ………………… 人民文学出版社
红楼梦辨　　俞平伯著 ……………………………… 商务印书馆
中国诗史　　陆侃如、冯沅君著　　　　　　百花文艺出版社
中国文学发展史　　刘大杰著 ………………… 复旦大学出版社

【艺术类】
万木草堂论艺　　康有为著 ……………………… 荣宝斋出版社
中国绘画史　　潘天寿著 ………………………… 团结出版社
中国绘画理论　　傅抱石著 …………………… 江苏教育出版社
中国雕塑艺术史　　王子云著 ………………… 人民美术出版社
中国陶瓷史　　吴仁敬　辛安潮著 ……………… 团结出版社
中国戏剧史　　徐慕云著 …………………… 东方出版中心
洪深戏剧论文集　　洪深著 …………………… 东方出版中心
焦菊隐戏剧论文集　　焦菊隐著 ………………… 华文出版社
中国古代乐论选辑　　吴钊　伊鸿书　赵宽仁　古宗智
　　吉联杭编 ……………………………………… 人民音乐出版社
素月楼联语　　张伯驹编著 ……………………… 华文出版社
中国书法理论体系　　熊秉明著 ……………… 人民美术出版社
夏衍电影论文集　　夏衍著 …………………… 东方出版中心
银幕形象创造　　赵丹著　赵青整理 ………… 东方出版中心

【科技文化类】
自然辩证法在中国　　龚育之著 ……………… 北京大学出版社
科学家谈 21 世纪　　李四光等著　………… 中国大百科全书出版社
继承与叛逆——现代科学为何出现于西方
　　陈方正著 ………………………… 生活·读书·新知三联书店

中国医学史　　陈邦贤著 …………………………… 团结出版社
化学史通考　　丁绪贤著 ……………………… 中国大百科全书出版社
科学概论　　王星拱著 ………………………………… 武汉大学出版社
竺可桢科普创作选集　　竺可桢著 ………… 中国大百科全书出版社

【综合普及类】

书林清话　　叶德辉著 ……………………………………… 华文出版社
文坛五十年　　曹聚仁著 ……………… 生活·读书·新知三联书店
张菊生先生七十生日纪念论文集
　　胡适　蔡元培　王云五等编 ……………………… 商务印书馆
佛教常识问答　　赵朴初著 ………………………………… 华文出版社
词心笺评　　邵祖平著 ………………………………… 复旦大学出版社
西潮与新潮　　蒋梦麟著 ……………………………… 东方出版社

目　录

前　言

朱执信是中国资产阶级革命民主派的著名理论家和活动家,他的一生中经历了旧民主主义革命的高涨、失败阶段和向新民主主义革命转变的最初时期。

朱执信名大符,一八八五年生于广东番禺(现广州)。他的父亲长期充当地方官员的幕僚,家族成员多属于士大夫阶层。一九〇二年,朱执信从私塾进入"教忠学堂"读书。当时,义和团爱国反帝运动遭到血腥的镇压,帝国主义迫使清朝政府签订丧权辱国的《辛丑条约》,压在中国人民头上的殖民主义的枷锁更加沉重。严重的民族危机和社会危机,在朱执信的心中激起救亡和变革的热切愿望。他和一些同学在校中组织了"群智社",认真地探求救国的真理。他阅读了记录满洲贵族入关初期杀掠暴行的书籍,十分喜好著名的进步思想家、学者王夫之等的著述;这时他开始接触了西方资产阶级革命时期的一些代表作,如《天演论》、《原富》和《民约论》等书。当时流行的革命书刊也给他以很大影响。一九〇四年,朱执信以官费留学日本。在东京,他结识了孙中山和许多革命党人。一九〇五年,他加入同盟会,担任评议部议员兼书记。从此,开始了他的革命活动。

一九〇五至一九〇七年间,朱执信积极参与同资产阶级改良派的大论战,撰写了许多政论,捍卫和阐发了孙中山提出的民主主义政纲和原则——三民主义。在《论满洲虽欲立宪而不能》,《驳法律新闻之论清廷立宪》等著述中,他着重表述了民族主义,疾呼高举反清革命的旗帜,抛弃对清朝政府的任何幻想,为"驱除鞑虏,恢复中华”，进行坚决的斗争。在《论社会革命当与政治革命并行》、《心理的国家主义》等著述中，他系统论述了民权主义，主张通过“政治革命”的途径，推翻封建君主制度，建立资产阶级共和国。他强调了“国民革命”的观点，指出“细民”、“平民”才是“当代革命的主力”，而“绝不以蒙古为中心点”。在《英国新总选举劳动党之进步》、《土地国有与财政》等著述中，他重点阐发了民生主义，认为“社会革命之原因在社会经济组织之不完全”，“资本跋扈”、“富豪跋扈”使得“社会革命”不可避免。中国虽未发展到这种严重程度，但必须“防患于未然”。在他看来，“社会革命之主体为细民，其客体为豪右。”民生主义的主要内容是“土地国有”，“铁道国有”则是重要组成部分。这种经济纲领的实现，将会防止“垄断”并给全社会带来福利。特别可贵的是，一九〇六年初他在《德意志社会革命家小传》中，他按照自己的理解，片断地译述了《共产党宣言》和《资本论》的内容。朱执信的理论活动具有积极的社会意义：他坚持了民主革命的原则；驳斥了资产阶级改良派的谬论；揭露了清朝政府的“假立宪”勾当。同当时革命民主派的许多理论家相较，激进的革命色彩是朱执信思想的主要特色之一。

一九〇六年，朱执信从日本回国。他先后在广东高等学堂、广东法政学堂和方言学堂任教，积极进行革命宣传活动；同时，从事联络民军和新军的实际工作，一九〇八至一九一一年间，“凡广东革命诸役，无一不与”。其中，主要包括一九〇八年进袭广州的策划、一九一〇年新军之役和一九一一年黄花岗之役。在一九一一年三月二十九日的战斗中，朱执信参加了突击队（“选锋”），曾随黄兴等进攻督署，在激战中负伤。起义失败后，朱执信被迫逃亡香港。

武昌起义的枪声传来，朱执信和广东的革命党人积极响应。他积极组织民军，发动新军，准备武装夺取政权。广州“兵不血刃”地“光复”后，朱执信担任了军政府的总参议，着手编练军队，进行北伐。“南北和议”达成后，朱执信被委任为广阳军务处督办和广东核计院院长，从事遣散民军，整饬财政。

袁世凯篡夺辛亥革命的果实后，孙中山在一九一三年发动了反袁的“二次革命”。朱执信先后在广东、上海参加了这次革命。“二次革命”失败后，他到日本加入孙中山组织的中华革命党。一九一四至一九一五年间，朱执信在广东策划了一系列反对袁世凯爪牙龙济光的武装斗争，曾前往南洋地区，筹措革命经费。与此同时，朱执信在《民国》杂志上发表了《无内乱之牺牲》、《暴民政治者何》、《开明专制》等著述，尖锐地指出袁世凯政府不过是“少数阀阅，戴以独裁总统”，并且驳斥了当时甚嚣尘上的“开明专制论”。他断言“民心恶袁”，袁世凯的倒行逆施是不会长久的。

在一九一七年开始的护法运动中，朱执信成为孙中山的主要助手之一，担任设置在广州的大元帅府的军事联络和掌管机要文书的工作。一九一八年，孙中山被桂系军阀排斥赴沪后，朱执信继续协助处于困境的孙中山，积极准备驱除据粤的桂系军阀，多次前往漳州敦促在闽粤军回师讨桂。在这期间；他还继续进行广泛的理论活动，承担《民国日报》、《建设》杂志的编撰任务，并协助孙中山写作著名的《建国方略》一书。

在中国革命处于十分困难的时刻，俄国十月社会主义革命和五四运动的爆发，给朱执信带来了新的希望和信心。一九一九至一九二〇年间，他写下了大量的论著，进一步阐发三民主义，并赋予某些新的因素。在民族主义方面，他谴责了帝国主义及其殖民政策。第一次世界大战和战后帝国主义列强对殖民地附属国的掠夺给他以深刻印象，他在《伯达铁路之过去及将来》、《朝鲜代表在和会之请愿》等文章中指出：帝国主义对外是“以统治异民族为根本政策”，压迫和剥削“弱小民族”；但这种殖民主义必然成为被压迫民族“独立运动之原动力”，而使帝国主义“如燕巢幕上，决无长久理也。”至于中国国内民族问题的解决，他主张采用“民族自决”的原则。在民权主义方面，他着重阐发了“直接民权”的主张。他在《我们要一种什么样的宪法》等文章中，把“直接民权”作为“根本解决之法”，以弥补“代议政治”的缺陷，实现“主权在民”的原则。在民生主义方面，他仍然把“土地国有”视为“实行社会主义的第一步”，同时，更为重视中国的工业化问题，主张实现孙中山的“实业计划”，改变“工业没有发达的现状”。他没有详尽地阐述工业化的途径，但是，他不相信依靠资本家“提倡实业”能使社会摆脱“贫困”，并要求把铁路、港口等大规模企业的修筑、经营交由国家。他还批判了资本家的“朘削”行为，提出改善劳动人民生活状况的主张。

朱执信向往列宁领导的十月革命和新生的苏维埃国家。他称颂列宁的伟大业绩，赞扬“布尔什维克精神”是“为社会牺牲的精神”，认为必需有这种革命精神，“才可以做成一个革命事业”。他十分重视俄国革命的经验，翻译了列宁颁布的苏俄《劳动军法规》，把既是“防卫主义的武力”又是“共同经济建设的先锋”的“赤卫军”，看作可资效法的楷模。根据孙中山的指示，朱执信还积极准备到苏俄去学习。

对于革命运动所必需依靠的力量问题，朱执信日益把目光转向人民群众。在他看来，中国“商人”的团体不可能有“打破现状的举动”，“中等阶级”的“没落”是不可避免的，而没有“工农帮助”的“学界”也缺乏“真正的力量”。他认为“最有力者为人民”，“人民所归向者，始谓实力”。

朱执信反对当时流行的妥协主义“调和论”，强调斗争是没有“了期”的，甚至，表示同意作为“社会主义者的主张”的阶级斗争观点。他十分重视革命武装的重要作用，认为革命必须有自己的武装。这种武装力量只能属于俄国“劳动军”的类型，是一支“有民主的、有希望的”军队。他还鄙视逃避斗争的行为，曾严厉斥责过躲到湖州去过隐逸生活的戴季陶和胡汉民，指出：“自命高尚而作隐遁生活的人，都是过分的贪婪”；既然食、衣、住都靠众人，“就应该为众人作事”。

但是，朱执信的思想，即使在后期也没有逾越资产阶级民主主义的藩篱。他关于三民主义的论述没有提出彻底反帝反封建的内容，民生主义中糅杂着某些主观社会主义的因素，而在辛亥革命前，他的民族主义思想还带有大汉族主义色彩。在一些革命的重要问题上(如人民群众的历史作用),也显示出历史的和阶级的局限。严峻的历史事实是:作为资产阶级革命派的卓越理论家,朱执信尽管较之许多同代人更为激进和勇于探索,但毕竟不可能提出科学的、完整的战斗纲领。

一九二〇年秋,孙中山作出了驱除桂系的决策。为此,朱执信从上海前往漳州敦促粤军西进讨桂。稍后,又赴广东策划讨桂军事宜。九月二十一日,他在策动虎门炮台守军反正过程中不幸遇难,在战斗中结束了革命的一生。

朱执信的理论活动是他革命生涯的重要方面。从一九〇五到一九二〇年间,他曾为《民报》、《民国》杂志、《建设》杂志、《民国日报》、《上海晨报》、《星期评论》、《闽星》杂志和泗水、仰光等地华侨创办的报刊撰写过内容广泛的论著。一九二一年出版的《朱执信集》两卷本(建设社编)大体上选录了作者的主要著述,但并不完备。一九二六年出版的《朱执信文钞》(邵元冲编)不过是《朱执信集》的缩本,仅增加个别篇目。此外,民智书局出版的《朱执信先生自书诗遗墨》等专集,也搜集了作者的一些著作。我们这次编辑《朱执信集》,除参考上述的文集、专集外,还从《民报》、《民国》杂志、《建设》杂志、《民国日报》、《星期评论》和《闽星》等当年报刊中增补了四十多篇文章,并搜集了一些未刊印过的作者的手稿和函札。只是刊有朱执信文章的《上海晨报》和泗水、仰光等地华侨报刊,虽经在广州、北京、上海和南京等地寻求,迄今仍未获得,以致这些著述暂付阙如;建设社编《朱执信集》的一些文章,也不能据原刊本校订。

在本书编辑过程中,我们得到了广州、北京、上海和南京等地兄弟单位的支持,特别是中国科学院近代史研究所,给予我们以多方面的帮助。朱执信的亲友朱秩如和杨晓风两先生为文集提供了一些作者的手稿、函札和照片(大部分未曾刊印)。在这里,我们谨致诚挚的谢意。

《朱执信集》编辑工作始于一九六一年，翌年基本完成。现略加修订出版。

编 者

一九七七年八月

编辑凡例

一、本书除译文外，凡朱执信的著作尽量收集齐全。编印时力求采用原稿或最初发表的报刊，没有原始资料可资依据的（如1919年前后的《上海晨报》），就采用建设杂志社编印的《朱执信集》。

二、为了便于了解朱执信思想的发展情况，本书编排原则是：

（1）不论论文、短评或书函，都按写作时间编次；没有写作日期的，按发表日期；写作和发表日期都无可考的，按内容估定时间；无法判断时间的，编在全书的后面。

（2）每篇文章都保持原来的标题，原来没有标题的（如书函），由编者拟加。

（3）每篇文章之后都注明写作或发表年月以及材料来源。凡编者所估计的写作日期，另在各该篇首页加页末注。

三、本书根据作者原稿和初发表的报刊与建设杂志社编印的《朱执信集》互校。凡据《朱执信集》校过的，文末加▲号标明。

（1）在校正过程中，《朱执信集》有错误的地方，从报刊；《朱执信集》改正的地方，从《朱执信集》；报刊和《朱执信集》都错或无材料可资校对的，由编者予以更正。如“鲁王威廉第一”，“鲁”显然是“普”字之误，对这种明显的错字，改正后不作说明。遇有疑问的地方，对原文不作改动，另用〔 〕号标明疑作何字。原文有脱字，尽量补出，所补字加【 】号标明。

（2）原文有残缺处，确知字数的，用□号标出，不能确知字数的，用▭标出。

（3）原文有时为使读者注意，夹用大号字排印，今为排版方便，均改用黑体字。

四、为了帮助读者了解正文,对文中人名、地名、译名等,择要加注,放在该页之末。作者原注,均在文末,依旧未动。

论满洲虽欲立宪而不能

今之非革命者，则曰：立宪易，革命难。呜呼！是乌知立宪，是乌知革命。夫欧美孰有不革命而能立宪者，况中国之立宪不可同于欧美也。

吾今正告天下曰：中国立宪难。能立宪者，惟我汉人。汉人欲立宪，则必革命。彼满洲即欲立宪，亦非其所能也。

今之为争者，斤斤于满洲之欲立宪否，以为立宪之难易。此所以一闻贱种二三转移之言，而遽信立宪之易。前之辩者不能折，则又从而是之也。是皆坐不知立宪之过也。夫先于"欲立宪否"之问题，有"能立宪否"之问题。今之满洲，不能立宪者也。不能立宪，则无问其欲否也。求鱼于樵，求木于渔，彼虽欲，如无以应吾求何。

今之为论者，意若惟不欲之患，而无不能之患。此未尝更事变而姑以其所欲者为能耳。夫诚欲实施，未有不先察于其可能否而问其欲不欲也。夫满洲纵欲而不能行之者，民族实为之也。夫立宪者，非其条文是尚也。其民协同而能自治，然后宪法生。故能宪治者，惟民族之同。今之满洲与我汉族，其相视为何如乎？而谓其能同立于一宪法之下乎？其不能，宪从何以立焉。

夫中国自流寇之糜烂，乱臣外附，率鞑虏以蹂躏中华，国胜社屋，黔首大半屠戮，遂使虏尸此君位。自尔以来，台湾之割据，三藩之兴起，川楚之纵横，以民族倡义者，未尝十年间绝。而最近者，洪氏扶义而起，东南响应，屠胡虏以万计。既以胡运未终，功遂不奏。而其余力每蓄愈遒，茹蘖蹈刃，志在必克。下之妇稚懦夫，无荷戈踵后之勇，而犹戟指愤詈不置。是故两族之间，有相屠之史，而无相友之迹也。则其之不可望明矣。

闾里为讼，不胜者衔之终身，况国仇乎！吾汉族之愤彼如此，则彼满洲之吾愤亦可知矣。假令彼中之一黠者，欲假立宪之制，以救亡种之祸，犹将不能得于彼族，无论于汉族也。夫民族之相雠，愈合之而其怒愈深者也。锢之甚，则其发愈大而已矣。彼满洲之驻防于各省者，画地而居，入其境，则其侵侮无所不至。彼出而至于境外，则恭顺无敢专横。此其恭顺，非真能协于我族，势不敌而不敢发也。然其不敢发，必不遂已也。蓄怒愈久，即为祸弥深也，故伺间而一发。彼其画地不相涉而若是，则其于同一宪法之下，使齐等营业，其将若何。

夫今日满人之政权，百倍汉族，束发为吏，无大过失，则黑首卿相可坐致也。以是误天下而肥己，无所能则以谄为工。其所志无过金玉侈靡，则不惮以贪婪为业。天下之涂毒，一切由之。夫立宪则此为必革之制，明也。生而仰给于政府，以逮其死，竭天下之力以供之，号曰为兵，而不可以一用，坐病黔首，莫之恤也。而旗民生事，以为朝廷之大计。夫立宪则不容有此，又易知者也。今立宪而使满洲之民与我汉齐等，毋特任以官，特廪以禄。使自以其才能进，则彼必无从得政权。使彼自为生，则必无从得营业。坐至于奴隶饿馁，彼固不知自咎，则惟汉人怨而已。此满洲之自离，可必者也。

而我汉族抑必不得以与满洲俱立而遂已也。国仇之念，每降愈深，此耻不雪，则他胡为者。夫使我汉族而统治于一王之下，苦其暴政而欲革之，则暴政去而吾事毕矣。今之革命，复仇其首，而暴政其次也。盖满洲之以虐政苦我者，犹其余事。而吾祖先所衔恨以没，不得一伸者，将于此一泄焉。立宪者，其第二目的，达否未可知，而第一目的之不得达，则甚明也。然则虽既立宪，吾汉族之不能安然与满人同处自若也。夫立宪之治，必非满人所能与，其司缮群治法之事，必独赖于汉人。而汉人者，大辱未雪，大欲未偿，亦复何心以商此事。然则纵有条文，而立宪之治不可举，至易知者也。

今之民族异而不可强沟合者，不独中国也。奥、匈之双立君主国也,几四十年,而国中轧轹日甚一日,近顷益甚,不久其分离可见。夫匈牙利之于奥,初未尝有屠戮之惨,如我之受于满洲者也。以王死绝嗣之故,而迎立奥君,亦既三百五十有余年矣,然其民族之间不能调和如是。故近代学者谓,民族之不同,大不利于国家之组织,微特匈牙利然。彼欧西之荷兰、比利时,其宪法亦至自由,而终不能合一。故米人彼则斯曰,民族统一为于近世立宪最强之势力。若数国之民,种性各异,其中有政治能力优者,则并服其劣者,于政治上为最良。故今日中国而欲立宪也,必汉族之驱并满洲而后能为之。何者?政治能力,汉族之优于满洲百十,而满洲固不可扶植者,与之合同,适以自累也。姑无论仇雠,以求政治上进步之顺序言,亦当如是。况吾汉族,非排满,则其政治能力,亦固无所伸张也耶。

论者谓:中国苟立宪,则满汉之界自破,而汉族得同化满洲至不复别,前此诸患,一不足虑。此其倡者一二无赖,而和者乃徧中国,相与鼓吹张皇之,使深入于士民之心,是其为心,与吴三桂之引鞑虏以夷戮中原,相去亦复几何也。夫谓满汉之界可破,即无异谓汉族能低首下心,以与其仇雠为党类也。其污蔑我汉族亦已甚矣。抑满汉之界,非由不立宪而兴者也,又恶从以立宪而消灭乎。为我汉族者,可以蹈白刃,就水火,可使老岩壑,长鄙僿,而不可以与满洲人长此侪处。无论以立宪饵之也,即有共和极制,非与满洲为群,无从得之者,亦有舍置之而已,长此忍辱含垢,所不屑为也。

夫汉族之夷于满洲,非常之痛也。痛而无所复则不消。欲令满汉之界感情不恶,非有以复之不可也。其复之之手段,则仅革命而已。革命以往,满汉之界不待人消之而自治者也。苟不革命,即虽尽其力以图治之,吾知其无一效者也。故消灭种界一问题也,立宪一问题也。种界消灭然后能立宪,即前所云云是也。种族未消灭,而欲以立宪消灭之,则不可能之事也。唐李泌谓代宗:“陛下与李怀光,譬如破叶不可复合。”今汉族之与满洲,亦若是矣。宁独不可复合,抑不两立者也。满洲既失其生所根据,而寄于各省之土,不能自营生,而仰给于俸糈,则其不奴汉人以自奉,不可也。汉族际极强之逼蹙，非急自湔洗振拔，无以自存，非去满洲，则国耻未除，无由更自湔洗。以生存竞争，使必若是。有彼则必无我，有我亦无从曲容于彼也。谓其界可消灭者，其所据何也。

彼谓汉族能同化他民族，使更无辨别。是也。然为所同化之民族，必当具持别之资格。无此资格者，则不能同化。此于历史上至显易见者，彼未尝察也，于是而欲持以论满洲，是乃所谓大谬者也。夫中国往昔所吞而化之者，有吴越之民，有荆蛮之民，有闽粤之民，有滇黔之民，而当日九真、日南诸郡，今属安南者，皆尝合而无余迹。然是诸种者，皆未尝有侮于汉族。抑虽尝加侮，而其所为侵害者微。故如匈奴、鲜卑、吐蕃、契丹、金源、蒙古、俺答，则终不可化也。非汉族之同化力有所不逮，实彼于同化之资格失也。彼匈奴、鲜卑之为患于汉晋，吐蕃之为唐患，契丹、金源之为宋患，皆非可以一二言尽。而蒙古日蹂躏上国，窃其政柄近百年也。其所以苦汉族者愈深，即其不能同化愈甚也，宁独不能同化其大群而已。东汉之羌，马援徙之，二百年而犹为梗。魏武徙胡于三辅，近百年而卒召五胡之乱。彼其数不过数万，降虏之余，经百年而一不变。无他，汉族之怨毒甚，彼之自危惧日滋，则其保持旧惯，不肯放任于同化，为必然之事。满洲之在中国，其视此有甚焉矣。若第举一二以蔽其余，则休屠之王，列为贵族。唐初蕃将，十九为世家，宁能谓无一效忠汉族者。顾其千万之一耳，而余不能，则岂今兹之所事乎。汉族之同化他族。于征服后，犹不得行如是。则满洲今兹之未尝被征服者如何也。彼言汉族同化之力，辄引金世宗诫其部族沾染汉风之言以为证，是尤不思之甚者矣。彼之师汉人之习惯也，未尝自同于汉人。彼以奴隶汉族为心，而虑其师中国文化为自弱。羯胡之种，庸知根本之义乎。苟但师其文物，遂谓无异我族。则英当取印度之民而纳之国会，俄德当取波兰之种而一视以齐民。吾不知其何所据而为是谬说也。

夫民族尝相睽，而终得合者，亦有之。若英往者北人之合于盎格鲁撒逊，法往者法兰克族之合于拉丁是也。盖惟处专制下，久而相忘，然后有之。二民族既先合而后有宪治，非有宪治而后合者也。

吾中国不可与英、法比也。汉人之不能忘国雠,二百余年犹一日也。于立宪之前而不可合也,于立宪之后愈非矣。

抑且民族之合也,必无无所持以合者。其能力足以相辅,而后有合可言,否则直摧除之而已。满洲于我,果何所益于我乎,而损者则不可胜计。然则满汉之界固不能破,亦无取于破之者也。知其二者不能并立,则直去其一耳。附疽不可不溃,害马不可不除。以为吾能鞭其后以就其前者,必且束缚其前以殉其后也,害莫甚焉。

夫民族之思想,其说明也以理论,不如其感情也。虽极主满汉合一之说者,苟其抚心而自思,其嫌恶满洲之心终未尝无也。欲解之者,必一新夫全国之感情,此固非人力之所能及也。即其可及,亦非数纪间得之者也。彼以昌言民族主义,调纯根据于感情,不依于学理。是诚然。抑知其以感情言,而举国风动者,其故何在乎了实以其感情为举国之所同,而以一二人者,乃代表之以发言者也。夫感情为一国之所同者,其发为行为必不可抗。此固于学理亦不能谓非者也,况革命之说,实有学理之根据也。

故民族之界限,满洲不能立宪之本也。虽欲之,固无从耳。而彼之欲否,固非今所论矣。由是更有两种病焉:曰对外之难,曰对内之难。对外之难奈何?满洲之治,不足以信外人久矣。彼日声言望满洲之改革,而实则意其无能为也。而改革固取其实,而不必务其声。顾其能博外人之信,则其着手自易。使中国而有革命,新为组织,则其感足及于外,于时而立宪法,则众之所属目而料其良者也。使出自满洲,则正无异于土耳其屡败之后,为无聊之颁布以自文饰也。彼以土耳其之改革视中国,则惟已便利是图,固当然者。如是则为其立宪阻碍虽微,而其见轻不得同情,视前属望倾耳者,国际上之地位,相去益远矣。

由是更有对内之难。对内之难者:施治之人之危也,非不得于君之为患也。使不平等,则无以谢汉族。使平等,则无以解于满洲也。夫事专制者,得君而惟所欲为。虽然,于民族之间,盖不可以此为例也。崔浩之仕拓跋,与崔暹之仕高氏,亦不可以不谓知遇也,然终至于残死。彼二人者,亦固未尝有忠于汉族之心,其所行意不出整齐其部落以便专制耳,其难犹若此。则今日之难之倍蓰,亦可以测而知矣。夫宪法,非可使君主与其二三嬖佞定者也。彼詹詹然望治于满洲之一人,微论其不足为治,即有魏明高澄之风,能任人以治,亦复如其不能为治何。

凡此诸难,一以民族不同之故而起,则欲救其难,舍革命更无他术。革命者,以去满人为第一目的,以去暴政为第二目的。而是二者,固相连属,第一目的既达,第二目的自达。何则?其难既已去也。

要之,论立宪之难易,当先其能不能,而后其欲不欲。能立宪者,惟我汉人。而汉人能革命,始能为立宪。则欲以立宪对抗于革命者,可以废而返矣。

原载于1905年10月《民报》第1号,署名蛰伸。▲

德意志社会革命家列[1]传

绪　言

社会主义学者于德独昌，于政治上有大势力，而他政党乃却顾失势仰其佽援焉。盖自俾士麦当路以来，言德国政治而不数社会党之势力者，未尝得为知言也。然溯其始事之际，上有暴力，旁无奥援，二三私人，力征经营，颠沛败亡，壹不为意，乃稍稍得集，今日得握区区之政权，亦犹非社会学者所以为期也。继此以往，欲树卓绝之功名于社会间者，正亦不患无着手处。然而藉强力，倚声援，易以有为，视初之孤诣独行者盖远矣。

社会革命与政治革命殊科。政治革命者，第以对少数人夺其政权为目的耳，然则敌少而与者众也。社会革命，则富族先起为阻，而政府又阴与焉，务绝灭其根株，以谋其一己之安。有政权与有资财者合，则在下之贫民无以抗也。夫彼其猜疑于社会党者，固已大谬。然而持之坚，畏之甚，非说谕之所能解也。抑又甚远之不欲闻其论，惟思熄之耳。故方马尔克[2]之始创说也，窘迫无所投。是非惟政府之专横然，亦一般有势力者无不深恶之使有此也。夫倡之于众莫敢应之秋，亦逆知其有危难，而不能徼幸。然犹竭其能以从事，抑非他有利焉，徒以己以为难而退听，则人之难之亦将如己也，则此问题终于不解决而泯没。抑自解决矣，而使以其解决益重不幸于烝民，则

---

① 《民报》第二号作"小"，第三号作"列"。

② 马尔克，今译马克思。

孰若己为之以希冀万一，夫宁豫计党类之众寡哉。假令是数人者舍此不为，震世之名未必不可坐致。不为其可成，而为其不可成，此所以贤于俾士麦辈万万也。说摈不用，固所豫期。而其学说之得流传，亦乃所望而不敢必者。则自今日视之，欲不宗师而尸祝之，其安能也。

学说既衍而渐广，徒党亦日盛，则欲为不利焉者逾多，势不能不有所倚恃。三十年来，社会革命家时有干谒卿相与坚相结纳者，是非诚与之，其策略有不得不然者，而德人为尤甚。故世谓德人欲以得政权达目的与英法异，以此。然而政府之能力亦可睹矣。彼持阶级制以为权力之本，堂廉不峻威严则渎之说，深入于当路者之心，故常假社会改良劳动保护之名，以行摧陷有志者之实，阴绝社会革命之根株。其政策正与满州之日言立宪类。是固雄猜之主所优为者，彼德意志人，十年之间，身丁其毒，曷尝不知之也耶！

抑尝闻之师，社会上之势力，自演而变，人与有能。然其既变也，则政治上必因顺应焉。不然，且继以革命，区区二三人固不得久持之也。政治上势力，不能变社会上势力，而因社会上势力以变者也。故政府之压抑，虽处心积虑，且继之以强力，不足以为社会革命家患也。于德意志自一八七八年至一八九〇年之间，社会党压抑之令盛行，然而社会党乃潜滋暗长，比较于前后，社会党之发达为最速之日。其故亦可思矣。曾谓区区三数人，遂足以抗公理，而倒行逆施无所顾忌也耶。

是故政府有猜忌之实，而无助长之能。与之为合，其便鲜，其害多。然而德意志之社会学者不遂与之睽离，而委蛇求容者，意亦欲无多树敌。以故苟令其组织不与社会之组织相妨，则仍之可耳。若持是，遂谓社会革命不当与政治革命并行，则大非也。此于吾华之为革命所最当注意者也。

要之，社会的运动，以德意志为最，其成败之迹足为鉴者多。而其功,实马尔克、拉萨尔、必卑尔[1]等尸之。故不揣颛蒙,欲绍介之于我同胞。翔赡博洽,所未敢云。所期者,数子之学说行略,溥遍于吾国人士脑中,则庶几于社会革命犹有所资也。

甲 马尔克(Marx)

马尔克者,名卡尔(Karl),氏马尔克,生于德利尔(Trier)。父为辩护士,笃[2]于教宗。马尔克少始学,慕卢梭之为人。长修历史及哲学,始冀为大学祭酒。既垂得之矣,而马尔克所学之校为异宗,他宗徒攻之,遂不果进,退而从事日报之业。时一八四二年,马尔克之齿二十有四也。

马尔克既为主笔,始读社会主义之书而悦之。其所为文,奇肆酣畅,风动一时,当世人士以不知马尔克之名为耻。而马尔克日搜讨社会问题而加以研究,学乃益进。既二年,其日报之组织稍稍备矣,而以论法兰西社会党触政府忌,无已,噤嘿而止。马尔克郁郁不自得,已无如何。俄被放逐,乃西适巴黎。

亚那尔卢叙[3]者,巴黎之名士,马尔克抵巴黎遇之。倾盖心醉,遂定交焉,相与组织一《德法年报》[4]。于是马尔克始研究国家经济学,而探社会主义之奥窾,深好笃信之,于《德法年报》大昌厥词。既而《德法年报》中辍,乃别发行一杂志,命之曰《进步》,痛掊击普鲁西政府。纪助(Guizot)者[5],法之名政治家也,素亲普,时相法,不欲以是恶之,乃逐马尔克。马尔克困顿无俚,乃北走比律悉。

初马尔克在巴黎,与非力特力嫣及尔(Friedrich Engels)[6]相友善。嫣及尔者,父业商,少从事焉。习知其利苦,乃发愤欲有以济

---

① 必卑尔,今译倍倍尔。

② 原作竺,下同。

③ 亚那尔卢叙,即 Arnola Ruge,今译阿·卢格。

④ 《德法年报》,今译《德法年鉴》。

⑤ 纪助,今译基佐。

⑥ 非力特力嫣及尔,今译弗利德里希·恩格斯。

之，以是深研有得。既交马尔克，学益进。马尔克既去法，嫣及尔亦从之北游，因相与播其学说于比律悉之日报间，言共产主义者群宗之。万国共产同盟会[①]遂推使草檄，布诸世，是为《共产主义宣言》[②]。马尔克之事功，此役为最。以压制之甚也，间关而出版于伦敦，时为法国二月革命之前十四日。

前乎马尔克，言社会主义而攻击资本者亦大有人。然能言其毒害之所由来，与谋所以去之之道何自者，盖未有闻也。故空言无所裨。其既也，资本家因讪笑之，以为乌托邦固空想，未可得蕲至也。是亦社会革命家自为计未审之过也。夫马尔克之为《共产主义宣言》也，异于是。

马尔克之意，以为阶级争斗，自历史来，其胜若败必有所基。彼资本家者，啮粱肉，刺齿肥，饱食以嬉，至于今兹，曾无复保其势位之能力，其端倪亦既朕矣。故推往知来，富族之必折而侪于吾齐民，不待龟筮而了也。故其宣言曰："自草昧混沌而降，至于吾今有生，所谓史者，何一非阶级争斗之陈迹乎。"[③]取者与被取者相戕，而治者与被治者交争也。纷纷纭纭，不可卒纪。虽人文发展之世，亦习以谓常，莫之或讶，是殆亦不可逃者也。今日吾辈所处社会方若是，于此而不探之其本原以求正焉，则掠夺不去，压制不息，阶级之争，不变犹昔。则中级社会与下级社会改善调和之方，其又将以何而得求之也。

马尔克又以为当时学者畏葸退缩，且前且却，遂驾空论而远实行，宜其目的之无从达也。苟悉力以从事焉，则共产之事易易耳。故其宣言又曰："凡共产主义学者，知隐其目的与意思之事，为不衷而可耻。公言其去社会上一切不平组织而更新之之行为，则其目的，自不久达。于是压制吾辈、轻侮吾辈之众，将于吾侪之勇进焉詟

---

① 万国共产同盟会，今译共产主义联盟。

② 《共产主义宣言》，今译《共产党宣言》。

③ 引文即《共产党宣言》第一章第一句。今《马克思恩格斯全集》第四卷，第四六五页。（人民出版社一九五八年版，下同）

伏。于是世界为平民的,而乐恺之声,乃将达于渊泉。噫来!各地之平民,其安可以不奋也。”[①]于是乃进而为言曰:“既已知劳动者所不可不行之革命,始于破治人治于人之阶级,而以共和号于天下矣。然后渐夺中等社会之资本,遂萃一切生产要素而属之政府。然而将欲望生产力之增至无穷,则固不可不使人民之握有政权也。然则吾人不可无先定其所当设施,而为世界谋万全之道,以待其行之之机也。乃骤闻吾人所语设施之方者,鲜不惊怵,掩耳挢舌,惶惑无措,以谓偭于经济之原则,而不可以一日施。虽然,是固素未尝究焉,而以所习为不可隳。吾辈之所标者,亦未若其所抨击之偏反也。是乃凡社会动摇之所不可不见,而以之为革命方法,抑又欲避之而无所从也。凡是诸设施,亦不必凡国皆宜,必善因其国情以为变。而在最进步之社会,则必当被以如下之制:

(1)禁私有土地,而以一切地租充公共事业之用。

(2)课极端之累进税。(累[②]进税者,德语之 Progressiv abstufe Steueru 也。孟德斯鸠、卢梭等既尝倡之。而近世德之华格纳 Wagner 及康 Kon,英之麦克洛 Maculloch 等,皆主张之。而反对之者则倡比例税,为布留 Beaulieu、希尔孟 Hermann、因乃斯得 Gneist 等是也。而其反复争论,盖有多说。要之,以为累进说者强取于富人,而寒实业家之心。即弥勒著论,亦不免此也。弥勒《经济学原理》谓,累进税只宜加于遗产相续,他则不宜,实迷于此说者也。后世学者增加其种类,谓所得税等等皆可以累进之法行之。然又谓当于其增加之率为之制限。凡此一皆虑富家之因而不利耳,未尝比较其轻重。而推其误谬之源,则在未解资本之性质也。对于此问题,当别著论明之。要之,累进税者,使富人应其财产而纳税之率增加,不但数量增加而已。即如常人税百二三者,

① 引文即《共产党宣言》最末一段。今《马克思恩格斯全集》第四卷,第504页。

② 括号中的字,均朱执信所加,非《共产党宣言》本文。下同。

稍富百六七,大富百十,乃至百二十。然则富者以税故渐即贫,而应其贫,税随之轻,卒至凡人齐等,无大贫富,税率亦近均一矣。所谓极端累进税者如是。不劳而富均,又无所苦,策之最上者也。近日行累进税之国渐多,于瑞士其成效尤著,抨击者日息而颂美者渐多,抑亦进步之一征也。顾其累进之率甚微,不足以抑富家。又有其制限,至一定之度,其上更不增加,故效不大见。即如日本,其所得税率用累进法,其最低额为对于三百圆税千之十,其最高额为对于十万圆税千之五十五。自十万以往,税率以千五十五为限,而其税率之增加率自四分一乃至十分一,然则其所助于均贫富者,恐微也。)

(3)不认相续权。(相续者,承继财产上权利义务之谓。古有承继户主权者,日本尚存之,而欧洲则大抵不认,但为财产承继而止,马尔克所欲废者,此也。盖设相续之理由,在使其权利有所归,而不至归于先占者幸得。其义务有代履行者,不至使权利者有大损失耳。然不认之亦决非无以处焉。盖国家相续之制本非不可行,而财产甚少,债务过多者,亦可以破产之法被之也。于是无因相续得财产者,则数十年后,且可绝资本家之迹。此主张废相续者之说也。然于实际能行否,及行之有效否,今尚为问题。至课之以税,则自弥勒以来,皆以为善法,无反对者。)

(4)没收移居外国及反叛者之财产。

(5)由国民银行及独占事业集信用于国家。

(6)交通机关为国有。

(7)为公众而增加国民工场中生产器械,且于土地加之开垦,更时为改良。

(8)强制为平等之劳动,设立实业军。(特为耕作者。原注)(所谓军者,以军队组织而从事于实业也。)

(9)结合农工业,使之联属,因渐泯邑野之别。

(10)设立无学费之公立小学校,禁青年之执役于工场,使教育与生产之事为一致。(即使为生产者,必受相当教育之意。)[①]

马尔克素欲以阶级争斗为手段,而救此蚩蚩将为饿俘之齐氓,观于此十者,其意亦可概见。盖马尔克固恶战争,虽然,以之去不平,所不可阙,则亦因用之所不能讳者也。故其言又有曰:"今者资本家雇主无复能据社会上之阶级矣,彼辈无复能使其所以生存之现组织为支配此社会之法则矣。故彼既不足支配社会。何则?彼辈使凡劳动者,虽方供役于彼犹不得以全其生故也。夫彼等既使劳动者贫困使至为穷民而不可不扶养矣。"[②]又尝曰:"于此问题当注意者有二:一者,其现以为经济上变迁之阶级对抗及阶级竞争。其二,则社会的运动(破资本家雇主之支配权促新社会生产力树立之社会分子所编成组织者)是也。"马尔克之意可于是以觇之。

《共产主义宣言》之大要如是。既颁布,家户诵之,而其所惠于法国者尤深,时际法国革命。三月,柏林之民亦蠭起,普王以兵力压之,功遂不奏。法既毕革命,乃迎马尔克之巴黎而礼之。既而德意志之劳动者亦感于马尔克之说,起而与富豪抗。富族侧目,然无如何。马尔克寻归柏林,创报名《新来因日报》,声振一时,且斥普王之无道而赞议会之租税拒否,益逢政府之怒。一八四九年五月,复禁其发刊而放其主笔。其明年,复大索社会党,悉放囚之。

马尔克既放,乃适英,卜居焉。与嫣及尔偕,终其身不复归柏林。

马尔克既草《共产主义宣言》,万国共产同盟会奉以为金科玉律。故颂美马尔克,诟病马尔【克】者,咸是焉归。然马尔克之他述作固甚伙,常与嫣及尔共著,学者宝贵之。而其学理上之论议尤为

---

① 本段所引见《共产党宣言》第二章《无产者与共产党人》末尾。今《马克思恩格斯全集》第四卷,第489—490页。

② 本段引文见《共产党宣言》第一章末尾。今《马克思恩格斯全集》第四卷,第478页,行十六—十九。

世所宗者,则《资本史》及《资本论》也。

马尔克以为:资本家者,掠夺者也。其行,盗贼也。其所得者,一出于朘削劳动者以自肥尔。爰据于斯密理嘉图之说以为论曰:“凡财皆从劳动而出,故真为生产者,劳动之阶级也。然则有享有世间财产之权利者,非劳动者而谁乎。此所谓劳动者,固亦不限于肢骸指挥监督之劳,非所不与,然而不可无别于其难易也。故数劳动之功以计廪,则不可不先劳力而后劳心。乃于实际,劳心者所受廪给,百倍劳力者而未止。此何理也?近世工业盛用机械,而需大资本。因之,大需监督者。从其末论,余亦不能以谓非然。然而,资本者,本劳动者所应有之一部,而遂全归于彼掠夺者,与循其本,吾不知其所以云也。溯而穷之,欲不谓资本为掠夺之结果而劫取自劳动家所当受之庸钱中者,不可得也,傥劳动者终末由与资本为缘(即无奖励农工贷之资本之银行抑其相类者),而循此以往,则是宜谓之资本家财务者,即为奴隶于依他人劳动以为生之一阶级富族者耳。夫今后产业所资于固定资本者正多,劳动者之地位乃将愈降而不返。是亦理之所难容者也。经济学者以资本为蓄积之结果,是阿合中等社会之意以立说者耳,不足为道。且假令诚由蓄积,宁非夺之劳动者而蓄积之者也耶。”

据理嘉图所论,凡制品之市价以产出之所必需之劳动与运致诸市之劳动而成。无问其所施技者为何材,苟价有所增,即其劳动焉赖。此如素丝盈把,织以为缣,价兼于前。是其为价,一则当于丝之原直,一则劳动之庸钱也。机械不得有加于生货之价,交易亦不得有加于生货之价也。然则使价之增,惟劳动者。食其价增之福者,亦宜惟劳动者耳。乃观其庸钱,则仅受理嘉图所谓最廉之额,而不得食所增于物价之金也。譬有人日勤十二小时,而其六小时之劳动,已足以增物之价,如其所受之庸钱。余六时者,直无报而程功者也。反而观之,则资本家仅以劳动结果所增价之一部还与劳动者,而干没其余，标之曰利润，株主[①]辈分有之，是非实自劳动者所有中掠夺得之者耶。夫今者，彼辈日言求改良。所谓改良者，非他，节勤劳之费耳。然则职工劳动如旧，而受损益多。新机械之发明，资本家之利，劳动者之害也。工业改良益行，劳动者益困顿而已。古之奴隶不知己之程功，何时为自为，何时为为主人者也，惟命是从。今之劳动者，则何以异于是也。

马尔克此论，为社会学者所共尊，至今不衰。而马尔克所取救济之策则有两方：一为《共产主义宣言》中所举十条。一则为农工奖励银行之设置也。此种银行，专以贷资本于农工业劳动者为事，使不仰给富家之资本，则能独立不为所屈。尝以提议于万国共产同盟会，众议不谐而止。近世所谓农工银行者亦类是。然彼之志，固欲以奖励之使成资本家，非出于求锄资本扶劳动之意也。

一千八百八十三年，马尔克卒于伦敦。后数年，嫣及尔亦卒。

蛰伸子曰：马尔克之为学者所长也，以《资本论》，然世之短之亦以是。是亦马尔克立言不审时，或沿物过情之为之累也。约翰弥勒论之，以为张皇夸大，盖亦有由也。夫资本固非一切为从掠夺得，蓄积之事，往往亦自劳动。此虽经济学者之一家言，然于事实恐无以易也。谓蓄积者，必得诸人，而非用余庋置，至辩者不能言也。凡生产消费，本不必一一同符，时而有余，时乃不足。方有余而念不足，则有贮蓄之事，此于孤立经济时代已见之者也。既贮蓄而后用之，以使所生产多，是为资本之始。于是时资本家与劳动为同一人。安有如马尔克所云，自掠夺而蓄积者。故谓之夸大，亦无所辞。虽然，经济既发达之世，则不可以是论。何则？交通既繁，贷借之事乃起，而劳动者或用他人之资本矣，既乃有雇佣之制。夫雇佣者，受给而生产益多，故久且不废，然而劳动者之祸于是焉兴。蓄积由庋藏之事益少，而其由掠夺之事渐盛矣。盖方是时，其所给之资本，远不逮所获果实，而劳动者不依赖焉所得亦微，乃乐与为契约。自是以往，

---

① 株主，即股东。

劳动者无息肩期矣。资本家因其所得,益扩张之,发而愈多,遂成积重难返之势。劳动者所获,仅足糊口,无从更为储蓄以得资本,此中世之形也。至于近今,则资本家益恣肆,乘时射利,不耕不织,坐致巨万。为细析其资本之所由来,恐自贮蓄者乃无纤毫也。而其岁入则大半为赢利,小半为庸钱,虽欲不谓之掠夺盗贼,乌可得哉。故马尔克之言资本起源,不无过当,而以言今日资本,则无所不完也。往者蓄积所生之资本甚微,而其得大,以有今日者,以取息。故其取息之苛重,实同掠夺,此无可诿解者也。一人劳动终身,其蓄积所得者,不足以供资本家一日之费也。资本家昔所蓄积者明既费消,今所有者全非由于蓄积,特以蓄积所得为刀斧鸩毒以劫取之者耳。故马尔克目之盗贼,非为过也。

彼论者则必曰:赢利之起源,基于契约。彼被雇者始为约时,先取庸钱,后以所生产之价值为偿,加之息耳。是以雇工契约,其原理无异借贷。而借贷关系,以契约而取息者,不得谓强夺也。彼非强使必借,则不能谓劳动者被强迫而出此息也,则疑于非掠夺。是其说非无所据。虽然,有当辨之者。夫契约者合意,此罗马以来所认者也。故必两方意思俱为完全,其意思有欠缺者无效,其有瑕疵者得取消,此亦无或异议者也。意思有瑕疵,如虚伪强迫之属是。而英美法有所谓不当权势(Undue influence)者,非所应使之权势之义,亦为意思瑕疵,而得为取消之原因。质言雇工契约所以得以至贱之庸钱,取最贵之劳动者,实缘其以不当权势故,不可以寻常契约论也。盖英美所谓不当权势者,譬属僚之对于长官,慑于其威,有所赠遗,语其中情,实无赠答之愿。一旦长官免职蒙谴,此属僚者,得直取消其赠与之行为,诉之公庭,前所赠物,悉还归属僚所有。又如贫窭之子,忽有急需,卖物富豪,直百取十。其既也,亦得取消(罗马法所谓大缺损而取消者,亦略同此)。凡皆基于不当权势者也。盖以长官之权势临以属僚,而强求其赠与;以富家之权势临于卖者,而贱买其物,皆不当者也。而有如此之行为,即推定其意思之有瑕疵。故凡离常可怪者,率得以此推定加之。苟其滥受利益之人,不能反证己之利益不由不当权势而得,即不能拒其取消。此英美法之所特长,无訾议之者。而返观于雇工契约,则又何以异是。彼其上下不对等,犹属僚之与长官也。其程功与报酬不相当,则犹贫子之卖物也。特其习久,转以为常,众不加怪。受利益者安之若素,而被害者窘迫不知所诉焉。苟去流俗之见,而察其本源,则其有不当权势可推定,而无从以反证明也。彼挟巨赀者不待约而联,以苦工人。斯密氏所尝太息痛恨者,而近今益甚。贫富离隔,譬云霞之与渊泉,祸乃愈酷,卒使劳动者无所投足,而降心低首以就至贱之庸,此亦不可掩之迹矣。然则依于法理,其契约可取消,而彼所沾丐于劳动者之泽,终不可不归诸劳动者。何得因之谓资本之得,由正当而不可夺耶。故马尔克之谓资本基于掠夺,以论今之资本,真无毫发之不当也。夫亦非谓取息必皆不当权势。顾今者欧洲息率恒百三四,而公司赢利分于股东恒百十一二,宁有说以处之,恐欲辩而无所也。因序马尔克学说,遂附论以告世之右资本家者。

乙 拉萨尔

拉萨尔者,名飞蝶南(Ferdinand),氏拉萨尔(Lassalle),犹太之族也。千八百二十五年生于布列斯罗(Breslau)。父商,家中资。拉萨尔生而骏发,犹太之人素以嗜利无勇为世诟,拉萨尔病之。少厌犹太人之为,长乃思有以极焉。年十六,闻打马斯加之犹太人被残戮,大愤慨,曰:忍此者非人也,宜急复仇耳。时为日记有曰:“余告于彼矣,且予实信是,予乃第一流之犹太人。救犹太人于今日涂炭凌夷之中,予愿舍身,为使彼等为高等人种,虽上断头台亦不辞也。”既渐长,乃推其爱一族之念以爱全国劳动者,爰倡社会主义及共和主义。

拉萨尔少佐父业商,复入于商业学校,进入于布列斯罗与伯林[①]之大学,修古语学及哲学。卒业,赴来因。后游巴黎。时年二十。

① 伯林,今译柏林,下同。

时法方苦于腓立布之虐政,巴黎民气渐昌,拉萨尔居之,因得纳交于当代名人。其社会主义之思想,多受自巴黎者。

拉萨尔居巴黎一年而还。间二年,法有二月之革命,逐腓立布而建共和政。不数月,德意志之民党各地蜂起,希复暴政府。梅特涅既被逐,诸邦宪法次第建立,普鲁士亦迫于三月柏林之暴动,开国会矣。时拉萨尔在敌西多夫,倡极端共和主义。而马尔克方营《新来因日报》,拉萨尔纳赀焉,恒出入其社。虽然,于时拉萨尔犹专醉心共和,而求政治上自由平等,未知所以谋经济上自由平等也。

四十八年十一月,普鲁士王与国会议宪法不调,卒解散国会,布令戒严,密为检索,以备非常。而各地次第声王之罪,起而抗之,不肯纳税。拉萨尔亦纠合敌西多夫之市民执兵,拒官吏之征税者,遂被捕。是年二十三。

普鲁士法廷公判以拉萨尔为有罪,而拉萨尔则辩己行之正,驳"人民执兵以抗行政官者,无论如何皆为不正之说",且言曰:"方夫国王蹴踏市民之法律,杀其子而辱其女之时,为市民者,果无抵抗彼暴横以卫己之权利耶,其谁敢应之曰然。夫谓无论何时人民执戈皆以不正论者,是犹前世界之态,而今日所不可容之耻辱也。于今日立宪之世,犹有欲存三月以前之专制者夫,当即据此高座之罪人也。"(三月指千八百四十八年三月市民之变)

又曰:"地上之法,则非已因王权而破隳者耶。夫是神圣首出之法则,乃一般自由之法则。若稍侵之,则危国家之基础,且危全市民之权利者也。而是神圣之法则,出版、集会个人之自由,参政之权利,既被王权蹂躏而破坏矣。方是的,执兵而起,是则市民之义务也,为良爱国者之义务也,余乃尽此义务者也。"

拉萨尔又诽讥国会抗拒之消极,其言曰:"若王之解散国会为正当者,则抵抗之者,固不法也,且罪恶也。苟王之所为为不正者,当大反对之,且应为积极的反对,不可以消极的自划也。为保护人民之自由者,不可不掷其身命以为抵抗。"

然有司不听拉萨尔之辩,处以禁锢六月之刑。刑既毕,复放之柏林以外。然拉萨尔苦恋柏林,时微服出入。又使友人为之缓颊,久乃得许。时普鲁士钦定宪法既行,而反动大息。拉萨尔闲居无所事,因广交游,间复从事著述。拉萨尔美丰仪,善词令,人多乐与游,以是名于交际场中。

普鲁士既立宪,劳动者时起为运动,思握政权。普鲁士王大索社会党而放逐之。然劳动者之运动力,实遍于全日耳曼。普鲁士王知独力不足奏效,乃与诸邦联合,务令绝迹乃止。于是普奥首倡之,而各邦景从。议定极严之律,以绳政治、社会、共产等之结社及运动。对于新闻纸及出版物,日力压制。千八百五十四年七月,其法律通过于议会。凡新闻社、出版所,以至旧书肆、新闻公览所等,率受其绳勒。凡定期发刊者,皆令豫纳金五千他力尔为保证,少有违反,辄加以处罚金。禁集会于户以外,其室中之聚谈,亦悉以警察监之。

禁令既布,凡倡共和、倡社会主义一皆匿迹抑首待时,不敢复有所宣布。政府大忻,报告于国会,谓佛兰克科久为革命之曹所群聚者,今乃无遗迹,即此属出版物,亦无在肆者,盖实情也。然其时禁社会主义之运动,独不禁组合。劳动组合乃大发达,其主持之者,则希尔孟修尔辑也。①

修尔辑者,普领素逊尼人。初为法官,继为普鲁士国会议员,后入为德意志下院议员,长于拉萨尔十七年,为进步党之领袖,一大经济家。其从事劳动运动垂三十年,然而不尚社会主义,乃欲遵英国之轨,以劳动组合救下层社会之苦厄,不触资本家之怒。政府又以其不已害而足抚宁劳动者,故从而予之。修尔辑之目的,专在小资本家与劳动者之联合;而重自助,使各自进以期完其生。以此为号召,劳动者从之者二十余万人。虽有讥其与于资本家者,然修尔辑之势力不为之少衰也。

千八百六十一年,修尔辑以其众建立进步党,普鲁士之人民皆响应。拉萨尔既久闲居,亦思乘时起,乃投身其党中。然拉萨尔所

① 希尔孟修尔辑,即 Franz Hermann Schulze-Delitzsch,今译赫尔曼·叔尔茨。

宗，固与修尔辑殊，既不得合，时时思脱去自为建树。

是时普王威廉第一初即位，极意扩张军备。然国会作激烈之反对，遂解散国会，更数召集之，议卒不成。千八百六十二年，召俾士麦来自法，以之为相，藉其助以废豫算，强征租税供军费，谓为国计不得不然。国人大不平，讼言王违宪者四起。拉萨尔亦左政府，是年春，或招拉萨尔为演说，拉萨尔应之。

拉萨尔为演说之旨，以为宪法之条文，不过表彰国中种种威力要素，及其相互关系而已。故正当之宪法，不可不与是等势力相应。若王、若贵族、若军队既相协，而组织密着之威力要素，则徒以纸上之空文，决无能束缚夫君主也。乃进而为之谋曰："若宪法果为威力也，则于今日之宪法问题当如何解决。普鲁士政府之背后，倚有军队，则国会对其政府之不法，当出于何策耶。或曰，国会宜拒政费之支出云。是策也，于人民有大组织威权之英国，或得奏效，普鲁士非其伦也。然则今兹国会所当出之策，惟在不应召集而已。国会不集会，则政府所出者只有两途，非行断然之专制政治，则直屈服于民而已。然于今日，专制政治终不可得而行也。夫如是，必且旷日久持，激发全文明国民之感情，则人民之所持者可得全胜，不待龟筮而可逆睹者也。"

拉萨尔为此演说，初会未得竟，乃于次会续成之。始闻其前半之论议者，皆以为右王者也，进步党中人皆引以为辱，丑诋之无所不至；助政府之新闻纸，则皆誉拉萨尔，谓其尊王。及拉萨尔终其说，乃皆大愕失措。拉萨尔以是大触政府之忌。

亡何，拉萨尔复演说以伯林劳动协会，据哲学及历史，以明法兰西大革命以来国家社会发达进步之故。而终言千八百四十八年德意志之革命，实崇高第四级人民，而与之尊严之地位，亦犹法兰西大革命之与第三级人民以国家之重要地位也。其论殊激烈，且刊其演说笔记行于世。（所谓第四级人民者，指劳动者也。其云第三级者，指中等市民、资本家、实业家之属也。由是以王为第一级，以贵族为第二级。欧洲学者恒用是称。）

由是政府以拉萨尔为挑激国民间反目，有害公安，没收其刊行之演说笔记,且由检事起诉,求正其罪。千八百六十三年一月十六日,开廷于伯林裁判所,为公判。而拉萨尔讼言己之无罪,且谓己当痛辩之以保护科学及哲学研究之自由。普鲁士宪法第二十条曰,科学及其教授为自由。拉萨尔根据之,以为所谓自由者,不可不为绝对自由。若以此自由限于刑法范围以内,则是宪法之规定,为无用之物而已。夫在劳动协会之演说,全据哲学及历史,以研究社会之所以进步,而论革命之结果者也,非宪法所许之自由而何。

于是拉萨尔请以其演说笔记畀学士会院诸博士,辨其为科学的否耶。且言曰:“科学与劳动者阶级,处于社会之两极端者也。使此相反之两极端一旦而得联络,则遂可以扫荡一切文明之障碍。予实为科学劳动者之联结,而舍身与命以为之者也。予实为文明进步计者也。如之何其以予为罪人而罚之也。

“夫曷不一回首于千八百四十八年伯林骚乱之际耶。市中之堡垒,不尝漂以鲜血欤。警察之威权,不尝坠地欤。富豪不尝悚惧战栗,有若死人欤。伯林市中,不尝一时全属于暴民之手中欤。欲罚予之法官等,其望此恐怖时代之再见也耶。

“若其不然,则宜感谢夫为沟合科学思想与多数人民之声(舆论)而献其身者。宜感谢夫为芟夷富豪与多数人民间之荆棘障碍而献其身者。宜感谢夫悉其才知以为公等暨多数人计者。是等之人,宜礼为上客,承之大飨,如之何其反以之为罪人而罚之也。”

拉萨尔之辩论,恣肆百出,判事检事等交谪谇之不能制也。检事乃请于裁判长,欲禁拉萨尔勿言。裁判长乃令停止辩论。拉萨尔曰:“唯。然予就于禁予发言之事,不得不要求法廷一同之决定。且甚望余此议之见容。”检事曰:“既止彼发言,则被告不能发言者也。”拉萨尔曰:“否。检事误。夫子既停止辩论者也。然予今者抗拒法廷之决议者也。夫法廷于若是重大之事件,不叩予意之何许,不得决议者也”。裁判长曰:“不许被告辩论。但许就辩论当停止否为发言。”检事曰:“然。则其勿更言余一切事。”拉萨尔曰:“佳。余不可不就于此点有所述也。”

拉萨尔且辩且复赓前论。检事裁判长欲制之，终不可得，遂听毕其词。拉萨尔既悉陈所怀而终之曰："于国民之名与其名誉，为科学之名与其尊严，为土地与其正当自由，为后世历史审判裁判结果之名，希望无罪而放免予。"于是法廷处之刑禁锢四月，及使负担裁判费用。拉萨尔直控诉于上级裁判所，卒减刑为罚金。

拉萨尔刊其公廷辩论之词而布之，其在第一审者称《科学与劳动者》，最名于时，而拉萨尔亦以是厚得劳动者之信赖。

拉萨尔居进步党，说不得伸，恒思离立，号召劳动者部勒之，被以己所梦想之制。先是裁判，已绝进步党，尝对伯林会各劳动团体之委员，语以所志。而是诸人意想不齐，不得要领而散。及是年拉萨尔益得众望，前集诸委员复相与谋，更为会迓拉萨尔，令悉倾吐所怀，以决从违。先以谘拉萨尔。拉萨尔大喜诺之。然其友多谏以为危。拉萨尔不听。尝称言曰："纵死吾精魂，支解吾体，吾决不翻复而退缩也。夫陈义无论其高下，苟不随以实行者，无何所益也。虽十断吾脰，吾必从事此矣。"

拉萨尔既应其求，先为公开状发表意见。其大要以为：当代劳动者，率旁皇于普通社会改良说之范围中，其所建议，甚不适于运动之徽识纲维。例如言移民自由、职业自由者，沾沾自喜。夫是问题既已久存，立法者亦蚤知之矣，何俟放论此不适于用者为。又或竞言贮蓄银行，救恤基金，共同资金之制。是亦徒益喧扰耳，未足探其本以解决社会问题。譬泛舟平谭，舟运水止，篙楫所及，不过其上际，而底自澄也。今之论者，亦犹是已。不探其本，而末之救，抑徒劳耳。欲探其本，不可不求之理嘉图之铁则论也。曷不视诸劳动之庸钱，不常降至仅足为生之度耶。修尔辑唱自助，自助诚美矣，而是坌然仅力以自糊其口者，顾安从得金而设自助之组合也。修尔辑所鼓吹者，贷付组合、原料组合等，若是者稍拥资本之小商人之属，或优为之。而进大多数之劳动者，谓之曰：汝宜为是。吾只见其惑耳。是以解决此问题之方法一而已。舍是皆无益者也。所谓一者无他。劳动者务自为生产，而其所生产之富，不可不归属于生产者。其将为是也,劳动者不可不组织生产组合。其为是组织所必需之资本,国家不可不给与之也。如是其归宿在使国家给与资本,何由使国家不能不给与资本乎?此凡人所由知以为疑者也。拉萨尔以为是无难也。将欲得是,则劳动者务自组织政党,而此政党不可不以平等普通直接选举为其方针。夫依普通选举选出其代表于德意志立法部者,所以于政治上保存其正当利益惟一之策也。其使彼等得彼等正当之立法权,则彼等得直实行其意见也。

劳动者首领得此公开状,或服或贺,不一致,于是其属别为两:一右修尔辑,一右拉萨尔。时修尔辑提挈一政党,睥睨全国。而拉萨尔无尺寸之藉手,来因以外,劳动者鲜知其名,于是而欲决两者之从违,则固有所难矣。夫拉萨尔势力如何,实为人所未敢信则不轻从之,宜耳。是年四月,来布芝之劳动者复招拉萨尔。拉萨尔赴其会,益衍前之旨。劳动者感焉,然其议终未决。

后一月,劳动者乃开大会于佛兰克科美因之地,兼招拉萨尔、修尔辑,使各陈其说,相诘难。然修尔辑辞不至,拉萨尔乃独衍己说,辞绝激楚。中有曰:"若诸君反对于予,若德意志劳动之多数反对予,则予当奉身而退,往从修尔辑之为适。何则?[①] 民智幼稚,不足与谋。抑为予一身计,亦甚希诸君之不予从也。傥不予从,则方将优游学界,自吐露其所尊信,以俟后世,而予后此残身得以卒保,苦病悉蠲,何不乐为者。独是诸君子为诸君子之阶级计,失此良友,且使来者以予为鉴,裹足不前,则劳动者阶级之不祥莫大焉矣。故予向劳动者阶级之前途,致其全爱,以为诸君子告。诸君子之决议将如何,予之精魂实悬于是矣。"

辩论亘二日,劳动者大为所动,右修尔辑者皆引去。及投票决从违,则右拉萨尔者四百,反之者一而已。拉萨尔更转而莅缅司之劳动会议,右之者八百人。拉萨尔因之以设一政党,名"全德意志劳

① 《朱执信集》作"夫假令民智之不足与于此者,无宁从修尔辑之为适"。

动同盟会”[①]于五月二十三日举始会之仪，始集者六百人，皆各地之代表也，而拉萨尔为之长。其会之决议曰：“凡劳动者不可不出议员于国会，代表其意见，以除各阶级间之冲突。故我辈当以平和手段，致力于普通选举。”是会者，实今日社会民主党之权舆也。于时以来布芝为会之本据，而拉萨尔为会长，居伯林。

方是时，拉萨尔之旁为运动数四，而往往不如所望。尝干路俾土斯（亦社会主义者，时为耆硕，有盛名）。路俾土斯谢弗与。盖路俾土斯之不慊于拉萨尔者有二：一欲仍给庸钱为生产之制，一不欲以得政权达其目的也。其它运动，亦往往不见答，新闻纸尤不之助（盖其时新闻纸大抵属进步党），或且攻之。拉萨尔以强毅自将，遍游说各地。自来布芝外，若汉璧、若敌西多夫、若琐琳坚、若哀卑辉尔德，以至夫郎、来因之属，皆为所动。然后此党得立，拉萨尔稍稍发抒矣。然以劳顿故，精神为之疲劳。体魄又素不强，加以会中事务丛集，遂大困敝。始拉萨尔期以一年间，费万二千五百镑以得万人以上之会员。至是不可得继其业，乃先养疴于瑞士。

时会众不过千人，拉萨尔深忧之。虽在瑞士，不稍怠其职。恒语于众曰：“吾辈今兹所运动鼓舞者，傥不得劳动阶级之多数结合，则无效果者也。故决不可不于一年以内得大多数，徒胜于道德之战者，是无能者耳。久之，运动终无效。拉萨尔为之郁郁不自聊。于是或讽之解散，拉萨尔峻拒之。

九月，自瑞士归，直赴来因，布其说。以序演说于巴尔缅、琐琳坚、敌西多夫诸地，所至多景从。其在琐琳坚也，会方中，市长使宪兵十人偕警卒露刃入其会，强命解散，会为大扰。于是劳动者数千翼拉萨尔出，遁邮政局中，仅得免。然拉萨尔次日复出演说，不少止。来因之民，以是大重之，声援为张。

拉萨尔既历说来因各地，复归伯林，誓必集其劳动者于己会中。然伯林者，进步党之所萃也，其人士咸攻拉萨尔，新闻纸亦然。警察

---

① 全德意志劳动同盟会，今译全德意志工人协会。

又数苦之,使不得集会,其发布之书檄,多为没收,卒致之法网,前后三数拘引之。自冬涉春,始愿不售,会中金钱又次第尽。拉萨尔业为此运动破家,各地取收会费又极薄,不足以继。拉萨尔外御困侮,内谋其党生存费用,焦心劳思,体为之敝。始党员之翕合,多起于一时之感。既久不见效,渐思畔去。于是拉萨【尔】急谋维持其党,千八百六十四年首夏,复力疾游说各地,渐复胶结。及五月,当同盟会设立之一周年,乃开大会,会其众于郎士多夫,至者二千人。

拉萨尔于此会,述其前此孤身犯难为万矢的,艰难辛苦,以得有此。今日社会不敢轻劳动者,国王犹思立法以保护之。盖丁此初期,万众犹死,呼之令苏者,实同盟会也。集者皆感。然拉萨尔于是时,业自虑不寿。乃告于众曰:"予始建劳动运动之旆而兴,予固逆知予身之将为之毙也。予若死,予之同志将必起于予枯骨中。夫予死者,文明进步之国民运动未或死也。诸君子中有人一息尚存者,其必使予所燃星星之火,他日达于燎原乎。诸君子其举右手以誓。"是二千人不待拉萨尔辞之毕,皆举右手。

会既竟,拉萨尔复赴瑞士。于是时,拉萨尔体益衰,政府迹之亦益急,不南北走者必且为累囚,乃避地索居,蓄机俟时,图再举。居于瑞士之利几一月,疾少间矣。而拉萨尔惑于一妇人,欲婚焉,为之赴日内瓦。俄而不如愿,妇谋与遁,拉萨尔不可,遂请决斗于妇人之父,斗而伤腹。千八百六十四年八月之晦,拉萨尔以伤卒,归葬于布列斯罗。其友白克志其墓曰:"哲人而为斗士,维飞蝶南拉萨尔,体魄则降,宅是幽宫。"

拉萨尔所以谋缮进其社会者,在使劳动阶级握国家主权。尝谓近世历史,可分三期:于千七百八十九年法国大革命以前,国家权力在于有土之贵族僧侣等,其它阶级皆奴役耳。法革命后,国家权力在第三级之企业家、资本家,行政立法,一皆为彼等利害计也。往昔贵族所以苦中等社会者,彼还贻以苦劳动阶级。故重间接消费之税,使其主事坐困。又次则千八百四十八年以降,是实鼎新之期也。劳动者支配国家社会之机于是始显,而贵族、富豪、地主等之势力,则业过时而代谢矣。夫劳动者握政权,而支配国家社会者,实社会发达之所归极也。国民之中百之九十六为劳动者,故虽谓以一阶级,实即为全国民,其利害即国民全体之利害也。其进步,其自由,非止一阶级进步、自由之谓也。国家社会方发达以进于劳动者之国家社会,而推挽之使急进者,实吾辈所有事者也。虽然,顾今日之劳动者,则犹是资本家之牺牲与奴隶,操纵之具,所舍之货物而已。于前后革命之际,尝力言与一切人以自由,然于衣食则既无自由,他吾不知其何所取也。夫自无资本,则不能独立,必役于人。若是者惟书契约之形式或有自由耳。尚此者吾未之见也,是岂所谓自由竞争者耶。夫一自由而挟巨赀,一不自由而家无担石储,以令为竞,是其制将何从以维久远乎。革命之起,旦晚间事耳。

拉萨尔探此革命之原因,以为在于铁则。铁则者,理嘉图所倡也。以为劳动者之取庸钱,高不逾于仅自糊口之额。设其暂逾,必且复低,低过是额,则又复涨。何者?其高逾额,则劳动者生事裕而生齿随之繁。繁则劳动者增,而依供求相剂之理,致庸钱减。减之过,则劳动者生事不继,渐至寒饿死亡,以故缺乏,而其庸钱腾。如是上下不止,皆以之为标准,是谓铁则。由是铁则以桎梏劳动者,使其生活程度终无由以进。长此抑郁,则革命之起宜也。故拉萨尔在佛兰克科之演说曰:“诸君子知此铁则之结果果如何乎?诸君子自视不犹俨然一人欤。自经济上视之,乃无异陈肆之货也。急其用则与庸钱以来之。至厌其多,则故抑其价,务使濒寒饿渐减退,不至于供过所求也。”又曰:“饥而死者有二:无食直僵为殍者,一也。食不足以荣其体,又强役之以夭其天年,亦饥死之属也。”其意可见矣。拉萨尔以为富者利用此铁则,劳动者劳动之结果皆为所取以之自肥。饱食之余,乃出以豢养劳动者,收后日之用。资本积而愈多,劳动者愈困,则劳动者不得自有其所生产之效也。假欲救劳动者,不可不先破此铁则,使一切之富归于生产者,而工业属国家社会之共有。破之之道,在先以国家资本建生产组合。夫劳动者,有此组合,得自为生产,不仰资本家之鼻息,则铁则自无由行。其设立之始,不得遍也,则可先设一二,后以次推广,期以悠久。此其目的也。其达此目的之手段,则为普通选举运动,依于政党,求以法律,定此制。德之普通选举制,始定于千八百六十七年,拉萨尔殁既三年矣。制行而劳动者势力果张,凌进步党矣。

拉萨尔之倡说及运动,皆限于一国家中。承其流者,变本加厉,遂不肯与外国劳动者合。累居全德意志劳动同盟会长位者,又短于才,遂久不得发达。其后李卜尼希[①]及必卑尔等,自其党中别出为一派,颇宗马尔克,倡世界主义。至千八百七十五年,乃联合而大进步,是为今之社会民主党。

蛰伸子曰:拉萨尔之言社会革命,不如马尔克言之之完也,而其鼓吹实行之功方正〔力〕之多。其然则不得不专致力于一部,而后其余。故其社会主义为国家的,不足怪也。顾衍之者,排他国劳动者以自张,其亦过矣。或以拉萨尔欲得政权以达其目的,乃诬其右君权(俾斯麦则然)。顾拉萨尔运动既为社会方面,政治运动其所出之策尔。即如所言,未足病拉萨尔,况其实非耶。或又短拉萨尔之情死。是则拉萨尔无所辞咎矣。然自社会言之,则拉萨尔以一身唱新说,抵死以谋其进步,后死者食其荫,拉萨尔亦可谓无负社会矣。功未成死,固可为憾。然社会革命之事业,固不为拉萨尔死败也。拉萨尔虽与彼妇订白头约,而犹申礼自防,不与其出走之谋,卒以死殉,于道德未为伤也。第自主观言,则不能为天下惜其身,使所图中道受其阻滞。藉拉萨尔不死三四年,其势力正当大长,俾斯麦之压制社会党法或不能施,未可知也。拉萨尔蚤自戕贼。延为社会之不幸。是则虽拉萨尔自叩精魂,而语臧否,亦不能自为解者矣。顾今日志士,有年未弱冠,不识国学何许,亦未尝肄于专科,而借口欧化,破溃藩篱,恣情佚志,驯至牺牲一切。以逐其欲,其视拉萨尔又何如乎。不幸今吾国中乃多有是曹,所为伊郁不置者也。

原载于1906年1月、4月《民报》第2、3号,署名蛰伸。

① 李卜尼希,今译李卜克内西。

驳法律新闻之论清廷立宪

满洲日言立宪,欲以为愚弄一世具,藉保其大位也。夫其言之甚甘,且示以将实行之形,则昧昧者信之宜也。夫汉族且然,抑又何怪于外国之人。五臣之使,列国倾心迎之,亦谓改革之机,诚在是也。是故欺售而谤日以消,誉日以来。夫宁无高瞩旷瞻,豫识其无足为道者。顾一般之论,悉为所转移,彼纵未得内尽闭塞吾人之聪明,而以是挟有外人之同情,令无与于在野之党,则为彼声助计亦甚得矣。矧吾汉族近顷之知进而自新者,其源实远汲于欧米。日本使其知识之所从来者,已加赞与焉。则其流所及,亦复可使新进之士气坐短。是亦亡胡死不择阴之计,害未始不甚深也。余居日本,见其近顷对于此事,一般舆论所趋,强半背于事理,而尤加曲誉且献孽画者,则为《法律新闻》近出之文。其题为《清廷其先公表立宪之誓约乎》。其立论之蓄虑何似,所不敢知,抑无庸辩。第彼所主张之理由,近真而逾易疑众,故不惜繁言以破其说,诰之于我国人,亦以释友邦名贤之惑也。

《法律新闻》之言曰:

> (上略)况从近年外患之刺激,日悟变法自强之为急务,遂见废科举制之快举,其它政刑百度,悉期更新。特为将实施立宪制,而派遣视察大使于各国。载泽一行既已遥集于东京矣,余辈固披沥满腔热情以欢迎之者,亦欲少陈卑见,以资其采择之万一也。

夫谓满洲从外患刺激而悟变法自强之为急务,此一般根本之误也。夫满洲知内乱耳,何知外患。彼之政策,犹是利用列强冲突之政策。彼之目的,犹是聊乐一日之目的也。夫所谓外患,抑又何损于彼。彼视汉人土地,不甚爱惜,何靳以贻之列强。宁有惊以为外患,复谋自新之事哉!然而遽高言变法自强,以号诏于天下者,无他焉。前此汉族之自图存也,固声民族之辱,而思一洒雪之,亦以政隳令暴为前提,因博世界之与助。夫其助之也,初固未详于吾民族之历史也。第以其所触感者之不复丽于人道,而后乐与民以摧挫夫横暴也。亡胡知其然,则姑以其方将整饬为口实,重图各国之已倾而不民援。是故言变法自强者,非对外而然,实对内而然也。其言之意,固在名,而不在实也。惧民之昌,则己之薄,因予之口惠,销其锐气,奖以空名,而揽其实权。则庶几昧者景从,明者口塞,其隐衷宁可掬示天下哉。不此之察,而谓其鉴外患图自强,将立宪也。其去真远矣。

原文又曰:

> 想基于国民精神立宪制之实施,优得收满汉一家之效,而足利用其国民之自觉心。若不依于立宪制,而妄谋中央集权,或有如不与参政权,而施强迫征兵之事,则反以激发其反抗,速不测之患害,随而从列强之干涉,开所谓瓜分之端而已。

夫令是立宪制者,诚为基于国民精神,则是宪法固非满族之所得而制定也。奉若是之宪法,犹曰基于国民精神,是乃苟且猥贱之士,所以自文者,非智者之所宜出也。言立宪制者,其名,函义亦至复杂。顾自政治上以言,决非指有具一二空文,而无实际之宪法者明也。故政治学者常言,土耳其尝有法律名宪法而已,非立宪国。所谓立宪之特质者,乃在其机关组织之完全,而不任独夫之自由意思,以运转统治权,即有监督机关也。而其为监督机关,又以独立而有实力为要素。其言若是,则满洲之为律制,虽标宪法之词,又安得篡取立宪之名哉。抑亦既知不立宪而妄行中央集权,祸若是其亟矣,曷又不思其宪法之为何等,乃瞀然而谓既立宪则不如是何也。

夫于中国中央集权，何以不可强行，此亦当为笔者所知也。民族之间，界限划然，久而愈睽。五十年来，兵事频仍，地方之权亦日重，而满族无从为控御。目下操切之令，徒悬空文而已。故虽欲为中央集权，数所不可得也。是岂可以一二空文变之者。则以谓宪法立而优得收满汉一家之效，足利用国民之自觉心者，无亦循名而不核其实之过也欤。

原文又曰：

> 而更有可为戒心者，所谓革命风潮，与其新学流行，共入于国民之头脑，往往弄诡激之言论，无所顾忌。故于其民论尚未甚沸腾，而来要有参政权之际，清廷其先公表立宪誓约，以使彼不逞之徒无措手之地乎。其既已一度公表誓约也。志士论客忽狼狈，一变其革命思想之鼓吹，而向于宪法得失，选举利害等事实问题，全注其气力。满汉一家之感情，当不期而涌生矣。惟此公表，有颇贵拙速者，即如其实施期限之属，期之制度调查之后，乃无不可。然而使世之志士论客安其之一事，则其关系非尠小也。何则？彼革命家惧宪政之成立，深如北京停车场之炸弹，不尝云出于彼辈之手耶。故此公表之举，为镇压革命派之惟一良策，是不战而屈人之类也。

凡全篇之所为喋喋者，意端在此数言。嗟乎！笔者劳苦，然而误矣。谓世论者之流于诡激，而此一宣言者，可使唱革命之人，屈其锋，回其虑，而从事于宪法选举之研究也。抑未尝察夫唱革命者之真之过也。夫何视彼恶劣政府之宣言，一若是重，又视革命家若是其轻也耶。夫以言革命者之论点为诡激，则谓不诡激者，无亦缄默而止耳。革命岂得已而可为者，抑亦非可不得已而犹不为者也。不察其所根据者何在。惟其唱革命，则漫谓之诡激。吾意是惟不习闻革命原理，专制国之民乃然。初不信自诩文明者，犹称是言也。既见立宪前途之未有涯涘也，期尸祝于其公表。夫所为重公表者，重其所表之事耶，抑重其为表示而止也？东胡之族，贪而无信，朝三暮四，奚必果其前言，彼宁有惔于公表。既公表之，又何不可为取消乎？表示之不足重轻业如此，而犹望之以为其效力将至大也，是亦蒙于因果之道、名实之辨矣。中国国势与日本殊，日本天皇宣誓五条，及十年后开国会之诏敕，可以定一时之民志。是有由也。其民素无恶于君，所为敌者，阀阅耳。民协于君，交相赖，则其相信深也。中国之民，久受困苦于此恶劣政府，且习知其食言，又安从信之。抑吾中国所求者，非虚名之立宪已也。所以谋革命之理由，在洒世仇而报虐遇。是之不解决，革命末由而止。彼其公表者，即盟之载书，征之天日，所为信者，只其立一法名宪法耳。其宪法之内容，固未尝定也。我汉人又安用此空言慰藉为也。且所谓公表者将如何，满洲亦曷尝不数言将立宪，而车站刺客乃出于其后。然则谓此一公表，而革命运动将立为息者，其证将何存。吾真穷于求索矣。夫岂不知热中仕宦，思乘时一骋其才者，固不乏人。即如东京某某者，皆富学殖而近功名，平居不肯于稠人广坐，为阿附苟且之谈。亦不敢为批鳞折角之论，贱视侪民，不屑与言。心希高位，又不能下气求之，乃优游养望，坐致政府之属意旁求。然后庶儿咄嗟青紫，身名俱泰，乘时窥便，蹂躏胞与，以博能名，无所顾惜。若人者，闻立宪之公表，必且承意望旨颜色，而胪其利害得失，明己之材知，度越寻常，壹如笔者所云，向于宪法选举等事实问题注其全力。第若人者，即不际立宪之公表，何尝不可夤缘攀附，梦想良图。若彼前投身青年会为激烈者魁，而今已改弦易辙致位丞辅者，其本师也。然而其所能为招致者止于此属。若谓他凡革命家皆若是，则诚非所敢信也。真鼓吹革命者，方且以破邪自任，廓清思想，以迓完全之新知，致一般之幸福。而伪不可久，诚不可晦。我国之民智日蒸，则革命之思想亦逾溥。何云无措手地，又何以知满汉一家之感情得涌耶。抑尤有进焉者，则笔者既不知中国民族，历史何似，而乃悍然谓其将至革命为可忧，是亦言之不择，后将有正之不及之悔者。据之以断其公表效果之良，无由得中者也。纵令其公表有如是之效果，其足吊抑尤甚者耳。

要之,为此种之论者,其言恒谓中国前途若是其危,不可不立宪。而于所谓立宪之内容,一不加察也,因生种种之误谬。犹不自觉,而心以为吾辈对中国有指导之责任,必如是乃得为尽之也。然亦曷试返观其所标之理由乎。夫其所标以为当指导中国之理由者,不过于二:一谓酬往者文明输入之惠。一为同文之国宜相为倾助也。是其所谓文明输入者,谁实尸之,非我汉族耶。言同文者,岂谓与彼鞑虏同鸟兽之迹耶。故苟加报酬者,当对我汉人而不当对满人也。故赞我汉族而复满廷,暴其狡戾之真于天下者,为报酬所应尔也。反之,而与其所恩者之仇雠,以仇其所恩,而曰报曰助,其相去岂不甚远。抑或以为此外交上策略然。然则为利害而忘义,所谓大国民风者,其又何在也,其又何在也!

抑更有为我同胞告者。近顷风气渐开,然随之有轻信易摇,不能葆其所守之病。每闻人言,辄甘而不之察。辨理心之薄弱,于国民心理乃为大玷,不可不急去也。去之必慎于始。始有所信,必深审其由。既详其颠涯,则外论无自惑之也。藉令不然,则终身为人所转而无所得,重失败而已。《法律新闻》此文,度内地必有翻译而称述之者,以为赞己说有人矣,因以便其私。然其影响所及,被其摇惑者,恐正不鲜。嗟夫!吾虽欲不为之辨又安能耶。

原载于1906年4月《民报》第3号,署名县解。▲

英国新总选举劳动党[1]之进步

今岁当英国五年总选举之期，新选出之代议士属劳动党者四十九人，其增于前实四十八人也；虽其数不及议员总数之什一（英下院议员总六百七十人），然其进步之速，亦足以骇愕一世。政治上社会的运动之行于英国，其自兹役始乎。

英国之劳动者素以不为政治上运动闻，与大陆诸社会党大殊者以此。而学者推究其原因，众论各殊，要之不出二种：（一）以政治上政党发达，两党对峙送政权，其间更不容有他党存也。（二）以经济界劳动者与资本家相倚而不相雠，故依于劳动组合及他仲裁裁判制而已足，不事为政治上运动，而劳动者之生事已不榰榰。且两政党互欲得人心时，制便劳动者之法律，若限时厂令，其著者也。盖由政党发达根据完固，故不能为政治上运动（不能者非绝对之不能），而劳动者地位自佳，故亦不欲为政治上运动也。于十九世纪之末，大陆诸国政治上社会的运动次第张，而英国独无闻焉。非无劳动者之结合也。其结合也，专从经济上铢累寸计，以谋劳动者之利益。希日计之不足者，于月计有余，故政治上之运动无闻也。

夫社会的运动，所以必于政治上者，固各因于其国之状态，而要之则以阶级斗争之不可无所藉手也。社会的运动，以阶级斗争为本据。然后持劳动阶级之利害较衡之，以求得之于资本家阶级。是以无社会上之力，不足以济之。社会力固不齐，而政治上之力亦其一也。以政治上之力，为阶级固有之力助，则足以胜其敌。故劳动者

---

① 劳动党，今译工党。

阶级必为政治上运动者,势宜然也。抑又或迫使不得不然。夫政治上权力既有助于阶级运动,则是欲持而有之者,微特劳动者,富族亦尔矣。王权之摧挫,贵族之倾复,皆富族之所以为陈勋者,故其持有政权,亦常视劳动者易。苟劳动者不为运动,而令政权纯移于富族之手者,劳动者扼吭坐视已耳,虽并命与争,何所济乎?杯斯渠伯之希查标注(一称文明大破坏,闻有译汉文者,尚未之见也),所述富豪跋扈之况,盖于是起者也。然则必及其未至是也,不使得据政权。故政治运动之效,从积极言,则可以助己运动之进步;从消极言,亦可抑富豪将来之势力。凡社会的运动,无不涉政治者以此。英国之劳动阶级,犹是各国之劳动阶级耳。前述之原因,固不足以久障政治上社会的运动之前途也。

故前二原因间有不行时,则政治上社会的运动立起。

其第一原因之间不行奈何?曰:英之两政党对立,自百年前以来,而近二三十年间,乃时时离合。际其离合,则新党派生,若自由统一派,若爱尔兰自治党,其始起也皆若是,必先有政党之分割缺朒,然后新党起而补之。非先有一党起,而后蚕食前存各党之势力,此英国政党之特色,此政党内阁之结果也。今者保守党以不得人望,势力忽尽澌灭,而自由党大盛,握政权,自由统一派代居在野党之位,盖于政党之政治,此为大变革。则劳动党之得乘机而新建,亦势实使然,夫岂少数富族所能持其重轻者哉。

问其第二原因何以间不行乎?夫劳动者不欲为此运动则不为,欲为之则为之,若甚明者。虽然,实非也。于此所当研究者,其何以前不欲而今欲也。是则非研究劳动者之地位不可。盖英人首重习惯,所沿以行者往往不易改。劳动所已得之利益,无失之患也。如是则前所不欲者而今欲之,必有外诱之因,而非其本源之变。夫英人之行动,必践实而不凿空也。外诱之因固不一,而以余之意,则德意志社会民主党运动为之模范,其巨者也。于千八百九十三年德之社会民主党尝为宣言,谓政治上运动与经济上运动,两不可阙。德之运动与英之运动,皆偏于一方,能互师其长,目的旦夕可达云云。

后英之劳动组合议欲归向之，其机殆动于是。藉令不然，英国之鉴于德之成效而师之者，亦固无惑耳。

千九百年各劳动代表委员会始决议出候补者而为政治上之运动。于时有所谓社会民政联合协会、独立劳动党之团体，实今兹之所自出者也。而前岁《十九世纪》报尝称稽霞氏募金于国中，期出候补者五十名，则为劳动者代表者必不下二十五人。然此次选举，劳动者实出代表九十人，而当选者四十九，亦可谓过望者矣。英国劳动组合之组合员凡二百万人，则其左右政治真无难事。而导其机者，要不得不归功于德意志人，英之运动，师其成迹者也。

就英国之社会而观，则其为社会革命，有视他国易者。资本家与劳动者不相恶，而调和之事习行，其争不必出于同盟罢工，亦不必骚动，而其福利可坐致。从之，双方为协议。纵有不调中止，亦不过稍待而已，不出危险之手段也。夫阶级竞争之结果'使富族栗栗然，恐让步犹不得免，遂坚持之。英则此现象较鲜，然则劳动者所行受阻较轻也。

然英国亦有其所独难者，则习惯之不易破也。英人之重习惯出于天性，历久不衰。故于贵族之制，其不合于法理明甚，而犹保持之不废去，则他可知已。况此经济界上之事，其利害所关系者至大耶。故苟欲为变革，其纷争之态，亦必不下于一八三二年选举改正之际矣。

虽然，英之劳动者政治上运动进率如此之速，则安知十数年后，不可以占多数而达其目的乎。余日夕尸祝之矣。

原载于1906年4月《民报》第3号，署名蛰伸。

北美合众国之相续税[①]

闻北美合众国大统领罗斯福近为演说,其雷有曰:“当为遏富之集中而深相续税。”欧美主人闻之,无不动色,而吾国人顾泯然若不之知,何也?

北美之制,大统领不有立法权,而租税非法律莫定。罗氏虽为此言,其实行犹远,未可知也。然在资本家势力最盛之美国,而罗氏不能违反于人民大多数之声,遂为此演说。然则美洲社会革命,其以此为之朕乎。

相续税者。(Inheritance TaX),间接税(Indirect Tax)中财产无偿移转税(Tax on Gratuitous Transfers)之一种也。凡社会主义者率赞之。盖富之集中,令仅止于一代,则数年后身死,财分而不复聚。故一方集之,一方散之。生者竭力求使聚,未可必也。而旋死旋散,是富终于均也。故令无相续,则必无富之集中之患,明也。惟有相续,故其所集于生前之富,逮死不散。而纨袴之子,席旧业,无举手投足之劳,而享有百万,因利用之,使富益集中于少数人之手。社会之苦痛,遂无暂已之期矣。故相续者,于今日社会不为益而为害者,明也。独是溯相续之所由来,盖源家族之制,既久行之,遂令社会习而忘其弊。夫故不可遽去,今日各国认此制度者,其它理由,大率薄弱,独以沿革论,鲜能谓可直弃置,因遂仍之耳。既不得已而认之,亦不得不求所以杀其弊害之法。故课之以税,实源于社会政策者也。近世如弥勒、如华格纳、如可沙等各财

---

① 相续税,今译遗产税。

政经济学者,亦皆主张相续税。顾相续税若止为此例税,则绝无效果。必当以累进税法施之,且其累进之率宜大。如千元以下之相续,税之百一二可也,万元以上者,必以什一,若十万元以上者,则什三四乃至百万者,则取其过半,犹不为苛也(相续谓承继上权利义务。然在相续税言若千元,则止指其权利中减去义务所值而已。故若一人死后,子继之,其财产值十万元,而负债九万,则谓之一万元也)。

相续税之制如此,其效果将如何乎?曰:加相续以税,不能使其富全不集积也。然而其富每移转而削其一部,其富愈大,所削愈多,故其富人之集积,一遇转移,即复被削,其相续愈频繁,则所削愈多。故富之集中,不全止息,而其势之促,亦逊于前矣。至其所削之部分,则归于国库。非徒归国库而已也,以之轻一般之负担,且进其福利者也,间接使富平均者也。

世之主张相续者往往以他理由,不尽如吾所云。然罗氏既云为遏富之集中而行之,则其出于此目的固明甚也。然北美合众国宪法,规定国会议决租税(第一章第八条),假令于国会提出适合于社会政策之法案,果可得通过乎,未可知之数也。夫美国国会实力在政党,政党一方为资本家所左右,一方复瞻顾徘徊,仰工党之鼻息,其赞否固有未可豫知者。

虽然,以余观之,工党之赞成相续税固宜然。而富家若为反对于此,则大误者也。凡社会主义之运动,其手段诚为阶级战争,而其目的则社会全体之幸福也。故虽社会革命以后,今之富者,苟不自为蟊贼以取祸,则其一己所享之康宁豫悦,何减今日。特其康宁悦豫,非己所私,而众所同,故其享之有安无危,有和乐而无恚愳。以哲人观之,谓之胜前千万可也。凡社会主义所建树者,率如此。不忍一时之苦痛,而舍永久之康乐,安于惨酷之组织,聊自为娱,惟恐失之,是皆鼠目寸光之类也。况相续税者,不取之于生前,而取于相续之际,己固无苦。而为相续人者,不劳而获产,亦何悋子以其一部供公众幸福之牺牲乎。苟美之富族为真有智者，必不以此而反抗罗氏之政策也。美国人民之程度，吾将于是觇之。

原载于1906年5月《民报》第4号，署名县解。▲

从社会主义论铁道国有及中国铁道之官办私办

（社会主义本译民生主义，铁道原称铁路，今以篇中术语多仍日译，故此二者亦并从之。）

绪　论

近日粤汉铁路，广东有官办商办之争。就事而论，必右商而左官。世论因或致疑于铁道国有之主义。夫铁道国有与今所谓官办不为同物，至易知者也。然而商办者其与铁路国有之本旨相冲突，又无能为之辩护者也。然则，商办之弊害果无穷乎？其救之方法云何？当为研究者也。

今便宜先示余辈所主张之要点如左：

（一）铁道国有者，以抑制私营自然独占事业者之专横而达社会上目的，以铁道经营之权归属于国家及公共团体之政策也。（二）国家及【公】共团体之经营此者，以为公共设备而参以官业之性质者也。（三）官办铁道者，以之为收税之一方法，即财政学上所谓准公共经济之事与铁道国有性质上不同者也。（四）商办铁道者，反于铁道国有论之精神，然当不得已而行之时，则宜施最严之公共监督，以杀其专横者也。

又此所谓铁道国有论，社会主义者之铁道国有论也。其它以军事上、财政上、经济上利害而言铁道国有者，如其说则国有者诚无异于官办。世往往有溷社会主义者之铁道国有论，与非社会主义者之铁道论以为一者,则必反疑吾说之支离,所不能无先为之辨者也。

(二)铁道国有之理论

(Ⅰ)铁道国有以抑制私营自然独占事业者之专横为目的,而其抑制之原因则以欲致社会上幸福。然所谓自然独占事业者何?铁道营业所以为自然独占事业者何?其专横之事实的证明,其抑制之之各方法,皆当研究者也。今撷诸家之学说如左:

(甲)自然独占事业之义 付于此当先明独占事业之性质,次言自然的独占事业。

(子)独占事业(Monopolies) 独占者,对于竞争而言者也。美国学者依利(R. T. Ely)下其定义曰:"独占者,不受竞争掣肘之事业也。"即特有左右其价格之力之从事于一种业务者之有统一之活动之谓也。惟其不受竞争之掣肘,故能有左右其价格之能力,而非为有统一之活动,则自不能无竞争。盖独占之事,本不限于一人,而多人为独占之事,必为有统一之活动。此如美洲社会信托之制(即托辣斯),会社可至数十,而其活动皆受同一之统制,不得有歧异也。又如所谓普尔(Pool)、钦巴因(Combine)、之属,略如中国所谓"行"者,而严过之。萃同业之人,支配于一组织之下,不许其团体员间自为竞争。而其大者团体员以外可与竞争者久已无有,则其团体为有统一之活动,而独揽左右价格之力矣。虽合多人以为之,然其行动无异一人独占也。盖溯独占之语源,百年以前不过专卖之义。而今日所谓独占生产之属,非其所语。所以然者,当时人工业制度未起,得为独占者仅依于国家恩惠为专卖者而止耳。迨自由学派兴,以大资本营大工业者盛,同时专卖之事业之大抵废绝,而独占者乃多由于联合,其意义亦全变矣。故于往者独占事业,多由国家之许容而成立,以其许容之反射作用,使余人不得与之竞争。今之独占,则全不因于国家,且与国家立于反对之地位,此其特质也。抑言独占事业者,不必为绝对的独占。即其为独占事业之目的物有代用品者,亦得云独占。例之瓦斯事业者为独占事业,固亦不妨有石油之代用品,不被独占者存也。(山内正瞭解说依利氏《经济学概论》一〇三页,及

《国家学会杂志》第一八二号五五页以下,马场锳一论文)

(丑)自然的独占事业　独占事业分为人为的独占事业(ArtifiCial Monopolies)及自然的独占事业(Natural Monopolies)。人为的独占事业,以人力使为独占,即如以信托使成独占之类是也。自然的独占事业者,则因于其事业之性质,使不得不为独占。盖其始采放任主义,令为竞争之事绝对自由。然其事业性质上本不能竞争,苟为竞争,必招损害,遂使营其业者大半凋丧。其幸不败者,遂专其业,无复敢与为竞者矣。故学者云,自由竞争之末,必生自然独占。盖谓此也。从依利氏之分类,则自然独占者有三种:其一,则铁道之类。其二,应于市街需要各种集中之事业,即自来水、瓦斯、电灯、电车之属也。其三,则自然财源之买占也。此如美洲斯丹达石油公司及石炭组合,占有石油、石炭出产之源,遂得支配此二种货物价格之能力。其最著之例也。三者皆自然独占事业也。依利氏更举自然独占事业之特质曰,自然独占事业异于他种独占事业者有三:(一)占有于其事业所最必要之特殊地点或线路。(二)方其所供给货物若任务,以增加为必要时,得投少许资本而多获效果。(三)其所供给货物若任务,不得离设备之所而用之。所谓占有地点线路者,其适于此事业之地点线路唯一之时,占有之者,为自然独占事业,不待言矣。即令其线路地点,本有数四,而其中之一特有利便胜其余者,因占有之而成独占,其属此种亦明也。此如其线路,一由平陆,他皆非凿山通路不可。则占有此路,竞者谁复能与之竞乎?所谓增投少许资本而多获效果者,即其收益增加率,比于资本增加率甚大,于工业多见之。所谓不得与设备分离而用者,则如电信业是。彼地虽有电信局,不能代此地传信,则此地之电信局遂成独占。虽明知此地通信之费数倍他所,然而他所之设备,不存于此,无能用之也。由是三者,其事业性质终不能不为独占,是所谓自然的也。于此更有不可不审者,自然独占事业今日大抵有地域的限界,其所谓无竞争只限于一地方;至于将来或发生世界的自然独占事业,不可知尔。　(《经济学概论》一〇四页及五二〇二页以下)

(乙)铁道营业者自然独占专业也　近世学者无不主张此说。盖从上依利氏所举自然独占事业之三特质以观,则占有特殊线路者,营铁道者所不得不为者也。需用多时,增少资本,而多得效果者,又营铁道者之常态也。铁道之轨路、停车场、其它营造物皆固定者也。虽多用之,无俟别多投资本。即车辆等,其利用增加时,亦不必多为增加。其役人应之增加矣,其增加率亦不甚速。要之,其支出之增,视收入之增,皆为甚仅也。不得离其设备而显其用者,铁道主为运送,不得以欧之铁道代美为运送;亦不得以美之铁道,供欧洲两地方交通之用,又甚易知者也。故此三特质,皆铁道所已具者也。即其事业不容竞争者也。顾或有欲以强制竞争之法施之,其所用方法凡四种,然皆不见其益。日人关一氏尝驳其说,无以复也。其一曰,使各铁道竞争,此其费多而益寡,率必归于合同而止。其二曰,使在一铁道间为竞争,此说令人各得行其车于公共铁道之上,或令此公司之车得行于他公司铁路之上。由前之术,则其运转之术不齐,终不可安全,亦无以与私营之公司竞。由后之术,则强公司以其路供他公司之用,终不可得行,徒悬空文耳。其三曰,使牵引与运送之事分离,于是线路敷设及机关车运转为公司之事,而车辆则运送者自备之,使运送者与铁道营业者为竞争。然实际运送者,往往不能自有车,即有车亦不尽适于用,久之必复委托其事于铁道公司,而此法为无效。其四曰,设他种交通机关以与铁道竞争,然非铁道不能运送之场合多,故得为竞争者非铁道亦得为之之场合耳,其效至仅。(《国家学会杂志》一百八十八号二十二页以下关一氏论文)盖强制竞争者,已与自由竞争不同,犹不能行于铁道营业。则自然独占者,真铁道之固有而不可免之性质也。

(丙)铁道事业独占者之专横　既独占而无与竞争者,则其价上下,惟意所知。所欲与者,则特优之。其不已顺者,则苦之无所不至。此为事理所当然,不足怪者也。诚亦知彼之价格不能腾至无穷,藉令使人不复能任,则亦谁复为运送。特虽未达此不能底之境,而公司已因其价格之腾,获非常之不当利得。于是其资本每蓄愈富,无形之掠夺,习以为常,因肆其淫威而恫喝一世。方盛之都市,可使即颓;不毛之地,可使立盛。如依利所举美洲西部之铁道公司,故高谷物之儎费,使农业必悉卖其谷于铁道公司,不敢复论价。闻之不发指者几何?不惟此也,彼资本家以数百年外界之刺激,已失人性之常,知有金钱而已。为得是金钱,流无数人之血,曾所未恤也。既获不当之厚益,复朘削劳动者,铁道职工大抵贫困,其营业既惟利是视,遂不惜以公众利益为牺牲。千九百年美国之铁道,杀人七千,伤人三万三千八百。依利评之日,普法战争,普人死伤不如此之巨也。今之人不此之惧而惧战争,不亦慎乎?盖此之专横,从自由独占之事业性质出者,不特铁道为然矣。

(丁)抑制专横之方法 铁道营业者之专横,既久为世所病,于是乃有思抑制之方法者。而依利氏别之为三主义:(1)竞争主义(Competition),即前所述强制竞争之制是也。其有损无益,已如前述。(2)政府监督主义(Government Regulation)此主义为矫前主义之弊而起,然苟令检点稍有不周,则各公司必舞文弄欺,以蔽塞聪明。而监督之实,乃几无有。愿当未得实行国有政策之顷,则此主义之行,要为有益于社会者,不可争者也。(3)政府所有主义(Government Ownership)即国有主义也。 (此字既译政府,又译国家,颇不免于腾诮,然 Government 之义本两歧,译之者亦有参差)此制之最良者,而吾辈所倡者也。华格纳(Wagner)尝曰:苟不有特以国有为非之理由,则铁道为国有可也。此其足以抑制专横,固无疑义。但限于特有不可行之理由,始不宜行之耳。(《经济学概论》一一三页以下泷本美夫解说《华格纳财政学》二七四页)

(Ⅱ)国有者,以其经营之权归属于国家或公共团体之谓也。国有铁道之政策,以国家握其全国各线路之经营之权利为目的者也。故其线路,虽尚未有人经营者,国家犹得以为国有。而兼言公共团体者,公共团体为国家之部分。若其线路仅为一地交通设者,国家自身不经营之,而命其下之公共团体为经营,至当之事也。盖从公共团体之性质,于营一地方之事业,往往较国家为易,适合于其地之情势故也。

（Ⅲ）国有铁道之历史　各国对于铁路之政策有两主义：曰英美主义，曰大陆主义。英美自来皆采放任之策，故其铁道无国有者。欧洲大陆诸国率采铁道国有之政策，然其规划不同。其效之呈，或迟或速。于奥，尝悉铁道以为官有，然至千八百九十五年以府藏空匮，遂卖之于民，期他日更买之而已。法国，始欲采国有主义，划国中线路为数区，使私人经营之。经过若干年，无偿以其铁道纳诸国家。然其后公司以为苦，不乐经营，乃更与以补助，且延其期。故今日法之铁道为国有者仅七线中之一。他六者之为国有，犹待数十年以后也。意大利之铁道，亦初为国有。千八百八十五年以国库竭，遂卖之于两大公司，然约六十年后更复买之，且其监督权綦严也。于德，国有铁道之成效最著。始各邦未联合时，已各设官线。逮胜法结合为联邦，遂以偿金买收私钱，完国有之实，各国以为模范焉。于此，自始采国有政策，然中道尝一变之，许私人为经营。初犹稍有竞争，继则合同，终于独占，遂妄腾运费，操纵全国之事业，使一抑已鼻息，弊害百出，不可极纪，终由政府买收之而后已。要之，欧洲各国无不以国有铁道政策为然者，然行之则往往为财政所窘。故每划久远之策，期终达之而止。于美，近亦有倡铁道国有之议，然未见实行也。日本，自来国有、民有之铁道相参杂，至今岁始提出铁道国有法案。一时争议蜂起，卒遂得通过两院成法律。稍长之铁道，大抵被买收，期十年间毕其功，则国中大铁道悉为国有矣。（华格纳《财政学》二七五页，小林丑三郎《比较财政学》一〇五〇页以下）

（Ⅳ）铁道国有之利益　铁道既国有，则凡独占事业专横之弊悉去。故其对乘客及运货者，运费得廉，设备得固。其对职工保护得完全。要之，使一国之人民，皆得食交通机关之益，而不受其害也。国家固非恃铁道以谋收入之增进，其经营皆以适应社会之需要而止。不如资本家经营之惟利是视也。其有收益为国家之饶，亦即以为国民之福利，不如资本家之获益以扩张其势力，对于他营业使屈下媚悦己，对于劳动者益事压制也。其管理者不以媚悦资本家为容身之术，而以其所事为公务之一种，则不得偷慢。其营业之方法，壹皆为公之事项，表彰于外，受他机关之监督，无来一机关专擅之虞。即不能为政治上、社会上害毒。此数者，铁道国有之社会上真之利益也。（未完）①

原载于1906年5月《民报》第4号，署名县解。

① 原文止此，以后亦无续刊。

论社会革命当与政治革命并行

社会革命者，于广义则凡社会上组织为急激生大变动皆可言之。故政治革命，亦可谓社会革命之一种。今所言者，社会经济组织上之革命而已，故可谓之狭义的社会革命。

社会革命与政治革命当并行者，吾人所夙主张者也。方将著为长之论文，备究其相关系各方面之利害，且付于其施行之各政策之得失，加以批评，使我国民咸了于此义。则当与政治革命并行之旨亦自明了，不俟别为之论。第此其程功不得甚速，而恐未之知者讥议蜂起，故先简短言之，其详仍俟他日也。

近日《新民丛报》于本志土地国有之主张，恣为讥弹，本论实亦感之而作。然本论之主旨，在使人晓然于社会革命当与政治革命并行之理由，不专为对彼辨论而作。故篇中皆以主张为答辨，不与驰逐于末点也。

《新民丛报》所以评社会主义者要有四端：社会革命终不可以现于实际；而现矣，而非千数百年之内所能致。一也。行土地国有于政治革命时，同于攘夺。二也。利用下等社会必无所成，而徒荼毒一方。三也。并行之后，无资产之下等握权，秩序不得恢复，而外力侵入，国遂永沦。四也。其前二者，非本论范围，故将以他篇辟其谬说，而本论则就后二者之立论。

由是首明社会革命之原因，次举社会革命与政治革命相关之场合；次中国现在可并行之理由，所以破其利用下等社会必无所成之说；次并行之效果，所以解秩序不复，国遂永沦之说也。

论者于社会主义多所诋諆羌无理论根据。假令一一拾取其凶秽之词,还加彼身,恐彼亦无缘能自为解。顾此非吾辈之所屑事也。至其误谬之原,则吾可揭之以告于天下。盖世每惟不知者乃易言之,又易而攻之。惟不知而多言之,复不自省,乃生自为矛盾之结果。然后有以今日之我,与昔日之我挑战之一说,以为解嘲。曾不知苟其不知而言如故者,虽百反复,其结果一而已,安事此挑战。为见一新说以为可以诧于人,则弃其旧说而从之,无所顾惜。实则其不知新说犹是也。而其旧说所以弃之若是其易者,则正以其始绝未知其实际,而遽易言之故也。故往者昌言经济革命断不能免,绍介圣西门学说(今论写作仙士门,意论者犹未知为一人耶),惊叹濠洲新内阁,以为二十世纪大问题。曾不过再期,而遽以为空想妄论,世之人当亦同评之。第令略知其始之主张,全不知社会革命之真。今之排斥,亦信口雌黄,则亦当失笑也。慎言君子之德,固非所以勖于论者。惟世之人知其妄言而不为所迷惑,则所庶几耳。

抑尤有妄诞可怖者,论者目不通欧文,师友无长者,世所共知。而冲口辄曰:世界学者之公论,世界学者之公论。将依论者涉猎所及之一二书以为断乎,抑知学派有异同,学说有变迁沿革乎?夫往者诚有排社会主义者,顾其所排者非今日之社会主义,而纯粹共产主义也。若是谓今日不能即行,吾亦不非之。顾自马尔克以来,学说皆变,渐趋实行,世称科学的社会主义(Scientific Socialism),学者大率无致绝对非难,论者独未之知耳。而吾辈所主张为国家社会主义,尤无难行之理。论者但观一二旧籍,以为世界学者之公论尽是,虽欲不惊其妄诞又焉可得耶?假此可为世界学者之公论,则十七八世纪中霍布士、马奇斐利亚辈之说,亦尝风靡一时,何不执以谓君权不当限制之说,为世界学者之公论也。

彼又述孙逸仙先生之言,谓社会革命当与政治革命并行者,政治革命时死者太半,易于行社会革命,意将以怵世人而巧获同情也。然先生当时语,彼实只云政治革命之际,人多去乡里,薄于所有观念,故易行左证具在,何尝如彼所云乎?妄诞不已,继以虚诬,吾不知其所谓信良知者果如何也。此皆于事实有不可诬者,故附论之。

至于其主张之理由,及实行方法,俟诸他篇。

(一)社会革命之原因

穷社会组织经济之弊,以明社会革命之所由来,非为社会革命则不可者,非一二页所能尽,亦非本篇之所事也。

然方言社会革命,当与政治革命并行,则不得不先言社会革命原因之存在。苟无此不得不行之关系,则社会主义束置高阁可也,复何用詹詹炎炎为?故于此虽不暇分析证明,而断不可不知者。**社会革命之原因,在社会经济组织之不完全也。**凡自来之社会上革命,无不见其制度自起身者也。此必然之原因也。至其它有所藉而后暴发者,偶见之事,固不能谓社会革命绝不缘是起,而言社会革命无必然之关系,则非所论也。而今日一般社会革命原因中最普通而可以之代表一切者,则**放任竞争,绝对承认私有财产权**之制度也。今日之社会主义,盖由是制度而兴者也。因其制度之敝而后为之改革之计画者也。于英、于法、于德、于奥、意等,无不皆然。而俄罗斯则独小殊,谓之例外可耳。于此二断案之当证明辨论者不尠,今俱略之。惟有不可不置一言者,世之知社会主义而言之者,必归于社会贫富悬隔而起,此其言固无误也。岂惟无误,先辈诸大家实主张之。余辈未尝非之也。顾今不言社会贫富悬隔,而言社会经济组织不完全者,是有三故焉:

(1)贫富悬隔者,社会经济组织不完全之结果也。此最易明者也。凡学者言救贫富悬隔之弊者,莫不更求之本原。所谓本原者,放任竞争、绝对承认私有财产制是也。夫绝灭竞争,废去私有财产制,或不可即行;而加之制限,与为相对的承认,则学理上殆无可非难者也。惟放任竞争一不过问,故其竞争之结果,生无数贫困者,而一方胜于竞争者,积其富,日益以肆矣。假如放任论者所言,竞争之胜负,一准于能力之多寡,则其败者只缘己力之不竞,宁不类于至当。然实际竞争之优劣,以能力而判者,至鲜。能力诚足以为竞争之助，而非一视之以为优劣者也。然则决不得以应能力多寡，享富多少之适宜，证放任竞争之必归于适当也。此原其始以言也。一度有优劣之分以后，胜者鞭策不胜者，使匍匐己下，而悉挹其余利以自肥。此少数已胜者与多数已不胜者，更为竞争时，既立于不平等之地位，而往者之竞争，其胜负决于种种之偶然事实，今乃一决于资本之有无，必同有资本或同无资本始有真平等竞争行其间耳（亦或有起家寒素而卒致巨万者，为仅少之例外。即有之，亦非大多数之福利也）。此少数富人间亦复相为竞争，必至富归于三数人之手乃止。故放任竞争，与贫富悬隔有必然之关系者也。抑不由放任竞争，固不得致贫富悬隔也。贫富悬隔，由资本跋扈；不放任竞争，则资本无由跋扈也。更从他方面以观，则无私有财产制，不能生贫富固也；有私有财产制，而不绝对容许之，加相当之限制，则资本亦无由跋扈。即于可独占之天然生产力，苟不许其私有，则资本之所以支配一切之权失矣。故必二者俱存，而后贫富悬隔之现象得起。（独占者，排斥他人之竞争者也。而所以得为独占者，由从政者以为排斥，亦竞争之一方法，而放任故也。）言贫富悬隔，则决不能离此使之悬隔者。故言社会经济组织不完全，而放任竞争，绝对承认私有财产制，为社会革命之原因，非过也。（尚当注意者，放任之竞争，决非自由之竞争。旧学派主张自由竞争，而贵放任者，以当时干涉使不自由，故为有当。今则缘不干涉乃反不自由，故不得以彼说左吾说也。

(2)虽未至贫富悬隔，可为社会革命。盖社会革命者，非夺富民之财产，以散诸贫民之谓也。若是者，即令得为之，曾无几何之效果，可谓之动乱，不可谓革命也。既为均之，复令为竞如昔，则无有蹈覆轨而不颠者也。诚为革命者，取其致不平之制而变之，更对于已不平者，以法驯使复于平，此其真义也。故假其不平之形未见，而已有可致不平之制存，则革去其制，不能无谓之社会革命也。此固推极以言。然就中国前途论，则此决不可忽也。中国今日固不无贫富之分，而决不可以谓悬隔，以其不平不如欧美之甚，遂谓无为社会革命之必要。斯则天下之巨谬，无过焉者。当其未大不平时行社会革命,使其不平不得起,斯其功易举也。而常人不易知其必要,逮于不平既甚,则社会革命之要易知矣,行之乃难。于其难知易行之代得知而得之,则不远胜于难行易知之代不得已乃行之乎?故言苟有是制,即当为社会革命,视言贫富悬隔,尤直截耳。

(3)社会革命尚有不因于贫富悬隔者。盖社会革命之名,于往代之经济制度变更,亦当用之。然则如自封建时代之经济制度,变而为放任竞争制度之际,亦可言社会革命也。普通言社会革命固不含此义,然自理论上言,则实当函之。是固非由贫富悬隔起者,而言社会经济组织之不完全,则无所不包也。

(二)社会革命与政治革命相关之各场合

既有革命原因之存,则不能不为之矣。于是乃生当与政治革命并行否之问题。此可就社会革命与政治革命相关系之各场合而分论之。

于两者中仅一之原因存在之场合,则无社会革命原因者,惟为政治革命而已足。此于往者革命最常见者也,其例既至多,不悉举。

若仅社会革命原因存在之场合,则反之,而不必为政治革命。虽社会革命之结果,生社会上势力之消长,从之政治上势亦有变更,顾不得以谓此即制度之变更也。固亦有以势力之消长,使其制度变至不良者。若是者,社会革命可为政治革命之原因。第此事实极少,仅可得之想象。至于近今,实难遘之。缘政治组织与经济组织相分离久,即有富族势力显于政治上,亦不过其最小之一部分,甚不足道(此就现在以言,过此以往,则不可知也)。决不因其势力消失,而致有根本之变动也。欧洲之列强,今日大抵处此地位。如法,苟为社会革命,其必无改共和立宪制,可必也;如德,苟为社会革命,其必无改联邦君权立宪,可必也。其根本既无改矣,则其枝叶有变动,亦改良进步而已,非革命也(如以财产额纳税额而令选举权有多少之制,既为社会革命后,则此阶级终至消灭,而为之设之制度亦归无有,此即其变动之最大者,然亦不能以谓根本之变动也)。

要之,凡仅一原因存者,无并行之场合。

至于两原因既并存矣,则如何始可并行乎,乃方今所当研究者。于此可从其革命运动之主体客体,而分别为数场合。(主体者,革命运动之力所从出;客体者,其力之所加也。故探源以论革命之客体为一制度。所以为革命者,固非仅欲祛此阶级之人,实由欲去其有此阶级之制度也。然则言革命客体为一阶级者,近于不论理。但自实际之方面言,革命者,阶级战争也。自革命之方立言,则为此运动之阶级主体也;对于此运动为抵抗压制或降服退避之运动之阶级则客体也。今所言用此义也。)

凡政治革命之主体为平民,其客体为政府(广义);社会革命之主体为细民,其客体为豪右。平民、政府之义,今既为众所共喻,而豪右、细民者,则以译欧文 Bourgeois,Proletarians 之二字,其用间有与中国文义殊者,不可不知也。日本于豪右译以资本家,或绅士阀。资本家所有资本,其为豪右,固不待言。然如运用资本之企业家之属,亦当入豪右中,故言资本家不足以包括一切。若言绅士,则更与中国义殊,不可袭用。故暂锡以此名。至于细民,则日本通译平民,或劳动阶级。平民之义,多对政府用之。复以译此,恐致错乱耳目。若劳动者之观念,则于中国自古甚狭,于农人等皆不函之,故亦难言适当。细民者,古义率指力役自养之人,故取以为译也。

由是可由革命运动客体之位置,别为二场合,曰:(甲),政治革命运动客体,与社会革命运动客体为同位之场合。(乙),政治革命运动客体之〔与〕社会革命运动客体为异位之场合。

于(甲)之场合,两革命运动之客体为同位,故其革命必要并行。盖豪族而居政府,以其经济上之势力,助政治上之暴,因施为法,益增其富。而此蚩蚩者,既苦苛暴,复逼贫饿,益不能自聊。此非并行政治革命、社会革命,终无能苏生之日,决不可以谓既得其一,斯当知足而止,余更俟之他日也。其政治革命与社会革命,两相依倚,成则俱成,败则俱败者也。令政治革命幸得成功,而不行社会革命者,则豪右之族跋扈国中，不转瞬政权复入于彼手，而复于未革命以前之旧观矣。又令不为政治革命，而为社会革命者，则彼挟其政治上势力，可为已谋便安，制为专利彼族之法，社会革命之效果，亦归于无有也。抑当是时苟力足为政治革命者，亦即能为社会革命无他阻挠之可虞者也。故曰，必当并行。今日之俄罗斯居此状态者也。俄国之经济制度，尚未脱封建时代之状态，其挟经济上势力者，大抵为贵族、僧侣、地主，而是三者固皆有政治上势力之阶级也。故俄国之革命，皆并行政治革命、经济革命者也。（俄人有自诩其经济组织，不落于自由竞争制度之惨状中者。然其不竞争，乃禁制一般人民，使不得与地主、僧侣等争耳。是固非大多数之幸福也。故其改革，必不可已者也。若其改革，得能直为共产制乎？抑仅制限竞争而犹于相对范围内认私有财产制乎？尚有问题。虚无党等所主张为绝对的共产主义，余辈亦不能无疑之也。）

于（乙）之场合更可分之为二：（1）政治革命运动之主体，为社会革命运动客体之场合；（2）不然之场合；是也。于（乙）之（1）之场合，政治革命与社会革命不能并行者也。何则？政治革命运动之力，出诸豪右之手，而不出诸细民之手，则是时社会革命运动虽欲起而无从也（所谓革命运动之力之所出，谓主要之部分。故往有豪右对于政府之反抗，而劳动者参加之者，其力不能不谓自豪右出，又非发起鼓吹之谓。如马尔克，圣西门皆非窭人子，其所鼓吹者，固大有造于社会革命，然社会革命运动之力，亦不得谓从彼出。盖其鼓吹者，不过兴发其力，而非力之本体也）。藉欲为社会革命，则反以利政府，而两无所成也。故两者不可不牺牲其一。而欧洲十八世纪之末，以至十九世纪之前半期，凡有革命，皆牺牲社会革命，以成政治革命者也。于时，虽有社会革命运动，而皆不得成功，良由此也。而以是之果，致今日欧洲诸国不得不更起第二次之革命，其幸则以平和解决，不幸则希查标柱之惨状，旦夕间见矣。夫其初之不能不牺牲其一，欧洲之不幸也。而今日之危机，殆亦当时为政治革命者所未尝梦见者也。苟无彼欧洲之不幸之原因，无政治革命运动主体为社会革命运动客体之事实,而误援欧洲之历史以自偶,无故而使社会甘其惨祸者,是亦敢于祸社会也已。

次(2)之场合,两革命原因并存,而社会革命客体与政治革命无涉,则利并行者也。政治革命运动之客体,虽非社会革命运动客体,社会革命运动,不为政治革命运动之妨,则以一役而悉毕其功者,其必胜于因循以贻后日之悔者明矣。夫政治革命与社会革命,其运动之客体往往殊,而其运动主体则今无多异也。苟其政治革命之力,自大多数人出者,此大多数人之必什九为社会革命运动主体。于是时,政治革命而奏功者,则同时以其力起社会革命,非甚难事也。抑惟政治革命时,人心动摇,不羡巨富,于是垄断私利之念薄,而公共安全幸福之说易入于其心也。逮事既平,则内顾慊然,不自足于饱暖,而进思兼人之奉养,乃苦谋所以得之者,则必求便己营利之制。语以人各百金者,不以为意;语以百人而其中一可得万金者,则雀跃从之;常私自诡必得,而不虑其不得之困矣。惟在患难,乃于公共之利害明,而为一己冀侥获之念不切。故行社会革命于平时者,其抗拒者必多;以与政治革命并行,则抗拒者转寡。此吾人主张并行之第一理由也。岂有死止强半,乃利于行之说哉?

(三)中国现在当并行之理由

熟观上所列举之各场合,则中国现在是居中之何等乎?得以社会革命与政治革命并行乎?吾人乃可得为之答曰:中国社会革命与政治革命原因并存,而居上举(乙)之第二之状态,社会革命宜与政治革命并行者也。谓两革命原因同时并存者,政治革命之不可以不行,既为一般所知。至谓中国有社会革命原因,则往往有怫而不信者,此误信社会革命原因惟由贫富已大悬隔之故也。贫富已悬隔,固不可不革命,贫富将悬隔,则亦不可不革命。既有此放任竞争,绝对承认私有财产制之制度,必生贫富悬隔之结果。二者之相视,为自然必至之关系。然则以有此制度故,当为社会革命无疑。余辈前此所以不言社会革命之原因在贫富悬隔，而言在社会经济组织不完全，以此也。而中国今日固已放任竞争，绝对承认私有财产制者也，故不得不言中国有社会革命之原因也。然而俱有其原因矣，乃其革命客体绝不相关，故不得为上举甲之状态，此即中国革命所以有殊于俄罗斯之点也。今者老朽之政府，诚亦各蓄货财，顾其富或缘贵得，而决非与贵有不可离之关系，此自古而已然。至入虏廷，则尤忌以多财闻。自乾隆行最阴险之计略，以吸集金资（乾隆纵督抚贪婪，俟其满载归则籍没之，谓之宰肥鸭。彼无丝粟强取之名，而汉人膏血已尽矣）。即富者亦不敢扬声于外，而实际有财者皆远于政府。咸同以后稍稍变，然决不得谓有财者必为官吏也。若彼满洲之族，则以禁营业故贫困太半，是以政治革命运动之客体，决不与社会革命运动之客体为同物者也。两者既非同位，则必居乙之(1)(2)两场合中矣。而今日社会革命运动之客体，果为政治革命运动之主体否乎？中国并行政治革命、社会革命之利害问题，视以解决者也，而余辈不惮答之以否。何则？中国历史上无如是之状态。即现时革命运动，亦绝不以豪右为中心点故也。中国往代揭竿之事，多起于经济之困难，于汉、唐、明之末季尤著，此最当注意之点也。由此以扩充之，则经济组织能早完善，不致召今日之社会革命，未可知也。惟图苟且之安，而无百年之计，政府未覆而戴新主，及其功成，相与休息，更不闻有为谋大多数衣食完足之道者，此致足惜者也。然中国革命运动之力不出于豪右之族，证左亦以昭矣。至于今日革命之运动，则尤易见。自南都沦丧，唐桂二王先后不禄，中国悉委于腥膻。而东南会党，所在团结，蓄力待时，二百六十年如一日。此其组织者为何等人，亦当为世所共知矣。今后革命，固不纯恃会党，顾其力亦必不出于豪右，而出于细民，可预言者也。故就中国今日之状况而论，决不为乙之第一之状态，而当属于其第二之状态。从而由上节所论之理由，以并行政治革命，社会革命为最有利。

然而非社会革命之说者则曰："以之（社会革命）与普通之革命论并提，利用此以恃一般下等社会之同情，冀赌徒、光棍、大盗、小偷、乞丐、流氓之悉为我用。惧赤眉、黄巾之不滋蔓而复煽之。其必无成,而徒荼毒一方,固无论也。”此其论绝武断而不举其理由,固莫知其何以为蓍龟而卜筮是。顾强从其不条理之论议中为之整调,则论者所以为是言之由,亦致易测。盖论者认社会革命为强夺富民财产而分之人人者也。故谓甲县约法之后,乙丙诸县,虽如晚明之扬州、嘉定而不能下也。又谓行民生主义,其地方议会议员,必皆为家无担石,目不识丁者而已。盖其意为富族畏避而贫民专政,则将以社会革命妨政治革命也。夫社会革命固将以使富平均而利大多数之人民为目的,而决非如论者所意想之简单者也。从制度上而为改革者也。既有善良之制,则富之分配,自趋平均,决无损于今日之富者。何则?偃鼠饮河,不过满腹。生养死葬,各得其所。白余之富,皆赘而已。今日营营于富者,叩其本心,果何所谓乎。恐其什九以惧贫之不可堪,而非以富之可乐也,为避贫而后为富,然则使菽粟如水火,无不足之虑者,又安用此过量之富为。故就终局而论,则社会革命固欲富者有益无损也。至于其进行之手段,则各学者拟议不同,要之必以至秩序、至合理之方法,使富之集积休止。集积既休止矣,则其已集积者不能一聚不散(凡富无不散者,即在欧美富之集积盛行,而一面仍因相续等事散之也)。散则近平均矣。此社会革命之真谊也。故其进行之时,亦无使富者甚困之理也。今日欧洲豪右所以甚恶社会革命者,彼自恐惧于绝对共产主义之说,乃一切深闭固拒。又一方以值承平,储蓄之望盛耳。中国现在无此原因,则其畏避之情当减。第既为社会革命矣,则固亦豫定豪右之必为抵抗。第有之,亦决不足为政治革命之阻。何则?凡对于社会主义为抗抵者,必甚富者始力,而中产者乃中立无所属而已。而方政治革命之际,彼素封之家,先已望尘畏避,何俟社会革命驱之耶。大抵中国富族,对于政治革命什九持两端,视政府利则从政府,洎革命军捷,则又从革命军耳。其所欲者,惟在保其现在已集积之富,而不在希望将来之巨获。社会革命富人所失者,为将来可幸致之巨获,而非已集积之富(社会革命固亦行以渐分散已集积之富之策,然分散者合理的分散,不可言失)。彼既避政治革命,则与社会革命无与。若其来归,则亦必不以将来可幸获之失,伤现在已集积者之保护明甚。故谓富民畏避,为政治革命之阻说,非也。次其言贫民当政,则直不通之言也。试问贫无担石储者,何以无为议员之资格乎?议员一用贫民羼入,则秩序立乱乎?犹是横目两足,犹是耳聪目明,独以缺此区区阿堵,故不得有此权利,吾不知其何理也。使此说而正也,则桓灵卖官之政,乃真能应富以官人者,唐虞明扬侧陋,直粃政耳。捐纳之制,其可永存;而平等之说,直当立覆也。试以叩之天下具五官百骸者,恐除论者外,无一人而不应之曰,否矣!且今日诸国议院,无不有多数出身贫民之议员。即如此次英国新选举,劳动党所选者,强半出身工人。论者又将何说以云。至云目不识丁,则尤可笑。普通选举之际,于被选选举者,未尝不可定教育之资格;岂有悉选无教育者之理乎?论者岂不曰,地方议会,使富民占优势,固专偏利富民;使贫民占优势,亦有偏利贫民之弊。然须知贫民者居大多数,不如富者之居少数也。居少数者欲自利,则可背公而为不正之议决。若为大多数之人代表者,则其议决势不得私。盖地方议会可议决之事项有范围(府县会之权力决不能比北美各州,此沿革上使然者也),于此范围以内,谋大多数之利益,则不能屏富者使独不可享也。故贫民之专擅,决不必虑,而因贫民专政以妨政治革命进行之事,更无有也。

抑于中国尚有利于速行社会革命之理由二:即中国今日富之集积之事不甚疾,一也。中国社会政策于历史上所屡见,不自今日始,二也。中国经济上放任竞争之制虽久行,而贫富今尚不甚悬隔:此由物质进步之迟,大生产事业不兴,而资本掠夺之风不盛,从而积重难返之患,社会革命之业轻而易举。不及早为之图,则物质的模仿旦晚行,而此利便为全失矣。抑中国古以兼并为罪,盖沿封建之余习,而其言为儒者所称道,因之深入人心。汉代诏敕,尊农贱商,亦本制富集积之旨者也。自是以降,虽不必常奉斯旨,而凡谋抑富助贫之策者,亦率以善政称。顾是皆流于末而无探其本原以为救济之策,其可称真为根本之计者,独荆公之青苗之法耳。不幸而奉行不称厥旨,遂以重祸。然当时所訾于新政者,除苏轼之无知妄论外,大抵皆攻击其办法之不善,而不能言其制法之意之非也。要之,抑豪者而利细民者,中国自来政策者之所尚者也。因而改善之,以为根本之改革,决不能谓为非适合社会心理者也。由此二点以观,中国今日实最利行社会革命之日也。而此最便行之机,稍纵即逸者也。然决不能无为政治革命而径行之。何则?行之必借政治上权力,而非有政治革命,平民不能握此权。然则言社会革命,当与政治革命并行。当然者也。更就土地国有论之。则此现念亦于中国自古有之,地税至唐称租,即显国家为地主之义,而其称有土者,不过有永小作权①者而已。自两税法行而此表现失矣。然虽唐以后,庶民对于地税之观念,与他种税之观念,终不能谓无别也。更举近世之例,则于明初屯卫之制,其田皆国有者也。明初所以得行此者,亦正以政治革命之从易为功也。现于其后欲赎取已卖之田,犹患费无所出。乃其初设时若甚轻易举者,斯亦可知其故矣。行土地国有于政治革命之际,果何事强夺耶(明尚有皇庄之制,然为君主私产,非国有者也,故不能以为例)。

(四)并行之效果

既曰以并行为便矣。则其并行后见如何之效果乎,决不可不一言者。然此当注意者,并行之效果,谓社会革命及于政治革命之影响,政治革命及于社会革命影响也。若政治革命,社会革命自身之效果,则非今所论也。难并行者之说者曰:“充公等之所望成矣,取中央政府而代之矣。而其结果,则正如波伦哈克之说,谓最初握权者为无资产之下等社会,而此后反动复反动,皆当循波氏所述之轨道而行。其最后能出一伟大之专制民主耶,则人民虽不得自由,而

① 即永佃权。

秩序犹可以恢复,国犹可以不亡。若无其人耶,则国遂永坠九渊矣。即有其人焉,或出现稍迟,而外力已侵入而蟠其中央,无复容其出现之余地,国亦亿劫而不可复矣。”此彼所以为最后之论点者也。而吾不得不惊条理之错乱,论据之自相缪反。盖论者之旨,以为并行则秩序纷乱,而外力侵入也。其所言虽若两,而实则根据于一。破其秩序纷乱之说,则外力侵入之说,亦无从立也。乃问其言秩序纷乱之由,不出波伦哈克数语。此可谓奇谬矣。夫波伦哈克之说,久为学者所摈固无论。今假波伦哈克之说为正,亦正足以为社会革命当与政治革命并行之证左,而不得以为攻之之器械。何则?波氏所论,为未行社会革命之前之国家故也。波氏之所根据者,法国之历史也。而法国之大革命,绝无社会革命之分子存于其间者也(然且有助长竞争及绝对承认私有财产权之点,此可从人权宣言中见之者也)。惟未为社会革命,故有贫富阶级,代嬗以秉政权之说也。社会革命以阶级竞争为手段,及其既成功,则经济上无有阶级。虽受富之分配较多者,亦与受少同等,不成为特别阶级,故绝不能言一阶级(经济的)握有政权,更不能言自此阶级移之彼阶级。由其无两,故不得称阶级,亦无彼此可言也。故决不能由波氏之说,以证社会革命有害于政治上秩序。则波氏之言之本不实,乃更无庸辩也。

以余辈观之,则社会革命与政治革命并行,有相利而无相害,此可分两方面言之。

(甲)社会革命及于政治革命之影响。此质言之,则政策不受社会经济上势力之摇动,而无为一私人经济上利益牺牲,为大多数幸福计之政策之事,是经济阶级不存之所利也。

(乙)政治革命及于社会革命之影响。此之利社会革命者,于方行时既已有前述之便,而在既行之场合,亦尚有之。即已有政治革命者,社会革命后之完备组织,无为政治不良而被破坏之虑是也。藉欲行至完美之组织于专制政府之下,则缘被以阶级为制度之精神,故必两不相容。于是两相激荡,专制之败幸也,其胜则此制湮矣。故欲其制之安全永久,亦必政治革命已行而后可得也。

要之,本篇之论重于破邪。而以欲破邪说,故不能不根据于社会革命之原理。故简单举之而未暇致其曲。略欲一一发挥之,则非十数万言不能明其崖略,非此区区数千言所可尽也。故证明推论之事,皆让之他篇。世有有志社会革命者,尚当徐徐相与研究之也。

原载于1906年6月《民报》第5号,署名县解。▲

就论理学驳新民丛报论革命之谬

于欧洲言论理学，必溯诸希伯来人以前，至亚里士多德勒[①]，以为集大成矣，后儒加之，文缘而已。中国则自明李氏[②]译《名理探》始，暨艾氏[③]译《辩学启蒙》，皆不行于世。严氏译《名学》后，世乃知有一科学，为思之法则尔。然吾窃观世之读名学者，什九震于严氏之名而已；以云深喻，殆未可也。然则中国之人，自来无有论理学。坚白之论，实不与论理学同物，特论理之应用而已。宜其为论，常逾越轨范矣。乃刺取古人立论之方，绳以论理学之法，又未尝数谬。转而察之彼大秦之国，论理学成一科，业二千余年者，其牴牾亦未尽绝迹也。昧者以为大惑，虽然，是奚足怪！凡一学科，其应用恒先于纯理，又其纯理既明以后，应用之亦未尝无陷于偏颇之忧也。奈端未发明地球引力，而人知置器之为安。方程之术，始见《周官》。其前此错糅之数，遂无发生之事乎。钻燧而取火者，神农之道，是时物理之学，两物摩荡而热生之理，固未尝见知也。乃至精神之学，尤无不然。盖凡学者，皆根据于吾人之理性，以发生自然之法则也。其至简者，夫妇能喻。而其繁颐之点，专门之士，所不及周知。然常人应用之者，固在简不在繁也（如汽船应用物理学、化学、机械学等各专科，司船者固不必一一知其穷极，然不碍于航海也）。故论事而求不悖于论理学之大原则者，常人所能决，不得以能之自矜，犹食粟之

---

① 亚里士多德勒，今译亚里士多德。

② 指明末李之藻。

③ 指艾儒略，意大利人，耶稣会会士，明末来中国。

不得为异众也。及其繁赜之点,欲应用之,固非专治之者不可。藉其非然,动辄成咎。此所以虽欧洲今日,不无戾于论理之说也。此实至常之理,无足诧者。乃吾视今之人,往往以为论理非吾侪所知,亦已孙让失衷矣。奸者乘之,而袭论理之外形,以自文其浅陋,抑尤足为痛恨者也。盖近今张言知论理学,而数胪之矜以为珍鲜者,无过于《新民丛报》,故不惜泚笔一发其覆。若夫探索幽隐,则固专门家事,非所敢妄为论议耳。

《新民丛报》于寻常论议,率陈三段式(严译连珠),而其于告白,自赏扬其特色,亦数遵据论理焉。意者三段论法,惟彼知之耶。然三段论式,或为人所不习知,若其原理,则固童稚所得喻者。与儿童言桃李为植物,植物生物也,则彼必能决言桃李为生物,不待甚智者乃能知之。若仅得知之,遂以自豪者,是儿必极鲁钝,而不可教,以其难之也。三段论之在论理学,犹"全大于其分"诸题之于几何学。于是招而举之以为能,宁得不为之失笑哉。昔有荐举者,以有操守为言,其人遂不答。由有操守者士之常,以有操守为殊者,其操守亦不可恃也。(见汪龙庄所著书)今之言论理学,无乃类是乎。盖论者初不知论理学,獭祭之余,偶习其式,以为人之不知亦当如我,则以文饰吾论,或亦足以欺人。一身为之,而莫之斥。不惟自满,又以骄人。乃有"请遵论理赐答辩"之狂语,曾不知其见丑于识者也。利用一般人不敢自信知论理学之道德心而欺之,既复睥睨一切,为社会计,亦决不论能无摘发之也。

论者之不通论理学之点,皆每言辄见。特缘论者自不知论理学,即亦无从自知其有误谬。实则其自为抵牾,路人所能语者也。今固不暇一一匡其谬,特就其言论理学之点,为天下暴之而已。傥论者从此不言,亦藏拙之一道也。由是自其误谬之重点,分之为三:曰认识之误谬,曰形式之误谬,曰内容之误谬。下分言之:

所谓认识之误谬者,于事物之义解不了然,而强附会之以为根据,或攻击之也。于是其根据为无实,其攻击为无当。即如彼论根据《星台遗书》[①]："苟可达其目的者，其行事不必与鄙人合也"及"鄙人所主张固重政治而轻民族"二语，遂谓星台之视种族革命，不过以为间接补助之手段。苟有他手段焉，足达政治革命之目的，则此手段不辞牺牲之。此则陷于二重之误谬者也。盖其言行事不必与己合，为革命目的不可牺牲，手段可牺牲者，谬也。星台所言，自为革命以外者发，观其文义，自当了然。盖星台遗书自"不必与鄙人合也"以前，言人所当为。下乃言己所怀抱，文义截然。而此"不必与己合"一语，决不为与下所自陈诸说异议者发。其所谓同目的者，指救国之共同目的也。承上文"亟讲善后之策"云云以为言。顾不能谓此为目的，他皆手段；又不能以为惟政治革命得为救国手段也。盖苟同有此救国目的者，则可于社会上种种方面为活动，而不必于政治界为之之谓也。然而己之政治革命之目的，则固与种族革命、社会革命之目的，各立并行，相为关系，而不相为手段，即亦无有一可为牺牲者也。言人之行事，虽不妨不与己合，不能以谓为己所抱持可为牺牲。犹构大厦，或集材木，或从事版筑，或斧削而雕刻之，其相视皆不妨不与己合，以有建屋之共同目的故。而己之目的，固不以有他而牺牲。星台之意，亦实若是。同为欲救国者，可为教育家，可为实业家，可与革命两不相妨。至于同为革命家者，固非此言所及。若实畏避不敢为，而姑妄言革命者，尤非星台所屑与言也。又其言重政治而轻民族，为以种族革命为间接手段，亦谬也。星台言重政治而轻民族者，谓其言革命之理由，为政治之利害，非民族之感情；不谓其为革命之目的在改政治之组织（政治革命），不在改其组织之内容（种族革命）也。论者须知种族革命与政治革命并举，为偶然沿用之名，绝非除种族革命于政治问题以外之谓。言种族革命者，固有以社会上之理由（复仇）者，亦有以政治上之理由者。星台所谓轻民族，谓民族间之感情而已。夫吾辈主张社会上理由，谓感

---

① 陈天华字星台。本文所引《星台遗书》，即《民报》第二号的《陈星台先生绝命书》。

情之已睽,则我族不得雪其沉冤,社会终无发达之望。星台不与之同,诚为不幸。至其政治上理由,则星台与吾辈所主张同一,观其前后著书,已大可了解,即遗书中亦既言之矣。其曰:“至近则主张民族者,则以满汉终不两立。(中略)岂能望彼消释嫌疑,而甘心与我共事乎。欲使中国不亡,惟有一刀两断,代满洲执政柄。”又曰:“政治公例,以多数优等之族,统治少数之劣等族者,为顺;以少数之劣等族,统治多数之优等族者,为逆;故也。”即此可知星台对于种族革命之观念,实为最后决心,一定不摇,以为目的,而非以为手段。又可以见吾言星台言革命(种族革命在其中)之理由,在于政治利害之非谬也。论者不之知,而以种族革命非目的为根据,而攻击以种族革命为政治革命手段者之非,其言固一无所当耳。凡论中认识错误之点,类此者不可胜数,今亦不暇悉为论。特以为论理之前提者之误若是,即其论理之内容可知,故擿发之如此。

所谓形式之误谬者,其为论理对当之误谬,及其证明己说方法之误谬也。其大者有二点:

首为驳“不为种族革命不能立宪”说之误谬。盖言“不为种族革命不能立宪”一语,从严格之论理,则只一全称否定命题(严译谓之全谓否词)而已。第从此命题以推测则必别有一:“有为种族革命者能立宪”之一特称肯定命题(否词严译谓之编谓然词)者存。盖凡言物上于两端言不为种族革命不能立宪,则能立宪者必存在于种族革命之场合中矣。苟欲对此为驳理者,则只可言有不为种族革命者能立宪,则可破前之全称否定命题。不然,则当言凡为种族革命者不能立宪,则可破后之命题也。然观《新民丛报》之论,固未尝言此二命题,而直接用归纳法。夫归纳论理以证己之是而已,苟欲适用归纳法以破他人之说,则必先立与他人之说反对或矛盾之主张(论理学上言反对与矛盾不同,详大西博士《论理学》第一编第三章中),乃以归纳法明己说之是,决无有如彼之错乱者也。乃继观其所以为论证者,则尤足异。盖其可为“有不为种族革命者能立宪”之证佐者。仅问者曰,以下十行(《中国存亡一大问题》第八十七、八页),而其不可用既如后所述，而在其前之三十七行（同八四页至八七页），张言类同法、差异法，乃无一字可为足破吾辈所主张之两命题之证佐者。其所得证者，有非不为种族革命不能立宪，次则证有已立宪者仍生种族问题而已。如言日本、法、普、西、葡诸国，往者非不为种族革命。（甲）而不能立宪（呷），此但证“有非不为种族革命者不能立宪”而已。不可以破“不为种族革命不能立宪”之命题也。此得为不能，彼未尝不得为不能放也。又不可以破“有为种族革命者能立宪”之命题也。虽同非不为种族者，而有能立宪者，亦未尝不可有能立宪者故也。次举明为种族革命不能立宪，其所得证亦与前同，止于有为种族革命者不能立宪尔。然则其不能破吾辈所主张，亦犹是也。次就其南非二国以论，则尤可笑。波、亚二国未败于英之前，固已非专制矣，是则立宪而后有种族者也。其所可得证者，既立宪犹须为种族革命止耳，与“不为种族革命不能立宪”之言，真犹风马牛不相涉也。故此三十七行中，无一字足破吾辈之主张者也。（尚有彼于类同法标称之下，用差异的研究法亦一笑柄。虽无关宏旨，亦足以觇论者于论理学之深矣。）

世有疑吾言者乎？则吾更可以至浅近之例明，无事如论者之罗列干支，故令人难解为也。记有之：“玉不琢，不成器。”此命题亦当无不承认者矣。然以论者之归纳施之则如何？试以论者所谓类同法（实差异法）之例推之，则可云：“某玉非不琢者，何以不成器。”此足以破前说乎？必不然也。盖言“玉不琢，不成器”者，不言“玉非不琢者即成器”也。犹言“不为种族革命者不能立宪”，非言“凡非不为种族革命者皆能立宪”也。又依于论者所用差异法之第一例推之，则又言“某玉者不琢，今琢矣，何犹不成器”。此亦不足以破前命题也。无他，玉固有琢而不成器者，然而不琢则无有能成器者。犹非不为种族革命者，亦有不能立宪之时；而不为之者，则决无能立宪时也。又从其所举第二例以观，则南非二国，已有宪法而不为种族革命，犹玉已成器，而不更琢也。以有已成器而可不琢者，而谓玉不必琢乃能成器，其准据果何存乎？真非知论理学者所能了解也。若是之论理,宜闭门觅三数同调共领悟之,毋以溷世也。

次其主张证明之误谬,在彼所谓“戊”为“呷”之最高原因之点。盖析此断案,可得二命题:一曰,“凡为要求皆能立宪”,他曰,“凡不为要求者不能立宪”也。以其不认有不为要求以外之不能立宪原因,即君主之不欲,亦归责于不要求故也。然欲于前后文要求索其证明,殊不可得。盖有立说者,最易为特称命题,以只举一二证据而已足自完其说,由是狡辩之人喜为之,缘其知论理学深也。至言全称,则必举多证而后可。况论者今立两全称命题乎?故为此论之证,必历举非要求者之不能立宪,要求者无不立宪之事实,乃观其前后文,初未尝有是。第曰,各国不能立宪者,或其君主误解立宪,以为有损于己;或其人民大多数未知立宪之利益,而不肯要求而已。夫此固一断案,而非一事实也。不证明此,而依据之以立论,则不如无有也。是谓窃取论点之似而非推论 Assumption on probate,论理学所不能容者也。且彼所谓要求何乎?其义本至不了。从彼开明专制论,所谓要求者与暴动相对待。为要求者则不为暴动,为暴动者则非要求。从而征之各国之历史,殆可谓之“凡为要求皆不能立宪”。何则?其立宪以前,必有暴动。法、普等人所共知,毋论已。乃至论者所举之西班牙、葡萄牙亦若是。西班牙自一八六八年九月起革命,逐女王而迎新君后,又改为共和政体。逮一八七四年,始迎立阿尔芳苏十二世 Alphonso Ⅻ而为君主立宪政体。葡萄牙则亦于一八二四年逐故王子米固尔 Miguel,而立其兄女马利亚棣格光黎龙 Maria da gloria 亦成立宪政体。其它诸国,无暇悉数。假如是,则论者之言,乃论理学上所谓“同品徧无”者,为肯定之命题,即大谬也。抑姑认论者今日言要求与前日异,自相挑战之结果,取消前说,则宜从此勿更排暴动为是申申也。且即令如是,论者之误谬,犹不可免者也。何则?要求者,非己为之之辞也。故凡民主立宪者,皆不能以要求论。即立宪而后迎君主者,亦不能以要求论。如此利时是也。(比利时于一八三〇年十月,离荷兰独立,自制宪法;然受神圣同盟之影响,不能为共和组织,故强立王,使批准之。其实宪法现存在，其批准特形式而已。）故虽欲宽假之，彼亦不能自圆“不为要求不能立宪”之说也。而云“凡为要求者能立宪”时，则必附以暴动之条件，而实无异避“暴动”之名而名之以“要求”，度论者亦必不尔也。故此亦形式之误谬之一也。

至所谓内容之误谬者，则指其以为归纳材料之事实之不当也。夫为归纳，必取同类之事物。而彼所举以为归纳之材料，得合于形式者，惟奥匈一例，既如前此所述矣。然则检查其奥匈之例，果得为正当否乎，即彼真妄之所由断也。然而彼以为奥匈不解决种族问题而能立宪，此大误也。故以为内容而归纳，亦无不误。何则？从严格言，奥匈之种族问题，固未解决，而亦不得谓已完全立宪之运用，此已如别论所言矣。而苟认奥匈为已立宪者，则亦不能不认为已为种族革命者也。盖彼于一八四八年以前，奥大利属中，惟匈牙利有宪法，有代议院。盖其始，匈之合于奥也，全以抗土耳其之故，而其旧治，奥悉承之不改。奥之他属，不如是也。然由匈之旧法，其贵族院无大权，权在代议院与君主。故既戴奥君以为君主，则君主与代议院争权恒相冲突，然代议院势恒不敌，而奥君益张，遂使匈人自治权失。匈之所谓种族问题者如是，其有宪法而实不能谓之立宪者亦缘是也。匈之宪法精神既奄然没欲尽，际二月革命之起，匈牙利人亦倡义欲以匈独立，惟戴奥君为君，他皆不得与；而同时改选举之法，使全国民有选举、被选举权，但附少条件而已（前此之代议院由市选出之十二名，及从以贵族构成之选举会委员者，而构成之）。盖此令得行，则匈之立宪制已完矣。然不得请于奥，举兵又不胜，奥益削其自治权。至一八六七年奥战败，乃思和国内之感情始与匈议会约，两国平等，各独立，有自治权，惟由共通利害之关系相结合。故于共通事务，有共通机关处理之，余则各不相涉。此亦一大变革也。盖奥匈始终以共同利害相结合，而非以一国灭他国者；特以权归于奥君，故渐为奥政府所支配，而匈人自治权利尽。匈人所谋复者，其自治权而已。得回复此自治权，则可谓为种族革命。若其犹君奥君者，固亦为称种族革命之有未毕。然匈人之所以为病者，本不在此。

缘始以共同利害而君之，无恶感焉也。匈欲立宪，不可无自治权。得自治权，宪法乃可立。故匈之谋立宪，其着手专在种族革命不成之不成功。立宪须得自治权，即不可关种族革命。而一八六七年之约，实令匈人有自治权，故此即为种族革命，有是乃能立宪也。若谓是种族革命犹未毕行者，则其不毕行之敝亦自见，第以其主要之部分，只在已族得有自治权否，故不害其为立宪而已。顾以是不毕行，犹有害立宪，种族问题能决为立宪梗可也，然不能以其已太半行而未毕者，足以立宪，证全未行者之亦足以立宪也。彼盖误认种族革命为必以武力颠覆政府者，始足当之。而不知凡种族阶级间之竞争，无日无之，而其阶级间权力急生根本的变更，则通谓种族革命，从其种种关系而有要用武力否之殊。匈之取争，仅在自治权，而两族间初不以恶合，故得不以武力而能决，固不得谓非种族革命也。若中国，则种族问题固不如匈之简单，亦不得无用武力而解决者也。故彼匈牙利不为种族革命之说既非，则其证据悉破。何则？其前诸种种已谬于形式，而其惟一之不谬于形式者，又以不相当之事实为内容。故自论理学上言，彼之攻击不为种族革命不能立宪之说，亦谓之悉破可也。

尚有足为内容误谬者，则其云西班牙当一八〇九年以前云云是也。此虽小节，亦一足以见其妄矣。西班牙自一八〇八年并于法，中有自立之谋，亦未尝遂也。至一八一二年，始有宪法，然寻废。至一八三六年，始再立宪，行之至于革命之际。今宪法，则一八七四年迎立新王始布之者也。故言不能立宪者，可数一八七八年革命以前，可数一八六四年以前，可数一八一二年以前，而不可数一八〇九年以前也。言非不为种族革命耶，则可数一八〇八年，而不可数一八〇九年以前也。以其非为同类异类区画之界限故也。此亦可以证其立言之率而无所当矣。

以此三误谬，行之遂无往而不错。论者何自苦乃尔。苟因任常识，不为炫耀，则前之诸谬论，当不妄发，噤口无言。谓食肉不食马肝，亦犹可也。徒以人为可欺，遂至自白其谬于天下，计毋乃太左乎？今为正言以锡若曰:自此以后,慎毋谈论理学。从道德论,自欺欺人,为大罪恶。此楢〔犹〕或若所自忻而不暇省。从利害言,绝口于思考之原理,亦藏拙之道。若应亦不能恝然置之与继此若犹欲为遁词者,则当谨佩吾箴。事实如是,不若诳也。

原载于1906年7月《民报》第6号,署名县解。▲

土地国有与财政

（再驳《新民丛报》之非难土地国有政策）

《新民丛报》既不得志于攻击排满之论，乃退为蹈瑕之谋，思致难于吾辈之土地国有论，此亦倔强泥沙应有之现象也。既逢掊击，不获一申，斯亦可以已矣。而必怙其前非，更远攀名家之学说，以张己军，谓可无恐。曾不知彼为梁氏[1]所援之学说，方且见驳于通人，况能为梁助耶。盖近世学者对于土地国有之非难，率从管理方法等方面立论，而不能探土地国有之本源以立反对之论据。所以然者，文明日进，地租日增，虽理嘉图之例，以征证不足，诎于圭列，而地租增进之事实，诚不可掩（以一国一种地言，则时有减退，如下言英耕地是也。然举其全体言，则为进也）。由此渐增之趋势，推测土地为一二私人独占之效果，因谋其救治之术，而令其渐增之益归之社会全体，则可以达社会政策之目的。斯亨利佐治土地单税之说所由贵也。微言不昌，富室弥姿。一世之学者，笃于时而不能通，真理以晦，即令智足以瞩是，而又不能胜其哗俗取宠之念，以是狼狈迁就而不得安。欲以真理为敌，又非所能为也。则姑不问其大节之是非，而徒指摘其难行之点。以是上不得罪于巨室，下又不召大非难，而其责毕矣。承学之子，狃于师说，益以离经道怪相诫。梁氏本无学殖，妄肆剿袭。不幸而所依傍者非人，不能有所益于辩。剿袭所不逮者，济以舞文，庶一得当以报称于虏朝，亦以自慰万一。顾世不乏

---

① 本文所称梁氏，系指梁启超。

明目者,无聊之论,适增其丑耳。顾对于一般人吾辈有发奸擿欺之责,且指其违谬,亦足以发明吾辈所主持。故著为此论,以释众惑。

梁氏于《新民丛报》第十八期,《再驳某报土地国有》论文中,专就财政以攻击吾辈之说,其论点凡十有五,叩其根据则当归于左之诸点:

(一)以英国田租之额不足供国用,证中国地租不足供国用。

(二)中国地租不得有八十万万,故不足供国用,复分为三;

(甲)田赋岁入不足四千万;

(乙)不加额不可得四万万;

(丙)地租不过六万万。

(三)以土地单税非租税制度之良策。

然其所为论据者,失实而多欺,今分而辩之。复著其不涉重要之点而驳之,为附论。

第一 驳麦洛克氏之说

梁氏之驳土地单税论,首引麦洛克氏之说曰:英国全国借地料[①]不过四千九百万镑,而英政府经费每年六千八百万镑有奇。然则虽没收全国地主所收借地料全额,而国库尚生一千九百万镑之不足。以是证土地单税不足供国用。然麦洛克氏者,纯任自然之进化论者也。其主说大致谓社会进化当以一部分人为牺牲,据之以排斥社会主义者所主张。以为劳动者大多数之阶级,当为少数资本家牺牲,不必为谋,亦不能为谋也(此种学说将别著论辩之)。其持论偏颇如是,则其排斥土地单税政策,自无足怪。然事实者,事实也。英国之田租统计,决不足以推翻土地单税之论据。缘英之幅员,本至狭隘。

① 借地料即地租。

考一八九八年统计,英之耕作地,英伦、威尔斯合二七、五八四、二六四英亩,苏格兰共四、八九二、七六七英亩,爱尔兰共一、三九〇、九四一英亩,全国共不过四七、七九二、四七四英亩(内含小岛耕作地)。而每十五英亩半当中国之一顷,故每英亩当中国六亩又三十一分之十四。(即小余四五、一六一、九〇三),故四千七百七十九万二千四百七十四英亩,合中国三百零八万三千三百八十五顷四十二亩。而此四千余万英亩之中,其过半为草生地,种谷类者,不过八百八十一万余英亩耳。此所以有食不得继之忧也。除此耕作地外,荒地尚多,试取科利所制百分比较表证之。

国	耕　地	草生地 及牧草地	葡萄园	森　林	荒　地
比利时	59.5	13.8	——	16.8	9.4
法兰西	53.7	15.0	5.3	17.0	9.0
日耳曼	51.2	11.5	——	27.2	9.9
不列颠	39.0	27.9	——	4.7	28.4
匈牙利	35.9	25.4	1.4	27.1	10.2
荷　兰	32.8	37.0	——	7.2	23.0
奥地利	31.4	28.3	0.8	32.6	6.9
意大利	25.2	25.8	6.6	16.1	19.3
爱尔兰	28.6	56.3	——	1.7	13.4

然则英之土地既狭,不垦又甲于诸国,而麦洛克氏据以驳土地单税论,其不可据已明矣。

虽然,麦氏之说不可恃,有更甚此者。英之耕地租近年急剧下落,此其原因固不一而足,要之其下落之景况,决非长久者也。至于近岁国人渐知农业政策之要,则耕地地租之总额增加,为至易决者。试举不列颠全国土地收入统计表以证之(租税皆在其中)。

年	英 伦	威尔斯	苏格兰	不列颠全国
1842	37,794,000 镑	2,371,000 镑	5,586,000 镑	45,753,000 镑
1852	38,587,000	2,596,000	5,499,000	46,582,000
1862	41,962,000	2,648,000	6,715,000	51,326,000
1872	46,137,000	2,871,000	7,353,000	56,372,000
1882	45,151,000	3,251,000	7,573,000	55,976,000
1893	36,996,000	3,065,000	6,251,000	46,313,000

就此表以观,可知英之地租减退之急剧。而此表所列只不列颠各地,而不及爱尔兰暨余诸小岛。查此诸地耕作总额,当英全国耕作地面积三分之一,则其租税总额最低不下六千镑可知。而麦氏之统计又较此为少,此非故举最少之额以抑土地单税论者而何。假其以此论法,推之一切经济现象,则农学未发达之际,固有赤地千里不有籽粒之获者,持此将谓地方之不足养人也耶。夫统计者,通数十百年以为计,知其趋势何若,大率若干,以此推经济现象之前途于一事一物当收更良之效果欤,抑得更恶之结果欤。其价当腾当跌,抑循此以往,利害相剂,平均不可逾越之中数如何,所以足重也。执一二年以为论,则其根据薄。择其尤便已说者以为证,则天下曲说戾辞,安往而不可得证于统计。藉各执其一以为论,又安从判断其是非耶。故假令麦氏统计而正确,犹是**执持英国耕作地租总额最下落时以为证,不足据也**。况其实又未必正确耶(英国千八百九十七年为所得税而调查之表,甲种中土地之收入五千四百八十万余镑,即示其渐复高之趋势也)。

何言麦氏统计之不精确也。英国近年地租虽低落,决不至减其三分之一。而依前统计,三十年前英伦、威尔斯地租四千九百万镑,十年前降为四千万镑,斯亦可谓急剧矣。而如彼说则不过三千三百万镑,虽以英国地租跌落之趋势,决不能尔也。推其致此误谬之由,则必由**不计税，纯计租**。盖英国之土地所负担之税有三种；乍观地税之额甚微，若无与于收入。实不然也，英之正称地税者，最近收入额不过八十余万镑。此地税之税率，名称收益五分一，实则相去悬绝。若第据此以言，则略而不论，诚亦无大关系。顾英之所税于土地者，不止此也。于土地之收入，别以所得税之甲种、乙种之名目课之，其额较之地税额为大。凡此皆国税也。国税之外，别有地方税；地方税中含有地税。而依波留氏之说，则此税为地方直税额之七分三，其总额又数倍于国税。合此三项，其额盖大矣。依波留氏所推算，则一八七三年英之地税名目征收者二千七百五十万法郎克，以所得【税】甲种名目征收于乡村地主者二千八百万法郎克，以所得税乙种名目征收于农夫者八百万法郎克，以地方直税名目征收者二万三千三百万法郎克，合二万九千六百万法郎克。以一法郎克合英九便尼半计之，则等于英一千一百三十八万镑。而当时计算英之地税收入为一百一十万镑。后以种种变更，至千九百年为八十一万镑。则他种税亦容有轻减。而要之，综英之土地负担税额不下千万镑，而以加麦氏之不及五千万镑者，适与吾所略算者等也。而此不计税纯计租之统计，欲以推翻土地单税论，则为奇谬。盖此税之负担既在农地，则土地国有之后，必能并之租额之中而征收之，不得除去之以论土地国有后之收入也。故曰，其统计不精确，而其**所差镑在千万镑内外也**。以上皆就耕作地言也。而吾人所以主张以土地为国有者，其主之目的全在宅地，此可征于前后之论以明也。而麦氏之说，惟证耕作地之地租不足供国用，未尝论及宅地租只字。岂以宅地为无租耶，实欲以统计二字迷世人之目，而执耕作地租即田租以概一切地租。此其舞文之术，足以为梁氏师矣。夫在进步之国，房屋之租，太半为地租。然英国房屋，自一千八百二十年以来，至于千八百九十四年，其租额实增七倍有余；据墨尔化氏万国国力比较表列之于左。

年	房屋数	租额	价额
1821	3,572,000	20,300,000	338,000,000
1841	4,775,000	41,500,000	692,000,000
1861	5,131,000	61,200,000	1,020,000,000
1881	6,485,000	117,500,000	1,960,000,000
1894	7,360,000	149,600,000	2,493,000,000

依此表,千八百九十四年房屋租总额一万四千九百六十万镑,而此中三分之二当为对于土地之租,故宅地之租,应为一万万镑内外。又依波留氏所计算,所得税中税房主者百四十余万镑,地方税税诸房主者约千四百一十余万镑,合千五百六十万镑内外。而自波氏著论以来,房租所增几半,则其税亦必应之增,少亦有四百万镑之增收。而以房屋税之名目征收者,于一千九百年其额百七十余万镑,合之当得二千一百余万镑,此税皆土地所负担也。以加前一万万,则一万二千一百余万为土地所出,确无所疑,其额正倍于耕作地之租税总额。不取此租额为倍之宅地,独据彼租额仅少之耕作地,自可成为驳耕地单税论之一说耳,未足尸土地单税反对论者之席也。

然而梁氏则依据麦氏之说以为言,且曰:

> 以吾所闻英国最高之地代[①]与吾国最高之地代相较,平均统算,大率我以十而仅当其一耳。以我本部面积与英本部面积比,我约十一倍于彼,而彼地代价格约十倍。两者相消,其地代总额应略相等。在英不满五千万镑,在我充其量不过五六千万镑止矣(第十八期第六页第七至十一行)。

又曰:

① 地代,即地租。

然则英国全国之地代总额，犹不过合库平银三万五千万内外。我国本部面积十倍有奇于英国，故就令我国地代价格所值与英国同率，其总额亦三十五六万万，而断不能至四十万万。今彼报谓有八十万万，然则我国地代价格不已两倍于英国耶（第十八期第十页第八至十一行）。

夫彼于此所谓地代者，专指耕作地以言耶，抑兼宅地、耕作地言之耶？不解决此，则吾诚无从与为辩。顾彼前后所论，率单称田赋，不论宅地，则此所指其必为耕作地租可知。夫地租之最高、最低，不特英国之数难详，即吾国中亦不易得悉。第彼由此以断言中国地租价额不过英之什一，则武断实甚。考尼可孙之统计表，英国一千八百七十八年之地租，每耕作地一英亩，平均得租三十先令。而千八百七十八年者，英国耕地租价额最高之年也。而依每英亩当中国六亩又三十一分之十四之计算，则每亩租四先令七便士又十分便士之八。依梁氏之计算，每先令当三钱三分三厘有奇，则英之耕地，每亩平均不过一两五钱四分内外耳。假其十倍吾国，则吾国地租不已降为平均一钱五分四厘内外耶。然则有百亩之田者岁入犹不过十五两四钱，殊不易度日。而颜回仅拥五十亩负郭之田，更何怪于贫饿以促其生也。然以吾粤地租言之，则中地岁租自二两三四钱至七八钱不等，平均当在二两四五钱间。征之乡农，所言颇不相远。以与英较，则我之多于彼者近一两，而彼不过居吾五分之三耳。即令他省不能如是，其必不甚少，而等于英之什一，易知也。梁氏日言人大胆，吾不知其造言英国地代价额十倍于我时，其胆量为何如耳。昔人谓李天生杜撰故实，汪钝翁私造典礼。夫杜撰、私造，止于故实、典礼，又何足言者。惜夫毛大可之未见梁氏杜撰统计，私造地代价格也。

大中国地租，虽不倍于英，而决不下之至于居其数十分之一，既如前述矣。而凡不能谓中国不有两倍于英国之地代价格，即不能有八十万万之租。何则？英之宅地、耕作地，租税总额达一万八千万镑，等于中国之十二万万两。则八十万万者，不过英之六倍有奇。

而中国平均地代价格，纵居英之三分二或五分三，犹优足以得八十万万也。

是以麦洛克之说，可以为英之耕作地单税反对论，而不能为英之土地单税反对论，**尤断不能以之推倒土地单税论之根据**。而梁氏据之以谓吾国行此单税，其不足用，亦等于英，则不衷于理之甚者也。至于于麦氏之说以外，杜撰英国地代价格十倍于我之说，则尤谬之谬者也（梁氏自言吾粤赁地而耕者，上地岁租不过四两，下地不及一两。则其平均价格，亦当为二两余也。易页之后，乃为此说。其忘之耶，抑以为英之地租每英亩平均可得二十六七镑也）。且彼谓国费比例国境而增，吾之国费当十倍英。不知英之国费中，最大宗之国防费，实为全国费中十分之四有奇。其次公债费亦居十分之二有奇。国防之大部分，用以防卫全领土，非比例于本部领土。国债费尤无关于领土广狭。而据一千八百九十八年之决算，则：

（一）国债费	二五、三二三、〇〇〇镑
（二）海陆军费	四〇、〇九四、〇〇〇
（三）内治费	
内治行政费	七、五八六、〇〇〇
教育费	一〇、三九九、〇〇〇
地方的性质之费用	三、二八一、〇〇〇
（四）其他	二、九九五、〇〇〇
合计	八九、六七八、〇〇〇

观此，知英之海陆军费（国防费）及公债费额，凡六千五百余万镑，余二千四百余万，乃他种经费，可比例于国境而大小者耳。梁氏之说又安足信耶（尚当注意者，英国别有地方费，其额几等于国费。而麦氏言六千八百万，则与国费、地方费之数两无所合，不知何所指也）。

以上对于麦氏之说，驳击略尽。未尝稍杂意气之词。梁氏其将仍固执之耶，抑又靦然曰：吾无为麦氏辩护之义务也。

第二　驳中国田赋岁征不及四千万之说

梁氏之为论议，所持秘诀，不外欺瞒读者，虚词恫喝，冀一得当。忽遭驳诘，意气茶然矣。则又幸人之素未习闻，摘举繁难之事实，故为确凿之词，以坚人之信。其论证之方，若较前为进步也。而其对于读者之罪恶，则尤大。何则？前者之暴论，错谬百出，矛盾并进，可以目脑筋瞀乱，于刑法上为无责任之举动，等诸醉客之叫号，狂夫之跳梁，加之箝束，施之疗治，其瘳可望也。籍令不瘳，亦颠狂院之前辈，慈善家之所致怜也。原其操术，不得谓恶。今则异是，于其所知不便己说者，故隐之；于其已知不确者，喜其便己说，则故引以为证。淆乱耳目，颠倒是非，此乃类酷吏之舞文，罪不容诛矣。其证据则在《新民丛报》第十八期第八页，曰：

> 现在中央政府所收田赋总额，据赫德所调查，则其纳银者二千六百五十万两，纳米者三百十万两，合计为二千九百六十万两。据上海英领事夏美奴所调查，则其纳银者二千五百〇八万八千两，纳谷者六百五十六万二千两，合计为三千一百六十五万两。我国无确实之统计，二说未知孰信。要之，其总额三千万两内外近是。

夫梁氏于八页以下，斤斤引《赋役全书》，则非不读《赋役全书》者也。且即自不有《赋役全书》，而于至普遍之《会典》，度必为崇尊供养，日夜梦魂缠绕焉者也。而于赋额则独不引官书，而据外人之所调查，此何意也？夫近世赋额虽为官书所不载，而乾嘉赋额，则官纂之书，类载之。梁氏虽浅陋，亦尝供职虏廷矣。于其聚敛之方，宁不熟习之耶？而曰忘之，则是前此之孤忠自许者，恐亦未可恃也。如其不忘，则明为欺读者以为无知，而以谩语进也。是则其心术之不可问也。且吾固知彼之必非真忘之也，于其后之屡引官书，而此舍不引，知之也。凡官书无不屡载赋额，而各省赋课率或载或否，载亦一度止耳。能查取此各省赋课率，决无绝不睹乾嘉赋额之理也。

抑凡言地租地税者，有田租，有山林、矿地租，有宅地租（含工场、仓库等）。三者之外，若池沼溪涧之地，皆可有地租地税。吾辈之言土地国有，本指全土地言，而尤重宅地。即令田赋不满四千万，如赫德、夏美奴所说，仍不足以破吾说。以彼所考证非地税全额故也。然而赫德、夏美奴之说，固明为不可据也。言中国田赋者，有额征之数，有实收之数。额征者，总天下土田法定正供之总额；实收，则各省每岁实报收于户部之数也。额征依于法，故有定；实收视其征收所得成数，故无定。而实收中又含有蠲缓、流归、带征之款，故尤不可以一年为准。赫德、夏美奴所得调查者，或一年之实收而已，额征非彼所得知也。实收之中，又只以地丁名目报部之项，彼知为田赋耳。其他亦非彼所知也。然而欲据之以证田赋不足四千万，至愚之人所不为也（梁氏既根据之，又硬派吾辈亦根据此说，因谓吾辈改三千万为四千万。然吾辈先言地税四千万，后引赫德言，意义划然不相涉。未必梁氏脑筋瞀乱一至于此，特欺读者为不晓文理，故敢尔耳）。

满政府之定田赋，本分银、钱、粮、草四种赋课，而银之数值为最多，粮次之，钱、米并少。至其岁入总额，则常例七项之内，地丁居其过半。粮为粮收之大部分，而各地有额征钱者，其额亦不少。粮除供漕以外，并归本省自用。草亦供本省用。然无问本省用，抑解部，皆为应行奏销之款，即吾所谓达于中央政府者也。此外更有杂税一门，中有田房税契之款，亦为地税。其它漕折、灰石折（江浙诸省课之）额虽小，亦地税也。而耗羡归公之后，其额特多。虽然，此在官吏所滥收，不过其十余分之一，而官吏既纳之，视同规费，益肆婪索，政府亦因利之，不复过问矣。自伪雍正年间，已定耗羡之额，文武养廉二百八十余万，皆取给焉，与定为赋额盖等耳。更查伪光绪十年户部奏颁各省汇报出入款项册式，银收册（收册中分银收、钱收、粮收、草收四项)内,除地丁外,杂税中田房契粮、漕粮、粮折中皆有折色(漕而折银者,归此类,否则归粮收册),并续完地丁耗羡五项,皆地税也。钱收,有小部分属地税,粮收、草收册则除为屯田所纳之少数外,皆为地税。凡皆赫德、夏美奴所未及详也。今取刘岳云所编《光绪会计表》摘其十三年、十五年、十六年、十九年四年之所列各省汇报总额,列之于下(粮每石折银二两四钱,亦依梁所计算也):

年	地丁	粮收		耗羡	总
		石数	折银		
丁亥	2322,8150	563,7201	1352,9283	304,4033	3980,1455
己丑	2282,2508	461,3644	1107,2745	292,0805	3681,6058
庚寅	2373,7114	454,8137	1091,5528	301,2583	3766,5225
癸巳	2332,9533	449,3075	1078,3380	303,6735	3714,9648
平均				3785,8096	

观此表,知即地丁、粮收、耗羡三项,每年平均已可得三千七百八十余万两之收入。而银收册中杂税、漕粮、粮折,续完四项,并有巨额之地税,以非全为地税,又不可以意测度其居若千分之一,故不能列入。而表中粮收不属地税者,亦可剔出。以此两者相偿,必犹有余。**然则满政府岁收地税,必不下于四千万**。此其数,赫德、夏美奴固无从知之也。且此皆以其实收言耳,若论其赋额,则决不止于四千万两也。试就伪《通考》所列以计之:则乾隆三十一年,天下赋银二千九百九十一万七千七百六十一两有奇,粮三百八十一万七千七百三十五石有奇。依之以粮折价,得一千九百九十六万二千五百六十四两有奇。合纳银之额,得四千九百八十八万零二百二十五两有奇。外征草五百一十四万四千六百五十八束。然则当时田赋总额过五千万两矣。而道光末年,天下田赋额征银三千三百三十四万八千零三十七两有奇,粮米称之。视乾隆时尤进(据王庆云《熙朝纪

政》)。而光绪十一年户部具奏正杂赋税额,额征总数岁计三千四百余万两,而近年实收仅二千三百【万】两云云。查其时每年征收杂税,岁收百六十万两内外。杂税虽多吞蚀,然以额微,故鲜不及额。度其额亦不过百六十万两内外。而此三千四百余万两中,除百六十万两,余三千三百万两内外,必为地丁征银之额。以视道光年间,虽不能加,未尝减也。粮、草两项,以银之比例,亦不当少于乾隆时,而其折价当为二千万两内外。合之为五千三百余万两。而耗羡一项,常为税额之什一,亦当五百万两矣。加余诸税,则其额当为六千万两弱也。而依下所论此实收不能如额之由,实在官吏之种种侵蚀,非土地之不能负担此税也。

第三　驳中国地税不加额不可得四万万之说

梁氏此论,其贯于始终之巨谬有一,不知田赋与地税内容之有差别是也,以地税即为田赋故也。审其说然,则除田以外无地也,三尺之童亦当谂其说之非矣。而彼顾敢以之欺人,是真视诸读者不若三尺童子也。彼之驳赫德四万万之说,即从此论以来。则其谬于真理亦不可以道里计。夫吾辈引赫德之说,谓中国倘能经理有方,则不必加额为赋,岁可得四万万。意取喻指,不示其详细之剖析。宜梁氏阅而不解。第吾辈论土地国有,已可从种种方面证其能供国用。则赫德之说存而不论,固无不可。而彼既睹此论,即紊地税于田赋,以指擿吾辈之说。则亦可就而驳之。盖吾人所以测中国实征于民之数,固自有所不必纯恃赫德之说。即赫德之说证左不完,吾辈亦有他方法能证其所说之近真。特以赫德之说,众所习知,聊取便于喻解耳。彼既不能明中国税地共有几何,而姑就田赋以为论,则即令其所言之数悉确,何足以病吾说乎?今者田赋以外,房捐为各省岁入之一大宗,论者亦知之否乎?试剖析房捐之性质,渠能屏之地税以外乎？凡房捐之终极负担者，皆其土地也。特房主必兼地主，故不见耳。设假定房主与地主异人，则其税必土地之方负担之矣。然则独以田赋一项立论，非视不见睫者而何。抑即就田赋以论，彼亦无精确之论据。第曰："财政上舞文中饱之弊，厘金为最，而田赋反稍逊。"以冀蔽读者之耳目。又以"不过六千万"，"一万二千万止耳"二语抹杀一切。不知彼言六千万、一万二千万之根据，在岁收三千万之说，而如前所证，既已不衷于事实矣。至田赋舞文作弊稍逊之说，更不知其证据何存也。且稍逊者，吏较之辞，不示厘金中饱之率，又安知稍逊于厘金之不为多也耶。考今日官吏于田赋侵蚀之方，大者有四，列之于左，未尝见其何所逊于他种税也。

（一）滥征 梁氏谓平余、火耗皆有定额，不能滥征。此盖根据官书颂美之词，以为贫〔贪〕吏辩护耳。实则凡官州县者，无不从事滥征。滥征所入，不尽自得之也，亦以供上级之种种侵蚀也。自州县征收以达于户部，其间每有一度解交，即须有足具一度侵蚀之款。即达部之际，犹须多额之费用。则州县所收可知矣。中国旧定税率本极轻，故虽加倍征收，民犹不觉其重耳。此之事实，梁氏亦未尝不认识之也。故曰，就令与法定金额埒，亦不过六千万。是则其前言总额三千万之结果也。然使果依此以为论，犹可言也。乃方于此言六千万，而相距不二千字，遽复依三千万以立论。（十二页）此其舞文之术固工矣，如世人之目未尝眯何。盖依吾辈所推度，则州县所取于民者，约为正供之二倍半，虽有过不及者，其平均相去不远矣。至其特多征者，亦数见不为鲜。然非常率，可姑无论也。盖赋有轻重，地有肥瘠。赋重地瘠者，不能及额，或至赔垫（非不及法定之额也，不及备侵蚀之额耳。其实已逾正供而几及倍矣）。而在赋轻地饶者，则多收之亦事所宜有也。今举广西之一例证之：广西之田赋，每额一两，藩库额收银一两三钱五分，而州县粮差收于民者率至二两五钱。马丕瑶官广西巡抚，乃定限每额一两收钱二千五百文，其值已等于二两矣。而其后粮差更夤缘作弊,其取诸民乃至每额一两收银三两五钱,是税额之三倍半也。而泗城府之凌云县乃收至四两有奇,则四倍矣。马树勋(云南人)为令其地,乃思革去宿弊,榜令限依旧额收二两五钱以便民,而见恶于岑春萱之弟。乃援马抚定章,以浮收钱粮黜去之。夫依马抚之章,则是二倍于额也,而以为轻减。凌云县之限收二两五钱,亦既为定额二倍半矣,而犹以之得罪于土豪。然如马树勋者固不多,则是民常求纳二倍半之税而未得也。则吾辈谓其滥收之数,常为额之二倍半者,必非过实矣。

(二)吃荒　垦地不报部,而私取其地升科所征税,是谓吃荒,近代州县之通弊也,其所入不下于滥收。盖垦地纳税而不报于中央政府者其额少,亦与报垦之数相等。自丁银摊随地征以后,丁口之数骤倍,非以无丁税而易孳生,只缘丁无税则不隐匿耳。丁税如此,地税亦然。或实垦而报已荒,或既熟升科而不报,皆州县所优为也。以是群起相效,以吃荒多寡为缺分肥瘠。虽日言清丈,徒具虚文,具报升科者卒鲜闻也。此有甚易证明者。盖土地垦辟之数,当与人口之进步为正比例,与农事技术之进步为反比例。更以微分之式表之别如左。

土地面积 $= z$　　人口 $= x$　　每亩产额 $= y$

则　$$z = f(x, y)$$

而　$$dz = \frac{Tz}{Tx}dx + \frac{Tz}{Ty}dy$$

依此式可知田地面积,为人口与每亩产额之函数。而当人口无增减时,依每亩产额之进退之微分而变动。每亩产额无变时,依于人口增减之微分而变动。双方俱有转变,则依于双方之微分而变动。此众函数之被变数之性质,当如是也。而中国近百年来农业未尝进步,故言土地面积增减,必当求其征于人口。据伪清《通考》、《通典》及《熙朝记政》,乾隆二十三年,人口一万九千零三十四万有奇(其时户口已绝少隐匿)。二十四年,田土六百零七万八千四百三十顷有奇。同二十九年,人口二万零五百五十九万有奇。三十一年,田土七百四十一万四千四百九十五顷有奇。嘉庆十七年,人口三万六千一百六十九万有奇,田土七百九十一万五千二百五十一顷有奇。人口之增加已倍,而地之加垦不过什三。逮于今兹,人口四万万有余,而田土更不报垦。夫农事既未尝进步矣,若绝无吃荒,垦必报部者,则此四万万人中之半数之食,将于何求索乎?明为垦而不报耳。然而垦荒者孰得免于征收耶,明为州县之取之耳。故**被吃荒之地,其面积当与报垦之面积等**。中国人数证之有余矣。而此地所征地税之额当不大减于报垦之地所收税也。

(三)吃灾 今征额银三千三百余两,而实收常不过二千三四百万者,其重之原因,在于因灾蠲缓。**蠲缓之数,岁可千余万,非不征也,官吏利之**不达于政府,则不见于实收耳。大率报灾请蠲请缓之事,岁必有之,且常居赋额之四分之一以上。既缓之赋,率径数年而题蠲,以是终不登于岁入。然蠲缓伪谕,初不着何乡、何国、何甲,蠲免若干、缓征若干也。官吏则因而影射,应蠲不蠲,应缓不缓,其所得率以肥己。蠲既无复须解,缓者亦必终于免,则永无败露之日。习以成风,不复怪诧矣。此即田赋实收不能如额之大原因,而民之所以重困也。

(四)捏完作欠,征存不解,交代宕延。 此三者皆地方官之积习,以欠久必得豁免,故虽已完之款,仍报未纳,而干没其银。此谓捏完作欠。旧例每征收银米,限三日起解,不能有殊。然日久上级官吏怠于催促,则有但具报已征,存库而不起解。存库之后,挪移费用,无复存留。积久成习,而其银米遂不入实收矣。及其任满交代,则本应以所存银粮移交后任,然以负债成习,不复可偿,上司无可如何,即勒令后任设法弥缝,不为发觉。及其既泄,则案经数十年,无从诘究矣。此亦实收不能如额之一大原因也。

前二者,所以使法定额少,而民纳多者也。后二者,所以使赋额虽多,而实收终不能及额者也。前计赋额可六千万,则此后二项所侵蚀,已为其三之一,当实收之半矣。然赋额既有可考查,则此后二项之侵吞如何,可不具论。但以六千万而论,滥收者,普通当正额之二倍有半,故此项征诸民之实数,当为一万五千万两矣。而未以升科报部之各田,面积既当与报垦者等,则其取诸民之数,少亦不下一万二千万两也。是知,**但以田赋言,毫不加额,犹可得二万七千两之收入**。而梁氏六千万、一万二千万之说,固一无所据也。

田赋之外,宅地、山林、矿产、运河、铁道等,皆有税。其税亦略可以属于地税中。而此数者中,宅地尤重,不待言矣。中国迩年田虽不大长,而宅价大增。其增也,非以建筑之精良,皆建宅之地之价腾致使然也。则价加之税者,宜亦为地税(日本地租,即并宅地征之)。近年各省次第举行房捐,其收额皆不公布。然第假定每省数百万,十八行省中可得六七千万之款,非虚想也。而房捐隐匿、延欠之弊实多,实收不过半额,假令充其额,宜可得一万二三千万两。更自他方面以观,中国文明虽不甚发达,地价虽不甚腾,然总全国宅地收入,犹当半于耕地。而房捐之率虽各省不同,要之,其率平均,亦当与田赋相去不远。则其额亦当半于田赋,而为一万二三千万两也。合之田赋其它赋税额决不下于四万万。赫德之数,与真相近。而吾辈之说,亦绝不赖赫德,然后为确也。要之不加额而可得四万万云者,非就四千万言其十倍也,综一切土地所负担之额以衡之,而知其额当如是也。虽其中亦或报告不确,传闻异辞,要其大较不可逃矣。梁氏既昧于此,乃悍然倡论曰:

> 夫使如赫德所言,照现在赋额不加征一钱,而实数可十倍于今日。则据《赋役全书》所载,其至重之赋,有每亩征至六钱者,而政府所得,不过人民所出之十分一,然则人民所出不已六两耶。

夫吾辈固言不加额可得四万万,不言出此四千万之人本出四万万也。言满政府所收总额为民所出十分一,非言满洲责取一者,官吏必取其十也。此间界限至微,不可不察也。且如梁氏说,第举至重之赋以为证,则又安足以概一切乎?夫州县之滥收,各称其所欲,得与民之所能出，安所得全国划一之比例，以为滥收之标准者。举一不能十倍者以言，正未足以证余之不可十倍也。况余辈固未主张，是谓地税可得四万万，不过推测言之。则现所收田赋居此十分中之几何分，未定也。田地之中已报垦田所出几何分，未报垦田所出几何分，亦未尝言之也。即报垦之田中，三分之一所纳赋，为官吏所侵蚀，不达于政府，余则得达，此中孰负担几何分，又未明言也。而如梁氏说，必假定为田以外之地，官不取其一文，即未报垦之田，官亦不取一文；乃至报垦之中，经官吏侵吞，其所纳税无余之部分，亦必视同未纳，而后独撰此余三分二之人，使承纳十倍税之名。世界虽大，文体虽众，宁能容此种论法乎？然而不如是假定，则六钱为六两之税无自而生。盖田以外，有地税则四万万非独取诸田。假未报垦者可被征，则非徒为此报垦之田所出也。假知政府实收不过定额之三分二，而被征之地实不止此，则出此四万万之地，犹为税六千万之地，非税四千万之地也。不宁惟是，此一小部分之纳税地中，自有税率高下之殊，纵令负担十倍之地税，亦必不能不依其比例而少有假借。籍其不然，六两之说，仍无着也。故令梁氏不依此假定，则其说本已不成为问题，无俟反驳。若必依此假定，则吾辈前言破其根据有余，不烦更言之也。

要之，梁氏不知田赋与地租之区别，故误认地税四万万为田赋四万万；不知报垦地与未报垦地之区别，则又误以田赋四万万为报垦地征收四万万；不知税额与实收之别，而以实收之四千万，抹杀赋额之六千万。因以四千万较四万万得十倍，而发生此六钱将为六两之奇论结。意将谓可以窘人也，其愚不可及已。

第四　驳地租总额不过六万万之说

梁氏于中国地税、田赋、征额、实征、实收之五者之区别，既混淆不清矣，又以其杜撰的论法臆定中国地租总额。其言曰：

> 国家现在所征田赋，为地代价格十分之一。现在田赋总额三千万，其地代总额三万万，约当英国价格十分之一（此句甚奇，或者四万万为英之代价格十分一耶）。此数当不甚远。即曰所征者有不实不尽，更益以十八省以外之地代，充其量能将此数加一倍，则亦六万万极矣。

夫彼言总额三千万，根据固已误矣。而谓租不过赋额之十倍，则尤谬。彼徒据地丁银米征率最高最低数，与租之最高低率相较十倍，而因以推定田租总额，亦为赋之总额十倍，此大谬反于事情也。地之科最高率税者极鲜，而科最低率者极众。彼所举最高租率，则为田租所恒见。故即最高低率相较如是，亦不足证地租总额，与地税总额相较亦如是也。凡言税率之比较，只当言平均额，不能言最高低额。查伪清《会典》所载，广东田土总数三十二万八千八百三十二顷九十三亩，赋银百二十五万七千二百八十六两，粮三十四万八千九十五石各有奇。依此算之，每亩平均赋银为三分八厘二毫三丝五忽弱，粮值银二分五厘四毫零六忽弱（依梁氏计，每石二两四，以乘三十四万八千九十五石，得八十三万五千四百二十八两，以亩数除之得此数），合为六分三厘六毫四忽强。而依乾隆三十一年统计，田土七百四十一万余顷，而赋银半合计值约五千万两，平均亦每亩六分七厘内外。而去彼所举四钱内外之高率远矣。是知十倍之言，为无据也。且吾辈所谓二十倍者，实征（民所实出）之二十倍也。彼所谓十倍者，实收之十倍也。若其说为确，则必政府不得其税者（缘侵蚀蠲免），地主亦不得收其租而后可，不然，则总额不止十倍也。又必官吏一无滥征、隐匿而后可，不然，则十倍于所纳者，非十倍于政府所收也。然而皆必无之事也。今试如梁氏说以推其结果，尤有足使人骇笑者，如广东之税率，平均每亩六分三厘六毫四丝强矣，令租十倍之，则一亩平均亦不逾六钱四分。虽梁氏自闻，当亦不自信矣。况此中尚须纳税，而催科之吏，不如梁氏所拟议者之忠厚，势必收至二倍有余。而此六钱四分者，所余仅四钱七分有奇，为地主所实得。然则通常百亩之地主所入，曾不逮一拥奴耶（粤之小使月俸，稍高者六元，岁七十二元，尚多于此所计百亩之租四两余）。抑如粤地，数亩之池，亦得十两之租。然则地主胡不悉坏其地以为洿池，以求数倍之租，又免重税，视以艺五谷尤胜也。况田地以外，宅地如许，山林如许，其可得租几何，梁氏胡不一计耶。是知**六万万之说无往而可通者也**（梁氏言不实不尽，只能指隐匿，不得解释为包括其余也）。

梁氏又引吾粤地税及苏松四府地税，调每亩之租八十两至一百二十两，为断不能有，以攻击吾辈租二十倍于税之说。然此八十两、百二十两之租，虽所未尝有，而二十倍于实征税之租，固不难有也。盖梁氏此论之病，与论实收不得四万万同。（一）不知田赋以外有地税。（二）不知田有隐匿不报垦。（三）以租税之比例为划一不动。故其结论如此。既破其前说，则此说亦无庸辩也。况吾辈言租二十倍于税，不过约略之辞，即于实际八十万万少有所减，吾说亦未尝为之摇也。

且如广东之田，中地每亩可得二两四五钱之租，而税率不过六分有奇，以实征二倍半于额计之，亦不过一钱五分九厘一毫内外。而田租约计平均可二两四五钱，为实征之十六倍弱。此他山林、池沼税皆极微，不过租之百一。而房捐一项，如前所言，实际不过二十分之一。参伍计之，即不能二十倍于税，犹当为其十七八倍。而合各省平均计之，虽减于八十万万，亦不多矣。盖证吾辈之说未尝误也。

第五　驳土地收入不足供国用之说

以上所论，皆只就现在所可有之租言耳。而吾辈所以言土地国有后财政巩固者,非谓政府得此八十万万而遂可用之也。吾辈主张土地国有之原始理由,在地租之自然增加,而所欲取以为新政府之收入者,亦在此浴社会的自然恩惠而增加之额。故曰,此增加一倍之八十万万为新政府所有,不言其本来之地租与增加之地租皆为政府之收入也。而彼报不察,则为言曰:(十七页以下)

> 彼报之土地国有论,既主定价实收之说,则实收时不可不给以代价,明矣。吾试与彼核算,其共和民国政府所应支给之土地代价共需几何。据彼所核算,则全国地代总额八十万万。夫地代非地价也。(中略)然则地代总额八十万万之土地,其所有地价总额应为一千三百万万元有奇。(中略)共和政府无点金术,不知何以给之。即曰如日本收铁道为国有之例,不必支给现金,而付以公债证票。(中略)以新造政府第一着手,即负担十倍于法国总额一千三百万万余元之国债,天下有如是之财政计画耶?(中略)且凡募集国债者,当其募集之始,不可不豫计及所以偿还之途,及其每年给付利息之财源。现今普通之国债,最廉者亦须给利五分。则每百元者,岁给利五元。而地价值百元,其地代不过岁六元。国家拥此百元之所有权,而所收入六元之利益。以六分之五付诸债权者,而仅自有六分之一。然则果使有八十万万之岁入者,则每岁不可不以六十五万万余为国债利息,即吾所计算调地代总额为六万万者,则每岁不可不以五万万为国债利息。天下又有如是之财政耶。

此其立论,包含二个之误谬:第一,误解吾人之说,以为吾辈将现在八十万万之地租以为收入。第二,武断吾辈之国有方法,为以公债买收;又以消费的国债拟此买收国债,而不以起业国债拟此买收国债也。以下先就此第二之误谬而驳之,以次及于第一之误谬。

吾人前言土地国有,未尝论及以如何之方法使为国有也。他种财产之为国有,固常以买收之方法。而如土地之价值总额过大者,决不能以单纯一时收买之方法为满足。此于实际稍加考虑者,所能知也。既已明知土地之将来增价可至数倍,而此数倍之增价,由社会之进化以生,不由劳力资本。则取其将来之增价,补偿现在所有土地者之损失,而此地价增加之益,遂归于国家,则可以胜于一时收买之无谋。于是有相辅而生之两方法:先给国债券,而后偿还,一也。划定价值后,有增价悉以归官,然后随时依价收买,二也。此两法可并行不相悖,而第二法尤便利。何则?现在土地鲜属大地主。数十年间,必有交易。若划定地价,则交易必更频繁。而土地之买卖,必涉于官,无从欺匿。故划定地价之后,有交易止以原价归卖主,而其增价属国家矣。如此,国家可不费一钱而收增价之益。以此收益供买收之用,优有余矣。

所以先定地价,则土地之买卖必频繁者。凡地主之吝卖其土地者,一惧损失,二希厚利也。既划定地价矣,地主不患不得售其本价,又无从希额外之利得,故苟有欲买者,虽以国家之力强制之可也。藉令其不欲卖而自纳其增价之额,亦可也。要之,有地价可增加之事实,则必有欲求买者。而无论其买卖之成立否,国家皆受其增价之益。而地主初不抗拒。其不抗拒非为势抑而然,亦自计其利而已。故一方用国债买收之策,一方用此策,则买收之财源决不患其乏也。

然梁氏只知可以公债买收,而不知此法,则其为驳议之无所当,固宜耳。且即如彼所论,有此千三百余万万之国债,其结果于财政亦无丝忽之危险。何则?凡论公债之结果,其最要之点,在其公债有生产的性质与否。其起债而为生产的者,为起业公债;非然者,则消费的公债也。而现在各国之国债,多为消费而募集。其尤重者,以事战争、供赔偿。夫以公债供战争、赔偿之用,则是其费终不可复,而于将来之收入,无毫末之益。即如论者所举法国之例,彼百余万之公债,其大半皆以充战费者也。即普法一役,彼之公债已由四万万八千镑,升至八万万八千镑,而　时浮动之公债尚在外。此皆仰偿于租税者也。夫故其财政受其影响,而近年之支出,公债费至居经费十分之三有奇,为巨额矣。然假使法之借款,不以用于战争,而用以起业，则其业务所益，优足以给其公债之费用，则法之财政固甚安全无恙也。惟其公债之收入，以供军用，更无从回复，则其利息及偿还之源泉，势不能外于租税。而人民以有此公债，故每人负担之国债费二十一马克二有奇，一一皆自其所得中割出之，此其病民，所以见诟也。然而以公债买收土地，绝殊于是。其偿还之源，始措勿论。第言其利息，则就其土地所收之益出之，固已足矣。然则于财政有何不巩固，而劳论者为之忧也。

梁氏固非不知此也，故于后段明为利息之计算。然计算利息.而不知其利息即从土地出者，于财政无所碍，是则吞剥现代学说而不知运用之过也。而彼更由此论法以论偿还，谓政府于此廿年以内，决不得偿还国债，因谓政府信用当坠地。（二十页）不知国债之偿还期限，以国库信用高低而迟速，不以其偿还迟速而信用有高低也。夫还偿之迟者，莫如无期固定公债。今如英国之整理公债，利息年不及三分，而无还偿之期，只有随意偿还之条件，其不欲偿还，则不偿还耳。然则论者之视此何如，当亦以为英国政府之信用坠地，而国可亡乎。夫英之公债，非有厚利，而又无期偿还，然而人争保有之，价不减跌者，英之国库之信用足以维持之也。偿还之期，只视募集当时之信用。公债之价值，全不关于其偿还之期。夫英之国库，固未尝储偿还公债之金，而人亦不望其偿还也。则其年给之息无亏，斯已足矣。况此国有财产，实具与国债相当之买价，而有收益递增之趋势，其利息亦决无愆期。而谓此类公债不偿之于二十年内，则政府信用坠地，而国可亡。吾真不知其义之何存也。抑无期固定公债，非其信用之厚已表示于公众，不能募集。而国家之募集公债，实以无期固定公债为最宜。此学者之通说也。然以此公债买收土地，即以土地之价格厚国家之信用，则何人亦不疑其为财政上之良策。以此信用而给付无期固定公债券，以为代价，实无毫末损于卖主，亦万不致如论者所云也。假曰，虽有此广大之土地，其信用犹不足以得发行无期固定公债，而价格不少低落之结果，则必其有他故存，而非此政策自身之病。若可为此假定，则何不可假定者，顾论理不容之耳。抑且如彼所言,二十年以内,地租不得加倍。然则吾辈地租增加之说,彼犹承认之。特曰,二十年后,乃能加至倍耳。然则反问之曰,此加倍者,为于二十年以后,突由八十万万而倍至百六十万万耶?抑由买收之初年,逐渐增加,至二十年后,而后可以增加至百六十万万耶?其逐渐增加也,则虽未至加倍,而所加犹优足以供偿还之用也。盖凡巨额之公债,例必分年偿还,而如此巨额之公债,其偿还之年,例必较多。征之法国,自千八百七十八年以来,着手于公债之整理,其计划当至千九百五十二年而完了,其长实逾七十年。今如彼所计算,以十倍法国之额之公债,其偿还之期间自必当较七十年长,明也。期间既长,其每年偿还之额自少。然则,于此二十年中,取其渐增之一部分,以供偿还,甚非难事也。假定此偿还之期间为百年,则年所偿还者不过百分之一耳。比之利息百分之五者,其额大不相侔矣。故能支利息有余,而忧偿还无着者,必无之事也。又公债例于借债之后,定一相当之期间,于此期间中,绝无偿还之事。日本谓之据置期间。据置者,存而不动之义,所以使政府得发行公债之效用,而应募者亦得以达其应募之目的也。假朝募集公债而夕偿还,则无宁不募集之为愈也。然此期限常为十年或二十年。盖通常所以募集公债者,因于租税之不可增加。而租税不可增加之状况,非三数年间所可变更也。故政府募集,非据置十年或二十年之公债,则虽足以济一时之急用,而无从获其偿还之途,终于无效。若其犹可以得偿还之途,则必其税源之甚丰,足以供其非常大之增税,故其募集公债以后,直得以增税供其利息,又可以供息之余为偿还也。是则其税源之丰有异于寻常者。然考之公债史上,巨额之公债而能以此偿还者,未见其例。其有偿还较速者,必其借债偿债,而非根本的偿还者也。依是而论,则此买收之公债,纵不如前所论,而为有期固定公债,而其据置期限必不可少于十五年,甚明。然则虽有偿还之期,政府决不至苦于其偿还而致破产也。何则?如前所述此二十年中,地租既已逐渐而增加矣,则此增加之额,必足以供此偿还之百分一也。偿还之额,不过利息之五分一,而每岁利息,恒得以岁入支之而有余。则此岁入增加六分之一,已足供偿还之用。而此岁入至二十年后而可倍者,在十五年后,决不止增加六分之一。然则于二十年以内,以增加之资供偿还之用,又必非不可能之事也。况每有偿还,利息即因之而减。自开始偿还以往,不及二十年,而其利息减额所赢,即足以供偿还,而不俟别为之计耶。故即如论者所言,以公债买收全部,财政未尝受其危险。而其公债为无期固定公债者,其偿还只视政府之便宜,绝无所害。即为有期固定公债,犹应有据置期间,而偿还期间又必甚长,虽地租二十年后乃得倍者,亦无患还偿之无着。而二十年间不得偿还者,破产而国可亡之云云,真梦中占梦之呓语,无所当于事实也。推其致误之由,不外不知生产的公债,与不生产的公债之区别,以消费的公债拟此买收公债,而不以起业公债拟此买收公债也。

然梁氏根本之病源不在此,而在误解吾人恃现在地租为收入之一点。故彼所见为缭绕而不可通者,吾辈直可以一言解决之也。彼以为政府缘买收土地之故而破产,不问其地代多募者,以为吾辈以现在地租为收入之正宗,而以将来增价所生收入为饶余也。其下驳增加租额之说,又曰:无论如何,当其初行此制度之第一年,政府必不名一钱。以第一年地主所收租额,必即为国家法定原额故。正表现其此种思想者也。抑亦不知政策之着手与完成有殊之过也。今如日本言铁道国有,将以议院议决、天皇裁可之日,为铁道国有政策之完成乎?抑以各铁道买收整理完了为其完成乎?必将曰,买收完了。然而始之议决、裁可者,只为决定其政策之行为,不得指以为政策之已毕实行也。知此,然后可与言土地国有之次第。彼所斤斤持以为论者,无过孙先生私人永远不用纳税一语。而先生之言,只就国有事业完成后以言,不言国有政策决定后即悉废他租税也。而彼之立论,乃若谓一行此政策,即无有他收入者然。是无他,以吾人之政策,为恃现在地租为收入,因是买收定价之事,吾人所以为决定着手者,彼以为政策之完成也。惟以为吾人所望只在现在之租额,而一买收定价,即为完了。故武断吾人着手此政策之时,即尽蠲此一切之租税以事之。而其结论则曰,岁入八十万万,则须付六十五万万之岁息;岁入六万万,则须付五万万之岁息。以此征财政之不巩固。虽然,如其说者,一买收而已毕者,世又何难于土地国有之实行乎?夫现在国有事业,最大者莫如铁道国有。然以视土地国有,其程功之巨细,相去远矣。然铁道国有而得完成于一二年间者,未之前闻也。日本以新进之国,全线不过五千哩,而尚除地方铁路不买收,其计画不可谓大。然其买收之期限尚需十年。法国之铁道国有计画,则于前世纪之后半期已大略定,而其实行完了之期限,当在本世纪之中半。盖实行之所需时日、手段,有万非空想家所能拟议者。然初不儗其政策之为良政策也。吾辈前言土地之价,十年可倍,只就其可增收之度言,不必与土地国有政策实行完了之期限相符合。将来实行之际,或能最敏活之手段,得最长足之进步;以最短之年月,完成此最大之计划,非今兹所能逆料。而所可知者,则此实行完了,决非三数年之事耳。然于此政策实行未完了之中,一切政费自必仰之旧有之租税,暨余一切收入,决不如彼所云,一着手此政策,即不有其余之收入也。此可即至浅之譬以明之。则如梁氏,括其所得美洲南洋华人之血汗,以营广厦于神户。其始营,以逮其落成,自不能无需时日。而当其建筑之际,横滨山下町之馆,箱根之旅宿,未可遽废也。苟梁氏以有金可得广厦之故,浸假而以广厦视其巨金,不待新居之成,而以新民丛报馆为鹊巢,为兔蹄,为鱼筌,则付之水火,加之斤斧,将见其无所荫庇,奔走以求一宿,而所挟巨金未尝呈丝忽之效也。然梁氏之知,不以此术施之室,而必度人之以此术施之国,以吾人所计画为金,而以现在可得之收入为馆,此何说也。且吾人之计画,与租税绝不相谋者也。吾人日实行土地国有计画,而民之负担不为之加多也。土地国有之所得者,由自然的恩惠而生之利益也。既完了国有之后,而减免赋税,则人民负担之轻减也。而未完了之前,一方为国有之进行,一方仍前取租税,非人民负担之加重也。然则绝无因土地国有政策之进行,而不得有别种收入之理由也。

于此吾辈所谓土地国有政策之完了者,亦不能不一说述之。吾人前言以土地归国家所有之术,有二方法:一为公债买收。而此公债买收者,不能以给付公债之时期为完了,易明也。盖以吾人之目的,在得其土地所增之租。故一旦买收之后,非至其收入足以给公债利子之外,别足以供给国家之用,不可谓之完了。盖各国之国有事业,只以归于国有为目的。而此政策则归于国有之外,别有与国家以充足之收入之目的故也。然吾人固不纯恃此方法。

其第二之方法,则定价而国家收其增额之法也。此方法之利用,视前法为多。盖调查其地价而划定之,则地主只能有其现所有之地价。而此地价,无论何时,由官给之,则地主不得拒弗卖也。即地主欲卖,卖于官,而得公债或现金。则不问时价如何,皆得同价,故地主无不利也。有欲买者,纳价于官,官取其所增而以定价与原主。其不足,官为补足之。则买者亦无不利也。如是其利则独在官。何则?近世之趋势,地租日昂,在欧美诸国行之,犹必有获。然在中国,则将来地租有升无降,则政府尤得收其厚利。此厚利之源,非夺之民,乃以社会之进步而有者也。地租之升降,与地价之升降,固非同物。然以普通而论,地租增者,价即比例增,而定价之后,此所增者归于国库。如是即以之渐买收其土地。及土地尽归国有,而后为土地国有政策之完成。而用此策者,亦非三数年所可毕者也。前所言法定而归诸国有者,谓此。盖其始时,地虽尚属私有之状态,而以法律定之,令其人于其土地上,仍有同前之权利,特制限其让渡之权。自法律上言之,所有权在国家,人民特于其地上有他之物权耳。而是时国家未尝给相当之对价,亦未尝得行使所有权,故人民所行使之他之物权,与前之所有权之行使悉同。第虽有与所有权同之权利,而法律上所有权仍属国家,不属私人也。故曰,法定而归诸国有。及后以买收而完全得有所有权,亦基于此最初之法律规定。可准之地上权消灭,而所有权得完全行使。然所有权固前之而存在也。后之买收,亦基于前此之法定者也。而当其政策进行之间,其增租之利益,已归国库所有,亦此法定之结果。而吾辈前言,因于文明进步,所增租额归国家,(十二期三十一页[①])即指此也。特是由此法所得者,由增租所增之地价,而非即其租。而前偶不检点,只称租额,未免语病,以致彼疑。然租额之增,买来价额之增,土地之特殊性质如是。寻其原因所在,不能不谓之出于租。而国家以法定为大地主收此增租之益,固毫不有矛盾之所也。

此第二之方法,用之而有效者,不待远征之,即前数年在汉口、广东商人致富之事,可以为之证。广东商人者,当芦汉铁路初通时,商于汉口。知沿芦汉铁路之地价必且腾也,则求其道旁地主,与之约为买卖。其约价恒视时价数倍,而不定买卖之期,但定其最迟不过若干年,过此期者废约,而在期中不得更卖与人。民见其利,争趣之。然商固不持一钱,不能一时悉买此地也。逮铁路既通,欲地者骤多,而地主守商约不可得,则求转买于商。商因多取其价,而如约以价与原主。商不出费,只以一契约而厚收其利,更以所得利次第如约买取其地。又次第卖之,得利巨万云。此盖由第二之法而变之者。商惟希一时之利,故买而复卖之。然铁路旁地之涨价,固不止是。藉商不以是为足,而自保守其土地之大部,以一小部之价偿其原值,未为不可也。如是则商所收益,可百十倍。又假为此者非商,而国家自进为之,则亦可以得莫大之收入也。今中国之铁道纵横,次第敷设,是皆芦汉之类也。森林、矿山之业,次第发达,是皆铁道之类也。国中都市次第发达,其宅地之价,次第腾贵,又当十倍于铁道旁之地。是有千百芦汉铁路也,亦即可有数十万倍于汉口商人之利得也。虽以商人之策,为将来事业进行之缩图,可也。

是故吾人之国有土地,非恃其现在地租为收入者也。故其政策之完成,非于买收之顷刻完了,而于土地价格既增加如所豫期,得以与国家以充足岁入时始完了者也。然则未完了以前,国家不废别种之收入,无国库不足之忧。而苟以公债买收者,土地自身足以偿还其公债有余,不事忧惶也。故现在地租,吾人既以前此以计算,明八

---

① 指《民报》第十二号民意撰《告非难民生主义者》,三十一页。

十万万之数不大远于真。而此八十万万,初不必入于豫算之收入,只此可增加之一倍之八十万万,可人之豫算收入之簿耳。然则梁氏之驳议之无当自明。彼言八十万万之收入,而出六十五万万为国债息者,其财政为天下所无有。而不知彼所言支给六十五万万国债息之间,不可谓为土地国有之完成,他种收入未尝为之废也。此征之普之铁道国有,其例最易明者也。普为铁道国有而发行三十一万万二千五百万马克之公债,而千八百九十四年之统计,国有铁道收入九万万四千七百四十万马克,其支出五万万六千二百五十万马克,得纯益三万万八千四百九十万马克。至一千八百九十八年,则其收入增至十二万万零九百七十万马克,并余官业及国有森林、土地等收入合十五万万六千三百七十万马克,居收入总额之百分之七十二,而其纯益实足以给每年支给公债利息并偿还之费。然则数十年后,更无公债费之支出,实得此巨大之收入,其于财政上之福利为何如也。假普于此外,更有种种之经营,而国家私经济的收入,遂足以供国费之全部,非甚难之事也。当是时,民无租税之负担,而国家得充足之岁入。自梁氏视此,其以为良结果否乎?傥诉诸平旦之良心以言之,决不能曰否也。然以梁氏之论法,则于普之政策未达成功之际,亦且以为第一着手,即负担巨额之公债,且以六分之五付债权者,而仅自有六分之一,而诟为天下无有之财政矣。然普固未尝于铁道国有政策未完满成功之今日,行尽免租税之愚策,则其财政亦正为天下所易有。将来之中国,何独不然?

抑梁氏推算吾国将来之岁出,谓当比例面积人口增加,至数倍于英。而吾辈所豫期之收入,决不能给之也。于是闻吾人之说,必曰,旧有之收入,不足以供新政府之用也。则吾辈所主张仍不能实行也。然求其推算之根据,则曰:(五页至六页)

据日本小林丑次郎(三郎之误耶)之总分国家经费为宪法费、国防费、司法费、内务费、外务费、文教费、经济行政费、官工行政费、财务费之九种,内中惟宪法费、外务费不以国土之大小为比例,无论何国,其额大率不甚相远。其官工行政费,则以国家自营事业之多寡为率,非可一概论。(中略)然则此亦可与宪法费、外务费同置勿论。其国防费虽非可以同量之比例进算,然大国之当增于小国,亦至浅之理也。自余司法费、内务费、文教费、经济行政费、财务费,则无一不比例于国土之大小,人民之众寡而累进。然则我国面积虽远过于英本国,而我国为自维持、自发达起见,其所需正当之岁入,亦当远过于英国。

又曰:(二十三页至二十四页)

计英国现今岁入十一万万余,法国十四万万余,德国十二万万余,俄国二十四万万余,岁出略相当,而国债费尚在外。我国以幅员之广,人民之众,所需行政费之多,则其岁出入必须过于英、法、德而勿劣于俄。质言之,则每岁必能提出二十万万之豫算案,然后可以供国家自维持、自发达之用。

于此姑勿问其论理之确否如何,即其所举数字而论,已错谬百出。即如彼前引麦洛克氏说,言英国经费六千八百万镑,而此言英国岁入十一万万,斯已谬矣。而彼必自解曰,麦氏之立说与今异时,故不得合。然则既知其不合于近今之数矣,又何为笃信而死守之乎?第此犹非要点,其要者彼谓经费皆当比例于国土面积、人数而增加,且其增加之比例极确(彼六页注,谓如乙国面积人数十倍于甲国,则此等国费自然六十倍于甲国,尤可骇怪。然六或讹字,姑恕之)。即彼三四页所论也。今试如其说以检之,中国面积,十倍于英本部有奇,彼所承认者也。中国人口,亦十倍于英本部有奇(英本部人口只四千万内外)。然则依梁氏说,中国之经费除宪法费、外务费、官工行政费外,皆当十倍于英。就中国防费虽不十倍,亦四五倍也。而查英之宪法费不过一百五十余万镑;外务行政费一百二十余万镑;英国本少官工业,官工行政费不及百万镑。然则此三项合计不及四百万镑。而国防费凡四千余万镑。故以麦洛克氏之说计之,则六千八百万镑之经费,除去此四千四百万镑,其余二千四百万镑,皆梁氏所谓当十倍于彼者,故其额当二万二千四百万镑。而国防费当五倍者，亦二万万镑。然则其总数当四万四千四百万镑也。而每镑伸银十元弱，故其额在中国为四十二万万元有奇。与二十万万之说已大背谬矣。况依英国十一万万之说，则中国于司法费等五项，当支出七万镑，加余二万万镑有奇，当有十一万万镑，即一百一十余万万元之岁出。然则中国更何从觅此财源。是吾人之主张土地国有，未尝令中国政府有破产之虞。而梁氏硬派此十倍之经费于中国政府者，乃真令中国政府舍破产以外，无他道也。又姑无以此虚悬之说与为辩。即彼所举英与俄之岁出入计之，俄之面积大于中国，而人口少于中国，以此两相抵，中国之推算，亦略可移以施诸俄。顾俄之统计，即如彼所说，亦不过廿四万万余耳，未尝有一百万万以上之岁出入也（以他书统计征之，则俄之经费，除国债不过十三四万万元，无此巨额）。此事实之最显著者也。梁氏诚欲自完其说，则无宁更改俄国之岁出入为百万万，而悍然曰：中国后此亦非得百万万不可，犹得以遮饰一时也。

以上皆就数字上以证彼说之不足据也。更自理论上以言，则其立说误谬之源，亦易明了。盖彼言面积人口增加，则一切经费皆当应之增加，固也。然其增加之比例，非以线比例增加（算术所用比例即线比例），而以乘方比例增加，其式当为：

$S=a\ n\sqrt{(bx+cy)}$，　S＝经费，　X＝面积，　Y＝人口。

故面积人口增加之时，其经费即依微分理而增加。然其增加之数决不能大。以其式中变数之项有分指数存故也。浅言之，则（一）经费比例于面积人口而增加。（二）其增加之率，从于面积人口之大与多而减少是也。（一）者经费为同变数之结果。（二）者项中含有分指数之结果也。

梁氏固不解此，而以小学一年级算术初步之智识谈财政，宜有此结果矣。况检其所举五项国费，其中固有不与面积人口俱增加者，即如财务费中含国债费，国债费固与面积人口无关者也。然考其所举英国之例，则英之国债费，实居总财政费中百分之九十五。故虽谓其财政费全不涉于面积人口可也。俄、法之财政费中，国债费之位置，亦略同英。惟德国债费极少，为例外耳。其它项目亦多有不与面积人口相关者。一概论之，其失远矣。又此之所言面积人口者，专就本部而言也。而各国之经费多不止为其本部出之，而国防之费尤甚。今如英国，其本部虽甚小，而其属地则甚大，凡其军费，率为全国投之，不但为本部为支出也。然英之军费，实居全经费百分之二十九。法之属地之多虽不如英，而其海军大半以保护属地，陆军在属地者亦不少，而其军费居全经费之什三。然则彼所计算之本部面积人口，已不可为基础矣，以其经费不仅为本部故也。由前之说，则当除出公债费。由后之说，则当除出军费。而如彼所举例之英法，此两项经费实居全经费之过半。然则彼说之无足采，又甚明也。

夫彼之说，恒自相撞突者也。故虽驳其一说，其它说恒不为摇。则如此论，梁氏既主张经费应土地之面积人口而增加之说，又主张中国经费当过于英、法、德而勿劣于俄之说。其前说则既破矣。其后说则未尝不合一面之真理，不能悉舍置之也。然虽当为相对之承认，而于土地国有之进步毫无所碍者也。盖以中国方今改革之殷，虽有劳力物品价值低廉之便宜，其经费自当以次增加，而其增加之最高额，则虽与俄国等，亦为理所可有也。然而所谓不劣于俄者，自当有界限。彼言廿四万万者，当为前数年之豫算。而俄国自与日战，每岁临时费加增数万万，故若计一千九百零五、六年之岁出入，则中国决不能效之也。故当征之战前之财政。据黑迦氏统计（以上所示统计皆据之），俄国之经费总额，不过十六万二千一百余万元。而其中有国债费三万万元弱，临时费一万三千六百余万元，皆非所当计也。然则所谓不劣于俄，其额止于十二万万元而已。彼说稍有可取者在此。然而彼之为说曰，中国必每岁能提二十万万以上之豫算案，而后可以供国家自维持、自发达之用。则是以俄之战时财政拟之平时而误也。且此十二万万元者，不过其最高额可抵。是曰，不如是则不可者，又大不然也。以中国有种种可得节省经费之便宜故也。

于此更有当注意者，彼所言十一万万、二十四万万等，皆就圆以言也。而前此就中国财政土地收入等项所言四千万、四万万、八十万万、六万万、一万三千万等，皆就两以言者也。两为中国计算上所常用，省而不言宜也。然既于两省不言矣，则于以圆计时，理不得省圆不言。然梁氏反之，于此诸国财政以圆计者，只言若干万万，不言圆，是大谬也。不惟然，于此以圆计者之中，言中国收入一万万七千万者，又以两言，不以圆言，复不著两字。更持七十万以较二十万万，谓不及三十分之一，可谓大瞀乱矣。夫梁氏岂不知圆与两之区别，然故为是比较者，以读者为下愚，而思以舞文之巧术济其说之穷，甘蹈巨谬而不顾也。其术可怜，而其心可诛也。

故就此计算，则俄国之岁出不过八万六千余万两，固非甚难企及之事也。即中国现在之财政言之，中央政府所入万三千万两，而各省外销不报部之款，大省恒千余万两，小者亦数百万两，此其大部分皆国家经费也（其性质不能为地方费用）。而此之合计，当有加于中央经费之额，则二万六七千万两者，中国现在经费之常数也，当于俄国岁出之什三矣。然中国之岁入，非真正取于民之数也。以前所论地税实收之额，实取于民者之什一而已。其它杂捐、苛税，滥收之弊尤甚。弊差少者独关税耳。而厘金一项，侵吞欺滥，又论者所已认者也。然则推算中国人民实际所负担之额，必视政府实收入加数倍。而即以三倍计之，亦几埒于俄矣。故论者姑无震惊于俄之岁入，其民之所出以畀满洲政府暨其爪牙者，未遽下于俄人之所出也。故当此土地国有政策方进行之日，就旧有之岁入而整理之，尽去侵蚀，优足以供国费。故土地国有之政策，毫不为之妨碍也。

论者必曰；此所言者，未及地方费也；而将来更须谋地方费用，则经费犹不足也。曰：然。然地方经费之多寡，全视其地方团体之职务之繁简。故地方团体职务而多者，其经费必多，为今兹所无有也。第以英国之地方经费论之，则十年前之地方经费，已达九千余万镑之巨额，几等于国费。而各国初不闻有此也。是全因于其职务多寡而殊者也。为问中国之始改革，其他方团体能任巨大之职务乎？必不能也。然则其经费亦当甚少，未足为道也。且今日中国亦不无单纯的地方经费，不计入国费中者。他省所不敢知，以粤地言，则乡局皆自有其经费，若团练局、沙田局等其尤著者也。然则以此种收入充地方经费，亦甚不难之事也。故地方经费虽广土不遽增，其事既简，则其经费亦不入于财政问题也。

更就今日政府收入观之，其中一部属于地税，而计人民所纳，则地税实居全负担之三分之一以上。然则土地国有政策之进行，得无为此收入之障害与？此普通最易起之问题也。虽然，同时亦为最易解决之问题，不可不知也。土地上之有税既久，其地主之收入中，恒割其一部分为税（地税或从租税出，或从庸出，或从赢出，下当详之。而中国地税则概自租出）。则计算租者，只计其所收入中，除去地税之部。即如租亩二两而税一钱者，在地主视之，只可以为租两九钱而已。然则当行土地国有政策时，假其地被买收，则其买收之价，只可以两九钱之收入计，而政府收此地之地租，实得二两，则于地租未涨以前之地税之一钱，仍可从地租中划出之，于旧有岁入无所增损也。而余一两九钱，亦为始所豫计不见耗也。要之，国家代居地主之位，故得其收入，亦得其税之负担。而即国家一方为征税者，亦未尝因而有所盈亏也。若在定价而未买收时，地主仍收其租，亦仍负其负担，于国家收入更无所碍也。

故从种种方面以观，岁出之多少，皆与土地国有政策之进行无关系。而彼论所称第八至第十之理由，乃悉破也。梁氏不能抹杀现在政府之收入，即不能推倒吾人之说。虽然，假其抹杀此事实，则梁氏方且以之自穷。何则？不能提出二十万万之豫算案，不能供国用，梁氏所主张也。行土地国有则破产，行借债起生产事业则破产，梁氏所倡言也。然使满洲政府一旦翻然思念梁氏之高勋，涤瑕荡垢，许复朝班，更假以阁龙科勃之位置，则梁氏其将何策以处此困难之财政乎？其必取之租税无疑也。今姑就吾辈所计算中国岁入二万七千万即四万万元弱者，一旦欲其增加而为五倍（二十万万元），以应国家之需，其道将奚由？假其不认征收于民者，数倍国家实收之事实，则惟有加此税率为五倍，以益困吾民而已。夫以今日细民生计之困难，现在税率犹不能堪者，其何以堪此五倍之税乎？此真铁良、刚毅所不敢建之毒策也。况梁氏之经济政策，以奖励资本家为第一义，而牺牲劳动者一部分之利益，非其所计。于是排斥外资，而保护资本家。以之劳动者势既不敌（保护资本家故），又无需要者之竞争（排斥外资，而内国资本又不多故），庸钱日低，重逢此恶税，方且希为奴于北美而不可得矣。如是而后彼说可行，然犹主张之者，是其心真非常人所得测矣。

以上皆言土地国有政策进行中不害财政也。然至其完成之日，则可尽废诸税，独以土地收入得供国用，此吾人所夙主张者也。然梁氏则悍然曰：单税不足以支持国费。考其根据，无过麦洛克氏之说，及彼六万万之臆定耳。二说皆所前破，更无复述之必要。然吾人所期以为国家收入者，增加之地租，而非现有之地租也。故更从他方面推算地租可得升腾之额，即可因以知将来可得之收入。无论地租为八十万万有证据存，即令其如梁所说为六万万，国库之收入乃逾多，盖所可得者同额，而所出较少故也。今比较他国之土地收益，以推算中国将来所得，分项明之；

（甲）　田地之收入

吾人固不言以田地之租为全收入。然田地之租，要为土地收入之一大宗。欲推算将来田租升腾之率，只须就农产物之价值而知之。考美国第十二次统计年鉴（一千九百年），全国农产物值美金四十七万万元，即中国九十四万万元。其输出农产物，值美金八万六千万元，即中国十七万二千万元也。而九十四万万元之农产物，除此输出者外，皆应消费于国中（虽有制为酒类等而输出者，然其额当不多）。是则美国人民所自消费之农产物，凡值七十六万八千万元也。美为新垦之邦，农产物价贱，不如欧之昂（美产面粉能销于中国，即可证之）。而其额之多尚若是，则欧洲可知矣。中国文明进步不如美,人民所消费简单而少额,又谷价贱,故其消费额,今暂不能如美。然其改良进步以后,人之欲望增进,当不下于美。而谷价亦必以渐昂腾。故以美之例计之,彼国人数凡八千万而费七十六万八千万元之农产物,人所费者年九十六元。中国四万万人若人费九十六元之农产物,即需五倍于美之数,为三百八十四万万元矣。中国现在之农业,经常纳其生产之半以为租者推之,将来租价随谷价以升腾,即产此三百八十四万万之农产物之地,当有一百九十二万万元之地租。然以经济常理言之,土地苟不达报酬渐减之限界以前,租额增加之率,实大于产物增加之率。是以将来之土地收获虽入报酬渐减之限界,而其额犹当居全产物价值之半也。即此一宗,已可得近于八十万万之一倍之收入矣。况此外尚有宅地耶。又以日本之例言之,当明治廿八年,米价每石不过七元(其时输入米价不过六元半弱,故知其时米价至多不过七元也)。逮三十六年,每石标准相场(即市场定价之平均额),乃至十五元有奇。其年为丰岁,故米价稍低。至于此顷,复大腾贵。要之十年之间,米价两倍者,其情实也。然此增加之米价,其结果当如何分配之乎?则其产出之所要自然、资本、劳力一与前同。在此十年之间,庸钱虽增加,其率不大。利率乃无大变动。然则此所增加之额,其一小部分为庸钱增率之外,当分配于地主与企业家。第企业家之利润一旦高,则以竞争之故,旋使之低落,故此分配为利润者,亦仅独其大部分分配于地主以为地代耳。然则日本之地租,此十年间,当不止一倍,而其地价亦增加不止一倍也。日本社会之发达,多在明治二十八年以后。然则苟中国将来社会发达所要时间与日本同,则亦十年而已。此就于田地,可证前言十年可得一倍之非虚者也。

(乙)　宅地之收入

言宅地之收入,自必以都会之地租为首位。考各国之人口住居于都会者:于美国居万人以上之都会者,凡百分之三十;英国居于万人以上之都会者，凡百分之六十一有半；法国居于二千人以上之都会者，凡百分之三十七有半；德国居于二千人以上之都会者，凡百分之四十六(英、法、德三国据一八九一年统计)。故今日文明国间，人口三分之一居于都会者，其中数；而都市人口以渐增加者，其趋势也。(参照《国家学会杂志》第百四十四号，欧米都会之发达项下)。然以美国论之，居于万人以上之都会者，岁必纳美金六十元以上之屋租。而五万以上、十万以上、乃至数百万如纽约者，其所需又从之增加而至数倍。故都会中人所需住居费，平均每年必不止六十元。即以六十元而论，此总人口百分之三十三居于都会者，其数都二千六百万人。人出六十元，则是都会之屋租，凡值美金十五万六千万元，即中银三十一万二千万元也。此中至少有一半属于地租，则为十五万六千万元。而中国今日之宅地，租虽甚微，至于改良进步之后，自不难于与美同等。则依于同一之此例，四万万人中当有一万三千余万人居于都会，其所出之地租当有七十八万万元。此外居于田舍者居百分之六十七，则以其租当都会之五分一计算，仍可有三十一万二千万元之租。合之为一百零九万二千万元也。

以上专就居住之宅地言之，而住宅之外，制造所用工场仓库，商业所用店铺等地，亦可纳巨额之租。以美国之例言之，则据第十二统计年鉴，大小制造家凡五十一万二千二百五十四家，其所制出者合值美金百三十余万万元，其资本金美金九十余万万元也。其资本运用之状况则如左：

地租	十万零二千七百万元	合中银二十万零五千四百万元
建筑	十四万五千万元	
机器人工	二十五万四千三百万元	
流运现金	四十七万九千六百万元	

观此可知制造业者所纳地租，实不止其资本之十分之一也。而将来中国资本增殖如美国现在之景况，则必五倍于美国，而所纳地租为百零二万万七千万元矣。以合前宅地租，可得二百一十一万九

千万元也。第此制造业者,或使其职役居住其建物之中,则此属不纳宅租,而仍不可不称住民。而前计住民所纳屋租单以都会住民计算,于此其地租之计算不免重复。然从事制造业者,以美之统计,不过全人口百分之九弱。而属于此种不另纳屋租者,最多不过半数。故其重计之数不过十万万元,除去之,尚有二百余万万元也。

此外商店所应纳之地租,第以住民所纳之三分一计之,亦当有二十六万万之收入。故统都会、田舍、住宅、商店、工场、货仓之属,凡可得地租约二百三十万万元。

前此两项,并以发达之程度等于美国计算。然中国当以若何长之期间,始能发达至与美等乎,则不能豫为精密之决定者也。然而所可决者,美国之致此发达,凡要百年。而中国之得此发达,决不同一之年月,即二三十年,已足追及美国。何则?效法者之善取其利而避其害,实比于始创者有数倍之便宜。美之致此发达实放于欧,而其进步较之速。今中国之于美,亦犹美之于欧耳。且此发达皆以渐致,不由顿成,假其进步需三十年者,此前十余年间,必已有若干分之进步,而地租亦得有若干分之增加矣。故如前之两项地租合计,实有四百二十余万万元,即令其后十年之增加率,较前二十年为倍,则此四百二十余万万元者,在其改革后二十年,不过二百一十余万万万元耳。然而固已几倍于八十万万两矣(八十万万两,即一百一十一万万元)。故吾辈前言,十年自信者,或过于情。然中国苟能为大改革,切实谋社会之进步者,其得一倍八十万万两之地租,固可不在二十年以外也。

更以日本之例言之,则以吾人旅居之生活,每月至少尚须纳二元五十钱之宅租。若居近繁盛之区者,每月当五六元。然则吾人在日本所纳宅租,每岁乃自三十元至六十余元也。即吾人所纳以为地租者,岁不下二十元也。香港之住民,每人月纳屋租至少三元,然则所纳地租亦必岁不下二十元。吾中国改革以后,十数年间,纵不能直追美国,必不劣于香港、日本。然则都市居民所纳之租,至少必有今所豫算之三分一,即二十六万万元也。乡村宅地皆以至廉之值计之,故不待十年,已可进至今所豫定之率,而其额实为三十一万万余元。制造及商店所用地租、只其什三,已可得三十九万万元弱。此合计为九十六万万元(日本之郡村宅地租,亦于十余年间腾贵一倍以上,可证乡村宅地,非不腾贵者也)矣。而田地之租,依前日本之例,亦十年而自倍。故现在地租八十万万之中,以三分之二属于田租计算,其加倍时当得百零六万万余两。合此九十六万万元即六十九万万两,实为八十万万两之一倍有奇也。

(丙)山林之收入

山林之收入者,矿山及森林之收入也。以矿山言之,中国为世界最富于矿产之国,且其采取不甚困难,故其收入必较他国为多。盖矿山之制度各国不同,有认以为属国家者,有认为属地主者。其认为属国家者,地主只能有其地地面之权利,而矿山之利益,国库取之。然在中国则习惯上以为国家所有,故其利益不待定价收买始可收之也。矿之收益,多寡不齐,全视其质品之美恶贵贱,采取之难易以定之。故其输于地主者,多至过半,少亦十一,而其平均应在十分之二以上。考美国每年所产矿产总值美金十二万三千八百万元,合中银二十四万七千六百万元。故令中国所产只等于美国(中国面积既大,矿产复多,故决不止等于美国),而其收益又不过十分之二,亦可得四万九千四百万元之地租。

森林之收入,亦可为将来国库收入之一大宗。盖森林之业,其性质最适于为官业。虽至不主张官业者,亦认其为适当于官营之事业也。森林之中,当分保安林、收入林二种。而保安林,以改善其一地之气候,防止其灾害为目的者,非国营之不能完备。而即收入林,亦须有数十年继续之经营,不便于私人之经营也。又其经营方法甚简单,不要复杂之工力,又不容为小计画之经营,凡此皆独便于国营者也。考日本国有森林之收入,于明治三十五年度,其面积凡千三百一十七万余町步,纯收入一百六十四万余元,每一町步纯收入十三钱弱。而日本国有森林,居总林百分之六十八,故合算其私有森林之收入,当为二百四十四万元。中国面积得日本之二十六倍,故其所可有之森林,亦当二十六倍于日本。而如日本之收益率,每岁纯收入亦可得六千三百四十余万矣。然日本之林业,至不发达者也。各国之森林业收入,除俄、奥外,皆数十倍于日本。则日本之林业将来可得之纯收入,决不止十倍于现在。而中国将【来】国有森林业之纯收入,亦决不止此豫算六千万之十倍也。试依高野博士所表列各国国有森林每希打纯收入观之:

普鲁士	五、七四	巴威伦	八、三九
撒逊	二四、五八	威丁堡	二〇、六八
奥大利	〇、八一	匈牙利	一、五四
法兰西	五、〇六	俄罗斯	〇、一〇

此中除俄罗斯不计外,每希打约为日本一町步六分之五(日本一町步当三英亩弱,即中国约廿亩。一希打当英亩二亩半弱,即中国之十六亩有奇。故其比例当为六与五)。故奥之纯收入,为日本之七倍有奇。法普之纯收入,为日本之三十余倍。而撒逊之收入,为日本之二百三十倍。假中国之森林进步与普法等,则可得二十余万万元之纯收入。此纯收入以三分之一供其经营资本之本利偿还,每年仍可得十五万万元以上之收入也。

(丁)湖沼河海之收入

此项收入最多者渔业,而盐业亦亚之。此外种植水中植物,其利亦不鲜。盖古之官山海而以鱼盐饶国者,自有前例。而榷盐之政,至今行之。虽财政学家率以盐税为不便,而于产盐之地取其地税,决非过也。此外尚有开凿运河、筑港场者,亦属此类,而其收益亦当不尠。

(戊)水电之收入

近日电气之用途大扩张,而最新之电气设计,俱赖自然力,而尤重者水电也。水电所利用者,瀑布河滩之力也。利用此属之力以发电,其所需资本可大减,而其所生电力之价值,比于其资本为甚大,故其利益之分配,当有大部属于自然力之主。电气之供于实用,不过二十年前事耳。计其现在之用途,不外交通(电信、电话、电车等)、代烛(电灯)、运机三项,而炊爨、温室用电之法,虽经发明,未尝应用于实际,则以其价高于薪炭,不能夺其席也。中国之水力可供发电之用者,如龙门、夔峡之激滩,西南山国多数之瀑布,蓄而用之,其力至大,而用资本较微。然则电力值价可廉,而炊温之用电者亦多矣。依美国现在之统计,每年每人所需用于电力者,凡美金七元,合中银十四元。然其用止于前举三项耳。则加以炊温之用,其每人所需于电者,当不止此数。即曰电气价廉于美,而其需用增加所生益之额,决非其减价所损之额所可此,明矣。且就令其额不过十四元,而以四万万人计之,每年所需应为五十六万万元。水电之运用全恃机器,一成之后,支出盖微,不如用瀛者费消之大也。然则其以收入之什一,足供其每年支出之费,余五十万万余元为纯收入矣。以前所论以自然力发电需用资本较少,故其收入五十万万元中,以三分之一为本利偿还(此为国营,故必计及其偿还资本,所谓利之偿还,即当于私立会社之配当金;其本之偿还,则当于会社之资本减少,株式消却之积立金也)。余三分之二,凡三十三万万余元为国家之收益。

(己)铁道之收入

美国铁道每年之总收入,凡美金十七万六千九百万元,除去各项费用,尚得纯收入六万五千二百万元,合中银十三万万余元。更除偿还本利，合中银五万二千万元，当得八万八千四百万元，为企业者之收入。然美国两面临海，所恃于铁道者，比之他国为少。中国若发达至与美同程度，其所需用于铁道，至少需有美之两倍，其纯收入当为十七万六千万万矣。

以上四项，除河海等之收入不能豫计外，其它三项总可有七十一万万元之收入。至本利清还之后，更可得三十三万万元之收入。故其总额可得百万万元以外。第此豫计皆就其发达至于全盛者计之，故其达之之程期，必须三四十年，不能视为自始可得之收入。然如矿山、铁道，虽其始时，亦可得巨额之收入，非绝对无收入者也。(未完)①

原载于1907年7月、9月《民报》第15、16号，署名县解。

① 原文止此，以后亦无续刊。

心理的国家主义

> 近顷倡国家主义以抗民族主义者日多，虽其论皆久为吾人所驳击，而民众犹信彼不疑者，以震于国家之一名辞故耳。夫使不从心理上言，徒以统治之迹而论，则言爱国家犹言爱君主耳。彼辈知保皇之说之终不可伸也，而又思保全满洲，则舍君主而言国家。夫国家满洲而为之尽力，则何事言保皇斥排满哉。名实不损，而君位赖安，其为满洲谋可谓忠矣。顾满洲不爱其忠，且深虞其诈，则又奈之何。然在普通人虽知满洲之为雠，而无以解于国之不可不爱；虽知彼辈之说未遽足信，又疑于国家主义之倡道，为欧洲一般风潮，不敢非之。故为之释国家主义之真谛，明彼辈所倡非真正之国家主义，亦吾人所信为应有之责者也。

盖自国家主义之说兴，怀利禄者觊其便己私，阴知其非是而不惜主张之，以为登进阶。而一般人民乃为所惑，常言动曰："国家，国家。"其说始则曰，满洲人者，我国家之人也。其结果则曰，满洲之国家，我之国家也。夫满洲人之非我国人也，吾辈已熟论之。今而曰，满洲之国家我之国家，则不过承认征服之事实而已。夫如是，则第从其名称谓之国家，则吾亦固不之靳。何则？名者所以呼物，譬如有人易兽之名谓之人，易贼之名谓之父，此固自成一种语言而已。苟不父事其贼，人畜其兽，亦何足为病。顾以其名曰国家，而遂以他人之所以爱国家者爱之，幸则为主幸，耻则为之耻，死生以之，此非所谓大惑终身不解者耶。夫**通常之言国家**，恒有二义，**一为法理上者，一为心理上者**。前者，则于法律上以定其人所属之国者也，故可称客观的观察之国家。后者，则人之心中自定其所归向者也，故亦可称主观的观察之国家。从法律上言，人不可无所属之国家也。故为人征服之国家为国家，夫非教之以忠爱也，特以事实上为其所支配，则以为其人属此国家耳。其认此人属此国家者，只认定其有能为支配之事实，初不问其为此支配之是非，又不教其不反抗此国家也。至于心理的国家，则全与此异。实根于历史的、民族的思想，以定其所依归。而此思想决不随外物为转移，以为吾应受此国家之支配则受之，以为不可则去之而自建立，非可以势力压抑之章制羁縻之也。故虽身之见支配，无所逃于天地之间，而心所宗仰，则仍以历史的、民族的关系为判断。故言法理上属何国家，无是非之可言者也。然在心理上则得以己之判断，定所归往；有不当者，人交非之矣。今如旅居署籍，在日本则曰清国人，在英属则署名曰 Chinese，其意皆以指吾曹为满洲所征服之民也。从法理上言之，从客观的观察之也。吾人虽甚不欲其然，不能言其非也。然使有人叩吾曰："足下所归向之国家为满洲欤?"则吾率臆而答曰；"否矣！"此则心理的国家，所异于法理的国家也。

然而如前所述，彼**以满洲之国家为国家者，实基于法理的，而非基于心理的者也**。于是而称国家主义，则适成其为彼辈之国家主义而已。试循其本而论之。彼之倡国家主义者，其意岂不曰，吾言奉满洲之君主，则于义为不合，而言国家则无碍耶。夫往者满酋力倡君臣之义，以抑种族之见，以为一旦委贽，不复可叛；食毛践土，同凛天泽之分。自大义昌而邪说摧陷，今之人士无不知非笑之矣。顾丁国家则以其说之新，而有所赖以为后援也，则莫敢訾议之。虽然，吾岂必谓国家主义之皆可废，特是**所谓国家主义者，当以心理的国家为基础以立说，不当以法理的国家为基础而立说**。不幸而吾国民初未知此别，彼倡邪说者遂得因而摇之也。今夫**自法理上而言国家主义，则其结果与彼满酋所倡君主主义果何异耶**。夫人孰为当为吾君者乎？孰为当支配吾者乎？是皆系权力所关，其不能由己意以决者同也。是则强而使属己国者，无异强而为之君也。今满洲人强而为吾君,则知其不可;而满洲人强而使吾人国其国,则可之,是何不知类之甚也。夫在往者,不知有所谓国家主义,其言尊君爱国义同耳。至其亡国也,则不曰亡国,而曰易君。此无他,亡国之结果,必易君也。宋明之遗民,讴咏不离于赵朱,以其帝系代表吾国也。在今日方且笑其不知国家与皇室之区别。然而在当时幸不知此区别耳,使其知之,则如彼所谓国家主义之说,何不可云:“新君之国,即吾之国,当爱之而为之尽力。”方且并此洁身全节者无之矣。夫不事二君者,不欲人强为之君也。然而讳此易君之名,转而他言曰:“以我之国为汝之国,则将事之乎?”方明之未亡,法理上为明人。其既亡于清,则法理上为清人矣。则易忠于满洲君主之词,为忠于国家,未见其有以异也。然知其言君臣之义,不足以籍口抹煞种族界限;乃至言国家,则以为可以泯种族之争。于亡吾国之君,知其不可君也,而于亡吾国之国则国之。此真所谓知二五不知一十者矣。

且自法理上而言国家主义,则其所以认某国为己之国家者,非自意之团结,而法律之结果,非以能动的性质有国家,而以被动的性质有国家者也。法理上所以定所属国家者,主由国籍。国籍法者,孰则定之,非由吾民之总意定之也。在立宪国,犹不过以选出为议员者中之多数决定之。在专制国,则惟一任君主之决断而已。然而决定国籍法以后,以国籍法定一人为属此国者,即其人立与其国有不可离之关系;一旦去其国籍,则无复相于涉。是则人之属于国家,由[犹]鬻市之鸟,属于笼耳。一入其笼,生息依之,而鬻者有不当意,易笼可也,鸟不能有容心于其间也。今人之于国籍,宁有异于鸟之处笼乎。俎上之肉,惟宰之分配是视。落花之英,惟风之吹噏所向。彼定国籍法者,宁有异于分肉之宰,散花之风乎。夫以是傥来之事实而定国家,而于此国家必曰,爱之利之牺牲其身而不惜,其理果何存也!夫国籍之取得,固未必尽非属于自意。即如由归化以取得国籍者,即绝对以己之意思为要件。虽然,此特其最少数者耳。其大多数,如以出生地、以血统、以亲族关系等取得国籍者,即毫不关于自己之意思如何者矣。而其最著者则以割让吞并。夫当割让吞并之际,其受割之国常为敌国,而其割让地之民,无一愿属焉者也。然依于法理上,则此被吞被割地之人民,皆取得受割国之国籍矣。诚依法理而言国家主义,则此被吞被割地之民,皆当忠于吞并之、割取之之国家,爱之利之牺牲其身而不惜。夫是故阿尔萨斯、鹿林[①]之人,当爱德而不爱法,爱法则非国家主义也。夫是二州,昔者虽属法,而今者已割于德,其人皆取得德之国籍矣。芬兰、波兰之人,当爱俄而不谋恢复;谋恢复则非国家主义也,则以此地之人皆已取得俄之国籍故也。推之爱尔兰人、印度人、非洲人之于英,印度支那人之于法,犹太人之于各国,莫不以有国籍故羁束其思想,不许复有他图。此其理论之正当与否,不俟智者而后能判断之矣。抑国家之始定国籍,以统治臣民,不可无其范围耳。于是时定之以法律,使有国籍者皆有忠诚之义务。则惟法律上命其然;而人果守其忠诚义务否,初不得定也。是以度其能守此义务,或已能强使守此义务,然后授与国籍。然假行法理上之国家主义,则是一授与国籍,即必能守忠诚义务。授与国籍,遂为吸收人心之唯一利器。则吾将立国于此,遍授与国籍于世界之人,则不几全世界之人皆为吾致忠诚而一统世界耶。此尊崇国籍而不问其取得之来由者之结论所不得不然者也。吾无以名之,名之曰:国籍万能主义。今之倡国家主义而劝吾人为满洲尽力者,皆国籍万能主义累之也。吾不欲更多言其是非,惟欲诉之世界之人之良心之判断而已。

且此曹倡国家主义者,必言中国不亡。此其意,以为认中国为亡国,则不得不以侪之俄之波兰,德之阿尔萨斯、鹿林,而不得倡国家主义也。然而言中国不亡甚难而实非,言中国既亡其易而实是。以主张国家主义故,舍其是易而取其非难,其心亦已苦矣。顾苟从法理上国家主义,则中国虽已亡而吾辈固犹未脱满洲之系属,则苟欲效人言国家主义,即取满洲而国家之,奚不可者。不证中国不亡,未必遂为法理的国家主义累也。何必言中国不亡乃为快乎。

---

① 阿尔萨斯、鹿林,今译亚尔萨斯、洛林。

抑且彼辈恒言曰:“不用吾国家主义,必亡中国。”虽然,若吾辈自心理上言国家主义者,惧亡国耳。**假如彼所说之法理的国家主义,则何亡国之足惧**。且所惧于亡国者,非徒恋其国不忍使之亡也。抑以亡国,则己为亡国之民,无所可归向之国也。若徒自法理言,则亡国者第失一国籍耳。失一国籍,得一国籍,其所不慊者几何。彼征服之国家方渴待忠良之民,何患不以国籍见与,而事此幽忧耶。夫自法理上言之,人无无国家者。**自法理上言国家主义,则爱国家者非意识的活动,而机械的活动也。第为国家,则爱之耳,不问其国家于己何如也**。山泽之间有獭焉,纯牝无阳,见男子则拥抱求合,不谁何之也。今之言爱国者,何以异于獭之求男乎。昔人言:“丧君有君。”今何不云,亡国有国乎。昔人曰:“人尽夫也。”今曷不云,天下之政治团体尽国家也乎,何患于亡国哉。

抑吾又甚为所谓国家主义者惧。夫爱国家者,由夫爱人也。其事不止于当前,而恒溯及过去。昔人代陈公主诗曰:“笑啼俱不可,始信做人难。”此言情之不能两尽也。然于国家岂有异是。假如有人隶属台湾,则昔为清国人,今为日本人矣。如论者言籍隶满洲则爱满洲,籍隶日本则爱日本,此其人于时当犹忆满洲乎,抑亦以分定而低首于日本乎,将随唐刘以举事乎,抑向日人而纳降乎?此实苦于采决者也。夫所为爱者,没齿不忘。第以当时之隶属而爱之,讵足为爱国。然而在当日满洲与日本敌也,爱满洲必拒日本,爱日本必绝满洲。绝满洲则非爱满洲也,拒日本则非爱日本也。然则法理的国家主义穷于适用,而有不行之时矣。楚人之娶妻也,娶曾骂己者,曰:“欲其为我骂人也。”今之论者,其殆将率天下之人为楚人之妻也乎。虽然,彼特男女之事,彼念其故夫,于娶者无害也,但不见逃而悦斯足矣。今人之念其故国,非犹嫁妻之念其故夫也,且将复之。复之则不爱新国明,而法理的国家主义又不能适用也。夫法理的国家主义,于其自身不免撞突,业若是矣。

试为彼辈思所以免此非难之道,则惟有一途。一途奈何?曰,服从于现在之国家而已矣。当其国家统治己,己有其国籍则爱之。

其一旦失国籍,则不复念旧国矣。故方其事满洲,不知有日本也。方其事日本也,不知有满洲矣。狗之持噬,惟豢养者之命而已,安问豢之者为何人战。必如是,则其法理上之国家主义乃可以自完。然此何名国家主义,直**服从主义**而已。其爱国家,乃不得不爱,非不欲不爱也。国家奴隶畜之,彼亦且以奴隶所以事主者事之。故彼所谓国家主义者,服从主义也,亦即**奴隶主义**也。夫奴隶非特不敢抗其主也,于其主之辈行皆不敢抗。何则?皆有为主之资格故也。夫奴隶之买卖固无时,现为之主者固无论已,即将来可为之主亦主事之。夫满洲之视吾人犹奴隶耳,傥吾人亦复以奴隶自视,则满洲随时可割地以赠友邦,而此地之人随之俱取得他国国籍,斯时何异奴之易主。然则所谓他邦者,特寓名耳。自我不立,何他之云。在既割让后,不既以他国为自国,而他国满洲乎。然则今日之自国,他日之他国也。今日之他国,他日未必非自国也。苟除去今日、他日云云之时之关系,则所谓自国、他国者,其价值正等耳,何所差别。于是而言爱国,则今日之自国爱之,他日之自国亦爱之,即他日之他国,与今日之他国,皆可视为自国而爱之,无所别其情之厚薄也。然则尽天下之国家,孰非己之国家乎。故法理上国家主义者,"**皆国家主义**"也。抑所谓国家由差别性而成立。既无他国,何有自国,然则其爱自国亦空言耳。是故法理上国家主义者,"**无国家主义**"也。

如是由法理上言国家主义,终有穷时,亦既明矣。且彼之始言国家主义也,只言团聚则足以御外侮耳。其如何而团聚必限于国家耶?如何而可团聚耶?初无确实之理由存也。今为问曰:团结数省不可欤?团聚远东数国不可欤?必答曰,不可矣。其所以不可之者,以此之团结全由于偶然之位置,而非有出于自意之联合,又非有宜于联合之关系也。然则自法理上言国家,又何独不然。夫法理上,人不可无国家也。于是以其出生地或血统定其国籍,以人之附着于此地也。故国家有领土之变更,即其所变更领土内之臣民,随之有国籍之变更。夫人之出生,不过自母体脱离耳。自母体脱离而偶然于此地,偶然于彼地,真无所择者也。然而以之定国籍,至于割地于他国，则其民所甚不愿者也。顾虽甚不愿，仍不免变更国籍。然则人于其注籍之国家之关系，直偶然而已。夫人之所以爱国利国不惜牺牲其身者，乃以此偶然之关系之结果耶。必不然矣。且法理上目一人为此国人，目一人为彼国人，特指明其结果耳。夫结果有善有恶，人固当加之辨别。结果为善，任之可也。结果不善，则宜有以矫正之。故如吾人得为黄帝神明之胄，而承先王之余烈，不丧失其为开化人民之资格，此善之结果也。然而于世界上人皆谓我满洲之臣民，则恶之结果也。故吾人力谋去此名称。然则结果不可一概论，甚明事也。惟此国籍之定，定于偶然，故其结果或善或恶，或为自由之民，或隶异族之下，**在法律只认定此结果耳，未尝研究此结果也。夫不能判其应如此否，而可依之以立一主义者，未之有也。然则法理上国家主义，非惟适用上有所穷，自始亦无由立也**。论至此，则世界学者所倡之国家主义，所异于彼辈所倡者何在？亦可不烦言而解矣。盖凡政治论，皆当判断是非，不可徒依倚结果者也；皆当以自意之发动为根据，而不可以偶然之现象为根据也。**夫国家主义亦政治论之一也，故其议论必为心理的，而不可为法理的**。此可不待远征，即以归化人而论可以见矣。夫归化人固有国籍，俨然一国民也。然而于政治上于归化人主权利加以种种制限，何也？归化人于法理上以所归化国为国家，而于心理上本无民族的历史的关系故也。自国家言之，则无此关系，即虽有有国籍之结果，不能享与一般人同等之权利。则自归化人言之，虽有有国籍之结果，而其视注籍之国家，不能与有民族历史的关系者同，明矣。又若于新占领地，如日本之于台湾。自法律上言，注籍台湾者皆有日本之国籍者也，皆日本国民也。然日本于台湾施政全异于内地，普通法令不行于台湾，何也？台湾之人，与日本历史全异，民族全异，虽得有日本国籍，不可以普通日本人待之也。要之，政治上之施设全基于心理的，无可疑者也。凡世界政治家之倡国家主义，其根据于心理的，盖无异也。

即吾辈历来所主张，初未尝以心理的国家主义为非也。特是**倡**

心理的国家主义，则万不能不先倡民族主义。而彼辈乃欲举国家主义以抗民族主义，此所以为大惑也。抑彼以为惟服事现统治之之国家，则谓之国家主义，至于恢复前朝之国家，新创出一国家，则不谓之国家主义。夫是以颠倒反复，无一是处也。今吾为简括之言以告若曰：**亡国者，自客观言之者也，可以法理论者也。国家主义，自主观言之者也，不可以法理论者也。夫国虽亡，而吾人仍可怀国家主义。怀国家主义者，不忘故国，且将更立新国也**。而非如彼说以服从现在所隶国家为主义者也。

彼信法理的国家主义论者，徒以不知此义，以为惟满洲乃可称国家，则既标国家主义即与民族主义相反对。实则**言国家主义者，不必以现支配之国家为国家**（故如梁氏，乃至谓亡国之民，不能相称以我国民，亦只于法理上着眼，吾辈既已前斥之矣），只可以心之所归向者为准。故如对于明社而谋恢复，其心向明，则国家主义也。欲建设中华共和国，而为各种运动，亦国家主义也。而今学者所用，大抵**以将来欲建设之国家为主**，故通言国家主义者，皆举爱尔兰、德意志之运动为适例。其意**不过为争一民族之联合或独立而已**。故**惟倡民族主义，而后可倡国家主义**。言民族主义，即国家主义在其中矣。今试征之欧洲历史上所谓国家主义者，以证吾前言。

国家主义之最早倡导而得成功者，当推荷兰。荷兰者，始尼达兰北部地，以姻族相续传于日耳曼帝甲列五世，复传其孙西班牙王腓立二世，自尔为西班牙属，以宗教问题，故离西班牙自立者也。然其始叛西班牙，虽以宗教为名，实则以民族全异西班牙。故南尼达兰民族同西班牙，则既叛仍服，而北部终不服也。夫西班牙王以相续得尼达兰，非以征服也。然而尼达兰以族异而教不同，故遂有此国家的运动，终于自立。夫尼达兰本西班牙属地，于法理上除西班牙外，更无国家。然而谋其独立而得称国家主义者，以心理的国家为基础故也。次之，则于拿破仑时，西、葡诸国之反对拿破仑，历史家所称之曰国家主义者也。夫在当时，西、葡诸国既并于拿破仑，苟从法理言，倡国家主义者宜尊法兰西。顾当时之运动，则主谋其独立而已。此亦谋独立者,以心理的国家为基础而称国家主义者也。

又次,则国家主义中最著且其成功显于人目者,德意志是也。德意志之国家主义,远发源于古代,而近起于拿破仑之侵略,自神圣罗马帝国解散而始著,中间经六十余年,逮一八七一年始告成功。其所异于他国者,则其运动乃由分而求合,非由他国自隶属而求独立也。然其所以联合之故,与他国之求独立之故正同,皆因于历史的关系与民族的关系也。德意志之联邦,即由神圣罗马帝国之遗迹以起,同为日耳曼人,又同属由往者神圣罗马帝国分离而出者,故其民恒思结合,非徒以外患逼之使合也。法兰西之侵凌,俄罗斯之觊觎,不过为引起德之国家主义一诱因,而不得以为德人倡国家主义之理由也。然则德意志之国家主义,亦立于心理的基础之上,无异于昔日之荷兰、西班牙、葡萄牙焉。有为问者曰:德之国家主义,果以为民族的关系为基础,则何以排澳大利?澳大利非日耳曼之国家耶?则答之曰:吾言国家主义,以民族的关系为基础,未尝言苟同民族者必当翕合为一国也。则虽为心理的国家主义之运动,其结果不能不除外同民族之一部分,于其国家主义之价值,初无所损。即如荷兰,固与日耳曼人同族,当时国家主义之运动,未尝及于荷兰,岂独澳哉。且澳之不加入联邦也,自以不能与北部诸国联合之特别理由,非被除斥于国民运动之谓也。故德意志之统一运动,可代表国家主义者也。彼则斯有言曰:“**始德意志国以为于人民意识之理想,于主观的存立者耳。其欲于制度法律,使此理想为客观的之感情,即为于得其结果使用适法之习惯的形式之实力之自身也。**”此言德意志帝国之成立,基于国家主义者也。又可以见其所谓国家者,指理想之德意志联邦,而非指当时各邦而言也。

又次,国家主义大昌明而尚未成功者,则爱尔兰是也。爱尔兰之隶英久,而宗教民族本不相同,是以恒欲离英自立,以是而为各种运动。夫以法理论,则爱尔兰固英国家之一部。岂惟为其一部而已,且为英本部三岛之一,在英人固最致力于同化之者也。顾爱尔兰人不向英而常为独立运动,亦以心理的为基础故也。

最后以国家主义运动而成功者有挪威。其时日最短,亦无他争议,决独立之事于尊俎之间,不待锋刃,此近代绝无之事也。丹麦、瑞典、挪威旧同属一王。十三世纪之顷,瑞典离而独立,屡侮丹麦。属有拿破仑之战争,丹麦为法党。既而法败,众遂割丹麦所领挪威以益瑞典。挪威虽久属丹麦,其民族本与瑞典同源,然以五百年间之历史,深恶瑞典。瑞典复揽取其外交权以抑之,以是轧轹日深。至一九〇五年遂以议会决议,去瑞典王之兼王而独立,瑞典亦不得已与订条约而罢。夫瑞典、挪威同为北人之裔,宜能协合,然以有此五百年争斗之历史,遂终不得合为一国。是则虽有同民族之关系,未尝有同历史之关系,即不免分离。是基于历史的关系而为独立运动者,亦以心理的国家为基础者也。

通观以上所举,则有一共通之点可言。即**凡所谓国家主义,皆以创造一独立之国家为归是也**。而其创造之方法,或为联合多国,或自一国分离。其集合分离之标准,则**(一)所基以创造新国者,必有同民族之关系。(二)虽同民族而异历史者,不与于创造之事。(三)虽本以同民族组织之一国家,而民族中一部分有特殊之历史者,仍生分离独立之结果**。要之,其创造之事,必先有理想而后以见之实施,是以可称之曰心理的国家主义也。

夫吾人之主张国家主义,亦正如是。以有四千年之历史、四万万之民族,**故以纠合同民族创建共和国为理想,而驱除鞑虏、恢复中华,则达此目的之手段也**。吾辈所反复申言之,不外于是。其理论不烦重举矣。

今试取真正之国家主义(心理的国家主义),与彼所谓国家主义者较其结果,则见三种之差异:

(一)真正之国家主义,将建设一独立国家,而彼所谓国家主义者,将服从于现支配之国家。此在前文已屡言之,不事复举。

(二)吾辈主张真正之国家主义,将以建设新中华国;而彼所谓国家主义者,则以毁灭之。假从彼辈之说,则屈伏于满洲政府之下,永无伸期,寖假使吾人渐忘其历史,渐以其民族同化于人。是则满洲能灭吾国家，而不能使吾人不念之也。今之论者，则心理上摧灭吾人之国家主义，为满洲去其所不能去者，其意果何在乎。**然则满洲之亡吾国，不过暂时亡之；而彼辈之亡中国，乃永久亡之也**。虽葅醢之充庖厨，又安能蔽其罪耶。

（三）吾人之倡国家主义，将顺理而进也；而彼之倡国家主义，实以扇人之感情为己名高。论者詈吾辈辄曰，驱于感情。夫吾辈之论，固未必无宕而失中者。要之，大较于理为准。夫怒满洲者，非徒怒之，盖有其由也。乃若彼所说，则凡属外国者，不问如何，皆先以不肖之心待之，或恐其为满洲之不利。于是每一问题生，辄危言悚论，哭泣叫号，使举国若狂，而己得掩有志士之名，此非专以扇动感情为事耶。**昔之保皇党，率天下以诈。今之国家主义论者，率天下以狂**。夫惟相率为狂，故于第一之敌之满洲则国家之，于第二之敌之他国乃仇雠之也。

谓余不信，则请征之于最近之辰丸事件。夫辰丸者，载军火至澳门，清吏以为将以供给吾国民之反抗满政府者而截获之，又以日本之强硬抗议而见释放者也。其未释也，所谓志士者，争奔走演说以和满政府。而其既释也，则又引以为国耻，移怒于日本，而相戒勿用其货。

夫辰丸事件于国际上法理如何，事实如何，非吾人所欲问也。满洲政府疑其将资己奴之叛也，则捕之。日本人恐其以此损己商业交通之便也，则争之。亦各自为而已。夫满洲政府之不欲失其土壤，亦犹吾人之不欲以此土壤长畀满政府也。吾能自蓄其力以谋光复，则安所怪于满洲之为敌对于我。至若日本，则其视吾国之代兴，更无所轻重，苟有所利，曾何恤焉。其为吾争也不足喜，不为吾争也不足悲也。夫是以得释其船，复其价，则直以弹药付满政府，初不顾虑焉，皆无足道者也。

然而吾独怪一般国民之行动，何缘迷罔至是。使其军火将以供给吾民党，则吾之与也，顾认其为供给民党，转为满政府之助，以惩助吾光复者，虽不得于满政府不止，何也？吾闻其言，动曰国耻。吾不知其所谓国者何在,其耻何存也。某教习固留学生,婉娈工媚,顾亦尝主张革命矣。一旦得邀顾问之宠盼,则为之指陈法理,谓捕获为当,日本抗争非理。或叩其由,则对曰:"此国家之幸,民党之不幸也。"嗟乎!吾真不知其所谓国者何国也。

试为抉其心而暴之,则彼所谓国家者,舍满政府而外,他更无所指。然则所谓国家之幸者,满洲之幸而已。国耻者,满洲之耻而已。满洲视为其敌之军资而夺之,则幸之;既得而复辱于日本,则耻之。宜也。吾人何为亦见其幸而幸之,见其耻而耻之耶。夫不当耻而耻,不当幸而幸者,见其被夺者索偿者为外国,而不知夺之者被辱者,乃己敌之满洲也。洞视千尺,不见眉睫。听于希微,而不闻雷震。聪明之有所蔽也。彼既以法理上国家主义蔽其聪明,而又激励之使民殚索其力以毒外人,而更不事光复,其罪固有甚于清臣之卖国。且以此徧恶于各国,令列强皆以为吾之革新,无过如是。盖悉力助满政府以镇压暴动,相结托以收中华之利,尽中土之膏腴,讵足以饱其欲耶。而其咎则法理的国家主义论者当尸之矣。故微论计正义当先讨满洲,则欲免外国之侵凌,完中国之利权,亦决不能主张彼法理的国家主义也。

原载于 1908 年 6 月《民报》第 21 号,署名县解。▲

未来之价值与前进之人

中国今日其已成熟者乎?(注一)

成熟者,满足于现在,而不求进于将来。其不进也,非不欲也,其分子已更无发展之余力,不能进也。故夫物之进步不齐,其各有成熟,一也。其成熟之方向不齐,其为成熟者,亦一也。梧桐之实,径不过三四分,而瓜可过尺。方瓜之大如桐子,不得谓成熟;而桐子之实虽不大如瓜,已更无进步,是其程度之异也。然瓜熟蔓槁,虽无雀鼠觊之,朽败可期。其成熟也虽迟,既有成熟,不能逃其结果,则自明之理也。故曰,各有成熟。然则杀父食母,枭獍之成熟也。啄粒哺糟,坐待鼎烹,鸡豚之成熟也。无问其为善为恶,自力他力,要不可使有此时。惟人亦然,善固不可以成熟,恶亦不可以成熟也。

今如观察中国政府,以华盛顿、坎必大之手段,与之比较,固属大痴;以格林威尔、拿破仑与之挈长度短,亦曰不类。而恶口者则曰,魏武、晋宣、隋文皇、宋艺祖之流也。斯殆定论乎?曰,不然。彼有子孙万年帝王之业,措诸心中,不惜其民之弊,犹惧其征求之不可以继也;不计其事之是非,犹虑后嗣之食其不慎之报也。故高欢不为宇文泰裂东魏,陈高帝不与西魏分梁,斯诚非苟息三四年以图自娱者比也。依恃外力,牺牲人民、土地,以图一逞者,其惟石敬瑭乎。能使从珂心胆俱碎,而儿皇帝竟不保十二年,此殆历史上作恶之最下劣者也。虽然,吾甚悲今之有似于彼也。今之世所目为官僚派者,其治天下固已不足道,其自谋身也,犹若是其拙也,则将何以继之。是今之政府,为恶之政府。而其为恶,又不过苟且姑息以为之,非积虑蓄怀,期有所达,然且更无进于此之恶,又安望其有善于此之善乎。倒持太阿,授人以柄,固满政府所不为者也。重敛以逞,民劳弗恤,固满政府所不为者也。山泽之宝,一贡诸人,固满政府所不为者也。纵兵肆虐,任意残掠,固满政府所不为者也。昔之用人,犹视其孰能适于地方之民意者,今则非怨毒深者莫使也。昔之诛戮,犹视其罪状昭著者,今则惟是诬告者是信也。凡若是者,虽悉一日之力数之,不能终也。而至其极,乃以国家财政举置之他人监督之下,斯则无可加矣。夫为善者,虽损己而有益于人则为之。其极也,弃其身名而弗惜。然而益于社会者多而损于己者少,则善之进步也。非如是者,其善难为继也。今之为恶者,不求其损于人者少而益于己者多,是不求恶之进步也。夫为恶人者,固不惜牺牲全国以利一身,然使其有术以使身名俱泰,民怨不蓄,国家不颓,于彼又何苦而不为。计不及此,而惟是贼中国以求逞一时,斯则恶不进步之成熟政府也。

成熟之政府而能久不见屏,斯殆历史上罕见之例也。虽然,吾能知其所以然。今中国之国民,成熟之国民也,故能有此成熟之政府,而使中国为成熟之中国。

自未革命以前,以至今日,一般有程度不足之叹,斯殆先觉之觉后觉乎?曰,不然。此国民成熟之一明征也。觉其程度不足,而求进其程度使至于足,此真先知先觉事也。然则言者和者必为少数之人,且为奋斗的前进之人。又必其言之者和之者大半为程度已足之人,至少须自视为程度已足之人。今则反是,不闻此说者,固不人议论之范围,其闻此论者,大略赞成者什九而反对者什一,斯已可异矣。又其和之者,大略自认为不足,而无一肯以中国人程度不足,而画策尽力使之进者。一何可笑也。寻其根源,盖非以欲有所为,而患其程度不足,将以进之,乃欲有所沮,而毛举其程度不足,将以止之也。故曰,程度不适于共和。而反对之者则云,中国程度已足。夫使程度已足,是则此未足之说,必不为大多数之所欢迎。今既自暴自弃,而以程度不足为安,斯不得不谓为不足。独是所谓不足不适于共和者,乃以为辩护专制,主张君主立宪,而缘饰开明专制说之具。斯尤可诧耳。以此程度不足之国民,而求其程度能足,固有种种之方法,而常关于国民有无前进之精神。而中国人今日所以号称程度不足,其根原乃在其国人成熟而不前进。于此成熟之国民之下,而为共和政体,固不得良,而使其为君主,为立宪,为开明专制,为闭塞专制,其结果亦皆无良理。既曰不适于共和,当并云不适于君主,亦可云不适于专制,而尤不适于开明专制。其不适也,非他有适者存也。当求如何可使此国民适于此政体,不当求如何之政体适于此国民。何则?彼本无适合之政体也,况乎言者实非求适合,但欲安于专制也。

言之最易入人而实非者,无过开明专制。实则开明专制者,不过得一进步之恶人以为君主,其损于天下者少,而利彼一家者多,因是而被开明之号,而无以辞于专制之实。譬于今日,亦可以二三自命管仲、郑侨之流,假专制之地位,行其所谓开明之策。而在彼一般成熟之人,日日以程度不足拒绝共和者,亦必遂以此拒绝开明。夫专制之力,非能以一二人自生之,仍筑造于多数人民之上。故欲以专制而行开明者,其难与以共和行之等,而其召怨则过之。今试取开明专制之模型而论之,如陈景华之治广东,殆近之矣。其去民之迷信也,其严于奸宄之稽劾也,其不徇显要之意而屈其所持也。其督民以公共卫生也,其示民以人类平等也,古之循吏何以尚之。然民不闻有父母之思,方其生也,毁者七而媚者三;比身戮于无辜,外人或且感涕,而民方快之。迹其怨詈之所由,不外数端。禁烟不假借豪家,死者责以申报,淫祀悉与毁除,畜婢而虐者收且教之,诸买贫女畜待长使淫卖者,悉解放之,其尤著者也。夫若是者,不过开明之一端。其牺牲之人,与其牺牲之额,皆至微者也,而已召千夫之指。则使更尚之以大同之旨,为全社会计幸福之平均,立百年之计画,彼坐尸厚产,食而弗劳者,又安能顺而乐之。其怨毒之深,抑可思矣。于是其专制之基础已亡,将复灭出于始所豫期之外,以视不开明者尤酷且速矣。悲夫!陈景华之死,固广东之人所为,而假手于袁者也。使政府而同于开明专制,彼必且乐卖国以去此开明之政府矣。故成熟之结果,惟有朽灭,于此而斤斤于政体之适不适,谬之甚者也。时者变动不居,不及于时,都将为虚。彼自政府对国民而言,则取古人马牛鞭扑之说,宜莫便于专制。然踞专制政府于成熟的国民之上,固无救于朽坏。其为专制者亦复同乎尽者无余。岂有超然离其所制者,而独此千古乎。成熟之国家,朽灭之状虽万殊,其朽灭固无由免也。

抑此成熟之现象,有如何之社会心理的基础乎?于一切可以进步之事,悉沮罢之,坐待朽灭,使除去时间之一问题,则固反于人之天性,不可解者也。惟社会之心理,虽非尽蔑视将来,而对于将来之价值,未有视为全等于现在者。此价值时差之说所以兴,而利子之所以成为一种社会事实也。是以人有甘冒明日之破灭,而畅一时之意者;亦有深虑将来,而排斥一切现在享乐者。于此二者之间,复有等等不同其将来评价之人。于此,有社会一般之人认将来之价值之程度比较少者,其社会为成熟而不进。

今如以中国市场言,年息百分之八,每半年付息一度,此非甚高之利率也。然使有人提一钱(一圆之千分一)而出之,以委诸公众,使无动其资本利息,而以复利法增殖之,则五百年之后,此所积者当在一百兆圆以上(万万为亿,万亿为兆)。(注二)设五百年前,有人为此积立者,现在中国全人口举而分之,每人所得当不止二十五万圆也。然则今日之人有二十五万圆,曾不及五百年前之全国中惟有一钱之价值。而在今日,亦更无为五百年后之人,计此每人二十五万圆之利,而牺牲此一钱者。是则价值时差之显证也。然此不过极端之例(利息不能永远不变),非可以此律一般人之行动。顾吾闻弗兰克林之死也,以金二百镑分赠费拉特费与波士顿之政府,期至百年而各得十三万一千镑(五分复利)。中国贤哲,于此顾未有闻也。斯非其对于将来价值判断之素弱于异国人乎。(注三)

夫惟为将来而牺牲现在者,能使现在有现在以上之价值,故其进步不息,所谓前进也。物无不可以供享乐者也,且其终局之目的,不能外于享乐。然而人不可以悉取一切之物以供享乐。故有置谷于地而弗食也，畜牛于牢而弗杀也，织而为布不以衣，指穷于为薪不以爨也。则有所望于将来者也。所谓牺牲也，惟其将来之所谓，将以现在之啬其享乐，所余者为之原因。故认将来之价值逾[愈]高，即其视现在之牺牲逾[愈]贱，而以将来有此利益。故其人所得月异，而岁不同。其增加者，非特足偿所牺牲，又益有以供其将来之发展。此其进步不特经济上有然，在社会中一切事物，皆可以类推者也。凡所称为社会致力有造于天下后世者，蔑不由此精神出，而或弃其生命，或毁其声名，或丧其娱乐，或见病于亲戚朋友。其近者显于年月之内，远者见于千载以后，或名不称而业在，或志已遂而身隐。凡皆以为我所丧者有限，而社会之益无穷。此高尚之心，实使社会向上，而弗坠于成熟之境。顾为此者，初非一二人之力，实赖社会有多数如此之人以成就之。社会而有此征象者，其牺牲之结果虽未生，而一种将来生此结果之期望在。现在社会尊重之之程度，固加于所牺牲以上，是所以为前进之社会也，所以为有现在以上之价值也。冯驩之市义也，尹铎之保障也，虽其未有难也，其价值固已存矣。

今中国之人，于将来价值有几许之认识乎？此一问题也。夫曰，不管他人瓦上霜，犹非吾家也。曰，我躬不阅，遑恤我后，犹非吾身也。今之人，韩退之所谓今日曷不乐幸时不用兵，无曰既戏尚可以生者也。赵孟所谓偷食朝，不及夕者也。其与其进者几何矣。(注四)

夫曰个人主义，曰自利心，斯固至不条理非进化之一事实也。而如何以限制此利用此者，犹是有主义有远久计算以后之事，于今日固不足以语之也。如使其审于自利，则今日所当有事者，晓之以国家与个人关系如何而已。然今日不若是易为也。彼于国家之事有如何影响及于自己之一问题，固不能自下决断，亦复无意研究。此无他，彼其心以为国家纵使善良，己身不知何年受益；而当此际牺牲吾之精神财力，以求国家之进步，未免大愚。故无论何种制度为良，自己既吝不主张，亦复忍不抗拒，惟是祸机方发，则惊悚相求以宁息而已。故方革命之未起也，其奔走呼号，以革命召瓜分恐吓全国人者，所谓商人也。然当满政府势力既尽，则率先迫地方官，使与革命党言和者，亦商人也。彼其心理，非急变也，非有上帝临之在上，非有天使质之在旁，非遇名僧大师触指顿悟，忽有革命不瓜分之说入于耳而铢于心，然而翻然归向革命者，以为瓜分是革命以后事，革命而战争，是现在事。现在而无战祸者虽无几何时而亡国，亦复甘之。其在第二次革命时，亦若是而已。彼于北军、南军，将何所择，而竭力将迎于总统者，无亦徒有望于战事之息，而不惮牺牲将来，以求曲全现在乎。推以论之，彼拳匪之乱，对于外人争先悬顺民旗者，其亦以为虽明日被掠，今日犹免见诛求也。尔时东南各省之以立约中立为喜，亦曰今日而无战争者，后日虽亡国可也。设异日更有他国，挟其力以临中国，彼辈亦皆将长跪，以请所谓都督师长勿与决裂，以保暂时之安宁而已。抑岂独无所计于国家，彼其于一身之所得，正亦尔耳。今如中国铁路、矿产，于十年来悉力保持者，政府已一一举而授诸外人矣。然将来非特铁路、矿产然也，于地租、盐税已供必不能偿之债之抵押，则将来之土地上权力谁属，亦可概知。此外如森林，如水电，如大工场，一一皆供外债之抵押，将来更何有企业容中国人自营者？是其结果，全中国皆如杜兰斯哇、巴拿马，而全中国人皆为华工耳。此其进行途径，固已显然，不待甚深察而知也。而此华工之境遇，果可得久延乎，犹是未决问题。然而今代之人，熟视无所动，且惟恐有反对之言起而累及己，不待政府之禁，而承风豫摧排之。斯其人虽晓以国家与个人关系之密接，宁有济乎。夫知有是非不计利害者，吾人可以自处，未可遽以责人。然尚望人知有利害而未尽忘是非，庶几犹得为进善之社会。奈何不知是非之上，更并将来之利害而忘之也。斯则所谓成熟之利己心，其所标举之理由，不能于保持现状之上加一字也。

然成熟之社会，其前方惟是朽坏横亘之，诸所作性，皆是无常。譬如乡音，童幼所习，壮历异国，归犹艰于言。何况物质随时演变，更有何法能保持之。必欲保持，惟有于现在存立者外，别谋所以补其变灭之缺于将来者，斯则非有现在之牺牲不可，而此牺牲固亘于各方面者。譬如一机械，每用必有所损，此所损失，非可保全者也。然于用其机械已程其功之日，就其生产品，储蓄其一小部分，以逐渐得等于机械原价之资本，于一旦机械坏灭无余之际，即以其所积更作机械，此即普通所谓积立制度也。然此所积立之一部，属于直接者，显然见其为牺牲耳。实则所当牺牲者，何仅此一点。先就机械自体言，不遇暴卒之掠，不为侦探所胁喝强夺，已是一条件。同社会人，各得安生，而买取其机械所成，亦是一条件。政府不于机械营业加以种种科派，使不堪其烦，又是一条件。又自其积立者言，贮之银行，而政府不以紊乱之货币制度扰之，亦一条件也。银行惮于法律，不轻诈欺破产，亦一条件也。凡此种种，无一不与国家有关。苟不为国家有所牺牲，将何以保全其机械乎。此徒自国家一方面言，其实社会各方面，无一不能为个人祸福。苟欲趋福避祸，即曰微细，终不能无牺牲。然则以保持现物为目的者，其第一手段，当为除去恶政府而设改良者，下此始有保持可言。若如今之所为，则政府方授外人以权，肥军队以掠，而风天下以暗默，言保持者徒放任顺适而已。但求保持现在，不惮牺牲将来，而所保持者，瞬息已成为过去。其第二之现在，已受前此之牺牲，成为坏灭。又更就其坏灭之余，以讲保存而谢现在之牺牲，此则成熟者之为也。

世人得无疑吾攻击守旧者乎？吾言不为守旧者发也。守旧者不满于现在，而以复古自任。故其所追慕者在既往，而其所置重者在将来。吾人于其主张多所反对，而于其精神不得不为极端之赏扬。此如宋儒之主张井田封建，至欲尽废现制。其事虽不可果，而其精神一移用之他方面，即为社会之大利。况此精神之所贯注，能使人有廉立之况乎。满洲之复也，为之死者无一人焉，此非守旧家缺乏之证乎。夫以社会学眼光观之，以异国一姓之人，来攘我国，今其复灭，宜莫与偕。顾彼辈有笃信旧说死节为义而莫之行者，有明知身与清室同其休戚而犹吝其牺牲者，于义于利，审之而不克践其所尚。悲夫！吝于现在者悔于将来。将来虽有悔于今兹，而犹吝于将来之现在。斯其朽灭，固无怪也。《乌托邦》之著者妥玛摩，旧教徒也。彼虽于社会改革，怀此突飞之改良意见，有今兹所犹难实行者。顾其于宗教，则笃信不移。身老矣，爵位方隆，际英之改国教，甘死而弗从也。夫为此宗教而殒其生，吾人当不奖励之以为可，顾其笃信守死之精神可风也。此真守旧者也，赵公子成肥义愧之矣。(注五)

社会如有机体然，其质点渐凝固，而趋衰老，遂至灭亡。此社会有机体说学者所信也。虽曰，今日学者反对有机体说者颇多，而其所为反对者，不曰凝固不足以召灭亡也。即吾所谓社会成熟而趋于朽坏者，于认社会全为自然法所支配者，抑认为可于自力自由变更其状况者之学说，皆未有所悖。特是由最近学者所说，则普通有机体之因果关系，连络密切，显明易见，单简不杂，于自然力之趋避难；社会则因果关系复杂微眇，故不能如他有机体之能豫见结果，不失毫发。从而于已邻死灭之社会，而有一部分前进之人出于其中，将或更新其社会的精神，而与以前进之生命，非尽受命于自然力之下也。此则社会所以为超有机体也。

前进者，不已者也。社会进步，如无穷级数之同数然，任增求若干项之值，其结果只能与极限相近，而终不能有全同之一时。社会时时有改良之余地，即时时有牺牲现在之要求，抑且比例其进步之度，其感觉将来价值重要之程度愈高，且为是所要之牺牲愈大。然而此追求终不息者，则前所谓对于将来价值之期望，于精神上能与以现在之满足也。夫人有享乐属于过去，而其结果留于现在者。如闻清歌，三月忘味。如遇名画，过眼辄忆。惟于将来亦然，豫想将来美善之境，以为现世缺乏之补偿，斯其满足，固不必基于现实之享乐也。能视此期望为加于一切现在享乐之上，则能以一切现在供牺牲，纵使其所期望于将来有时更供牺牲，在此时未尝不感满足。如是者，安得成熟，安得灭亡。

又此牺牲之精神而存者。所为牺牲之目的，不必果远，而此牺牲之效果，则未有没而不彰者。为将来之社会计，固求不误之牺牲也。然与其无牺牲,无宁误牺牲。牺牲之误,患不知之;苟其知之,幡然可改也。欧洲中古之研究点金方术,曾出无数之精神能力以求之。其结果虽不能塞河决,而化学乃为之得基础。日本之攘夷也,其牺牲可谓多矣,然其目的不达,而国势遽隆。故误之牺牲,而能自知其误者犹不误也。

由此而言,中国之人,其亦惟甘槁饿死者可已耳。否则,当毋吝其牺牲,以一部之前进精神,移而布之全国,今犹可及止也。抑吾闻之,非洲鲁人,有厌世谋自杀者,则往立海滨,待鳄鱼来衔之去。使其人而于自杀犹吝其劳也,则何望其自助也。

注一 "成熟"之文,不过假借取便立言,义既见于后文,故不深致商榷,幸毋循名责义,枝辩害意。

注二 一钱又百分之四之对数为〇·〇一七〇三三三,故其千乘方自(中国旧称言之则为九百九十九乘方)之对数为一七·〇三三三〇〇〇,即其真数为首位以下更有十七位者,以原定单位为钱,故其数为一百兆圆以上,更精密求其回数,则当云一百零七兆九千六百余亿圆也。

注三 其后波士顿之基金虽渐增,迄今约得十二万镑,殊不如所豫期费府[?]之增加率更不及此(Fisher:The Nature of Capital and Income. Ch. XIII)。

注四 此与厌世者不同。厌世者固不属望将来,亦不留恋现在,可与破除拘墟之见者也。今之借口于无可为而坐待死亡,又不欲人之以现在为牺牲者,不可以自附于厌世也。

注五 此中更有以为今既不如古,后又不胜今者,无意于法古而徒虐今,则近于厌世派者也。

三年四月雪打樱花之朝记之。

原载于1914年5月《民国》第1年第1号,署名前进。

无内乱之牺牲

自讨袁军熸，各地虽稍有再起之计画，皆出于不统一无条系之动作，相继败没。故此半年间，可暂谓之无内乱。

今中国人大部分皆为政府所恐吓，以内乱之起为大毒，而不敢措思议于其结果。此其于半年间之小康，宜威激不敢忘。然此无内乱之一事实，可以无牺牲而获得之乎。其有牺牲也，则于无内乱之日，静而受牺牲者，以较有内乱之日动而为牺牲者（包含自投牺牲与受动者两方面），其孰为多，则今兹所欲研究者也。

自革命以后，各地军队皆数倍往昔。元二之间，日言裁兵，故讨袁军未起之时，兵数由多趋少，而陆军部所定计画为五十师。讨袁军起之日，南方未尝加一卒也。政府既用张勋、龙济光辈以对付反抗者，此辈遂乘势扩增所部，动数十营。虽当时倡义之师，已同于溃灭，而陆军部所定计画，反有八十师。是则前之拟裁者，今决不裁；而前之未招者，今又增招也。当讨袁军起时，固未尝恃添招之兵力以定之。而于第二讨袁军欲起之日，乃须恃停裁旧兵别添新兵之力以防之也。而第二讨袁军不知其果起否，又不知其操何策略，起于何地。然而各省都督不期而同破坏无数内乱机关，且不止一次，不止一时，此明表示所谓第二讨袁军之计画，实未存在。纵有实在计画，亦不过百中之一，其九十九则各省都督以保持其将散之军队之目的，罗织人民而锻炼成狱者耳。以彼辈用语显之，则将校要吃空额，老粮子要打混而已。夫为内乱之故，未尝增一兵之负担；而为使无内乱之故，人民不得不虚糜此三十师之饷；此其所牺牲者为如何。

此三十师之兵力增加，果足以防止内乱使永不起乎？稍有识者,必不信其然也。佳兵者,祸必起于旌戏之下。人民所以为足防遏内乱而绞血汗以养给之之军队,将倒戈而为内乱之首。此非将来之现象也,现在既见者也。中原讨白狼之军,不有一部入于白狼之伍乎。张勋之去南京,其军不尝有扰乱之阴谋乎。夫如是,则又不能不更设兵以防此防内乱之军队。故将来军队之增加,将为自乘的,正如马罗阕①所以论人口增加者。去年为五十万者,今八十万,则一年之后,八十万者当为百二十八万也;二年之后,当为二百四万余;三年之后,当为三百二十七万余;十年之后,当为八百七十九万余也。彼其于内乱不知何如也。吾国民其能堪此乎。此不特民所弗堪,即拥兵者亦未必肯忍耐至十年默不一动也。是内乱固不可防,而牺牲已不可挽也。

今政府所恃以防内乱者如是,纵其变端不起于军队之内,亦非可以为长治久安者也。使其为内乱而志不过窃位自娱,其羽翼之者犹是攀龙附凤之心理,则或以力之未充,势之不敌,而有隐忍折服之时。至于为民之疾苦,仗义而走,期于廓清者,则无成败利钝之可言,岂有示兵而能屈之者。抑今政府所欲防者,亦惟是为义而起者耳。其于冒利取荣之辈,固可以利诱荣网之,不事用兵也。是其目的终不得达也。

今政府非不知此也,其所恃以维持此半年之无内乱,且期久于其位者,固犹有策焉。其用之亦非自今始,且于历史亦夙具其例。吾人可假命之以名曰变形的坚壁清野主义。

方郑氏之据台湾也,满廷尝命徙沿海五十里地之民之内地,其名曰杜绝供给。其实以当时遗民伏处海滨者多,感化所及,皆形敌忾,一旦兵至,必先为应;而郑氏一度得根据地,则满廷危。故设此口实,使其民颠沛流亡,救死不赡;后虽还之故地,精力尽矣。其用意至深险,其立言也,则曰为防奸民交通,不惜庶民之困苦。庸知其庶民困苦,乃彼本来之目的,非此固不能杜绝其反抗之精神也耶。

---

① 马罗阕,今译马尔萨斯。

后此百龄所以施于广东,亦同此策。其时张保纵横海上,百龄使禁渔夫赍粮出海,于是远洋渔业悉绝,张亦遂降。此皆于坚壁清野之名义行之者也。非特于满洲有然,明太祖之重赋苏松,即以张士诚余罪犹散在各地,故绝其生聚之途以重赋也。汉之徙豪族富民实关中,亦以其挟资为雄于各地,易成割据之势,徙其人而资力随之。强干弱枝之策,以他方面言之,则为贫外县富京师之策而已。楚灵服于郑僖弃疾之论,苻坚感于鲜卑种人之歌,亦同此义。要之,绝其生产之途,即令更无暇日为叛离之计,殆古今所同用之策也。其稍欲更之者,则往代漕粮之制与满廷固本之饷,但求中央较富,不愿地方极贫。此盖欲谋长治久安,知百姓不足君孰与足之义。然其结果,地方之瓦解,中央毫无制御之力,殆壁则坚而野未清者欤。

袁氏既得此历代相传之心法而益扩张之,在前此政府之使用此手段,于平时不过使其地方人士百事仰承于中央,初非尽绝其生路;若有事,则专用之于一隅,未尝普行之天下。所以然者,天下举困,则租赋无所出,不如袁之得时时借债也。袁惟恃此,故以昔人行之于战时者,用之于平时;限之于一隅者,溥之于全国。其结果可使各地生产事业,无一不萎靡。民既穷于衣食,则无心更论政治之是非。地无财赋之供,即有志于革命者,亦无由取为根据。故其残灭各省之策,无异西班牙人之遇印第安人也。其历然可数者,不止一端。往者称实业之战争(商战),对外国言之也。今者庶几可谓之大总统对于国民之露骨的实业战争乎。而彼国际间之实业战争,以发达自己之实业为目的,而其使他国实业萎靡者,不过其反射之结果,或其偶然不得已之手段耳。此总统国民间之实业战争异是。总统实以减杀国民之生产力为目的,其国民则除哀诉以外,未闻采何种手段。且于近今又知哀诉之无效而并怠之也。今者总统于实业战争已战胜国民矣。

共和国之先进国且为大国者,法与美,皆农业国也。中国亦古农国,保护农业,不能过人,当不至不及人乎。是二年前之希望也。此希望之打破已久矣,中国固不能学法美之共和,又安能学其共和政下所行之政策。然有共和政不如法美者，如去年首先承认中国之巴西，其政治上犹未甚整顿也，然吾有感于其保护架非[1]园之政策。巴西之产物，以架非为首，其风土所毓，固少能与竞者。当一九〇〇年以来，架非价落，农家愁叹，不能自振，于时政府乃起公债以买收所产之架非，屯待高价而出之。当是时，虽欧洲之学者，未尝不致疑于此政策谓为冒危徼幸。然巴西政府卒冒其危，架非价果起，农民亦苏。嗟乎！巴西虽数内乱，其民何尝有涂炭之苦。巴西政府虽数摇动，未闻以颓敝产业为固位之计，此可风也。今中国之农产，孰当改良，孰宜扶助，政府固不知也。不知不足责，而二年以来未闻有求知之策。何也？其意惟恐各省之实业发达，即能厚革命党之势力，而与以不可拔之根据耳。自讨袁军败以来，国民不复望政府之能相助矣。虽然，中国农业之不得真之保护也数千年，既不自今而失保护，亦未遽以袁之一时不保护而见艰虞也。顾袁之毒农业，又安能以不保护为止境。方讨袁军之初起，江西李氏实虑南赣之匪窃发，而借广东之防营以靖之。广东之师未出，而警察游击队分布于各乡，以防盗扰。夫工商聚于都市，而农业则布于鄙野。以中国实业之未发达。于中惟此农业向足为自活之资，虽以讨袁军之竭力充实战斗线兵力，未尝敢以为后图也。今者内乱未有闻也，而东南各省之兵，聚之城市者多，散之乡村者少，以是之故，盗掠相继，奔号无援，抑何为也？夫养不能捕贼之兵，而置之不复见贼之地，且夺各地自治之权，使无自建警察之力，又重之以侦探之喜诬告徼赏，使乡民欲得自卫之武器而不能，此其农业之将来，抑可豫测矣。以讨袁军不肯疏之于战时者，袁氏忍忽之于无事之日。斯其相去为何如哉。

中国之铁路不兴，则凡百工业无由发达，此一般之人所知也。然铁路之计画已具，铁路总公司已成，而交通部苦持之不许以权，使其计画全归挫折，然后借名解散之，乃以铁路权媚外人。此其用心抑何如。铁路属民有者，则百计攘以归官。其归官之日，又羞之于

---

① 架非，即咖啡。

外人，惟恐其不我受也。则异时铁路之效果如何，可以知之矣。夫今日各国之于铁路政策固不一也，而其同采干涉者，则有一点，即其运送赁率之差等是也。美国托辣斯之初起也，皆以利用铁路之特减运赁契约，而得巨利。于是得一铁路公司之助者，其营业者立得压倒一切同业。于其铁路势力所及范围以内，独占市场。故其结果，各国政府不得已而采干涉政策，禁其因人而设差等。此则铁路能左右一切产业之明证也。又于他方，各国之欲保护本国产业者，往往对于外国输入同种物品，课以极重之铁路运赁，以杜绝其竞争，如德之课诸外国输入谷类者，其尤著之例也。然则以同业言，得铁路者，可以排斥他不得者。有铁路之国，外国输入品为所阻，而本国产业得以发抒。则以全铁路置之外国人指挥之下者，其结果当如何。使至愚者为之，犹知轻其本国之输入品之运赁，而重中国自制品之运赁矣。今外国既竞设工厂于中国内地，以中国工业发达之迟，虽使政府特于其制品减轻运赁，犹恐不竞，况其重之以外国人支配下之铁路运赁乎（此种差别运赁尚可以他种名义行之，即如中国制品多属少额，此根于资本不充，且不敢冒险者也。彼外国公司即可借此而于多额运送者减费，中国制品自然不能浴其利益，而外观未尝有特损中国人之条件也）。是以调铁路不兴，百业不得发展，自一方面言之也。而于他方面，外国制品欲输入吾国者，尚与吾国自制品同受交通不便之艰难，且彼所受尤重也。铁路兴而权属于外人者，中国工业无丝粟之益，而有山岳之损矣。然而此固衰志也。

铁路之建设，为中国人所吝于投资，即从来以公司而建筑较长线路者，只粤汉路之广东一部耳。故政府得有借债之口实。虽然，保护不周，劝诱不至，已不能解其咎。然有国人所争欲投资而莫之许者，则矿业是也。矿业虽不如铁路之每一线路足以制数省生产业之生命，而合全国以言，殆于无业不受矿业之影响，而煤与铁为尤，此亦易知之事也。而袁政府于始一年间，未尝有保护规定。东南各省，相次催促，始草率颁布。考其内容，则同于禁遏。又于各省所许与之采矿权，悉与取销，而强之以待部认定。然而认定者，殆未有闻也。始欲集资采矿者，皆归国之华侨。热望之余，遭此苛遇，无不丧气。至于讨袁军败之日，则华侨同被内乱之嫌疑，避祸之不遑，更无由得请矣。考其所勒章程，于利益则强之以大半充税，于年限则务求短少。岂不曰国家社会主义，抑制专擅宜然。然而于华侨垂首而整归装之日，此所不许与万里归来之国民者，已相逐而为外人所攫，未闻有短年限，有重矿税也。然则此种社会政策，不行于外国资本家，而惟行于本国之资本家，其条件则为中国人更不许于劳动者以上占一位置，将来坐待鱼肉而已。矿产既去，则凡基础于矿业之诸业，亦一一受其影响。况其有关涉于矿产之业，本又不振，如陕西之石油，与广东之矿石，久为外人所窥伺，而本国未能利用之，一旦与人，更何所冀乎。然此亦袁志也。其尤酷者，东南各省，于革命以来，例有不换纸币，而市场受其影响，往往成为孤立的金融。且腾落无常，投资者各以丧失为惧，遂至各实业多半途休止。盖不良之货币制度，已发源于满清未倒以前，而祸患之显，则在民国初定之际。斯时为之挽救，非难事也。以广东论之，纸币自反正以后，实际成为不换。而战事未息以前，银行之差，不及什一，通常百三四而已。元年三四月间，始以增发贬价，迄于五月，亦不过十分之二。自是广东政府尽种种方法以为治标之计，一年之间，常升降于什二内外，无大腾跌也。夫纸币既为不换，又已成滥发，无可挽回，则使商业不至于因是大伤者，无外使少动摇之一策，而当时实已达其目的。以地方政府论，斯极其能事矣。而当时广东政府固尝为规复兑换之计，且以少担保低息少折控借债，有成议矣。而袁故意以不交参议院议决误之，使外人不信，约不得成。此其意，不外恐广东为革命根据之地，使其金融敏活，即不啻增一大敌，故百计挠之耳。讨袁军败以后，纸币价骤减少，近乃低至半额，闾阎嗟叹，百业滞壅，而求助于政府，未闻一听之也。岂特广东为然，凡各省会发行纸币者，无不在同一之状况，而苟为前此倡义之区者，今日即不可望斯须之援于中央政府，纵自有所谋画，亦必见阻挠，无由实施。嗟乎！民既困于重税，又以恶币承之。哀此惸独，将何以济乎。借曰无以巨资，则大借款以来，所得自债外者已三万万圆以上，何以不能出其什一为兑换之准备，以苏各省之人生。纵使于讨袁军未败以前，不措信于原为革命党之各都督，不肯授之以军资，何以于今日之龙济光、陆荣廷、李开侁、张鸣岐辈，尚靳其所请。此知袁氏之于各省货币制度之不良，非特不以为忧，抑且深以为幸。不特不悔前此不救于可救之时，致有今日，抑又甚望将来币制混乱，更胜今兹。要以为此数省为反抗者出产之虚，且属其蓄意谋据之地点，故使其民无力更谈政治，且令其据之，亦无由得军资于本土，以与政府争衡。斯则其祸各省之深心有然。虽其结果，可使文化之区，膏腴之壤，忽成颓落，无可救援，居民过半，待死沟壑，而心方快然，谓将莫予毒也。噫乎！谁令有此牺牲者！吾民之供此牺牲，果何所得也。

以上所举，不过就经济上关系重要者言耳。彼之为毒吾民，岂以是为止。然就此所举者而论，则根本之农业尚有较长之历史者，既已衰落；天然之宝库之诸矿产，又次第失诸；其交通之机关，则隶属他人。乃至于其流通器具，犹不可得整齐安定之制度；此于今日经济社会，无幸能自保之理，可断言也。本实先拨，虽有哲人，将奈之何。然而吾人所忧者，袁氏所乐，吾人所欲去者，袁氏惟恐其不来也。非吾民日夕愁叹无以为活，袁氏何能枕待帝号乎。袁氏之于所谓乱党者，滥杀恣刑，天下侧目，异邦人士闻之失色，此徒一时事耳。微论以正义而讨袁者，甘死不辞，即在仓卒遭诬衔冤九地者，虽惨毒万状，犹可得以人谁不死自慰。且袁纵嗜杀，未必遽过张、李之伦。献忠屠蜀人殆尽，而今日四川反为富庶之国。信大！杀戮者一时之牺牲，而非永久之锄抑。张氏虽恣睢于锦城，天然之富未尝受其影响，故休养生息有由也。然则袁之滥杀，吾人虽痛恶之，犹不得不置诸第二位，而首数其剿绝国民生产力之罪恶。今世言战争之害者，谓其费巨额之军资于无用之地者，其轻者也。计其参与战争之人人，本可尽力南亩者，今悉献身疆场，骗此国民最强壮之部分于不生产之地位，斯为大损失矣。抑犹未也，假令其战争而继续至国民资本殚绝，更无生产能力时，则虽战胜于阃域以外，而亡国之祸终不可逃。何则？前二者之牺牲为现在，而后者之牺牲属于将来故也。夫牺牲将来以为战争，固他国人所未有也。然而吾国民不肯牺牲现在而避战争，遂不惮牺牲将来以求无内乱，得不谓之大惑乎。

吾于是得比较内乱之日所谓牺牲，与无内乱之日所受牺牲之机会。今试设想内乱起日，其继续期间当几何。以人心趋向而言（除去势利一层），必不至坚附于此恶政府。瓦解之期，不过数月一年；作战之地面积，当不过方百里；战死夷伤不过万数千人；军费不过二三亿止矣，蔑以加矣（倒满之日，死伤不及千人，作战地域合之不过方数十里，军经南方裁数千万耳）。而合计此所牺牲军费与生命，不能加于无内乱之日也。何则？虽无内乱，袁固年年当杀万数千人。军费日增，即以今年增于昔三十师论，二三亿不为饶也。语其作战之地，固不免有生产力之摧残，然其所为损者，不过一时停止工作，绝非永久失其利源。而袁氏于谈笑之间，卖一矿，赠一权，所损已不知几百倍于此矣。内乱之所牺牲于现在者，虽无内乱，其牺牲固不能免也。非特不能免，抑有甚焉。以倡义之地，为袁氏之力所不及，而卖权赠矿之技无所施。内乱而息，袁乃得举全国之利而赋与外人也。则何畏于内乱而甘此亡国之政策。非徒内乱可于一年数月间已也，纵其期间延长至二三年，乃至四五年，其结果又岂有以加于年丧数千人与二三亿金钱之数，而此牺牲又岂于无内乱之日可得免者乎。要之，内乱之日所用之兵力，不过袁氏所夙养之额。彼其鹰犬与其仇雠，当无内乱时固无别也。一旦事起，扶义而来归，饷额无加乎旧，自无新增军费之可言。其战而死者，当不战之日，固难免于虎口矣。以中国论内乱之时期，不论如何长，苟其志在利民者，其牺牲现在之生产力，与长期无内乱之所牺牲恒不相远。惟是其牺牲止于现在，而期望乃在将来。若夫无内乱之时，则同有现在之牺牲，独无将来之期望。何去何从，国民当能自择之。

吾人非不知内乱之现在牺牲为甚大，不可轻试。亦非以谓但有内乱，不问如何皆有益于前途。惟欲国民知无内乱之日，犹受此恶果，不免牺牲将来，庶几于有益之改革企图，不更表其反抗，将来犹有望也。

原载于1914年5月《民国》第1年第1号，署名前进。▲

暴民政治者何

自革命以来，共和之名既定，顽迷之论者颇穷于诽议之途。偶有一二不肖新闻记者，造为种种不根之报道，而加以“暴民政治”之称。于是宿昔不平者，皆于此一语阴蔽之下，力攻前日造成共和政治之人，然后可以一宣其蓄愤。故从风之靡，本不关于批评之确否，亦不问其人对于此所用以批评之语，究以如何之意义用之。此亦一社会上怪状也。然在为批评者心理，为善为恶，为怪为常，我辈本可不论。但人既以此批评我辈，则我辈自审有无适合于彼所用以批评之语之行动，且考察何以致有此批评，实为内对于自己之精神，外对于同志之士众，不可缺之义务。然政治上所有形容词名词，大抵各含多义，而诋谟之语，内容尤难。盖彼之书此语于纸上，不过视为与奴材鸡狗同供毒詈，即有下之定义者，亦不过就己所欲以谤人之事实，撮举其属性以为之，其无所当，明也。故于此欲先就“暴民政治”之来源，一为之研究。

“暴民政治”之名称，以余浅陋，固不习见，然往尝于亚里士多德所举腐败之共和政治之译文，似见有此语。而近代斯梯分斯博士，所以指美国之政治者，直译之亦当译为“暴民政治”。不知彼取以批评我辈者，果取何义以言之也。

亚里士多德之国体区分，本于柏拉图者也。柏拉图之说国体，实以统治者之数，及其统治者对于法律之关系，而区分为六种。即为法律所制限者三：（甲）其治者为一人者，王政也。（乙）其治者为少数人者，贵族政治也。（丙）其治者为多数，则立宪政治也。其不为法律所限制者亦三：（丁）治者一人，僭主政治也。（戊）治者少数者,寡头政治也。(己)治者多数者,地莫克拉底也。此中最末之地莫克拉底之名,沿至近代,认为对于独裁政治之用语,而失其不为法律所制限之意义,故中国旧译之曰民主。(注一)然在当时则“地莫”训“民”,而“克拉底”训“强”,故不妨谓之“暴民”也。亚里士多德承柏拉图之说,而认适宜之地莫克拉底,与极端之地莫克拉底,为各贤于适宜之寡头政治,与极端之寡头政治者。后罗马之普利比亚斯,又承亚里士多德之说,而以为共和政治之腐败,乃成此“暴民政治”。此前一说之概略也。

方美之用共和制也,反对者颇多,即引亚里士多德之言,而目美国之政治为“暴民政治”。于是斯梯分斯出,以为此所为“暴民政治”者,不足病也。近世之共和,所以异于古者,正赖交通发达,教育普及,报纸盛行,人各有选举权,各能为政治上之主张,乃得有此美治。彼亚里士多德所论之希腊政治,万不能望及美国者,即在此,无为避之也。此后一说之概略也。

论者果从何义以决定此“暴民政治”之内容乎,吾辈固不能决之于闻此批评以后,恐论者亦未必曾经自为决定于为此批评以前也。然吾知用斯梯分斯之义,而训“暴民政治”为“莫伯克拉斯”①者,必于吾辈为无当也。夫斯梯分斯时称美政况曰“暴民政治”者,所谓求全之毁也。乃若以吾辈上比美国政治家,而亦冒同一之“暴民政治”之名,则所谓不虞之誉也。

且如以政府言之(包含总统及内阁),南京政府,才两月耳。其所设施,固以军事为重,其余举措,可论者希。试问当时善政云何,弊政云何,殆难置答也。以此为暴,其暴几何?若以军事而言,则编制、整顿、饷给、指挥,诚不无可指数之点;然实际军队行动,尚多禀承本省,不尽隶属中央,比之美国陆海军之动作,政府指挥进退不受掣肘者,相去悬绝矣。故在当时南京政府,不特无为暴之日,抑且未揽为暴之权,此无以比于美之“暴民政治”,明也。

---

① 即英文 mobcracy。

以国会论，则前有参议院，后有国会，其成形也较久，其表现者较多矣。然问其何以为暴，则殆无以加于南京政府也。试计参议院开院一年之间，其所罢置者几何？除由袁氏及其所辖内阁提案外，曾提出几案？可知其于与政治之程度矣。一度否决内阁员，便谓不顾大局，横以武力恫喝，岂复有为暴之余地哉。至于国会，则亦有半年之寿命，而其惟一之行为，则选出总统也。谓之为暴，诚哉暴矣。然而选者暴乎？被选者暴乎？

乃若地方之政府，则各省都督，大半为拥护中央者。此中如贵州之属，屠戮最多，无愧暴之本义。然在真为民党之数省，则凡百行政，昔为中央所掣肘，无由设施。故旧免苛税，旋勒以再兴；(注二)已赦死囚，复责以捕缚；(注三)而前清旧憝，误国巨奸，各省反以湔祓许之，未尝稍有收治也。则其为暴者果何如乎！是地方政府固不无合于"暴民政治"者，而非我辈之所与，实袁氏所假以诛锄异已者有然。如美国各省之财政法律各得任本省之意以行者，固吾辈所不敢望也。然则又何能为其暴也。

更自他方面言之，以美国百四十余年之政治经验，葆有完备之宪法，辅以周密之法律与善良之习惯，而国会有最强之势力，且以委员会之制度，一切行政，皆在国会指挥之下，其各省之权力，足以自治，而其人民实由完全无缺。于此际，而能避宪法法律习惯之所禁，出于国会众民之所不反对，不甚害各省之权与侵人民自由之保障，得以肆其志，斯则反对者之所讥者也。彼不假宪法破坏，(注四)不别为悖谬之法律，而能如意以行，乃能不为反对党所攻，不召国民之愤。不然者，如罗斯福之欲为大统领候补，不过违反华盛顿历来之习惯耳，(注五)且此习惯之解释，犹有论争之余地者也。然国民且不许之。由此言之，极美国之"暴民政治"，安能比拟于中国今政府之万一哉。然而在美国犹召此称，则使我辈前日苟有所行得以比于美国，诚不可不谓名誉，然实际固审知其不能也。彼自其宪法言之，则参议院所定约法，庶几不让彼邦，而条目已不能如彼之密。至于后之宪法草案，已大违本意矣，抑尚不得见容而废罢。乃至今之约法，则又不可以比于日本、普鲁士，遑问其余。然在我辈，始时固望其进而日完，不意其退而每下也。使如我辈所主张以行，或者德不百年，尚可与彼贤髣髴，于此时引彼"暴民政治"相况可也。前乎此，固未有此资格也。至于法律，则吾辈固亦不敢以为后图。然其现存者既已悉等空文，而所草拟者又决不见采用。其在南京政府所颁布者，彼已视为无效，更不措意。是则吾辈方欲筑美国"暴民政治"之基础，而彼已久破坏之矣。若夫习惯，则固不存于既往，又安得现于将来。夫有此宪法法律习惯，然后彼之"暴民政治"得以生。我辈所致力者，虽为仿效彼之宪法法律习惯，而已病未逮。然则中国何能有此"暴民政治"乎。

然则以我辈革命党人所处地位言，固未尝得有如美国政治家为此"暴民政治"之权。以中国前此现状言，亦未尝具有美国今日发生"暴民政治"之基础。然则取斯梯分斯之说，以相拟议，吾人惟有敬谢不敢当而已。

将从柏拉图、亚里士多德之说以为言乎。则当知柏拉图辈虽言"暴民政治"，却不以为最恶之政体。又于"暴民政治"所以发生之源，归之于人民自身之状况，不以责执政者少数人也。

故柏拉图之言曰，此六种政治（见前），蔑有一绝对善良者。然自国民而观之，则治者为一人者，最良又最恶者也。当其服从法律也，其政治最良。及其不为法律所制限，则弊害最大。其治者为少数时，则于善恶两方，均居适中之位。惟以多数人为治者，则于其等为守法律时，此为最劣。而等为不守法律时，此为最良。故从柏拉图之说者，"暴民政治"仅为下立宪政治一等者耳。抑柏拉图所谓善良之王政，与贵族政治，皆束缚于法律之中，不能自创生法律。其法律之发生，乃在社会上不成文之习惯，而假借执政者之手以整齐划一之而已。此徒于希腊可得有之。今日之国家决不能尔也。夫在古代习惯之势力至强，而暴主与骄慢之贵族，皆不敢逾越。至于近代，则专横之辈，私拟可以左右一国，出言成宪，行事为格，岂有社会众民所认之法规能束缚之。故就其所言而论，今之政治，苟非权出于多数,则祸必甚于暴民。即极今日所能为,其至于柏拉图所谓立宪政治者上也。其不能者至于所谓“暴民政治”,犹其次也。(注六)若为寡头政治,则虽胜于僭主,而已不及暴民。故于我辈之所行,有不为法所规律,而任意以逞,调之“暴民政治”可也。顾不幸而当我辈参与政治时,未有可为规律之成文法先我而存在,乃至甚少适于共和政治之习惯可得标举。吾辈不能以前清之宪法大纲、誓约十九条,引为吾共和国之根本法也。不能以前清所定之资政院、咨议局之规定为代表国民机关之组织法也。吾人不能以叩首、屈膝、拖发之习惯为共和国之仪服,不能以大人、宫保、中堂、爵相、卑职、沐恩、蚁民之习惯为共和国之称谓也,不能以捐纳为阶进,不能以荫袭代登庸也。法不能议亲贵,而用不能计阀阅也。不能使旧时污吏复横行于乡党,不能以旧日为满廷所罪者悉视等囚虏也。夫其法令习惯之不得不加更张如是,则吾辈方有破坏旧时法令习惯之任务,则安得为旧日法令所制限。而当时方忧此不祥,而急于定法。正以方邻于“暴民政治”,而急思避之。使于此而不守既定之法,则真暴民也。然无如不见有证据也。吾人惟于不合根本法之法令,如不经参议院之官制,(注七)不顾前赦之逮捕,不经院议之借债尝为之抵抗而已。其合于本法者,不特其案出自我辈者不敢自乱其法,(注八)即不出于我辈之所发案,亦暂不渝。此正以法治为柏拉图所以区别立宪与暴民者,吾辈已知当时纵号“暴民”,已胜于前时之寡头与僭主,又未尝不希望更进于柏拉图所谓立宪者也。然而其结局,守法者在吾辈,而吾辈以外,自有违反之人。斯则纵有当于“暴民政治”之名,而吾辈决不敢代负其责也已。

抑有当知者,不为法律所制限之“暴民政治”,非可以一二人之力为之者也。夫使其少数执政之人,破坏法规,恣睢无忌,多数之民,不以为虐,反崇而与之,此可谓之“暴民政治”也。其多数之人,非有劫于势力而不敢去此执政者,乃有爱于其纵横而不肯去之者也。换言之,则其人为奉民之意以行者也。夫然故犹得有治者为多数之实,而克副共和之名也。若如袁氏之所为,则国民多数所愤,而少数所附,徒挟兵力以威天下。虽曰为暴,罪不在民。民非有爱于其诡诈,第不敢抗其锋铓。是以得有共和之名,为僭主之实也。故使柏拉图复生于今日,即令袁氏对之借十倍于五国银行之债,而与之以百倍之权,柏拉图其将承认此中华民国乎?必曰:否也。非特柏拉图否之,亚加典迷[1]之末席生徒,亦将冲口应曰:否也。

此无他,违法之事,虽有行之者,必为人民所不悦。而人民虽有不悦之意,初无去此违法者之权。由前而言,则人民不能有暴民之号。由后而论,则既已失治者多数之义,更无以语于共和。故柏拉图之称"暴民政治",则以其民不以法范此执政之人。故其所谓暴者,不指一二人之行为,而指多数人之承认此行为。暴民者,一般人民之暴,非少数人之暴也。而中国人民既无承认此暴行之心,则不特吾辈为人民所未反对之所行,不能与于"暴民政治",即彼辈为人民所不承认者所为,亦决不能仅目以"暴民政治"也。然则于第二说之不可援引,又明也。

求之于斯梯分斯之说,而彼之立此号,颂胜于规。若求之于柏拉图之说,而彼之所责在多数之民,不在少数之执政者,则我辈自反,无自承此"暴民政治"之理。盖不欲重谀中国之国体,又不敢厚诬我国民也。然而彼之詈此"暴民政治"者,岂以中国为真有等于美国之政治,抑以中国国民为实爱暴行者乎,吾知其决不然也。

彼用此语者,意既纷歧。然有其较明了者,则以为一国之中,有良民,有暴民,而革命者皆暴民。故其所为政治,皆可谓之"暴民政治"。此一义也。又有以为中国国民程度不适共和,故其以共和的约法为规律而施行之政治,皆为不良之共和政治。又尝闻有亚里士多德者以此"暴民政治"为不良之共和政治,因思以为凡诋排共和政治者,皆可以此名行之。正如欲坏规则者动斥人以顽固,欲葆锢蔽者务詈人以猖狂。其实此语属性,彼本不求甚解,亦且避去明了之定义,以谢人之诘难。此又一义也。从前一义者,直以为凡此革命

---

① 亚加典迷(Academy),柏拉图曾在这里开馆授学。

者，根抵上已有非违，而旧惯之破除，一切可名为“暴”。故其为此言也，意中先有“暴民”，而与以“暴徒”之称号。凡所自出之政，亦皆同冒暴民之氏姓，而无所逃。此旧日锢蔽官僚之一般思想也。由后一义者，其人亦尝涉猎法律政治之书，知专制之不可长，共和之不能已，又患己身所依附者，正反对共和。若顺于理，将失其欢；欲昌其身，必屈其说。而知穷于饰非，德吝于改过，则以厚诬人民者自解其专恣之行为。故其辞枝而遁，其倡之者亦自知其说之不能终完也。故前一说为主，而后一说为从。前一说为诚，后一说为伪。而为前一说者，必假后一说以饰门面，遂延而为一般之通说。至其承用者各以己意附益新义，则不可备举者也。

然此两种语调虽殊，根源则一。彼徒以一身之不逞，而集怨毒于共和，因推怨于造成共和之人。若谓其笃守君臣之义，因以乱臣贼子视此革命党，犹过褒之也。当满清之复也，诸受其委任者，无不为其家室之谋，而故张言革命党之势，以谢不能效死之愆。此其心固不为满室倾也。而当革命事起之秋，此曹审己身前此罪恶万端，假令追寻旧恶，将首邱之不获，故其栗惧甚，而其急于自表不反对共和也深。满室之退位，实此曹所深望者也。使其战事一延长，则满室虽胜，己产已罄，满室而亡，己尤无恃。于是共和成功之日，彼辈欣喜，不异革命党。然在恒人之情，既饱所求，必思其次，况以彼贪婪之性，何由无所觖望，于是欲望随满足而生，怨尤又随欲望而至。积此怨尤，发为诽毁，徒伸其志，不择其辞。然而始既假共和以自全其身家，继又以满廷退位为满足；前日本不倡民族之议，今日亦难更为立君之谈，故不敢攻共和而攻国民程度之不足与造成共和者之为“暴徒”。虽然，为问此共和政治之下，所与于彼之痛苦几何？且以何由而有此觖望？此固显然可见者也。当共和政治之立也，未尝有如法国之夺贵族产以授贫民，刑诛旧恶无所赦宥也。前日所指为元凶巨憝者，一旦安定，悉赦不追求，至其家财，无问所自来，一予保护。其生命财产，于或意味可谓之较往日为安。而彼辈以彼之志，度人之行为，谓必欺凌迫勒，(注九)于是事事以恶意测之。况彼平时纵横乡间，仕宦威福治所，居则以叱嗟婢仆为乐，出门则以呵殿为娱，其所晋接者仅少数之人，而一般人皆伺候颜色以取悦，居处服饰皆有品阶，亲戚交游引为光宠。其又甚者，使气凌人，使莫敢议；爱者置膝，恶者坠渊，习之既久，非此不娱。而实际此皆与共和政体绝不相容。既号共和，自然消灭。彼不计己身平昔徒以多上人为乐之谬，而反邑邑责望政治之不良。故其实际怨平等，而甚乐一己之自由。而表之于言，则曰，不反对共和而反对“暴民政治”也。

彼一面言国民程度不适共和，一面又不敢明倡君主之说，于是其表面仍称采国民之公意，而实际则只利用旧官僚及拥资畏祸者之一部分，以饰其行。于是凡不合于彼意者，皆曰“暴民”。而于全国民中除去彼所谓“暴民”者，则不过彼富贵之一团而已。然而彼辈必自称曰“国民全体”，其结果遂使不得富贵之国民，竟全排出于国民范围以外，反有似于罗马被征服民族，徒为贵族供其奔走，献其衣食，待其摧残，伺其喜怒，不得议政治之短长。此则于袁之近日言行，有其明征者也。

袁氏指广东、湖南两省为“暴民专制”，而谓去岁之义师①为“少数暴民互相煽惑”。(注十)又自言国会应有职权，为挟持党见者所蹂躏，几酿“暴民专制”之局。(注十一)而政治会议则先之曰，就国会本体而论，其组织法发生于约法，选举法又发生于组织法，种种不良之点，既经一度试验，已属无可讳言。(注十二)而就其所谓不良者，则袁氏又先之曰，非由国民公意而来。(注十三)各省都督则和之曰，别有来由，多非人民公意之所推定。(注十四)夫议会之职权，已自蹂躏之而不能行使，则虽欲专制，又将何从。且使专制者而只自蹂躏其职权，则固无与于他人之事，何故有忌于专制，而有恶于暴民。袁氏既已以议会束缚政府为忧，则正当感谢于其蹂躏，何故又以为罪。此等矛盾，触处辄显，而彼之真意，固不在是也。彼以为凡非旧官僚及其附和者流，即悉入于暴民之列。国会之组织选举既专以吾辈所谓国民

---

① 即1918年赣宁讨袁之役。

为基础,而彼则以为吾侪所谓国民者,大抵皆“暴民”也。既已谓之“暴民”,即不谓之国民。故自“吾辈所谓国民彼所谓暴民”而选出之议员,彼不得认为“彼所谓国民”之公意,然后诋之曰不良,文致之曰专制。此惟彼辈所能共喻。若使欧美政治家,闻有不能行其职权之议会,被人目为“暴民专制”,必且苦思毕生不得其解矣。则彼之独举粤、湘两省而指为“暴民专制”者,亦同此理。革命以来,此两省以革命党多之故,受中央之忌独甚,其受牵掣独多,而省议会又皆不失其权。然而以“暴民专制”见目者,彼之言“暴民专制”也,不重专制而重暴民。暴民者,泛指非旧官僚党与之人人,而以革命党为其代表,故于称兵者亦指以暴民也。循此之言,而后废国会,设约法会议。此以为国会之组织不良,而以良组织代之者也。以为往昔之国会由暴民选举而组织之,今兹之约法会议则由国民选举而组织之者也。故观约法会议之选举人资格,即知彼所谓国民者范围如何。彼约法会议组织条例第四、第五两条,即规定此资格者也。其所认定有资格者六:(一)曾任现任高等官吏,通达治术者;(二)举人以上出身,夙著闻望者;(三)高等专门以上学校三年以上毕业研精科学者;(四)财产过万元热心公益者;(五)蒙、藏、青海在京王公世职,相当人员,通达治术者;(六)全国商会联合会在京职员,其他殷实会员,热心公益者是也。夫此六资格,即以其半论,其为阀阅富豪所专,非平民所能与,固已无疑。而彼犹恐其中不尽为彼私党或非胁从,乃于其后半各与以通达治术、夙著闻望、研精科学、热心公益之制限,而委之于选举监督之认定。而其认定之范围又极于狭隘,固无疑也。故其第九条之规定京师各省选举人须十倍被选举人定额,蒙、藏、青海及商会则须五倍定额。而从第二条之规定,即京师选出四人,各省每省选出二人,蒙、藏、青海选出八人,商会选出四人,故其总额为六十人,而其选举人数,则有五百四十人,斯已足矣。(注十五)抑使袁氏恣其情之所如,岂但不以五百四十人为少,抑且尚以六十人为多。然既经自标举国民公意以行,则如有不甚解事之选举监督,承迎太过,使此中华民国国民之数,骤从四万万人减至五百四十人以下，则袁氏对人欲再说国民公意亦觉太难为情。于是政治会议员为之两面张罗，而后立此界限。在彼踌躇数四，不照被选举人定为二倍，而定为五倍、十倍，已觉宽大万分。而在世界上国家，有名为国民选举而选举人之数以五百余为最少限者，当亦为前史所无之例。往者政治家举国民最少之例，必称老幼八千人之摩那哥。不图中华民国竟为政治界作此新记录，使此欧陆小邦，望尘却步也。若以持比前年选举众议院议员时之记录，当知于前国会选举时认为国民者有若干人，而袁氏今所夺去之国民资格为数若干也。夫人已夺去此国民之资格，犹强颜自命为中华民国国民，此为热心之至，流露不觉耶，抑无耻之尤，依附不休也。然吾则欲为一般人进一言曰，此次选举约法会议议员而无选举资格者，可暂勿自称国民，姑以“暴民”自安可耳。若不承此言，当向袁氏算帐，勿假窃国民名号以自娱也。

彼征伐“暴民”之胜利，其结果为少数阀阅富豪戴一独裁总统以为国，而使此战败之“暴民”为其奴役，为之出租税、供娱乐，为之执干戈、捍牧圉，为之戮子弟、散夫妇、掷财产，而博一朝夕之欢。故为其奴者断取亚里士多德之言而诏于天下曰，人生而奴。(注十六)以为此等“暴民”既不能攀附富贵，实命不犹，便当甘就奴厮，我尚服事辛勤，幸分余沥，何苦尚慕平等自由。嗟乎！桀犬固吠尧，当知其若见畜于尧，何尝不吠桀，虽责其犬亦不必责其吠尧也。何况雉媒象囮，乐诱其类属同供畜饲者，动物之所常有，抑又何足深责。所欲问者，大多数之人曾亦以“暴民”自居否，曾认彼之“暴民”征伐为最终胜利否，有再恢复其国民之资格之愿望否耳。

抑且彼之征伐“暴民”，不外利用所谓“暴民”者为之。为其利用者，不惮落井下石。而利用之者，亦何妨藏弓烹狗。至于今日，尚有被民党之面目，而“暴民政治”、“征伐暴民”之声不绝于口者，究竟何尝有丝粟之益于一身，但贱劣根性，以辱为甘。河间妇人，既污而愈恣，何能以共姜伯姬之说与之周旋，亦惟有听其自然。俟异日代袁者有人，更听其乞怜献媚，为百兽率舞之倡。至于官禄，则袁尚有挈瓶之智,岂以假于忠奴哉。

在今日,袁所谓“暴民政治”者虽绝其踪,而袁所谓“暴民”决不能坑诛悉尽。但使“暴民”不变为忠奴,则四万万人之民国,决不终成为五百余国民与四万万奴隶之帝国。时乎,时乎!会当有变。我辈欲承认曾为真正之“暴民政治”而不能,恐袁氏亦复欲继续彼所谓“非暴民政治”而不可久也。“暴民”勉之矣。

注一 小野冢先生译曰众民。

注二 各省革命后,大抵免去厘捐及其它苛税。袁既勒派各省协助中央经费,各省不能应,遂命各省旧有税捐一切照前征收。

注三 各省反正时例赦囚徒。前岁总检察厅,忽电广东捕反正时所释之死囚辛某处刑。广东政府以失信用,故电争,卒不诺。

注四 宪法破坏即所谓“苦的达”,如袁之解散国会是也。

注五 此习惯自罗氏之反对党解释之,则为不论何时不能为三次之大统领。罗氏则解为不过不能连任三次,若中间有他人羼入,则无妨三为大统领。然国民皆不右罗氏说,故其事卒不能如意。

注六 如今之法国,其治为众民政治,而法规不基于习惯以定者,柏拉图所不豫想也(现代之制定法律固亦恃能适合于社会心理,乃可得利行,然自是别问题)。

注七 前年之各省官制是已。

注八 某君当局,尝立一省会计法规,后自违之。余尝移书诘责,中有“君有短垣而自逾之”之语。彼至今以为憾。然竟不能坚执违法之行为也。

注九 有某官僚在香港为妄人所欺,谓当出资免罪,失巨金,而某犹不悟,以为革命党实胁之也。

注十 十一月四日解散国民党令及布告。

注十一 一月十日废止国会组织布告。

注十二 同日呈复救国大计文。

注十三 取消国民党籍各项议员候补当选人令。

注十四 十二月十六日请咨询政治会议救国大计电。

注十五 现在选出者为湖北、直隶、奉天、吉林、黑龙江、江苏、安徽、江西、浙江、福建、湖南、山东、河南、山西、陕西、甘肃、新疆、四川、广东、广西、云南、贵州凡廿二省，每省二人得四十四人，加京师四人为四十八人。其选举人数最下限为四百八十人，余十二人选举人数最下限为六十人，合五百四十人，为总选举人数最下限。

注十六　《庸言报》载严复《民约平议》。

原载于 1914 年 6 月《民国》第 1 年第 2 号，署名前进。▲

生存之价值

近世经济学者一般认欲望论为经济上最重要之部分，而就于欲望之分类，各说不同。然其论欲望之最重要者，必举生存之欲望。(注一)故各种欲望在经济上皆在生存欲望之下位，而充足欲望之货物，亦以充足生存欲望之部分为有无限大之效用。(注二)由是而仅有此一部分存在时，其部分为有无限大之主观价值。而此生存之欲望有如是之效果见于经济上，从而可谓之无限大之欲望。

顾此之立说，第就经济上言之而已。一般人对于此似以为更无研究之余地。然如德国学者，以经济学结合于社会他科学而研究之者，犹不能不留一"非经济事项而能使他种欲望在生存欲望之上位之事实存在否耶"之问题。况就于经济上所认之生存之内容，犹有可分析之余地耶。

经济学既为社会学之一部分，而社会现象之区分而研究之也，初不过为假定的独断的之事实，初非有天然之境界存于其间，故虽研究上假定为经济学之对象，初非全然为经济法则所支配也。既有他种法则与经济法则并行，则欲望虽为经济学之出发点，却未尝为经济上事实所束缚，则在社会上有牺牲一种生存欲望而求满足他种欲望者。即如求偶之欲望，在一般经济学者皆置之第二位，然世固不乏以男女之欲舍生命所资而从之者也。如宗教上之欲望，布连提诺所谓第四位之欲望也，然当耶教尚被迫害之时，及宗教改革之际，彼耶稣信徒，与新旧教之舍其资生之具以殉其宗者，又何可胜数。凡若是者，在经济上批判，或限局于一部分，不能得其全，而事实上生存欲望不必常为上位，其他欲望不必常为下位，事固显然，更无可疑之余地也。

然此之研究范围颇广，非今兹所欲论者。此时惟欲就第二问题为之研究，即生存自身之内容，分析之为如何之事实。而就此各生存之人，因其所有内容不同，而其生存之价值差异如何，是所欲知者也。

盖人之生存欲望，假使常在他种欲望之上位，而就其生存价值，未尝不有主观的批判之差异。故古谚有千金之子，坐不垂堂。而庄子云，胥靡登而不遗。谓其被罪轻死也。而何以于同为生存，各异批判。则正以其生存内容有异耳。构成此内容者，或为积极的快乐，或为消极的苦痛，(注三)种种事实，随其时代与其社会，乃至其人生性遗传教育感化，以至杂多不可胜举。要其所以发生个人之差异者，归于左之数事实。

于此首当举者，为其豫期生存期间之长短，与豫期确固之程度。当人富春秋时，留恋方大。逮乎末龄，任运而已。此以其生存之期间，在少年自拟久长，所期者多，而老者知余生无几故耳。同是生存，而少者有数十年之豫期，老者欲假数年，犹恐不得，斯其生存之价值，固不得等也。然此不等之预期，又常视其人所处境遇。譬在中国，独夫方以恣睢为快，而媚吏则以良民之生命承迎之，彼其重足屏息，以徼幸一时。而又重之以洊饥，辅之以盗贼，病不必攻其内，而往往夭其天年。此其少者虽可豫期生存，其确定之程度视他国远逊矣。则其生存之欲望，宜不若人之强也。老子言之矣，曰："民不畏死，奈何以死惧之。"诗曰："苕之华，其叶菁菁，知我如此，不如无生。"

抑除此问题以外，犹多有左右生存价值之升降者。次当举者，幸福之大小也。人以生存故享乐耶，抑以享乐故生存耶？本成一问题。以纯理论，无生存不得有享乐，则以先起者为目的，后起者为手段，殆至当乎？斯不然也。于最初之生存，与最初之享乐比较，有前述之关系而已。若夫既成社会以后，则不如是之简单也。原始之人，以生存故求享乐。而享乐之所与于其人之快美，不随其生存之时间以俱尽，遂于次期之人类，生出不为生存自求享乐之一事实。循此以往，社会愈进化，则享乐之方面愈多，其性质愈高尚，其与生存之关系愈为平行的。有时以求生故谋乐，有时亦以求乐故谋生。此种状况，于文明社会，故不烦比拟而可解也。夫如是，则同是生存，其有享乐者生存因之而增重。其生无可乐者轻死逐利，是则其生存同，而其生存之内容异故也。惟然，故民有汗踵胼手草衣粝食而生者，有朝作暮息大布脱粟蔬水之供而生者，有广厦华室呼使舆行玉食珠衣而生者，其求长生之念，独于后者为切。而方术之士，乃造为屏去衣食，辞谢纷华之说以难之。此无他，其生存中享乐逾多者，其求生之念较常逾重。而黠者因承之以必不能行之条件，以塞其言之不售。夫汉武必闻黄帝与其后宫俱仙，始慨然敝屣天下。则夫长生而无享乐者，终非帝王与纨绔所慕，章章如也。故图民之生也，非特生之，将又娱之。而国家之败，必自民无以乐其生始也。乐土之咏，纥干之谣，固曰求乐，非但求生也。

而次此当论者，为将来之希望。凡前所论幸福，皆就现在所有享乐而言耳。顾所谓现在者，果为纯然的现在耶。凡言时间者，有过去，有将来，于此将来与过去之间，为之划分界限之一点，则现在也。顾时间之一点正同于几何上空间之一点，从于点者无分之一原则，此现在之一点，虽容思议，决不能指出之于当时。何者？心所感者发之于言，言时已异于感时，则所言之现在，非所感之现在也。言而有闻之者，闻之之时异于言之之时，所闻之现在，非所言之现在也。推之，由听而感于心，由感而致其思，莫不皆然。现在随时变化，不可捕捉，而感于心，发于言，听受思议之现在，皆以将来为其内容者也。譬吾手持纸烟，方燃而吸之。在一呼一吸之间，而言议烟之享乐，普通不谓之将来。然试思此一呼之后，前之吸烟之享乐，已入于过去。而今兹一吸之享乐，正在吾言之后，始得发生。于此一吸以前，指此一吸而言享乐，宁得不谓之将来乎。故幸福者，皆以将来为条件。而今所谓将来之希望者，其与幸福之距离不过程度问题，非如世人之所思议，为相去悬绝不可并谈者也。(注四)于是所谓幸福与将来希望之区别,可暂委之常识之判断。而在蒙昧之社会,其幸福之范围固陋,其所希望于将来者尤稀。而从于社会之进步,渐次以从前属于将来希望之事实,编入幸福之范围,又渐次扩充其将来希望之限界。此即于生产财之增加见之者也。方经济之未发达也,人类所认之财产,止于直接充欲之少数物品,其供享乐之期间亦短。及后而渐次增加,且其享乐之时间亦从而比较的长,又逐次以求将来享乐之目的,投其劳力资本于生产财之上,更进而为第二次生产财之着手。如是益进,而生产之过程乃或延引及于十数年。(注五)凡此不属现在可享之财,或不计入于现在可享之享乐以内。而就于一个人言,有此将来希望能得享乐之财,已可由之得现在之享乐,则其个人的观察,以之算入幸福之中,不为不当也。于他方面,虽未有此将来发生享乐之物质上确认其所为希望者,不过为一种依于自己之理想,望其有云云之效果而已。此于古代殆极稀,且常受社会之非矣。而社会进步之后,以此希望常能得物质上之确证,而变为实际幸福。又以各个人对于将来之价值,其批判加强,(注六)故其数量与其品质加增。而人之生活以现在幸福为重者,不过少数之人。多数之人,以其现在幸福而惜生之心,恒不及其以将来希望故惜生之心之切。故生产财之范围,固比前为广,而未至为生产财实现于社会,徒悬一希望以待其成者,较前尤多。则生存价值之所以人各不相同者,当并计其幸福与其希望,乃得定之也。

次四当数者,为过去之回想。当人之为享乐,其结果为欲望满足。而满足之后,其事物已泊然无余,而于人之心中犹留一迹象,异日追怀,犹感快乐。反之,于以前之苦痛,虽其迹不留于肉体上,而常刻诸心中,濒死不忘。故有养之优而心不泰者,有迹虽沦而意自舒者。此种快苦之贻留,大抵从其社会之进步而益著显。又其发现多在于精神的快苦方面。即如美食鲜衣,其于异日足供追怀者尠;至于美术之作物,与属人之情愫,其入于心者深矣。其在苦痛,三旬九食,异日计之不留余痛也。至于亲友之间,存殁之感,没齿犹厉。乃至平昔误谬,事过悔兴,即或冀灭身湔其旧染。由是言之,生存者

之价值,亦常为过去之回想所变动而入于计画。(注七)

次五为名誉。名誉之事,在一般人往往误认为文明社会所独有,其实不然。名誉之念,于有社会以上,无不有之。不特此也,单就名誉而论,野蛮人往往强度在于文明社会之人上。而于名誉之念虑最薄者,乃在一度进化而退转之社会各员。如彼野蛮人,以杀敌为名誉,则悉其智力,求而杀之,彼初不加以自己之判断,惟从于社会上之习惯所诏而为之耳。故其人一切行动,无一不惧社会之批评,而避就之。一饮一食,一举手,一投足,皆以其同辈所是非者为准。故书摩拉曰:人往往张不应于自己资力之宴,以邀人之嘲,贫家寡妇之葬其夫,恐失邻人之所期,务为华美,遂使其身及其孙子,零落不复振。(注八)盖为文明幼稚之社会言之也。至于其进步渐可征,则其社会上所以为名誉者,品质自大有改良,而其见重于社会人人之度,反见浅薄。盖人智之发达,而特立独行之风盛,心所谓是,不计于名。而社会之人,或尊其旧闻,或倡所新知,本无一定之形式以为誉者,益使个人发挥其特性,从己所信而行。故在文明社会,其名誉之势力减于前。虽然,其是非好恶,犹有其公然者存。则其行动之结果,为众所同是者,常去一切以求之。若众所同非者,避之蔑有后也。道德未弛,而人有所不为。是其名誉之拘束力渐减,不得谓为恶社会也。其堕落者异是,前日所以束缚一切人纳之于轨者,不问善恶,既已一切灭去无余。而其社会方尊功利而贱道德,去远虑而即偷惰,凡众之所不善者,重其不善以求匿之(如行不义而杀其徒党以灭口)。众所乐闻者,缘饰不善以冒其名(如以振兴实业之名,而祸一国,以计私利)。逮其社会中习知其事,遂亦更以相欺为能,而不复计其本原。殆夫!其不旦夕灭亡也几何。盖在浇漓之社会,其人而不得名誉,或已有而丧失之者,其生存之价值当然见其减退。于是有捐生殉名者,有为誉忍死者,方其昌昌并生,无名者殆不自期而轻其生命也。

次六为自由。自由之于生存,殆有不可划分之意义。凡所谓生存,不过能自由发挥其力而已。故于生存之认识中,其活动力最盛者，支配人而不为人所支配者一也。不支配人而亦不支配于人者二也。支配多数人，而为少数人所支配三也。支配少数人，而为多数人所支配四也。不支配人，而为人所支配五也。此五者，虽等级有殊，然其纯为人所支配者，犹得以己之意志，运动其身体，以从百役。如矿山工人之属，对于人虽无支配之力，而尚支配物，往来自如，此犹有自由者存也。乃又降之，至于为囚徒，或为现代严避暗杀之中国大官，其动止不出数尺之内，划地为牢，弗敢越也，可谓酷矣。顾紾臂夺食，踞厕见将军，犹其所长。于是有风痹不仁瘖聩跛瞽者，不能自运而待养于人，然犹有其觉知之自由，假借种种动作以宣其意志。是知苟有生存，必包含多少之自由。而所谓不自由者，比较言之而已。绝对不自由而生存者，事实无有也。既人各有自由，则其生存中对于其现在所得有自由无不爱恋者。此种爱恋之情，与活动之欲望相关联。活动之欲望者，如久坐思行，久默思言，其志不在得活动之结果，而以其活动自身为快乐。反之，则不得从事于己所愿望之活动，即为苦痛。故于所举累囚废疾一辈人以外，其对于己身，本有同一之自由。而苦欲支配人，不欲为人所支配者，正此活动欲望使之然也。盖人既生存，犹有余剩之精神肉体之力，因求发抒，而基于性习。此种精神肉体之力，本只于一种或数种行动为适宜。过此以往，则苦多于乐。惟欲求其所乐之活动，而恐其罹于苦，故不欲人之支配。又以其所乐之活动性质上，须待他人之活动，始能成就，故生支配人之愿也。即如吾人长闲对奕，于此白黑百许石，岂有所求哉，而乐之不为疲，此固习性然。假令以劳苦相齐之故，无端令我为河间姹女数钱，则更何能消日，此正不乐人支配之例也。若夫欲支配人者，其志固不必在于活动。然如哥伦布之西征，方恃船人冒危共济，若各徇其欲，必中道而东还，彼哥伦布之所期，何由可达。于是乃望支配人。故活动欲望之盛也，必其社会之既进，而各个人自认识其所最适宜之活动。当是时，其支配人者，不察其所支配者意趣所向，而因应为之。则其求自由之念忽然而大盛。而在进步之社会，各个人所愿望，本至不齐，欲其因应无爽，又至难之事也。是故进步之社会，人人皆感无自由之痛苦。非真绝无自由，其现在所欲得之自由适不存故耳。故由前之说而言，生存之人皆有自由，则以有无自由而量生存价值之多少，其说固不能立。由后之说，则以适度发挥其能力满足其活动欲望之自由之存否，而论生存之价值，自判然殊。假使一人能任其意以行其所最谓快乐之活动，彼其自视此生存，真为无可复加之愿望。设其人而冒毕生服役之命运，则其生也，果何所裨乎。在实际固有身不自由，而被命服劳，适为己身所最愿望。则如供奉之画师，追陪之乐伎，其中亦复有不更他愿者。顾悬架书额，伏地图貌，古人犹或引为巨辱。他如国史总裁，今为显职，其实正昔人所谓俳优畜之耳。执简握铅，动违本意，至竟何能发抒己之所长。凡是等等，自由既丧其大部分，一旦感知其痛苦，即自厌其生存。事实上所屡见也。

次七为家族关系。于初期之人民，殆无有家族与社会之区别，于凡同社会者，皆信以为同族，故不别有家族之感。然在稍进步者，必以一家族为一经济单位，于是其心情常为家人所牵。在一己之快乐，常为家族之痛苦所掩而不得舒。亦或以家族之快乐故，忍无量之痛苦，以续其生。积此习惯，遂以成性，而无家之痛苦，乃有加于物质上所感不足数倍者。故前所述自一至六各快苦，本为己一身言之者，不得不驰及其一家。在其家人所感快苦，纵不得与己身所感同种之快苦等侪，而家人快苦之一事实，不免为一个快苦之原因也。又其人于家中，或以浓至之情愫相将，或有浇漓之恶德，则其苦快之度，亦因而殊。故有良好之家庭，而加以有愉快之生活者，其家族中人人，自贵其生；反之者，自视欿如也。

次八为人之同情。社会之进步，家族之范围，以渐而小，交际之范围以渐而大。故交游有出于国外，而人之行事为一世所许与者，其反射及于其人之生存价值，使得上进。然而世之所许与者，不必尽由道德之批判，徒以情相感。故世所许者未必是，其所不许者未必非也，所谓同情者也。(注九)

最末则其人在社会所处地位。其他社会上事情，亦各于生存价值有影响。盖人生存于社会,殆无一事不与己有关系者,持其关系有厚薄,有直接间接而已。所谓鲁酒薄而邯郸围,事殆未易一一举也。然其于生存上一般有左右其价值之力者,殆尽于上所列举之九事。

上所举九事,皆为决定生存价值之元素。而此中第一事之前半,即预期生存之期间,在或社会,于特定之时,可以数学的得其决疑率。由是而壮者豫期更生存若干年,幼者更生存若干年,老者更生存若干年,皆可指示其中数(生命保险之保险费即基于此而算定之)。故为常数。又各个人对于此九事,其批判各有不同,或轻甲重乙,或惜身贱物(如汉末啬精气,不疾视亟言,以求养生一派是)。故对于此各事之轻重之度本不同。但就特定之人言,此亦为相对的确定者。今之研究,不存于此一方面,故亦可暂视为常数。至于第一事之后半,及第二事至第八事,则皆从于社会之事实而变迁,即皆变数也。故于生存豫期期间,可表之以常数 a 。其各个人对于各事所为批判可表之以常数 $b\ b_1\ b_2\ b_3 \cdots\cdots b_9$。其豫期之确定程度以下九事,则以 $x_1\ x_2\ x_3 \cdots\cdots\ x_9$ 之九变数表之。由是可得生存价值之方程式,即

$$\text{生存} = ba+b_1x_1+b_2x_2+b_3x_3+\cdots\cdots+b_9x_9$$

此中第一项为常数,其余皆变数也。而生存之价值既等于各项总和,故为 x_1 乃至 x_9 九变数之函数,即

$$\text{生存} = f(x_1x_2\cdots\cdots\cdots\cdots x_9)$$

而此九事各自有其快乐苦痛。即其快乐增加,或痛苦减少,皆足以增加其变数之值(于此为变增之数);若减少其快乐,增加其痛苦,则又减其变数之值。故其事或痛苦等于快乐,则其价值等于零;若其快乐少于痛苦,则价值变为负矣。而此快苦两方面,皆为不一定而可变者。故 x_1 至 x_9 之绝对值,等于其所含有快乐苦痛之差。而其为正为负,又视其快苦两方孰大。此关系可表之以下之各式:

$$x_1 = y_1-z_1$$

$$x_2 = y_2-z_2$$

…………

$$y_9 = y_9 - z_9$$

即 y_1 至 y_9 表示其各事所与快乐，而 z_1 至 z_9 则表示其事所与之苦痛也。故生存价值之方程式，又可变之如下：

$$\text{生存} = ba + b_1 y_1 + b_2 y_2 + \cdots\cdots\cdots\cdots + b_9 Y_9 - b_1 z_1 - b_2 z_2 - \cdots\cdots - b_9 z_9$$

而此第二项至第十项皆正数为一群，第十一项至第十九项皆负数为一群。即

$$\text{生存} = ba + (b_1 y_1 + b_2 y_2 + \cdots\cdots b_9 y_9) - (b_1 z_1 + b_2 z_2 + \cdots\cdots + b_9 2_9)$$

于此命：

$$b_1 y_1 + b_2 y_2 + \cdots\cdots + b_9 y_9 = Y$$

$$b_1 z_1 + b_2 z_2 + \cdots\cdots + b_9 z_9 = Z$$

则生存之价值为 ba 加 Y 与 Z 之差，而 Z 以渐增加时，生存之价值以渐减少。至 Y 与 Z 之差为零时，生存之价值仅等于 ba 。若 Z 更增至等或大于 ba 加 Y 时，生存之价值乃等于零或负，而自杀之事起，及汝偕亡之念盛矣。

于此所称快乐苦痛，皆以及于人之感觉为标准。虽其与快乐于人之事实已存在，而人不感其事，即无关于价值。反之，而人误认快苦事实初不存在者，仍于其生存之价值有影响。即如开矿者已达丰富矿层，而矿主初未觉知，则其自视犹是一未成功之矿主而已，不自谓幸福也。若其失败而已未之知，则己亦决不自视为于此矿无希望者也。此前者之例也。又吾尝闻有以孤注博者，得胜采而以为负也，趋室自缢，同博者解视以采，始知为误。此正后者之例矣。

今就此公式中之各元素而研究之。a 为关于保险数学之问题，其大小之原因，关于其社会风土气候，其人民体质遗传及其卫生设备完全之程度，此可不要之随社会之进步而增加者也。b 则自社会初期以来，不绝见其强烈之动。然比较言之，则现代之单纯对于生存豫期期间重视之程度，实有日减之势。盖在野蛮之人，其自身为

人类以前历代之竞争所锻炼，其排他而自卫，几于无较计之可言。至于近代则以社会之进步，各个人于多之场合不得不为社会屈，即以间接保存自己（社会组织之动机）之故。此直接保存自己之力为之减退，而自己视其豫期之生存期间，渐不如前之重。故 b 实为从于社会之进步而减退者。又于初期所谓自己生存者，纯一之自己生存而已。及后而渐分其念虑于家族。现代一般人之所谓自己者，当然含有并计其家族之意味。(注十) 而除去此为家族所分之一部分，b 之内容，更见减少。故 ba 之价值，不拘于豫期期间之递增，而有递减之趋势。

然第二项以下，则与第一项相反，乃有日增之趋势。先就其各系数论之，自 b_1 以下，皆关于人之性质者也。然以一社会平均论之，亦可比较得其大略。即前举九事，在既进步之社会与未进步之社会间，情态互异，其不随于社会进步而增加者，独有对于现在幸福与名誉两方面，其余皆比例于社会之进步增其价值，而其中尤急激者为将来之希望；次之者则亲戚之关系与自由也。以其所认价值大小论之，则在初期之社会，惟以现实之幸福为重，而副之以名誉，此外概不入于此数。至于今日进步之国，则将来希望，常比肩于现在之幸福，而亲戚关系与自由名誉，亦参而伍之。故一般言之，其为重者增，其重重之度亦增。此第二项以下各项系数之和，实渐增者也。

次就其各变数论之，亦概为随于进步而增加其价值者。虽从其进化之径路言，与快乐者同时于他方面与人以苦痛，而究极论之，其所为苦，远不如其所与之快乐也。譬如豫期之确定程度，今为增于昔矣，而人亦因感知其豫期不确定之苦痛，此固无可如何者。然其使愈确定之为有价值，固无疑也。就现实幸福言之，享乐之加增，亦复使人更生望蜀之憾，然必胜无此享乐明矣。而所谓文化者，殆于各方面皆以加速进步，是以于将来之一方面尤有望。

故综合言之，生存之价值，实随社会之进步而增加者也。抑今日所谓社会制度者，宁有不归宿于此方程式中数变素者耶。由无意识偶然之集合而变为永久的国家，非曰有国家者胜于无国家耶。而其效果第一可见者，非现在之幸福以有国家而得保持，将来之希望以有国家而得发展耶。非以其能安其身以及其家，保其自由，发扬其名誉耶。夫如是，故初期国家之成立，虽非如卢梭所谓有社会契约者，而实际，国民以有国家，而此生存价值方程序中之各变素皆得增其价值，故其快乐愈多，苦痛愈少，而各个人一般有更高之生存价值。然后承认此国家之制度，不谋反抗。是无异于社会契约也。夫一制度之起源，与其所以存在，本为两事。起源皆为偶然之事实，而存在必招于社会之要求。譬于夫妇之源，本由掠夺，而现代所以承认夫妇制度者，决非以其有掠夺之意义故尊重之也。古人因云形鸟迹而作书，今日操翰相向，岂复含有斯须图貌云鸟之意义哉。惟国家亦然，其始纵出于一二豪杰之私图，至于禅续以还，因仍弗坠，则实其制度能为民福利然也。故卢梭社会契约之说，虽无事实之证，不可谓其纯为假想。而今世之驳击卢梭惟恐后者，其所包含之误谬，乃更大耳。何则？彼认国家所由起源之事实，而不察国家所以存立为一种之制度之理由，正如见悬崖转石，一落不反，而以为一举手能致斯也。夫国家结合之力，存于国民。国民有解散国家之力，而不用之，此即同于自为结合之契约。在此契约之目的，不外加变更于上所举之各变素，以间接增加生存之价值而已。于是国家之所施行，有直接为民福利者，有不直接为民福利者。然其不为民直接福利，若于国家之存在，有其必要，则亦间接为民福利者耳。国家之制度，为增进生存价值之一手段。军备、司法各制度，又为国家存立之一种手段。故求其民之爱国而民应之，强以奉公守法而不拒也。然习之既久，徒知言国之当爱，而不知爱国之目的何存。于是有认民生福利之政策为国家之手段者，斯则丧败之原，而其结果为人民之解体。论者徒痛憾人民之无爱国心，而不知其国家之有时使人不爱也。是大惑也。

近世国家之任务，比较增加，此各个人所同认者也。而其新增之任务皆接近于增进人民幸福之方面，故各个人所感国家之必要逾切，而爱国心乃借之以维持。夫人爱国之心，固起于对外之抗御，而在今日其一国之民出居外国，虽无己国家之保护，未至如往昔之见凌践之甚也。故从于世之进步，而爱国心去其盲从的恐怖的性质，有辨理的斟酌的性质，此则所谓政治家之所大不安也。故必为久远之谋，洞烛国民之所要求，而引以为国家之任务，则国民感此国家之必要，无异往时，然后其国家之基础固。人但见政治家之要求国家为种种之施设，而不知实际为国民自间接要求之也。

国家以外，如宗教者，其效果不见于与快苦之事物，而见于感快苦之一面，故为别问题。然而所以得存在者，亦正为其于生存价值方程式中右边各项系数加以变更耳。

反之，在道德，则于各个人之行为加以规律，其结果亦使其人自身并其社会之现在幸福，将来希望有所改善。盖善恶之批判，异于宗教之信仰者，其是非存于理智，而不为拟制之权威所制限耳。故仁者爱人云者，爱之必求所以利之，非徒以言爱也。而其所以利之者，不必在现实之幸福，而常参以将来之希望；又不必限于物质的利益，而常欲取家族关系、世人同情乃至自由名誉，以易无卑贱锥刀之想。然其为增加或特定人之生存价值，则一而已。即所谓爱人以德者，其德犹是前所云云。若其为德而有损于人，无益于世，斯不足尚也。

又从他一方面言之，以各个人之追求智识，而社会上乃有教育制度兴（除去少数之人以学问为娱者不计）。此教育一事，现在一般认为不可已。而问教育之效果见于何方面。则不外与以宜于生存之体格（体育），授以求得现在幸福将来希望所须之智识（智育），及授善良之人格，间接使其人自身或其社会之人增加生存价值（德育）而已。此外种种事实，如家族，如都市，其他自治团体，乃至财产制度、婚姻制度、交际、批评、文学、美术等，亦皆可以此眼光观之。

要而论之，社会上一切善良制度，皆为增加生存价值而生。其目为不良之制度而当排去之者，皆以有损于生存价值故也。

而在此情况之下，无论以何种制度，必不能臻极善之地位，即不能拒改良之事实。此改良或止于以舌之说服，或成为全国之纷扰，则如宗教改革之际,其为牺牲者已多。若夫为国家之改善而牺牲者,尤不可胜数矣。而其要改良之原因,即同归于旧制存在之有害人民生存价值而已。

于是吾人颇欲以上所研究之结果,与现在中国国民所处地位对照。今者吾人遽执途人而告之曰,若虽生存,其价值不如他国人之多,彼亦必适然自疑其见欺也。以为同是呼吸作息,何得顿殊至尔。然使其深思吾言,必知此非无根之语也。如以生存论,则岂特人能生存哉。麋鹿在山,鱼鳖在海,彼固未尝不同于呼吸息游也。彼亦自有地球以来,保有数十亿年之华胄,其先祖生存于昔日,其孙子又将生存于近之将来,未遽相让也。如以为彼辈力绌于人,将来须归淘汰,则吾辈人岂能永保其子孙不为生存竞争之牺牲。且以耳目所接,记载所存而论,则吾人之近族,如铜色人种者,已就衰微。而吾人所认为所自出之人猿,亦久矣不存于世界。若以鱼鹿之过去,卜其将来,安知其必先人类而顿尽哉。岂特鱼鸟动物为然,即至植物、霉菌、原生细胞,单以生存而言,人类对之真无丝毫自矜之价值。而人相偶语,决不肯自况于马、鹿、龟、蛇者,必于单纯"为生存"之一事以上,更加以"如何生存"之一称量,然后对于万物,自号灵长,不为过分。然后可以自命为有生存之价值,视他动物为优也。然既入如何生存之问题,则吾人生存之内容,能如他国人乎。殆无待立证而人皆觉其可疑者也。

吾人皆知此豫期生存期间之一元素,于生存之事实为最少限度之元素。假使此元素不存,则其他事实如毛去鞟,本不足论。若夫其他元素,为有为无,未足以变生存为死灭,故自有先后之别。抑又当知此最少限度之元素,同时又为人与他动植物共通之元素。故人不能同人道于牛马,即不可不于豫期自己生存以外,求所以使自己生存不为无意味之生存。由是而先计及此豫期之确定如何,即当先问现在使此豫期不确定之事实存于何方面。今如疫疠之起,水火之灾,盗贼之杀伤,山泽之颠越,虽在文明之国,不能免也,而吾国人为是死者独多,何也?其事前不如人之防之豫,方事之兴不如人之救之力，其既事又不更计将来之措施也。不惟政府不为之救死，而又自悉其力以杀之。蓄冤于覆盆之下，而续命于重足屏息之中，此其于外国人为何如哉。日本自动车之伤人屡矣，近日杀某巨室爱犬，忽有罪自动车者。龙济光纵兵于广东，张勋饮血于江宁，曾有计其伤残几许者乎。然则以生存确固之程度言，尚不及外国之狗，安能及外国之人。

抑此不保护个人，使其豫期之生存期间，往往无故夭夺，犹其轻焉者耳。人所以重其生者，首计现在之幸福与将来之希望，而于此现在幸福，不及外国人，亦为显著之事实。反对者殆无有。然其所以致此者，悉为过去国家施政之结果，非可以一朝变更。抑且此现在之富，势不永存。就令物产丰饶，岂可恃而偷惰。故所当论者，重为将来之希望。而不幸中国国民将来之所可望者，最缺乏，而其根原乃在于现政府之极力摧残。盖自清光绪之末叶，国人始觉知天然利源亡失之多。朝野贤愚，皆不敢轻以利源授人，而塞进展之路。独是二年以来，居然风变，苟有可利民于异日者，必竭力攫取授人。是以昔时虽有政治之不良，尚留发展之余地。今则虽有善者，不可为谋。夫将来所望者既次第消沦，则现在所恃以自慰其生者亦同时向尽，其为痛苦，可胜道乎。固亦知人之希望，与生俱存。苟曰能生，岂能无望。假使能于丧权未尽之秋，有廓清改造之实，则其于异日，宁不有裨。顾此种计划，本为希望。于此希望既得达之日，始有他希望可言，则何由与人絜长度短哉。

次此当论者为自由与名誉。而名誉之事，实与独夫权制不相容。故自满廷雍乾之际，已以无耻语天下之人。而近日之政府，益发挥其特性，上行下效，固不知名誉之当尊。而人既以不名誉为此国民，当然应有之境遇，斯其不有快乐，不必言矣。即其自由，于近年仅得发育者，今亦倏忽尽蠲，敛手待命于贪暴。而不肖者乃更宣言今日所急不在自由（严复是已）。夫岂衷心乐是哉。泽雉畜于樊中而神王，槛虎豹于积威摇尾向人，非惟媚以其行，更复媚以其言，其言可怒也。其使有是言可悲也。老而蓄妾媵，使誓千秋，誓者媚也，而罪在使誓者也。彼其在不得不誓之境遇而不胜至，欲可悲也。

夫生命之价值决定元素，最重为现在幸福、将来希望、自由、名誉及家族关系五者，既如前所已言。今则事实上已证前四者之皆减少，而后一者又依于前四者而决定（家庭之所与快苦仍不外物质的富及希望、自由、名誉等）。故今日中国民之生存价值，正日趋于下，断不能与彼日进者并谈。而此日下之原因，大抵基于不良之政府。则惟有于此贫弱之希望中，冀其改良政府之一事实现，乃可以次及其余。是则生存价值之一转变之机也。

吾中国人其尚未觉知此生存价值减少之痛苦者乎？

抑感知之而无意于将来者乎？

其将于亡羊补牢之计有所择也？

吾急欲得此四万万之答案！

注一　书摩拉不就欲望自身立区别，而就关联于欲望之冲动，分为自己保存冲动、交接冲动、活动冲动、认识（名誉）冲动、竞争冲动、营利冲动六种。又布连丹诺分欲望为生命维持之欲望、性的（交接）欲望、求声闻欲望、为死后计（宗教）之欲望、保温欲望、计将来欲望、求疗养欲望、求清洁欲望、对于学问技艺之欲望、欲创造（活动）之欲望十种。就于欲望之研究，此两家为近时之冠，其所说亦略相类。

注二　此即以普通所指为效用曲线者（自耶方斯以来概用之）可显之。于食料、空气、水等之效用，从其额之少而见其最终效用之增加，此增加之轨迹，成一曲线。其曲线于接近立轴之点，急速上腾。而于此最近立轴之处，变为与立轴平行不相交，即明此一部分为无限大者也。

注三　耶方斯与书摩拉皆认快乐、痛苦为经济现象研究之重要点。而耶方斯以经济学为基于快乐、痛苦之微积分学者，而表快乐以正数，表痛苦以负数，尤便于数学之研究。本论中生存价值之方程式亦仿彼例者也。

注四　现在财（?）亦不必为绝对确实，如前所举吸烟之例，则答骤遇飓风吹烟堕地，则此一吸亦不可期。故非消费完了，不得云有确实享乐。

注五　近代言资本者，一方面言使生产迅速，一方面又言生产时期延长，而谓之迂回生产。此两者之矛盾，盖可以片言解之。即其生产一物，自始为此生产之时起计之，则甚长，而自决定供给一种物件着手制造之时计之，则甚短也。换言之,则用机械故,欲得某物而成之于瞬时,而实际造机械固需时也。如近日美国某地有一昼夜而成之巨屋,可谓神速矣。然其所以得一昼夜而成者,前此固需种种之豫备。即如造屋之铁石材,一也。造铁石材之机,二也。造机之机,三也。造机之铁,四也。得铁之矿,五也。开矿之机,六也。如是数之,不可悉穷。则虽谓此室积数十年之功成之。蔑不可也。是则始制开矿机者,至今日经数十年。而后此一部分之结果,归于享乐也。

注六　前号论将来价值篇参照(按指《未来之价值与前进之人》一文)。

注七　此多属精神上之事,故一般人对于此所感快苦较轻,而有学秉智者感之独切。

注八　书摩拉《一般的国民经济学原论·概论》第十六节。

注九　此不必为尊尚之,故不为名誉。

注十　书摩拉同书概论第十四节。

原载于1914年6月、7月《民国》第1年第2、3号,署名前进。▲

革命与心理

第一节　国民心与袁氏之恣睢

前于《生存之价值》篇中，论国家所以存立者，根于人民之不反对。而于此随之生一疑问，即今者袁氏既以帝自居，而全国之民未共排之，则亦可以人民之不反对，谓为人民所与乎。信然，则吾辈虽有至诚，安能强民去其所欲，得其所不欲。所为出生入死枯吻秃毫以事之者，不同于无益乎。于此欲就普通所谓现代国民心理者，一为之说。

今人谓中国之人民对于袁之施政，不为反对。此其说不得谓全误也。如使国民举出而于表面反对袁，则袁之倒久矣。袁既未倒，则反对之未显于表面也。虽然，如是者便可谓之有国民心理之基础乎？不然也。对于此点，自有其当先研究者存。即：(一)国民今者其已决为不反对袁氏者乎，抑尚为所谓未完成之心理者。其不反对不过未决定反对之意思，而实际徒为试验其良否，暂不为反对者乎。又(二)其为不反对袁，为排他的性质。于袁则不反对，其他则反对乎。抑为齐物的性质，于袁且不反对，而况有愈于袁者乎。又(三)当问其不反对袁，仅为外面的举动之不反对乎，抑以为民心实然自然流露乎。此皆不可不先论之者也。夫使其国为真共和政者，其民之心理易知也。其发表心理以时，而施之于政不爽。今之政府异是，言必出一孔，而威将烈于异说。使其言而天下莫否之也，其不腹非之者几何，未易知也。故虽满清之末季，其倡为共和革命之说以号于众，与其公然自表其所信为共和革命者，国门以内，千万人而不得一也。苟其有之，蚤矣其戮矣。然不害于其颠覆。别循迹而论，可谓满室之亡，不由民心之去。然观实际者，则以为人民心理，久厌满廷，特是专制之下，人莫能申其所志，则以天下雷同，为民心之不叛，无异掩耳而盗铃耳。故如谓今日人民表面不反对袁氏，则袁氏当立。则明日举国之人反对袁氏，袁氏自然当去。此不过有一既然之事实，而追述其情形，真不足为论难。若于此而更进一义，谓人民心理于今兹既不反对袁氏而任其专断，则自此以往，由今之道而无变，虽百世亦必推袁，则是逾越范围之论不可徇也。如使其不反对袁为民心实然，自然流露，便当以舆论付之自然，不加束缚，亦复不见有谤议之来，于此而后以不反对为其存立之根源犹之乎可也（然而犹未必其果可久而不变也。凡共和国执政者，更迭而兴，事至频繁，莫不据于人民心理。如使人民心理常趋于一党，则其异党得权之日，必为逆抗人心以行，此于理所不可得有者也）。今无此发表之自由，则谓人民之不反对袁氏者，真止于外面之举动。既为外面的举动，则今日所不反对者，明日反对之，何常之有。

于是可知今日论者动词第二革命之失败，为人民心理不附革命党，不反对袁之征。又谓袁氏执政既为今日人民所不反对，则以后革命军起，亦非得人民心理之助者，故当不成功。皆包含甚大之误谬。其实第二革命之际，民心诚袒袁者固不多。而在今日民心之恶袁而匿之者，又甚于昔。特皆藏于中，不显于外。故现其迹者，必失其真。今日不得以人民之不反对袁氏为诚，正无异昔时不得以袁之尊重约法、拥护共和为实耳。

由是可溯及第二问题。问人民之不反对，有无排他的性质。使其民以为惟袁则不反对，自袁以外，皆所不承，此则真袁室之忠奴也。然此义不特不能得之于今日之民，即在三代以上，汉魏以来，一姓之兴亡，其人民诚为之效死者，亦百不一二也。既不专为袁一人，则必有择于其政，而论治政之得失，属于第一问题，当述之于次条，此可不论。但实际现在不反对袁者，其过半数之心理，亦不计其人与政，而为姑息之不反对。其姑息也，袁帝则帝之，袁王则王之；使段代帝则帝段，使孙代袁总统则总统孙而已。故曰无别。无别则无所抗。无所抗则无所与也。以此过半数之人，采坐待成败之主义，而后有对于袁不为反对之事实。则只可谓讨袁不为此一辈人民所关，不得谓讨袁为此一辈人民所拒也。夫人民之于政治视若不相关者，专制君主之所甚欲也，而势不能必得，则得之者宜若甚幸。然而实际此不特不为民利，又何尝为君主之福哉。盖使其人日有所责望于君主，则其君主可得因民之欲以施其政。其悦民也有方，则其得民可决。既得民矣，则其无别之不反对，变而为排他之趋附，于是其祚可得长而倾之不易也。民无所求于君，斯诚易治矣。而同时亦复不感如此君主存在之为必要。其主君也，庄子所谓"无所逃于天地之间"。其去国也，则屈原所谓"何所独无芳草"。其放弑也，则曰"杀老牛莫之敢尸，无为戎首，斯亦足矣"。故其为君也，不立于民之基础以上，其民易治则更迭之事繁。故击壤之歌曰，"帝力于我何有哉"。魏文则曰，"舜禹之事吾知之矣"。

此多数国民之心理，既不足为独失专制开万年有道之长，则论现代国民之心理者，本可暂置之不论不议之列。然此状况果可持久乎。夫政治者，人民自己之事之一部也。以不能人自为治，而后托之于一机关，则委心任命，不问其良否者，不得已之事，非本然之状态也。人智有限，而变端不齐。因应既穷，倦怠斯显。故于始革命成功之日，喁喁望治，所责者多。既不悉厌所求，然后废然思返。当其以责备贤者之口实，学小人主使人求备，意至盛也。及其求而不得，则虽蹴尔呼尔，亦安之不辞。一二雄者方以气矜之隆，为彼曹笑。今者四海无谤言，犹乎昔之四海无完人耳。语民气之销沉，此为至极。然而观前此嚣凌，知当有今兹之沉默，则又安保此沉默之不更嚣凌。人劳作则思息，久坐而求立，活动之冲动，根于生理以来。彼坐待鱼肉者，不常之象，以见于一时者，征诸永久，不可也。

则必有时觉今者坐视之非,引政治之得失为己身之快苦,注意于执政者之贤否,而期有所进退。则今者无别姑息之不反对,将变而后为热烈之主张。向背之情见矣,于其时犹不反对袁氏者,袁真汝辈主也。然此果可得有之数耶。

论至此,则当入第一问题。即不反对袁者,为已决之事乎,抑尚在试验中乎之疑问也。夫今日不反对袁氏者之大部分,既为姑息无别之心理。则其残余之一部分,犹持之有故,言之有物者也。而其所持以言者,非能证明袁之所行为是,从而决定附之者为是,反对之者为非也。其实不过以共和众民之说不得行于中国,而后开明专制之名乃得跳梁于士夫之口舌间。而吾中国之好试也,知其为善而试之,知其不善而亦试之。洪水方割,怀山襄陵,帝亦知鲧方命圮族矣。四岳乃云试可乃已。九年不就,鱼鳖万姓,何啻亿秭此之不惩,而于百事皆以试为辞,以缓其改革,惰其士气。今之言开明专制者,亦犹是试之之说也。既以共和民权之说为邪说,口不得道,则姑试其所谓开明专制者何如。于是有不欲试此者则斥之以为不当,彼其心诚疑其是,而不敢口道其非,则试之云耳。往者中日之战,李鸿章日与其兄瀚章通电言军事。其言有曰,淮军不利,看湘军如何。此吴大澂出关时语也。而此一再试验之后,地割财尽,则翻然知其试之之非,亦已晚矣。今者不知何时始悟试之之非计也。然而其意止于试者,则其觉悟虽有早晚之别,要无永迷之理。以民国而试开明专制,无异以李鸿章而试湘军。不得以吾国人民之不反对开明专制,为决于拥戴袁氏,犹不得以吴大澂之拜将,而谓李鸿章右湘左淮也。

然在此以试验政治适否之目的,而暂时不反对袁氏,徐观其效者,其心理比之前所论委心任命者,不得不谓为进一步。故于今日而希望得开明专制之良果,而姑为承认者,异日得其恶果,其恶袁氏必不让于吾人。当是时,除去引奴役为天赋之权之一辈外,皆袁敌也。吾辈但当忧代表者之无以加于专制。若夫人之终悟袁氏与开明专制之不可以得良效而弃去之,则不待虑者也。

故循其表里而论，则服于貌者不必其顺于心。以其放任而言，则迎于甲者不必其拒于乙。就其取舍而计，则疑其是者将终于悟其非。今日虽表面无反对之人，异日不忧其皆终于袁氏之忠奴也。

抑于古昔以貌服之民，试迎偶然之君主，而终于悦遂者，固有之矣。彼刘季、李渊、赵匡胤皆非自始得民者。法言曰，汤武逆取而顺守。夫其守之而归于顺，则虽其取之之逆，不妨姑进而与之。然则假使袁氏而行汉唐之德政，与民更始，遂可以家天下而不谛为帝乎？此应有之疑问也。然为万世之计者可得民，偷一时之安者民不感其惠也。民有所未知者可愚，而已知者不可使忘也。且彼文景之隆，贞观太平之治，一人专制于上，而万姓甘其卵翼，固以为无以易之也。故其所求者，不过丰衣足食，轻徭薄敛而已。外无强敌之侵凌，而内有乡闾之燕豫，故习而安之也。然而此袁氏之所不欲为，且不能为者也。袁方纵其欲于天下，而窃号自娱。其视天下之创痍，犹牧人视其已卖之羊之毳膻耳。蛮夷大长，岂有继世之虑哉。且以彼迷谬之思想，以为与媚于民，宁媚于外国。载舟覆舟之论，固不及闻。抑且桎梏尧禹，而以为畜天下者不当苦形劳神，以身徇百姓。彼惜露台之费，而赎饥人之子，皆以痴顽视之。征徭日重而侈靡递增，民何由安。然而不安非袁所患也。袁之志，将以天下奉一身，安能敝一身以徇天下。故曰，不欲也。且袁之徒党，本以利合；无利而使之，则何爱于袁。将利其所使，则不能惜其所治。残民以逞，或者袁不知其若是之甚。而推其任使之意，则虽残贼人民百倍于今兹所见者，袁亦岂疾其虐民之闻，而忘其致身之功哉。故苏秦、张仪之纵横，以为曾参孝已不如己之为人主用多也。惟用之者亦以为然。魏武下令求负俗之士，则崔琰、毛玠之死戮为当然。立节于恣睢之朝，譬投冰而挟炭，其不得遂，不足讶也。既求其用，不惜其污，将悉其能，以厚于毒。其于怀柔，相去远矣。使袁诚有休息之意，为整顿之方，则大奸存于爪牙，巨憨蟠于喉舌，于寡助之际，慕虚名而锄枝叶，祸患之来，谁与俱御之者。此袁之所不敢出也。故曰不能也。

诚使袁氏而欲之且能之也，则汉唐之治，果足使吾国人满足乎？此至可疑者也。家给人足，行千里不持斗粮，此徒史家谀言耳，不可必也。虽以良吏抚循赤县，疮痍之复，未可以日月期之。而人民知治术有不必恃君上之一途，即相将而求自解决其困难问题。夫如是，则代议之制不再兴，众民之治不再现者，虽有良法美意，民且吐而弗纳之。故逆可取而顺不可守也。若求守之，必真本民之意以行。而本民之意以行，即袁之自推翻现在之政治，而受范于吾辈之所主张也。使其逆取顺守而如是也，则又何求。然如是者，袁氏先不得不退听于国民之选举，而授权于国民代表者，是顺而不守也。故逆取顺守可得有之于古昔，无由再现于今兹也。

第二节　国民心理与革命之将来

以上所言，不过证明袁氏非真得国民心理之扶助，且非特不有之于现在，亦不能有之于将来，如是而已。而其不为国民心理所许与之结果当如何，固未及论也。在袁氏之所信，方谓外假与国之援，内挟将帅之威，可以保没身之富贵。即在论世忧时之士，亦常恐民气之萎靡，而不敌暴主之淫威。以民所不戴者之犹得幸存，乃疑一国之政治迁移，不随民心以俱转，则平昔主持革命之说，以人民心理为基础者，亦将覆而不立。此不可不辩也。

所谓国民心理者，变动不居，而常有其所共是非者，又有其各为主张者。此各人所主张，常可得指出其两极端之两派，顾此两派必皆极少数人而非能独以其力动一国之政治者也，必恃此两派间之人人之助。而此两派之间常非有一定之见地，随其自己当时所感，而党之排之。盖所谓政党政治者，不外以主张此一极端之少数人，动居其间之多数人，而成一国民心理，于是以其所主张者见之实行。又其主张彼一极端之少数人，不能动居间之多数人，从而不成为国民一般心理,其主张不得见诸实行。其表现者,虽为组织政党之少数人,而居其后而与之以力者,实多数人也。如是者其所主张,无论属于何派,要不能出于国民所共是非之一定范围以外。譬如在立宪国,其国会必由民选,而选举权必求扩张至或程度以上。税不可滥增,债不可滥借,预算决算,权在下院,国务大臣,特负责任。此等事实,人民苟措意于政治者,殆全体认以为是。而凡废去此制度者,亦殆全体认以为非,不以政党异也。于此范围以内,选举权当扩张至何程度,何税可增,何税当减,预算决算当如何审查,大臣负责取如何形式,此等涉于细目之事,人民未有自始而固守之一定见解,则听其各党所主张,而自择所从违。故从其心理形成之径路言,则少数人为指导者,而多数人为从属者。从其实施势力所自出言,则势力者各人所自有,而提案者特以供采择耳,非自有力能使多数人从之也。而论一国家最近能有如何进步,抑显如何退步,则视其少数人主张多数人采用之主义如何。然此徒一时之现象而已。欲知其国现在已到达之地位及其将来能有之进步,则非可以此为止境也。必视其国民心理所共是非者之限界疏密如何,然后可以知其国实际进步之度,又必视其反对于现在多数人所采用容认之主义之少数人所主张者如何,而后可以知其将来能有之进步也。

凡国民心理所共是非者,示其一般人之政治上知识已到达之点。故于未进步之国家,未尝不可有甚进步之政策,其政策有时亦为全国言政治者所采用容认;然而不能以其有进步之政策,即认以为进步之国家。所以然者,其民之政治知识,本极卑浅,未有一定之是非,其采用容认此一政策者,不过为少数人所煽动,非真能觉知其是而行之。故其势力不由于确信而出,则于一方有人亡政息之虞;继统者改弦更张,前迹顿泯,一方又有忘德思怨之事。执政者偶有蹉跌,即并其所施之政而罪之。当其盛时,非不彬彬然可观,而其基础实未尝固也。反之,其在文明既进之国,人民已有相当之政治上知识,只于其细目辨别是非,则虽其判别或有所迷,得失不常,一升一降,要之必无大退转可言。即如中国骤从专制而至共和,其人民只知有共和，而于共和一名辞之内包（各属性），初未尝领会，则其所共是非者之范围至疏阔也。于此时政党政治之声，主权在民之义，普被于国中。以外观言，诚不得谓非进步，然此不过一时之现象。此主张政党政治主权在民之说者，一旦排斥，则神武总统总揽统治权，国会党祸之说代之而兴，未尝不喧噪胜于鼠雀也。此即其进步之未至，实基于国民心理之所共是非者，太茫漠而无限界也。夫同采政党政治、主张主权在民之美国，决不如是也。彼其于共和之内包的意义，固全国国民心中所共晓，非如异域有鸟，其名自呼，本不求其意义如何者也。

于是昔日之反对共和者振其辞曰：何如？此非程度未足之证乎。程度未足，不能共和，自然当服从开明专制。既然人生而奴，且做一辈奴才再算，何苦尚为革命乎。则将应之曰：吾前言固未毕也，且少安无躁。吾不尝谓必观反对现在多数人所采用容认之主义之少数人所主张如何，而后可知其将来能有之进步乎。夫其国民虽现在以基础未固之故，奸谲之徒，得盗弄其权。而其民固已一度闻自由民权之义而说之矣。彼其说之也，固多从风而靡，不知所以然。然当时能于专制之下，发生此一种心理，乃至现于事实，是非偶然可得有之事也。必谓其事为起于昔者，不能复现于将来，是于理为未完也。今自由民权之义，虽为国人口所不得道，而其心中，特以与所谓开明专制者较，则袁氏之力所不得禁也。猖狂奔走之会，众说繁然并陈，国民殆厌不欲闻，其于判别宜不致力。逮于今日，辩论息矣，在袁氏之意，非特反对之说不容其传播，即赞成彼者亦复不感其必要，而不求利用之。人民外不接于纷扰之论难，乃反其本初。静坐自思，遂有比较两方所言之机会。而现存之事实，肤受而目击者，为之证据，佐其判断。牖下窃叹，陇畔辍耕，谁则能缄其口而死其心者。故其志向，如剥而复。则今日不得多数人容认采用之主义，将代彼现所容认采用者之位矣。但使有少数人不失其主张，则虽袁氏尽移治河之技师以防民口，必不能杜绝之也。

要之,国民不能进至多数人皆晓然共和真义之程度,则其所附和一派之说,无论为是为非,其附和皆属于盲从,本不据以断定其国民将来之诣极。然有所可知者,其民既能盲从于恶,则亦能盲从于善。中国国民今既甘为袁氏所统治,异日亦即可以反而入于共和两者之间。事虽相反,而其所以为可能之故正同。故曰,中国国民程度不适于共和者误也。当更其言曰,中国国民程度不足以固守共和。夫其不足以固守共和者,同时亦不足以固守专制者也。如是则又当言中国国民程度不适于专制耶,是自穷也。

盲从专制之反动,将又生第二之共和,此无疑者也。而其径路则可想象有二:其一则于讨论之结果,终至觉知共和之真义,而后为改革。当是时其出之不必有激烈之争斗,而成功之日,为真正之共和。其民心理已达于确认共和之程度,故不可动也。其二则仍是盲从之共和,不过以专制压抑之反射而想望共和。逮其既得共和,仍未有固守之力,更俟先觉者之尽力,乃得以习惯而成自然。若夫功怠于始成,则或更生第二之盲从专制,而反复蹈此陈迹,亦不可知也。此二途之所由分,即在国民讨论此两制度得失会得共和真义机会之有无。其民而犹有言论之自由,则专制共和所以得失之故,皆得贡献于凡民之前,而听其抉择。其民既知共和之所以为善,又悉闻人之所以谓共和恶者,追求其故,而判以已知。故其知共和也深,则异日虽有以专制胜于共和之说进者,彼已闻之于决心以前,而不为之动。故其共和基础为固也。其在第二场合,则必其初以暴主之淫威,共和之理,未尝得显然称道,徒知疾专制而慕共和。故其锢蔽之也愈深,其羡之也逾切。羡之切故不及闻其利害得失之详,以为捽去专制君主建立共和斯已矣。迨其欲共和既得共和矣,则必许与国中议论之自由,于是昔所虚拟共和之善未尽实现,而昔所未闻之共和之缺点已见告矣。其论不必果确当不易,其弊害不必根于共和政治而生;就令真为共和之弊害,亦未必有摇动政体之价值。惟其不闻于未决心之日,乃闻之于已采用此制之时,则翻然自觉其始采用此制为无谋矣。彼曰,“民可使由之,不可使知之”。此徒以便专制言。其实民既不知,则其于制度本无恋着之性;一旦有言其非者,不暇絜长度短,已有捐弃之势。于是时始有辩护共和之制者,民亦昏然不知溯本源而辨其是非矣。故谋而后取者固,取而后谋者疑,疑则败之机也。然而中国今日,已绝言论是非之机会矣。国民又不以此而止其自求福利之念,是不许以择其所宜之政治,必且出于不择,不择则盲从之谓也。抑以效果言,第一场合必胜于第二场合。而以时期论,则第二场合尤速。何则?既许批评,则生详慎。详慎之极,遂致蹉跎。众说纷而怀疑者,非假以岁时,不得成就。惟主义以沉默而传播者,无论为是为非,其入人必深且速,以其商榷只在寸心,不为外动也。故中国非特不忧人心不趋向共和,且不忧其不速。所忧者惟在共和以后,人民未得充分了解共和之余裕,而又为一派所煽动,复摇共和之基础而已。

乘此国民心理之变迁,革命可得起,袁可得去,外国之干涉可得避乎?此一问题也。然有不可不知者,外国之扶袁,正虑无袁不能使中国安定,而因之不得致力于经济之竞争。袁诚以利权媚外人,而于不安定之地域,虽有利权,不能为效也。且欲者无穷,而媚者易尽,利尽交绝,又何足异;而况袁氏之排阖变诈,将显于国际间耶。使其民心既去无以自振,而有赖于外人,则外人亦且倒袁以求亲于新政府矣。又何必强为其难,而益其纠纷,适以自沮其商业也。故外国干涉之问题,非革命之绝对的困难,今实无异于昔时,而其所以避此干涉者,惟在得多数人之心,而使其经过之时间短少而已。

然则其终局归于军队向背之问题。使得多数之助,则成功迅而干涉无由而至,反是者其事将败。而军队之心理,果如何乎?在前此袁氏之所以维持军队,惟贿是赖。使此后常借贿以结兵心,折民气,亦复可久乎?此一般人之所疑也。然于此有一至显之理,为常人所未注意者。即一人之所是非,常不止基于自己之利害,而受其亲族之影响是也。今袁氏之所用兵,犹是募之民间者耳。人不生于空桑,安得恝然于父母昆弟之流离颠沛。既寻其苦痛之原,知其出于虐政,则宁得以一身饷糈之厚,忘其家族之悲。夫悉袁氏之力,使革命讨袁之说不入于军，止矣。而军人之有志于倒戈，固不待闻之于行伍之内，实受其父母妻子之所感化，而油然自生，则袁氏将何由能以恩结之。夫袁氏不能如满室之得以贵族为兵也，其募之自民间，而欲其与国民思想隔绝不相关联，此殆未易事也。袁氏既不能抚循国中之民，而独欲抚循其军队，则人民必且运动袁之所恃者以攻袁。是知不以国民心理为基础而欲有所为，乃曰吾可以他力济之者，固将终于不可济也。

然则不患军队之不应于国民心理以行动，而徒患构成此心理之力不在多数人民，而在少数人民。多数人民以为政治之事与己无与，而徒任诸少数之人民。少数人民于政治虽有主张，非以为自己之事而主张之也，以为慈惠他人，利益他人而主张之。故其上者如慈善家之为人谋生活，其下如会社之理事受雇而执剧耳。此两思想可谓至矛盾，而大抵同时并存，且相比例而加减，则以其根源同在认政治为己身以外之事故也。所谓齐民，认政治为己身以外之事，则以为肉食者谋，我等何与，一任之政治家而不计其结果已受其祸福于将来也。所谓政治家，亦认政治为己身以外之事，故其为政治上运动，必曰吾非为一己之私利也，乃将为彼辈齐民计利害，故其政治上之见地终无定，且不得进步也。而在如此景况之下，虽有所谓国民心理者存，而国民多数实无有确守之意。则虽前所述军队从于国民心理以行动者，亦将不验。然在斯时为军队者，其父母兄弟本未有所从违，则己身惟雇者使之，固无责焉耳。

第三节 对于将来吾人所要求之国民心理

然则使人民知政治为自己之事之一部者，今日中国之惟一要图，而言革命之可能与否，亦当以此为标准。屠羊说曰，大王反国，说反屠羊。彼贻王而不复者，岂特吴人以班处宫之足辱哉。虽羊屠亦不免于丧业也。漆室之女，戚园葵之不饱，而子产忧栋折榱崩。此所谓视为自己之事之一部也。今之民惟不如子产，不如屠羊说，乃至不如鲁女，故袁氏得乘之也。

今如言国会，固袁所甚恶也。然使任其存立，袁果无操纵之之术乎。夫其始承认借债，与其后之排黎举袁，固曰国会所为也。即此已足明国会非真能制袁矣。而其所以受命于袁者，善言之，则将曰其势已诎而不申，故委曲求全，冀补救于万一；恶言之，则当曰少真笃信守死之人，而利得诱之势得劫之尔。夫由前之说，则孰是使其势诎而不申者，非民之自怠其事乎。夫国会本无固有之势力，皆假之于人民。而人民方委命于袁，斯固无责于国会。即曰议员可以利诱势劫者，吾人民其遂能以谓责不在己耶。方议员之初至京也，事未有见，而群指其挟妓纵博以为诟病。夫挟妓纵博，固不必皆然，亦且不必以为罪。然使其诚皆然且有罪矣，又将何所责。不责其选之，而责其所选，可乎。国会之组织法，发表迟而选举期促，斯固论者所病也。然使其选举期更延而远之，亦何由能得贤议员。初期选民，每省数十百万，纵其中不无伪冒，必有大半为诚有权者。顾此有权者之为选举也，卖其权者什九，投票于所欲举者什一而已。就此什一之真以自由意思举者而言，信其人贤而举之者百不得一，谓其人得为议员，则已得因缘而被其光宠，或更进与为奸利者，百必九十九也。夫有其权而卖之，与以其权求荣与利（不法之利），皆以为举非己所信者于己无失，而卖之结托之者所得多也。换言之，则议员之选举属于政治之事。而政治之事，在各个人初未认为自已之事，虽于政治之害恶甚畏恶之，而不知倒恶政府立良政府者，各个人有能动之力，非徒受动者也。既已以受动者自安，则于组织国家机关之事，亦似代国家为此选举而不悟其为自己为之。从而其所选者恶，亦曰国家之组织此议会恶而已，不计己之选之之恶也。故于新选之议员未有一二举动，而谤声满于国中。此其证议员之不适任者为多乎？抑证选民之无责任者为多乎？吾知智者不踌躇而选后之答案也。由是观之，人民以政治为非已事者，国会腐败之根源，而袁氏之势劫利诱未足算也。

更以政党言之，方元二之交，国民党势盛于各省；及讨袁事败，进步党乃取而代之。国会既散，进步党亦销沉矣。问其两党所以盛衰之故，不外以其党首领所居位置要否为断。惟戴尊显之人，斯有官位可望，然后慕膻者多耳。夫世界政党，未有能不以官位维系其党员者也，岂得独有所责于中国。顾彼之政党所以能盛者，乃恃有以取悦其民，而后得民之与，以保其位。既保其位，乃得更以爵縻人。其根源自民出也。政党媚国民，国民不媚政党也。中国乃反是。政党之盛也，未尝以民意与之之故；其衰也，亦不系于民心之去。政党不媚国民，国民中有望爵禄者，乃媚政党以求进耳。不特进步党然，则国民党之盛时亦何尝不尔。此其咎岂在政党哉。国民既以政治为非自己之事，而政党则以为政治者，吾所以仁此国民，不以为自己之事者，政党不得而媚也。以为仁慈加于国民者，虽有良政，不求其民之喻之如慈母之昫其儿而已，不为媚也。夫政党之媚于民者，不必其果皆善也。而民之能使政党媚者，其政党虽以恶人组织，而其政治不得不良，是无异于善也。不媚于民者，必将别有所媚。无所媚者，则为媚于一人者所胜，是国民党之败也。媚于一人而不得善其终者，进步党之败也。然使国民党而不败者，共和之基础可遂谓之坚固乎？必不然也。

袁氏既废罢省会，并去前清以来存在之地方自治，此亦世人所同责也。然当其未废也，所谓地方自治者，亦徒存其形式而已，乌能为治！以吾所见各县地方自治会，大抵为少数旧日绅士所占，其一部则与县知事相结托，以为奸利；其一部则百事不理，惟与县知事争县中收入。求其定为县会经费而分有之。大抵地富庶者出于前一途，而土贫瘠者则采后策。有厚其糈俸而为利者，亦有故薄其给、严其制以便私者（广东香山县会尝议议员月给不得过十元，而日必出席。其后有诉之者，则谓此城中议员所为使各乡之所选者，势不能以薄给尽弃其业来会，城中议员因得以议会之名作奸也）。若是者，果足以为民福利乎。故罢地方自治者，县知事为丰其囊橐使利出一孔之途。君子于此有告朔去羊之惧，而于昔日自治之效，未尝可以一语右之也。然而亦不得不归其责于国民——彼固国民所选也。国民选之而安之，则何责于其被选者。夫于一县之治，尚不悟其为自己之事，又何况于一国。观于地方自治，而知国会之中犹有良士，信是偶尔得之也。

凡上所论，皆直接与国民有关者。其间接者亦尚阙诸。而所为繁征博引以称道吾民之失者，非曰既有此失，便当缄口受之，作孽莫逭也。正谓其责议员、责政党，当以为败自己之事而责之，如株主之责其理事；不当以为加害于自己而责之，如马牛之怨其圉牧，工人之怨其监工也。人民于政治，自施之而自受之。今但自觉其受政治之害，而不自觉其当然有施政之责。其有所选举也，不曰自为为之，而曰为人为之。其所选举者不当，亦不曰负我委任，而曰为我荼毒，是惑也。

然则今日吾人所当致力者，在促起人民之觉醒。而政治之改良，实恃人民之认政治为一己之事，乃能进而不止，非吾人之力能使然也。彼自有其力，此特推而动之耳。而于使人觉醒之先，有不可不先自省者，则袁之专横，吾辈固不敢悉负其责，而昔时倾覆满室，吾人尤不可稍冒其功也。以此无力固守共和之民，而尸袁以帝位，此固无如何事。力不能服，则亦已耳。反诸己身，无私咎累，不得馁也。惟既知讨袁不成，非全为己罪，则必当知覆满之成，皆以人民无固守其专制之勇气，而后成此共和也。此非徒追论昔事也。一二志士，不为张进民气之谋，而攘功以自重，则其论政不外前所谓慈惠人民之论调，以以前之成功，为出自少数人之力。即所以使人民于后此之进行，亦惟属望于少数人，希其成功，而已若无与也。夫如是，故其说之传播，益以弱其民理解政治之力，而不能使久入于人之心，甚不利者也。彼既恃少数人之能为己福利，而信服一种论议，异日又见有他少数人而迁耳。决不如使知为自己之事者，自求理解政治上之事实，且自择其最良者也（夫人能自择其最良之说，则吾说之见采固甚佳，即不见采，必其已采胜吾之说矣）。故民以为己之眼光而临政治家者，贤于政治家以为人之眼光临民，而去政治家为人之眼光之论议，始可得有人民为己之眼光。政治家为人之论，又莫甚于以前功自伐。夫政治固自己之事，非他人事也。国中有少数人倡之，而多数人和之。无论其和者出于真诚之辨别，抑徒为一时意兴所趋。要之，其得成国民心理以后，不可以谓之少数人之力。而此少数人纵令于未成为国民心理之先，有提倡之实，要不过为自己之事而有所为。正犹彼男耕女织，各尽其分，农人不以其稼德食者，而政治家独以其提倡德天下之人，此已为大惑矣。而以欲彰己功之故，尽屏遏国民心理之效果不言，独以共和之效归于己身，则其于己利益未知何如，其沮国民使不得有为己之政治之念，斯已多矣。今之所急者，固在人民自觉醒其力与其责任，而自称其功者正与此反也。

夫使国民自信其政治上之实力与求之于理论，不如显之以事实。而证诸既往，又胜托诸将来。以最近之例言之，当清社之未屋也，世往往以革命党人数之少，而疑其成功。识者则以为真革命党固未甚多，而真为清室死党者尤少，其间大多数为两可之人，故决革命非不可能（说见《新世纪》），今其言已验矣。当武汉之起义，未尝以兵胜也。其平日依违两可之人，皆翕然望共和之成立，于是清帝不得不弃其专制之权，而将返之国民。夫彼依违两可者，岂自信其力之足以覆清室。然使是时国民心理犹是附清室也，武汉之役，又乌能济哉。今之袁氏，其所与共奸回者只少数之人，以一时之利合，未有不可离之休戚为之关联，如往者满洲贵族之事也。其施政则酷虐数倍前清，民积怨于政府，而无一之德泽可以讴歌也。其助寡于前时，而毒深于万姓。则谓今之革命党为少于清室未覆前乎，谓袁之党与为多于昔日乎，必不然矣。然则惟待国民之一判断共和与帝制之于己为如何，不必惧实力之不充，而忧是非利害之不一致也。夫政治之为共和，为帝制，固己事，非他人事也。为己之事，用己之力，决己所从。则革命之成功，受命于国民而已，吾辈何力之有！

吾前尝言之矣，政治上之势力，各人所自有。少数人为提案者，供采择而已。革命党之所主张，固待国民之采择者也。各人自由用其力，竭其智而择之、而行之可也。

原载于 1914 年 8 月《民国》第 1 年第 4 号，署名前进。▲

开明专制

前　论

(1)近日言开明专制者,其志固在专制不在开明也。然世自有信开明专制为不可已者,特今未得政权,未昌言之耳。而以余所信,则开明专制决非如或一辈人所想象之不可已。故为此论,初不为彼以圣文神武皇帝自拟者说也。

今于民国,有一部人每为政论,必不敢明言专制之效果良,而委曲其辞,而一方于开明专制,则又无人称言其非,此可怪也。其实以政治之往迹论,专制君主,何尝不能举甚良之成绩。但成绩之良否,乃别一问题,不能以之即证其制度为良为否。以明良而为专制,往往收效捷于共和。盖以不世出之才,与以无制限之力以致此绩,不足怪也。自柏拉图以来,学者亦概认有贤君之专制,能收最良之效果。然问其所以有此效果,以其贤乎,以其无制限乎,则不得谓之以无制限明也。贤为良效果之原因,无制限则得良效果之一条件耳。(注一)故言专制而以为效果必不良,非也。而谓其以为政治制度不良,则是也。今之论政者耻言专制,意或以为专制之效果必不良。因是见古有效果良者,则曰是开明专制,异于其他专制也。此一种谬论而已。

开明专制义如其文,不过以专制之政体行开明之政治而已。夫其政治如何始可谓之开明，本已为不可解决之问题。开明与不开明之区划，决非显然。大抵举例必以极端之例显其义。至于批判孰为开明专制，孰为不开明专制，则除史家武断之外，殆难言之也。而就使其有界限可说，则当从其行专制者之志以决之乎？将从其功以决之乎？以功言者，事属既形，而就事为评，实有许夺之余地。曰此为开明，曰彼否，权在评者，而为专制者不与焉。乃若论志，则惟视专制者心理如何。在评论者只有认定事实有无之责。若既有志于开明之事实，则评者无与夺之余地。即在其事未行之际，亦惟有承认其人之志实然而已。然则今将就有人欲行开明专制而为之论评，既无从察其功，则惟当计其志。彼志存于心，不可知矣。所以征其志者，独赖有言而已。顾以专制分为开明专制，不开明专制，谁则愿甘不开明专制之名者。结局凡有专制者，皆自命为开明专制。而批评者，不能不从其言而与之名也。是开明专制者，与专制之内容，广狭无别。专制不无收良果之日，即自命开明专制者，实际亦不无有开明之施政之时。而其不能评以为一种善良制度，又相似也。然则简捷言之，谓之专制可矣。必取开明冠诸其首，将无与昔日天子必加文、武、大圣、大广、孝等等称号于皇帝之上，始觉惬心者同乎。明之武宗，自加威武大将军。而今之袁氏，称神武大元帅。夫将军元帅已数见不鲜，然后取其鲜者以溷乃公，意固不殊昔耳。彼见专制二字之上已加有开明之头衔，便不敢訾议。何异见威武、神武之称号，而信为非凡之将军、元帅也。公孙龙乘白马而度关，曰白马非马也。关吏不为之鬫马税也。今日开明专制非专制也，而遂容之，此为关吏且不称职，而欲为治一国之吏乎。

夫其言开明不出于诚者，固不必更道。即令诚志开明，遂可免祸乎？古之人君，其以恣睢为憙而不计民祸福者，殆不过秦胡亥、宋劭等一部分极少数耳。其多数皆有聪明贤达之愿者也。是其所以为志者，何以异于今之志开明专制。然自历史言之，志为明主而得之者什一，不得者什九。则今之行专制而志开明者，其得为开明亦不过什一之数而已。夫如是者，如之何而可谓之良制度也。

(2)夫使行专制而志开明,则必谓人民不能为立宪国民之行动,故不得已而以专制临之。使其人民以此开明之故,进至能为立宪国民之行动,则将来自当废去专制,而独取开明。是即“目的是认手段”之说也。以开明为目的,以专制为手段。人不能不是认开明,则以开明之故,不得不是认为其手段之专制也。此其说有两病。

其一,则关于手段者也。及于人民最终之效果,即为政治家所达到之目的。而当其未至此最终之效果发现以前,政治家之目的皆未达到,其所可得见者皆手段耳。顾此最终之结果,可得以确定其何时始实现乎?不可也。社会者,动之社会也。社会上之事物发生,无一可以严密符合于人所豫期者。而政治上最终效果之现出,必经无数之过程。此过程中,有一不符,则次来之事实,必受其影响。此事实既受影响,则又次者亦必从而受之。由是以往,至于终局,其递嬗联延不绝,未可以数穷也。其始之不符于豫期者虽小,其传之于次也,必每传愈况,至于全反于始期而后已。其始之征候,尚只藏于微。而其继也,必至于显。其始之传播也,必止于一二事。而其卒也,必及于全部。其始之传播尚缓。其卒也必蔓而益速。如是则豫期最终结果以何时实现者,终不可能,明矣。夫此豫期既为不可能,则目的之到达不可按期而责也。纵有豫先声言若干年后必得开明者,在有识者决不以至此期尚未开明,便责其不以此为目的也。以社会变动无常故也。第既有此借口,则目的之到达不到达,初非他人所得问其期,所可见者惟有手段。而此手段,又须待其目的之达始能是非之。故以开明为目的者,不妨尽力用不开明之手段,以为专制。其专制之见于事实者,虽甚不开明,人亦不能褫其开明之虚衔。然而开明之期,将俟之百年礼乐既兴之后,抑呈之于日夕之间,举无由知。所知者,标榜开明者,亦未尝不用不开明之手段而已。是则不标榜开明时,人民已久知有此手段,而身受之矣。何取于此开明之标榜也。

目的者达否未可知,手段则一施而不可复。使其手段而果有效,斯则可得是认之耳。而犹未有效也,手段则既已加于物,不可改矣。人之智虑,安得悉周。所用手段,安能保其必生此效果。然而用此不开明之手段,以待不可知之是认,其为危险当如何。子产言之曰,“子有美锦,不使人学制焉”。今冒什不得一之危,以求是认,是岂特学制锦而已耶。一手段而不效,虽亦觉之,补之不易也。既补过于此时,又恣行于异日,斯则剜肉求瘢之比也。以人民为无能也,而将夺之权。曰此不开明者手段而已。其夺之之后之措施,果足使人民为有能乎,其不足使然,则其夺之也所失已多矣。国之安危,系于一发,非可历试各手段以求其效者也。

由此可知目的是认手段者,或可认之于目的已达之时,(注二)而不能称之于手段初施之际。手段不能求其皆是,犹当求认为是者而施之。既知其非,不得以其仅为手段之故,敢于用之也。专制固不开明之事也,以求开明之故,而事不免流于专制。逮其既著,则急改之。不妨原其情而许为有开明之目的。虽其目的终不得达,可也。而不然者,怙终而拒善,以为既有开明之目的,虽专制,谁得而相非。则是有目的是认手段之求,而适得手段破坏目的之效也。

(3)其又一则关于专制者也。专制果可以为开明之手段者乎?所谓开明者,将以一时之繁荣为止境乎?抑必待其民有进化而无退转始可得称之乎?于此第二之意义之开明,能容专制政治乎?此今所当问者也。

手段一名辞,固函有随时可以舍置之意义。然如其手段明为与目的有同一之趋向者,初不有舍置之要求也。例如为求人民程度之进,而取灌输以新智识为手段。此手段于既达人民进步之目的之日,未尝有害而须禁止之也。若其手段与目的背反者,则或偶然为用,旋必舍去,不使久而成习。此如不屑之教诲,以教诲之目的,用不屑之手段,其人既有悔改之迹,必速屏此不屑之态度以应之。又如医者以人之健康为目的,有时亦以使服用雅片为手段,而其病良已者,雅片亦同时屏绝。则以不屑与教诲,雅片与健康,事本相反,不同其趋向,偶然为用,屏之必当及时。此从手段本义而明者也。由是言之,则凡有事实与己所欲达之目的,根本相妨,而采用之有不能随时舍置之性质者，正如漏脯酖杯，其不可取以为手段，图济一时，审矣。

而在专制之事，固与开明相反者也。如使开明仅取一时繁荣之意义，则采专制而有效，异时亦终于以专制故失之。所望者，本只在一时之休息，虽谓之无妨可也。然在主张开明专制者，所谓开明决不止于是也。乃将谓开明之成功在于立宪，而一时繁荣非足为算。即其言开明者，不徒冀文景、贞观太平之治，并奥帝约瑟第二之行亦不数之。(注三)必如前之所言，人民既能为立宪国民之行动，始足称开明之目的得达也。

以此两不兼容之事，而云可以其一为其他之手段者，必专制之事欲舍置则舍置，欲存续则存续。舍置不使其前此所期之效果归于无有，而存续亦不害异时舍置之便，始可通耳。而专制固无此性质也。当其专制之时，必力排民权自由之说。既摧折民权自由之说，则异时欲舍专制而从立宪，必又倡之。方其困遏，苦不得绝其根株，及其倡之，又患其说之已绝。故假想舍置专制之日，常恐所期之专制效果不可得，而所不期之效果不得去也。而其存续之日，所以禁遏人民者，无一不为异日舍置之阻也。此至易解者也。然论者必曰，专制之恶结果，虽不可逃，而其进人民之程度，使至于适为立宪国民，则非他制所及。故不得不忍其痛苦而采用之。夫以历史而论，除新国外，无不出于专制而入立宪共和。则谓立宪人民先经专制而后有立宪之程度，不为皆误。顾“先后即因果者”，论理上之一谬误。专制虽先立宪而存在，不过为一相反之事实，不得即谓之原因。正犹人死以前，常有动作，然而验杀人之罪迹，法医学者必不滥指其动作为死因也。如使专制之政可以致人民程度进步，则中国为四千年以上不绝专制之国，其人民程度，宜比之世界各国皆高，纵使世界各国尚未有立宪共和，中国犹当为之先进。何以至今程度未足之叹犹多。若曰地广人多，收效非易，则四千年来专制所不能进者，今遂可以专制十数年进之乎？此皆足使人发噱不止者也。

且立宪国民之程度未足，惟为专制始足以进之。此类推论，信不知其何自出也。夫以程度言,不外智识、道德。而道德之进步,全由于社会之自体,非执政所得与,但赖其无奖不道德而破社会之纲维耳。于此决不能发见专制能使道德进步之理由(惟有奖励不道德以便固其权位之恶行而已)。则所论当限于智识。智识者,有学而知,有习而得,前者所谓教育,后者所谓经验也。而在专制之下,为立宪之教育,果可得昌乎。其教育而诚以立宪之旨行之,则专制之弊,正当其时。凡教育之所称美,皆无由得之国内,而弊害之例,则不索诸国外而有余。其民将信所受教而恶政府乎?将尊政府而以其教为非欤?抑以为教育者政府所奖,而为教者又短政府,遂以怀疑而两置之也。而由前一说,专制势将自复,而其复灭之后纷扰将不可计也。(注四)从后二说,则其智识有退而无进也。若其教育不以立宪之主旨行之,则所谓进者尤无望也。其教育若是矣,于经验尤然。经验由事物而生,未有事实,何由有经验。以经验之缺乏,而言程度不足,则正当疾蠲除专制,而取立宪,然后可得以立宪之事实,陶铸其人民。人民既得与政治,乃有经验可言。以无经验之故,而不使参政,则终古不参政可也。何言进步!故总人民智识而论,在专制之下,不能进至适于立宪之程度。则求人民有立宪国民之程度,惟有先取立宪之制以为之先。如是始有立宪之教育可施,其人民有得立宪的经验之途也。

且如草昧之世,有部落而无国家,于是而有先觉之士,知国家的结合为不可已,将遂为其结合乎,抑使其人民于部落制之下,获得国民之教育与其经验,始得组织国家乎?夫社会之事,欲于其未发生之前,造成一种适于其事实之人民,无论以何力量,必不能办。惟有人民感知一事实之必要,而要求之于社会,则其事实既显以后,人民自有适应之之道,不患其过高。彼国家之发生,决非有一部分人先学如何作国民,始为结合。而结合以后,当然为适应于国家组织之国民。依显则国家之采用立宪制度,亦必不恃有人以专制之手段,教其国民为立宪之行为。而立宪以后,其国民当然有适应于立宪之程度,不劳深虑也。

立宪国民不患其程度之不足，在其不足之日，亦惟先行立宪可养成之，非可以专制进其程度。(注五)则取专制之手段，不足以达开明之目的。专制既非开明所必要之手段，则虽是认开明之目的，决不能以其目的是认手段可无疑也。

(4)今之论开明专制者，取今政府所为而訾之。其言有曰："实业借款、行政借款，政策无定，用途不明。"又曰："城狐社鼠，揽权窃柄，包办借款，紊乱财政，挟金钱之势力为护符，恃外人之后援为武器。"复曰："朝令夕更，总统任官之命可以取消；大权旁落，政府用人之权必经同意。元首孤立于上，百姓怨咨于下，"盖前嗤其开明之名不称，后议其专制之实不符。亦即"制且不能，专于何有。专制不存，宁分善恶。善恶不著，又何开明"之义也。然当知专制者，制度之名。社会上有国家，国家有政体，而政体以专制、立宪为分。故凡非立宪的国家，皆称专制。所谓专制者，不过其国家有一机关不为法律（社会事实之一种）之所制限。至于法律以外种种社会事实，如道德、宗教之属，乃至论者所举恶习弊风，无一不可影响于政治上，而为此机关行动之制限。此机关纵受如是之制限，亦未尝以此离去专制之域，而可以他政体称之也。又当知开明者，专制之人所选之徽号，聊用自广，不必有实，始居其名。彼既以是自名，则亦从而命之，斯名从主人之义尔。若必举袁氏之闭塞，而与争开明专制之名，则何不举满室之溷浊，而追夺其大清之号乎。亦无聊之甚者矣！且如论者所言，责其不专无制。则闻其风者，且或以能专且制自期。以为今之所失徒在专制之不至，非开明专制之果不良于行，则益求自试其所谓真开明专制而已。此不可不辩也。

吾人前所论专制不能促进国民程度使适于立宪者，就专制之全部为之证明者也。故当然包含所谓开明专制之全部。其制度既为专制，则无论其法所许为专制之机关，有完全无限之行动自由，抑于事实上受种种之拘束，皆不免有此结果，断不能于促进国民使适立宪之制度中，发见有一为专制制度。此即因明法所谓同品定有异品遍无也。故就于自诩能专且制者，径亦可以前言证其无益。然更有不可不知者,国民之能力,以干涉而愈萎缩,以应用而愈舒畅。专制所以病国民之能力者,即在其施政不认各个人之政治行动,故虽施教育,归于无意味,求其经验,终不可得也。以是之故,不专无制者,其民虽不能进,而有政治上之用,犹不至受政治上之干涉,一举一止,皆失自由。是其害能力发育者尚浅也。以此为惩,而惟专与制是求,则其结果干涉必及于人民之私生活,而旧有之自由,亦并见侵陵,其能力愈萎缩,则异日求适应于立宪制度,愈见困难。中国之数千年间专制之治,其得有良结果称开明者,汉之文景,唐、宋两太宗,治皆主放任,少涉闾阎细事。而干涉尤繁者,则新室之治也。以其目的固皆止于使人民得利而身享其荣,绝非有今论者所谓开明之期望。然其为治得失之形若是,足知中国人民实习自治而厌干涉,故数千年之专制,不足以尽萎其能力。而彼为专制之人,或身亲衡石之计,或委之将相,托之宦官,或以方镇割据天下,泰半弗属,其情各异,要皆以直接干涉人民之私生活为戒者也。今一旦而求尽反古所为,一一为之干涉,斯固新莽之续,必且败不可收。即使其不败,而如其志以行,适见民之能力愈萎衰,而将来愈不适于立宪耳。病于不专无制者则有之矣,求其所以胜彼者固不可得也。

且夫干涉之事,有递增而无递减,此于同为社会事实之经济事项可得取譬者也。国家有事于国民生产力之增加而行保护之政策,斯固与求增加人民政治上之智识相类者也。然而其保护仅为除去其发达之障碍者,一旦生产力进至可与外国竞争之程度,即除去其保护决不害于国民经济也。反是者,而以事事干涉为保护,则纵令其干涉得当,其国民生产力以之发达,而其人独立自营之精神,权丧而日少,永久无自立以为争竞之力。则干涉之结果,惟有长以干涉保持之。若曰干涉为手段,而产业之开发为目的,则其手段终不可舍置。而不舍置,又与目的相妨者也。且干涉之结果,又发生他种之干涉。譬如以制钢业之不发达,因重关税以禁外国钢材之输入,则国内之制钢,非不可得盛也。然而同时钢材之价腾贵,则以钢材制器者,皆有亏损之虞。以亏损故,不得不保护及于钢制品业,而课税于输入品也。既保护钢制品业矣,其影响又及于用钢制品之业,于用机械最多之业,必又次第有保护之要求。如是,保护遂有急剧之传染性,而有增无减。此无他,以不自然之干涉求一时之效故也。为一部分人之利益,而干涉他部分人之行为,不恃其自为发达而恃利诱之也。故美国今日每议行放任自由之策,辄有各业破产之忧,此实无可如何者也。(注六)惟干涉以求政治上之效果亦然。不务使以自力立身,而恃吾之专制,能及于人之隐微,势固不得及也。就令及之,其为益不敌其损,欲强使有立宪之智德,必不得人也。其所留遗者,惟有因干涉所起之反抗,其遇反抗而不干涉,则祸止于失威信而已。其将弭此反抗,又必采他之干涉手段。此所新采之手段,仍召他之反抗,而前此之反抗未悉已也。对于此而又采镇压之手段,则始之一干涉,化为二而进于四。自此以往,其增自倍。虽然,牛毛之法令,适使人因缘为奸。民之反抗未尝止也。盖反抗者,起于不安。而干涉之来,无论如何,皆先使人抱一不安之念。纵不能以力显为反抗,而左右规避,固人人所优为。且其起也,不择地与时,不必合谋而后动。欲为之防,而不知将为反抗者谁也。其干涉又不能不遍及前所干涉之人。此所以任术不已,归于自穷也。

然则徒为专制之制度,而实际不专无制者,其于国虽有损,而就专制而论,尚未至甚害国民智力之发达。若袁氏果能如论者所求能专且制,抑若有代兴者,持巩固共和之旨,而信开明专制为有促进国民程度之效,尽其力以行之。其结果,将使国民之能力愈沉萎,而将来革除专制之后,民之能力尤难冀进步。问其以专制得之者几何?则无有也。是祸在今之袁氏以上也。

(5)夫自历史上言,所谓开明专制之时代为专制之主,皆非有开明专制足以促进人民程度之念存于胸中而为之者也。意不外"于百姓不足,君孰与足"之计算,而图其王室之安固,先求有以自媚于民。故其所慕于明君而欲为之者,目的在王统之绵长,而以利民为手段。民既食其利矣,则治历史者追谥之曰专制而开明。若夫当专制之末期,为立宪之先河,必要有此种情况,以为过渡办法者,古人所未梦见也。盖古代之开明专制，有人民之要求，而君主应之以行者也。当时以君主之制，为无所逃于天地之间，故革命可起而君主不可废也。畏苛政过于虎，而无术以使其政不苛也。其所要求者，仁政也。仁政之结果，而得人民之幸福，则称之曰明君。其政不仁，则民不附，民不附则祚不长。人君惟以求久安故，冀其民常泰。则凡民所不悦者，不敢专欲以求成。故谓之与人民要求一致可也。不特中国历史有然，如奥之约瑟第二，所谓欧洲开明专制之君主者也。史称约瑟第二既即位，宣言独立于教皇以外，于教皇新令，付以制制，或径禁之，不许教皇干涉婚姻。国中僧正，举由君主任命，废寺院七百所，汰游僧三万六千人（当时总数七分之四也）。且布令默许新教及希腊教。此以新教徒之势力，自三十年战争以来，久不得绝，而奥领斯拉夫族又多奉希腊教，故从民所欲，拒教皇之专横。而与以一部之信教自由也。又称其废农奴之制，而削贵族之封建的权利，则以奥之封建贵族，不纳租税，不受普通裁判，而滥用其特权，以毒国中，为人民所共愤；一方农奴之惨酷。又为人民所同欲除去者。故一予一夺也。称其整理税制，则以其承七年战争之后，民力困敝之余，又三割波兰，故应人民之望而去旧税制之弊。此亦以人民之要求为基础者也。又近今之类似开明专制者，则有奥今帝当一八四九年以后，一八五九年以前十年之间，所施之治，于形式上颇有类于论者所云。当一八四八年法国二月革命之起也，奥之人民亦起而设保安委员，逐梅特涅，而强制奥帝，使承认其宪法，召集议会，一时有众民政治之实。既而奥帝藉邻国之助，以压抑国内之反抗，既占有实力，遂解散议会，废去民定宪法，而别出一钦定宪法代之。其宪法亦名有议会，有责任内阁，而国会实不召集。此空文宪法，越二年亦并废去。故一八五九年三月四日（布钦定宪法之日）之后，奥国已完全复于专制。前此梅特涅之为治，虽抑自由，其干涉尚疏阔。自解散国会以后，宰相集一切之权力于手中，而施政虽号称假设政府，其擅权实过梅特涅执政时。从来对于国内异民并立，颇多宽假；此期则悉以集权的军政行之，强以德意语为全国通语，执政权者独用德人。

如是者十年，而其所标榜者则曰："凡在君治国内者，当结合一切国、一切民族使浑然成一大国家。"此种政治，实至一八五九年奥意战争之际犹存。暨乎战败国危，始自知专制之诚无济，于是始再兴宪法。(注七)此实与今之言开明专制者相类。其行专制，以为如是则可以统一国内，而扫去不专无制之弊。初不以人民之要求为基础，异于前之所云。然其不以此专制为过渡办法，为致人民程度进适立宪之手段，则古今人不相远。两者实无异也。

(6)故综以上所言为之结论，则专制者，一种制度也。于今日国家之政体，不为立宪，则为专制，可宣之于诏教，而著之于法典。君主之力之所及也，欲之则得之者也(其可久否自是别问题)。开明专制者，专制之一种状态也。虽为专制者可得以开明为志，而实际为开明否，须退听于后世之评议。纵曰欲之，不必得之也。专制之名，迨近世而始与立宪对举。开明专制又为学者拟定之名。在往昔之君主，亦惟以圣帝明王泰平郅治相期，然揆其语之内容则一而已。君主既家天下，其视治国无异人之齐家。而处一家者，取何制以驭其族，出何策以求其隆，固各有不齐，然其欲家之兴，则殆于一致。则君主之于其国，何独不然。然治一家者能自择其所谓最良之方法，而不能必其家之繁荣。惟家之兴衰既著，人始就而论其成绩何如。其在君主治国，称圣明者，亦不于其志而于其治。今之言开明专制者，亦当若是而已矣。顾或者以此为一种制度、一种政策而研究之，则不可解者也。人莫不自欲为良家父，而无一人能采一制度实际可称为良家父之制度者也。君主亦欲为明君，而决无一种制度适称为明君制度者也。而独于用开明专制之名则信之，何也？夫悬空而论，谓有开明专制，其结果当如何可也。此与言立宪制运行尽善之日，结果如何，正可相比。立宪与专制同为一种制度，而彼之运行尽善，与此达于开明，同为一种状态也。然谓采开明专制以为制度，则无异云采推行尽善之立宪以为制度不可通也。制度者，欲则采之，否则舍之。状态者，欲之不必能至；至而不欲，不必能舍也。为求得此状态常得施种种之手段。而此手段之效不效，本不可知。

乃或指此手段,谓即为开明专制之制度,则大误矣。如轻徭、减赋、宁国而教养其民,皆为手段之一。为专制者,所以求致开明,决不得谓此即开明专制之制度也。

开明专制既非制度,则以为可采用者,结局无过专制。专制之存在,亦可想象有两场合:其一,为未尝有立宪之事,惟就向来之专制,承袭而利行之;他一,则国既立宪而推翻之,以立专制。在前一场合,不过改革迟延。在后一场合,则明为政治之退转。在弃立宪而采专制者,必曰其制运行未善,不如开明专制之时,而不知立宪之运行尽善,与专制之得开明,同为一种状态。开明之不可必致,犹运行尽善之不可必期。必持最运行不善之立宪,以较开明专制,岂无所逊。然非可以此优劣两制度,而遂舍立宪取专制者也。

专制而开明之状态,固不易得。而其得之也,于实际,于从来专制者之意思,皆不认为驯致立宪之过渡办法。欲其民适于专制者,当先以专制施之,而求民与之习。欲求其民适于立宪,则必先采立宪之制,而后使人民肄之。以两者之各不相谋,而谓以其一为他一之豫备者,反于事实,不可通也。即如前所举由立宪而反于专制之场合,于法、于奥,皆尝有之。顾在今日,谁谓其后日之立宪,实受其益者。其所得留于今日者,不过帝政之一党派犹存于现在国会中,与国中乖离之感久而益剧而已。此可谓之有助于立宪乎。

专制之结果,虽至良好,而以其促进人民程度论,尚不及立宪之最劣者。故如言专制,仅有恶结果,则实不足以折言者之所执持。而专制之结果至良者,于采用立宪制之计算,仍以为最不宜,则恐土专制者亦未必能拒而不受。则论开明专制之宜求否,归于专制、立宪可否之间题。专制之为制度,逊于立宪;则虽其最良之开明专制,固无由谓胜立宪也。此开明专制之不足尚,自一般言之者也。

注一　原因与条件所以殊者,原因为所以致然之事实,而条件则为所以得然之一事实。譬如荷铳出猎,射鸟落之。射者原因,落者结果,以射致落也。若夫铳之不锈坏,弹药之不沾湿,鸟之无遮蔽,则条件也。如其坏或湿,

抑有物蔽之,则是不得落也。条件虽存在,永远不自生。结果待原因而生,故原因惟一而条件实多。徒具一条件,不可望结果。(条件有时便于己所欲,同时亦便其所不欲。如己欲攻敌,则不阻隔为良好之条件。而敌之攻我,亦以之为良好条件也。)

注二 目的既达之际在行此手段者,大抵不须更求是认。又有时目的虽达,而手段仍不可是认(如为少数之利益,取有害多数人之手段)。故目的是认手段之说,不过政治家之遁辞,非真可为普通的教训也。

注三 举开明专制之历史上之例者,先举此数君主。

注四 于此场合必生现象维持与改革二派,而后起之政府,实穷于措置。即令复灭之前,遽行立宪,教育之效果仍未遍及,而前之采专制,无论如何终归于无意味。

注五 立宪之思想于专制之下,亦未尝不见于存在,但其所以省之者为人民自然之要求。一方对于专制为反抗,即于他方对于立宪为羡慕。以有此思想,可谓之专制之反动。而反动之力在人民,不在政府,不能引此美专制也。

注六 前清之毕业奖励,亦可以此理推之。

注七 息讷斯 Charles Seignobos:《欧洲现代政治史》第十三章。

原载于1914年8月《民国》第1年第4号,署名前进。▲

与邓泽如谈话[①]

自袁氏祸国，第三革命，不容幸免。而欧洲战事，益与吾人以不可更迟之机会。内外同志所共知也。现东京本部已分省筹划进行。广东为南省门户，中山先生特派邓仲元主任其事。邓推执共事。查粤军队，除济军[②]外，皆邓仲元与执之旧部，已先后派员接洽，均允发难。其济军亦有一部份既明大义，约定倒戈相从。其余绿林啸聚者，大抵皆前日民军，当辛亥九月，由执率之起义，后经遣散者，今亦联为一气，誓倒袁贼而后已。似此，以最激烈之人心，乘不世之机会，为一致之行动，粤省固已在掌握之中。此外，各省亦由主任人经营，成绩均不相让。倒袁之期，可以预卜。独是发动之初，不能无款，事机已迫，更须速筹。用特南来，商请各埠同志，勉为捐助。俾发动应时，不失机宜，早复吾民之自由，登之安席。

1914 年 9 月 15 日谈话。载于邓泽如:《中国国民党二十年史迹》。

---

① 邓泽如《中国国民党二十年史迹》载。一九一四年九月十四日，得邓子瑜电，云朱执信已抵星加坡。十五日邓即赴星加坡，在邓子瑜家会见朱执信。朱作此谈话，十六日，朱执信偕同周之贞由星加坡，经吉隆坡、坝罗、庇能、芙蓉、挂罗、庇朥、麻六呷、麻坡等地。十月一日回抵星加坡。十月三日，朱执信搭船返香港。

② 济军，即龙济光的部队。

致郑螺生李源水函[①]

螺生
源水两先生台鉴；

别后至芙蓉、吉隆坡、麻坡、麻六甲等埠，以怡保之义举为之劝勉，并允筹助。霹雳各埠，以两先生之力，当更发扬也。怡保筹款情形，已函东京详述。将来收款后，当再将详细由港函知本部。此处亦不妨径将数目寄东，以免迟延。弟此次南来，适当开战[②]之后，各同志均于商业凋残之际，倾产相助，衷心感佩，非楮墨所能罄。异时治定功成，政〔？〕当数此以为勋首耳。弟以驽下之材，猥蒙同志信任，誓当效身躯以副所期。傥得生还，尚拟重谒

台端，再申悃款。先此奉达，即请

义安。　弟朱执信顿首。

附两函，请分致区、谢、朱三君[③]，并请勉以义言，增益奋励。

1914年9月写。据《南洋霹雳华侨革命史迹》影印原函。

---

① 原函无日期。邓泽如《中国国民党二十年史迹》载朱执信到南洋募捐是九月，十月初返香港。据此与本函内容判断，此函似为尚未返回香港时所发，时约为1914年9月末。郑螺生、李源水均南洋华侨。

② 指第一次世界大战。

③ 区、谢、朱三君，当即区慎刚、朱赤霓、谢八尧。

致李源水等函[①]

源水
螺生
仁甫[②]先生暨各同志均鉴：
赤霓
八尧

顷得港函，已设立收款机关。尊处筹得之款，请汇往香港上环干诺道十九号公慎隆交高维[③]收即妥。其英文如左：

Koh Wei c/o Kung Shen Loong,

19 Connaught Road

Hongkong

此项汇款收单，即由广东主任人邓铿君同弟签名为据。专此奉达，敬请

公安。　盟弟朱执信顿首。

1914年9月写。掘《南洋霹雳华侨革命史迹》影印原函。

---

① 原函无日期，据内容推断，似为1914年9月在南洋所发。

② 仁甫的姓，待查。

③ 高维，即古应芬的化名。

致郑螺生等三人函[1]

健江[2]
螺生先生大鉴：
源水

十三号晚奉来电，并汇款万元（港纸），经十四日领收。生意[3]开业在即，购入货物，所需不赀，断非现在所有之股本便足经营。深望即日筹集汇寄。本日拍发一电，想登览矣。本店开业定在下月初旬也。

诸公精心毅力，夙以维持中国商业为任，并望有以诲之。收股单候刊就即寄。此请
均安。　朱执信、高维。

1914年10月写。据《南洋霹雳华侨革命史迹》影印原函。

---

① 原函无日期。据《南洋霹雳华侨革命史迹》影印收据："收到怡保电汇银壹万元（港币），此据。民国三年十月邓铿、高维、朱执信。"确知此函为1914年10月中旬在香港发。

② 健江的姓，待查。

③ 函中"生意"、"货物"等为"起事"、"枪械"等隐语。

致邓泽如函

泽如先生大鉴：

别后于十号抵港，沿途幸尚无风浪，堪以告慰。此间情形悉如前所豫定，更有少许特别利益之点，在于省城。此间人皆只待款到，便拟举行。惟在庇发信，至今已逾十日，不知何故，未曾有一汇到。故于昨日发一电与源水先生（知公未即归庇，故不电庇），嘱其股长速交。又以公慎隆颇为人所注意，陈单平人虽好而太疏。李济民等皆知有款到，四出扬言，恐有窒碍。故电中并声明请改汇德辅道中一百三十一号德昌隆转高维。请将此意转知，并函告关丹、嗦嗌、吡啤、文东四处，改汇德昌隆为祷。此处各人皆渴望公归掌理财政。如能抽暇，仍请不吝一行。此次举行，全恃股本。而集股之力，皆倚赖我公。重以此相烦，不免过于偏劳尔。惟以我公于此事始终以至诚出之，故敢相渎耳。湘、佩诸人均已见，图南事容商定复知。专此，先行奉达，即请大安。　盟弟执信顿首。三年十月十一日。

1914年10月11日写。载于邓泽如：《中国国民党二十年史迹》。

致邓泽如函

泽如先生台鉴:

敬启者,此次筹款,蒙公助力,得有豫定之数,同人不胜佩感。现各埠汇到数目,计有五起,经已分别函电复知,即由铿等分别拨用。兹将本旬收支数目,开呈尊览,并可示之机密同志也。

收款(通以港银计算)

(一)来怡保电汇银壹万元。

(一)来星加坡十三郎函汇银五百壹拾元。

(一)来星加坡函汇银壹千叁百捌拾伍元伍仙。

(一)来芙蓉电汇银壹千元。

合共来银壹万伍千捌百玖拾伍元伍仙。①

支款

(一)支铿手,惠州、潮州、嘉应州、韶州办事经费,共壹万叁千伍百元。

(一)支执信手,广州、肇庆、阳江办事经费,壹千捌百捌拾伍元伍仙。

(一)支杂用伍百壹拾元(收款机关)。

合共支款壹万伍千捌百玖拾伍元伍仙(支款不过分拨,决定如何种费用,未尽费去,合并注明)。

另由铿手筹银,并中山先生来银共万余元。执信手收金、张、杜

---

① 这一收款数和支款数相符,证明没有错误。但上列四起收款共计是一万二千八百九十五元五仙,与此数不付。据上文"计有五起",似为漏写一起。

三君来银伍千元。经分拨伍千余元,作广州一带经费,余作惠州一带经费,不在此数内。计现在不敷尚多,南洋原定三万元,今只及半数。请再敦速进行,能照前额,始敷应用。并请转知,勿再延缓。因开始愈迟,所需经费愈多。此弟甘苦,先生所熟知,不必多赘也。专此,敬请

台安。　高维、朱执信、邓铿。三年十月二十四号。

1914 年 10 月 24 日写。载于邓泽如:《中国国民党二十年史迹》。

致南洋各同志函

南洋各同志均鉴:

刻弟因身赴战地,所有关于款项事情,应由弟签名者,统委托高维兄代理。特此函达,乞察照。以后所有经高维兄签字之项,虽未有弟签名,弟当同负责任也。此请

公安。　　　　朱执信谨肃。民国三年十一月五日。

1914 年 11 月 5 日写。据《南洋霹雳华侨革命史迹》影印原函。

致朱秩如函

四弟览：

得展堂书，知已迁居本乡馆矣。弟之宗向，本与吾殊，吾不强弟相从。但能如向者所期，修得一专门学问，钻研教授，亦未尝不足为社会福也。惩忿窒欲，为持己之大端。忠厚待人，必无良心苛责之结果。猜忌之术，非常人所能用，用之适以自败，此亦屡尝为弟言之矣。今兹历事，愈觉其信。展堂我平日亦以为风谊兼师友，当敬礼求益。虽不与于其运动，彼于导人以学，必悦而不拒，不可自疏。毅、恺、湘、协、朗诸人，有缓急可以相求。然人贵自立，不可倚赖也。四妹在澳，别无亲戚，婿未能自立，可念。当时时与信也。此问

近安。

执信泐。三年十一月五日。

1914年11月5日写。刊于《朱执信集》。▲

讨龙之役报告书[①]

各同志公鉴：

敬启者，此次广东举事，蒙各同志倾心相助，未至成就，复求匡倾，惭恧无地。惟自始事以来，进行大概，未尝报告。此时正在收集休养，准备续战，特先将办理大略，报告于下：

此次办事，先由弟与邓君[②]商定，东北一路（分惠州、潮州、韶州、增龙四路）由邓君派人办理。西南一路（分番禺、花清、南顺、恩开新、两阳、高州五路），由弟同各处同志办理。而西南城内、香山、江门两处，以已由邓君派人交涉，故仍归邓君指挥。邓君所运动者，多为军队，仅惠州及增龙两处，兼恃绿林合力，而仍以军队为主。弟所运动者则主为绿林。城中暗杀事件，专由邓君指挥之。城中内应，则由两人分别派人办理。所有办事款项，由弟经手。在南洋及香港约筹得四万五千余元，另立单息借（或无息）数千元。邓君收小吕宋及安南款九千元，另自筹万余元，由东京邓君带回六千元。其恩开新及高州办事经费，除由香港筹得款内拨四千余元外，另自筹万余元。两阳办事，由李其君自筹五千元。此外由弟等自筹之来往旅费，及各机关用费四千余元（主由展堂、毅生、仲实三兄[③]出之，共约四千余元）。及高州林君[④]等十一人被逮后，用费千余元（由毅生垫千

---

① 龙济光当时为袁世凯的爪牙，任广东都督。一九一四年九月，邓铿与朱执信等运动讨龙。向南洋华侨募捐。讨龙失败，邓铿与朱执信乃各向南洋华侨作书面报告。

② 邓君即邓铿。

③ 胡汉民、胡毅生、黎仲实三人。

④ 林树巍主持高州、雷州等地事务。

元),皆不计在内。

弟自南洋回后,南款未到,仅邓君由孙先生[①]处带回六千元。当时邓君在东京带回之同志,及邓君办事机关等费用,已去大半(内有数百助陆领、黄明堂两兄设机关)。弟与高维兄等旅费并办事机关费用,皆取之于友朋,不敢更动公款。斯时惠州方面办事人,急于开办,故邓君自行筹划一万余元,先行办理。(时他处均未领款。)及南洋款到一万元(坝罗一万,麻坡三千,星州千余,芙蓉一千,共万五千余),亦仅拨千余,与西南一路拨五百余作杂用。余一万三千余元,皆拨作东北路及暗杀之费。其时在港仅由金、张、杜三君交来银五千元,合之前所拨者,得六千余,以办西南方面,势不能敷。乃在港另行设法筹集,而一面勉力进行。其时惠州绿林头目已跃跃欲动,军队亦皆允应。办事者意不能待。而在港筹款事颇泄,港政府欲捕弟十余人。洪兆麟君主任惠州事宜者也,亦有名。邓君恃洪君以举事,恐被逮后追放出境,即全局破坏,因促使入惠州。惠州与增、龙之众遂先起,此十月下旬事也。

增城、龙门之众,本拟以军队反正,直攻省城。然绿林起时,军队不应,我军遂击毙其一连长,拟转攻东莞。东莞兵迎战一日,不能胜,而我军子弹已竭,遂散。惠州之起,后于增龙,而港有谣传,或谓惠州已得,然无实耗。或内地信息不通,疑洪已失手。而邓子瑜君适由南洋回,乃托以于博罗起一军,而番、花、清、南、顺之众,急起与应。是时南洋款到,皆均分东北、西南,各取其半。而博罗新起之费,则自西南路拨支。幸是时港中稍筹得款,又立约息借数千元,约六月后偿还。乃强南顺、番花清两处虽乏款,亦急起。十一月三号,子瑜所部,举事于狗仔潭(博罗属)附近。而其时敌兵正由省调往惠,适与遇,我军不能敌。同时洪君亦自惠州至香港,知为军队所卖,负伤而出。而南顺方面又已准备,更不能待,遂定以十四号起。此十一月上旬事也。

---

① 孙先生即孙中山。

是时西贡款到，邓君铿方谋再起惠州之众，遂拨以办惠州事，而约与南顺相应。南顺之众以十号夜攻佛山，据其一部。时佛山屯敌兵约二千人，不能敌，我军乃求援于省及附近所屯兵。先是龙氏知吾党将起于西南，而南海绿林尤重节概，知必为吾党所用，故以重兵驻佛山附近，凡十余营。及事起，又自省调兵数营，往与原驻兵合攻我军。我军与战，自十一号至十三号，而他处不应，敌军益集。审知博罗已散，香山、江门、花县皆不能即起，饷馈已竭，遂退。相约无得取人一钱，以为他日再起地也。番花清一带，本分王伟、刘济川任之。王固非老同志，临事不进。刘至花县，众颇以挟资少难之。刘勉集众，将起，适有人持委任状至，谓为邓国平受邓君铿命发之，且云不久大款且至，慎毋妄发。刘故不习花县人，其往也，以王之介绍。王既不如期至，土人又以委任状中书标统者几十人，复闻有款随至，遂谢刘不肯发。方是时，龙氏方空城以争佛山，城中约内应者，皆扼腕待发。使花县之师不沮，则乘势而下，成功可如所预期。而以委任巨款之言厄之，则天也。刘固疑此委任状非实，返见邓君铿，则果言邓国平已入惠州，无发委任状事。然不可挽矣。此十一月中旬事也。

高州之众，闻佛山既起，不知其已退也，乃以十一月十六日攻取电白城，据之四日。会主动者在广州湾被捕，高州他属不得动，乃弃城东行，将会两阳之众。是时惠州由邓君以安南、小吕宋及南洋来款数千元办理，久未得起。龙氏集重兵于南顺一带，城中约内应者稍泄，颇被捕诛。而尔时花县之众，初知被欺于与委任者，因来求再举。顾谋划甫定，而约内应之最主要部分观音山炮兵，又被捕戮，事遂不克举。故十一月下旬，弟尝欲以数日间再发动告。不图其事已泄，又致延期也。高州之众，既引而东。连战十余日，敌死伤数百，我军亦颇有伤亡，皆保聚此间待命。城中济军[①]前约内应者，虽一部已泄，然大部分仍已受运动。但须再为组织，费时亦须数十日。各

① 济军为龙济光的军队。

地再起,又须另求费用。恩开新及两阳之众,前皆期与高州军相应而发,准备已全,徒以内应既泄,虽举无济,故暂令分驻要地,待机进取。

计此次举事,所以未得成功,中途再求佽助者,大要有三:其始汇到款项,先拨东北路经费,西南一方徒待款到,不能办事。其已运动之惠州方面又先起,不待他处。次则许反正之军队,在惠州,在增城、龙门,在虎门,在江门者,各负心反噬,或捕人,或拒敌,以是与原拟计划龃龉颇多。三则以南顺起时,花县绿林为委任状及巨款之言所诱,不肯即动。故惠州起而佛山不能应,佛山起而花县又不能应。及花县既悟,高州又起,佛山之众方拟再进,又以内应泄而不得成。凡此皆办理不善之处,弟等责无可辞。然现在之局面,不过是暂缺资本,须待补充,并非全盘破坏,另起炉灶。计现在南顺方面,用余款项尚有千余元,本应留备偿还在港息借之款(额四千余)。但众议既谋续办,此款应暂存储。计南洋尚有数处款项未到,若再加筹划,一面尽力预备内应,定可速复旧观。邓君铿已往东京,再行筹款。弟在此亦尽力运动。谨先报告大略,请秘密告知各主要同志,并嘱勿泄为要。各地发动始末,分项列下:

惠州　由邓君铿委洪君兆麟办理。先约定统领胡汉卿及其所部杜某等两营长为应,皆允以所部相助。另驻淡水李卓一营,亦允降。洪乃招集绿林,约期先起。以为惠州既有军队之助,若得府城,必须数日,始能进取省城。乃约定惠州先南顺一礼拜起事。惠州绿林闻军队相助,亦急欲起,故定旧历九月九日为期(十一月二十七)。至期,洪入惠州,而淡水李卓营不应。所遗主淡水事者,奔还。洪乃集众于三多祝,严德明、林海山等皆以众会。十一月一日起行至平山,众号万人。然苦乏械,有枪者裁千余人而已,又缺乏子弹。时胡汉卿在惠州城外,杜某等两营长,皆在平山,率数百人伪降。洪前锋至,敌兵突起击之,死伤者十余人。二日洪自率众攻平山,战数小时,弹垂尽,洪乃自率十余人冲锋。去敌百余米突,弹中手仆,余人多伤,一卒负洪退,仅得免。洪裹创,求子弹,复进攻平山。而平山商民闻讹言，谓三多祝一当店被掠，乃力督警卫军固守。龙氏时方遣数营之兵，击增龙之众。增龙我军既向东莞，龙遂益兵集惠州城。然皆不敢进战，杜某等所部，仅自固而已。三日洪伤发，弹亦尽，乃退至三多祝。敌军因蹑其后，又使李文富以兵数营，自汕尾登岸，夹击我军。洪伤益剧，遂赴港。邓君铿乃使邓国平往代洪，而众已散，不可猝收矣。惠州所用约二万五千余元（内有二千余元拨作运动虎门炮台用），而军队运动费，所耗为多。

增城龙门 由邓君铿委邓国平君运动。始时增城、龙门及东莞、石龙均有军队，允为应。邓意尤急，知惠州将起，遂先期以十一月二十七日举事，先集众于龙门、增城。增城有徐连胜所部一连，适驻近起事之地。招之降，不应，乃围攻之，歼其连长。余营亦不如约。龙氏以陆军二营，加徐连胜所部，合攻我军。邓乃合龙门众，转攻东莞石龙。石龙兵亦不应，力竭而散。所费约三千余元（见十月二十九前后报载）。

虎门 由邓君铿经洪君兆麟手运动台官谢某。谢允以虎门、沙角等六台建旗举义。因托陶君胜伦（前湘省议员、谢之同乡）等四人，往与约期，且给资二千元。陶至，见台官六人，其五面允，其一犹疑。陶等出，就外舍宿，遂被捕，就义于省城（龙氏宣言：谢实举发之。见十一月一号前后报纸）。

东莞、增龙失败之后，邓君铿再以东莞事托陈君逸郇。以款绌，仅拨与四百元。会东莞县知事知革命军将起，请于龙氏益兵驻城，陈遂不果发。

香山 由邓君铿委陈景桓、林景云两君担任。其众半为军队，半为绿林。费用多由陈君卓平与林君共筹。惠州起事后，急欲响应，而陈君景桓猝以炸药案在港被逮，林君又以澳门住宅有人制药自炸死事，被葡官逮问。事遂阻。既而林释出，谋应攻佛山之军，而香山军队，以时方有兵自省至，江门又未起，不敢发。未几，林之同事任鹤年得黄克强书，云待来年春间始可着手，其事遂息。除林、陈二君自筹外，用公款千余元，由李杰夫、陈景桓两君经手。

新会江门 由邓君铿委李杰夫君办理。李转使黄忠干君先入运动。始驻江门军队,属统领罗烈所管。邓君使苏慎初君与罗书,报之反正。往还数四,罗伪诺。黄至江门,罗与营长曾某阳厚待之,阴告龙氏捕杀黄等。三人所耗千余元。邓君既闻之,乃与弟商定,以江门事属诸刘君梅卿。

潮州 由邓君委邓文辉(前江西旅长)、谢崧生两君办理。用款千余元,以运动军队,约惠州起后为应。惠州既败,潮军亦不发。

韶州南雄 由邓君铿派人与统领朱福全接洽,约与潮同起,所费略千元。

南海顺德 由弟同陆领君办理,所集者皆绿林。始弟由东京回时,陆已布置南顺、番花清一带,谋自起。弟至,遂与商定办法,待南款而开办。既而为事势所迫,南洋款不得不先拨办东北方面,南顺等地不能即有举动。方窘迫间,惠州已起,不得已强以少款开办。于是素所联络诸同志中居住较远、需费较多者,皆谢去之。以邓君子瑜约以博罗之众出龙门,会于花县,以十号为期,故南顺之发动,亦定于十号。各乡主任者即受命令,分编集中,已为龙氏所知。有高金者,前为民军教练员,龙氏密令为侦探,而主任三十六乡之陈添、陈天锡、陈柏三君误信任之,遂陷高策中,于三水被捕(十一月十一就义于省城)。其所携款约一千,亦失去。于是众已聚于佛山附近,知三十六乡失散,而事不可已,遂以十号晚攻佛山。是时先集佛山附近者,乐从一带众数百人,莲塘众约千人,合为第一队;大都一带之众千余人,为第二队;沙坑一带众约千人,为第三队,皆以十号薄佛山,乘夜进攻。其较远不能赴期,先分驻沙岗西南。水藤、紫洞、濠滘各数百人驻大都,约千人,皆未至佛山也。攻佛山之军,第一队由材地沙胜敌兵,据升平街、快子街一带而进。第二队胜敌兵,据彩阳堂泛而进。第三队进攻火车站。其时佛山敌兵有锺子材及济军李嘉品所部各千余人,自夜半战至日晡,毙敌兵百数十人,伤者数百,得枪械约百杆,我军死二人,伤一人而已。是夜,各据阵地不相下;而佛山附近驻兵十余营,亦与未到佛山各队相持不决。次日,敌军由省来援者约三千人,我军乃以主力移向火车站迎击,毙敌二三百人,伤者无算;我军死一人、伤五人耳。下午,敌又增兵,有机关枪十余尊,退管七生半炮四门,势不能进逼,相持至午后三时,乃敛兵退驻张槎。是夜移营至沙坑。十三日在沙坑拟集大都、濠滘、沙岗等处各队,再进取佛山。未及集,敌兵贺文彪所率众数百来攻沙岗,击退之,敌亦不敢窥沙坑。十三夜得探报,知惠州、花县不能起,乃决先退。既退,而敌兵大掠佛山及其附近乡村。民皆知我军之无扰,即益深恨敌军之非人也。我军既退,遣人出问各路消息取进止。且以费用既匮,不肯掠取,污革命军名,各择便宜处,就所识者措资给食费。弟以他处不能即应,而惠州及博罗众昔已散,遂令各归其乡,而仍聚其首领,期有机会,数日间可再起。此役于是中止。实费一万三千余元(陈添三人所失,及事后养伤葬费资遣费皆在内)。

番禺花县清远 此方面全属于绿林,其中心在花县,始由王伟运动之。弟至港,王请派人往与彼共办。刘济川君常与王及其所运动绿林交涉,弟既察王不能驾驭绿林,故使刘入任花县、清远事,而使王专任番禺。时拨此方面办事之款,仅三千余元。而事势已迫,因促王、刘以资入内地,期与南顺之众同日起。王分半资去,竟不能起,亦不复见。刘至花县,集其众,数可三千余。费苦不足,乃又谢去其一部。其时适有伪委任状事,又有人流言龙济光使侦探约绿林举事而聚歼之,因有疑刘者。刘不得已乃出。则南顺兵已却矣。遂求得南顺豪杰识花县人者,将与偕入。花县人亦以所谓巨款者不至,知委任状伪,乃复约刘入誓,无论何时,有命必应。会内应事泄,乃令姑待。

新会江门第二次运动 刘梅卿君既任江门事,运动军队,得少数人,乃以资千余元往。然军队力不充,不能自举。其素所结绿林,又已集于佛山。刘之入也,与黄明堂君之戚属欧阳德偕。欧阳尝从用苏群君为稽查,数日,以不职黜去。取消独立后,为袁带侦探,数捕杀同志,黄不知也,以介绍于刘。刘与资六百,使集其众。欧阳诺而不发。刘乃出,从李海云君,又求少资往,冀再起。既至,欧阳遽来言，众已集于某地，要刘偕往。刘疑之。会有识其为袁侦探者，缚诘之。欧阳度不活，乃谩骂曰："恨不即缚汝。若汝偕我行，此时缚诣省矣，不得汝命也。"然刘计划，已为所知，先告诸官。次日所运动军官及主任二人皆被捕，刘乃间行得免。

博罗永安 惠州既起，而不得迫城，弟乃与邓君子瑜更计划惠州事。以资三千余，使起师于博罗永安。十一月三日，集众千余人于狗仔潭附近。会省调兵援惠州至其地，我军度势不敌，乃赴增城。而增城亦已有备，头目曹昌求饷不给，引去，余众亦各散。同时林寿山、张安国起兵于永安，将南攻惠州。会平山已败，路阻不得会，乃保聚山间。

高州 由李海云、林拯民二君办理，其费大抵由李君出，高州人亦稍助之，而统商进止于弟。始运动军队，已有成议，而绿林及退伍兵亦颇多，拟各县同时并发。未行，而办事机关为敌所知，林方抵广州湾，遽与同志十人皆被捕。其时电白县距离稍远，主其事者已前往，不知其事，遂先发，而他处皆未起。电白始由林委陆志云、许国丰二君办理，有众三千余，然其中有以事迫，不及取所储械者；发难时，有械者不及二千人。敌兵在电白城内者，有陆军、济军各一连，观珠墟有陆军一连，水东墟有陆军一连。陆军营长林成登已约反正，济军势孤亦允中立，乡团警察皆同情于我。高州城兵少，而各属皆豫定起事。故当时计划，惟防省兵及邻境兵自东方来。因先以众约千人，据守东方之白花山，而以数百人于十一月十六日夜袭电白城。十七晨，陆军开门迎入，知事孙某逃匿。电白城既得，乃出示安民，商民皆燃炮竹、竖旗，表欢迎意，且允筹饷。各衙署局所皆以我军守卫。惟南门陆军两排，先已献门，故不更调，惟加派数人而已。林成登欲降中悔，怀利昧义，乃以水东之兵来城。十八夜至南门，南门兵纳之，彼遂至县署司令部，声言见司令领饷、取襟章。前门卫兵先已闻林成登受运，不之疑。进及二门，即发枪击我军。我军应战。同时以一部队绕道往缴济军之械，济军不服，遂亦与战。至天明，毙济军连长黄荣及排长一名、兵士数十。而县署囚被释出，亦多助我军战。驻白花山之众，知城有变，引四路遇敌。驻观珠墟之陆军，赴城者与战，因不得入城。我军在城者，接战两昼夜，子弹已乏，援兵隔阻，乃以廿号夜弃县署，巷战而出。逮廿一日午，始与援兵合，据望夫山、白花山一带为固。是役敌死伤约百人，我军死者三十余人，伤者十余人，监犯以助战亦多死者。我军既依险，敌复益兵来攻，前后十一日，昼夜战不息。敌军死伤颇多，我军亦稍有伤亡。然地险不易攻取，故至今不散。

恩平开平新宁　由李海云君与李可简君筹办。简所运动多军队，海所运动多绿林。其费始皆由海自筹，后海筹得七千余，归入公款，乃由公款内拨四千余元，分办恩、开、新、高州事。南顺起时，恩平绿林一部亦已起。以江门蹉跌，遂令暂聚合待时。

两阳　由李祺礽君办理，而商进止于弟。其款由李自筹，约五千元。款至时，南顺已起。交通不便，众不得猝集。至十一月杪始集合，因嘱其暂待后命始动。

城内暗杀　除第一次为铁血团所办外，余皆由邓君铿办理。第二次天香酒楼之件，由邓君委邓国平经理。下手者先为黄明堂君所资助，既费数百元，资竭而事未成。乃介绍于邓，邓卒成之。第三次双槐洞，第四次正南街，第五次将军署厨中，皆由邓君铿委龙侠夫君办理，其详情须待邓君相机发表。

城内内应　先由邓君铿委龙侠夫运动济军，委徐军雁君运动陆军，弟亦托刘梅卿君运动济军。徐所运动已费二千余，无效，遂中止。济军则颇有成效，以各处义师均未迫城，故不得起。十一月中，事稍泄，连长数人，兵数十人，被捕杀。其中有驻观音山炮兵数十人，为尤重要。故十一月杪，再起之计，不得不停止。幸此次泄漏，止于一部分，济军允为内应者，各部分皆有之，不因此而有动摇，但须重为组织。且彼防闲正密，不能不稍需时日耳。邓君所用运动并暗杀费，约四千余元（尚有续用之款，详数须俟清算始知）。刘手所用，约千余元。

此次所用款项，弟经手筹者，只有五万余元，约居半数。其详非征集各人簿籍不能知。兹先将弟经手之款总数开列：

计进	（元）	
香港	18,790.00	内七千余，李海云经手，筹交弟手，余在港分筹。
安南	5,000.00	
南洋（英属）	26,695.05	
借款	4,380.00	共借六千余，除已还，止此数，另息项数百元。
共	54,865.05	
支	24,430.00	外孙先生交六千，小吕宋款四千，自筹万余。
邓铿君手		
陆领君手	21,065.05	外邓铿君交数百元。
邓子瑜君手	3,300.00	外自筹数百。
李海云君手	4,700.00	外自筹万余。
陈卓平君手（香山）	700.09	外自筹及邓君拨款约三千。
陈泽南君手	100.00	
杂用共	570.00	
共	54,865.05	

（另有香山、两阳等地筹款，已分载各地纪事段内。）

此中各项支销，除杂用项下尚存八元外，有陆领君项下存未用银一千五百余元，续收坤甸贰千元，均暂行存贮。其收支详数，由高维兄详细报告。此请

公安。惟察不宣。　盟弟朱执信顿首。民国四年一月十日。

1915年1月10日写。载于邓泽如：《中国国民党二十年史迹》。

致邓泽如等函

泽如先生暨各同志公鉴：

敬启者，前函报告，谅蒙察览。续由湘芹兄将数目带星埠，详细报告，想亦已蒙延接。弟既蒙重托，当此艰巨之际，万不致巽蠕畏缩，有辜厚望。惟以事情牵绊，不获亲诣陈达一切。所有此后全局进行概略，前经与湘芹兄商定。如有商榷之处，湘兄即可代表弟之意见。务乞始终不懈，无任盼祷。此次佛山举事，主由弟同陆君领办理。现陆兄经理稍有余暇，弟谨托其往南洋一行。所有内地办事情形，湘芹兄未及详述者，均可询之陆君。敬乞推爱招待为感。陆君事繁任重，仍乞早日将贵处办法决定告知，俾陆君得速回妥筹续办事宜，以免延阻。专此敬达，即颂

公安。

盟弟执信谨肃。民四一月二十五日。

1915年1月25日写。载于邓泽如：《中国国民党二十年史迹》。

致李源水等函

源水　螺生
仁圃　赤霓　各先生[①]同鉴：
八尧

久疏通候，甚恝甚恝。恨少活动可供报告耳。妄夫承媚，僭伪在即[②]。谅在海外，亦同此痛。鞭厉鼓舞，何可已耶。以弟所营，虽缺资助，亦易振起。然旦夕思奋，未有怠荒。现在桂、滇、川、黔各地，现已渐厌官礼品物腐败有害，趋向新派食品。[③] 其主要商人，[④]亦已幡然密通诚款，愿就范围。大□如此，定为我商界前途之福。现展兄[⑤]已承总理之命，总办此数省事务。弟拟就彼一商进行高法。约计一月有余，可以往还。如有赐函，仍交港上环公慎隆[⑥]陈君收，内封写弟名即可转到，不虞失落迟误也。手此，敬请

公安。弟秋谷[⑦]顿首。十月七日。

1915年10月7日写。据《南洋霹雳华侨革命史迹》影印原函。

---

① 五人均马来亚怡保华侨。即李源水、郑螺生 朱赤霓、谢八尧。仁圃他函又作仁甫，其姓待考。

② 指袁世凯妄图篡窃民国，僭称皇帝。

③ “官礼品物”和“新派食品”，都是隐语。盖指袁世凯帝制自为和革命党维护共和的活动。

④ “主要商人”为隐语，似指唐继尧等人。

⑤ “展兄”即胡汉民。时孙中山派胡汉民到南洋等地筹款。

⑥ 即香港上环干诺道19号公慎隆。

⑦ 秋谷为朱执信当时的化名。

致南洋函[①]

□□□□鉴：

□启□：□□□□□□志。昨□□□，□十□[②]月卅号赐书甚慰。许、邓[③]诸君南行筹画，全赖尽力，得集巨款，在东逖闻，尤深佩慰。弟自到东与博士[④]见面。博士言前此相诋之函[⑤]，各由误会，今已释然。约弟加入社会[⑥]，彼即通函认错。想该函早经达览矣（此函寄怡保源水兄处）。嗣以沪局已急，西粤地又由粤东店采办滇云南黔贵州货物[⑦]，甚有希望，故着弟即回港任粤店司理。不料动身之后，沪店因船只遇险[⑧]，不能开张如意；而在粤所办外江货物中有变坏者。以后各帮，均受影响。但弟前所经手者除皮箱店[⑨]外，尚无伤损，可以告慰。皮箱店被匪劫，丧我数年良友，即□[⑩]等，言之心痛。犹幸该支店存货尚多，接手有人，将来三春花柳，万里江河，未始不可期也。

---

① 原函第一行损坏，不能辨别上款。

② 此字残缺，据写信日期推断，当为“一”字。

③ 即许崇智、邓铿等，时孙中山派他们到南洋筹款。

④ “博士”当指孙中山。时孙中山住在日本。

⑤ 1914年朱执信到南洋筹款，并非孙中山所委派。孙中山曾函李源水、陆文辉、邓泽如等人，说“不信任朱执信”。

⑥ “社会”指中华革命党。

⑦ “店”、“货物”都是隐语。盖指中华革命党所设的机关和讨袁的活动。

⑧ 指1916年12月5日上海起义失败。

⑨ “外江货物”、“皮箱店”等都是隐语。不知确指何人和何处讨袁的秘密机关或行动。

⑩ 原函字迹不清。

直、岐两兄[1]诸蒙照拂，感同身受，不及致函。见时尚希道意。此请大安。 弟朱秋谷顿首印[2]。

十二月十九日。

螺，源，刚，赤，尧诸兄[3]并乞道候。

1916年12月19日写。据《南洋霹雳华侨革命史迹》影印原函。

① “直、岐两兄”，不知指何人。

② 影印本印文字迹不清。

③ “螺、源、刚、赤、尧诸兄”，当是郑螺生、李源水、区慎刚、朱赤霓、谢八尧等人。

中国存亡问题[①]

一　中国何为加入协商国

国家为战争而存在者乎？抑战争为国家而存在者乎？此一可研究之问题也。论国家之起原，大抵以侵略人之目的，或以避人侵略之目的，而为结合。其侵略人固为战争，即欲避人侵略亦决不能避去战争。战争不能以一人行之，故合群。合群不能无一定之组织，故有首宰。首宰非能一日治其群众也，故成为永久之组织而有国家。故论其本始，国家不过以为战争之一手段，无战争固无国家也。

使国家长此不变，则国家如何始可开战之问题，殆无研究之余地。以国家本已常在战争状态，无须开战故也。但在今日之国家，则与其元始时期绝异。国家自有国家之目的，不徒为战争而存立。

① 本文系一九一七年春作。第三章和第七章曾刊于四月六日、三十日和五月的上海《民国日报》。当时由上海泰东书局刊印单行本。单行本刚出版，上海租界捕房即搜检泰东书局，并欲捕朱执信。由于帝国主义的摧残，此书初版颇难寻找。当时尚有英文和日文译本，现亦难觅。一九二七年八月一日，曾由胡汉民作跋重印。胡汉民跋语说："此书为民国六年总理（孙中山）反对参加协约国对德宣战而作，全由总理命意，特使执信执笔属词而已。应……列入总理全集。"国民党所编的各种版本的孙中山全集，都录有本书。按此书既由朱执信撰成，又用朱执信名义发表，故应收入本集。

有时国家不能不战争者，为达其国家存立发展之目的，而后以战争为手段耳。以有国家故为战争，非以欲战争故为国家也。

昔人有言："兵者凶器，战者危事。"又曰："兵者国之大事。死生之道，存亡之理，不可不察也。"①以一国而为战争，万不得已之事也。其战争而获如所期，则目的之达否未可知也。不如所期，则败战之余，动致危其国家之存在。夫以一国为孤注而求胜，则必其舍战争以外别无可以求其生存发展之途者也；必其利害为一国人公共之利害，而非一小部分之利害；故国人乐于从事战争，进战不旋踵，伤废无怨言也。今之国家，与昔殊异。往者比邻之国，相攻无时，故其和不可恃，其战不可避也。今者不然，国家之间，立约遣使，誓以永好，即无约无使之国，亦以礼相处，不复相凌。此何故哉？彼之不敢轻与我战，犹我之不敢轻与彼战。战争为不易起之事，然后国家万不得已而用之。然而强挑战于一国，果何为也？

国家既不可以长从事于战争，而对外国之关系则有日增无日减。于此关系日密之际，不能用战争以求达其存在发达之目的，则必求其它之手段。所谓外交者，由是而发生。凡国家之政策既定，必先用外交手段以求达其目的。外交手段既尽，始可及于战争。战争既毕，仍当复于外交之序。故国与国遇，用外交手段与用战争手段，均为行其政策所不可阙者。然用外交手段之时多，用战争手段之时少。用外交手段者通常之轨则，战争手段者不得已而用之。不得已云者，外交手段既尽，无可如何之谓也。今如美之对德，自鲁士丹尼亚号击沉（德国潜艇击沉挂美国旗之英船，乘船美人有死者）以来，对于德国所行战法屡为抗议。德人暂纳其言，旋生他故。至于今岁，为此无警告之击沉，然后决裂，中间垂两年。盖其慎也如此。今我国可谓已尽外交之手段未乎？两年以来，协商国之损及我华人者，偻指不可胜数，而不闻一问。即德国在地中海、大西洋实行其潜

① 《汉书·晁错传》有"兵凶器战危事也"句，《孙子》有"兵者，国之大事，死生之地，存亡之道，不可不察也"句。

艇攻击,亦未闻有何等研究。一旦闻美绝交,始起抗议,未得复答,即决绝交。是为已尽外交之手段不能达其目的矣乎?德国回答,指名潜艇攻击并不损及中国船舶,仍允磋商保护华人生命财产之法,可谓周到。假如我国与德约定,华人来往尽乘来往荷兰之船,或德国所指定之船,对于此等船舶,不加攻击,如此吾人往欧,未尝无安全之道。德国既乐与吾商酌,则何不可与之磋商。德国既显示我以可用外交手段解决此问题,而我偏不与商酌,务求开战。此可谓为与美国同一乎?人以外交手段行之二年,我仅行之一月。人以外交手段既尽始宣战,我则突然于外交手段未尽之际,行此激烈手段。此可得谓之有不得已之理由耶!

中国向来闭关自守,非以人为隶属,即与人为战争。中间对于匈奴、吐蕃、回纥、契丹、女真等,虽有和好,皆以贿求安,初无所谓外交手段。惟无外交经验,故海禁初开,动辄与人冲突。冲突之后,嘶丧随之。于是凡百唯随,只求留存体面。久之则又不可忍,而为第二次冲突。平时虽有外交关系,实未尝有外交手段。故自鸦片之役以来,再战于甲寅[①],三战于甲申,四战于甲午,五战于庚子,每战必割地赔款,损失权利,而无功可见。中国之对外国,不知外交手段之为患,非不肯战之为患也。外交手段非必亲某国以排某国者也。如日本者,前此外交失败与我相同,及其渐习知外交之道,遂能补救昔日之过误,撤去领事裁判权,改正关税。彼何尝借战争主力以致此,又何尝以加担某国为条件。如暹罗者,其与中国大小相去,可谓远矣,然随日本之后,用外交手段,亦得完全复其法权税权。两国之相遇,犹二人主相处。其间之行动,固有损己始能益人者,亦有不必损人始能益己者。择其不损人可以益己之道而行之,则外交之手段,可以毕其事。若必损人以求益己,自然陷入战争。然而战争胜时,所得尚恐不偿所失;战争而败,则尤不堪矣。中国之失,乃在不恃可

① 英法联军侵略中国,中国进行抵抗,时在一八五七年到一八六〇年,即丁巳年到庚申年。作甲寅,误。

得恢复利权之外交,而恃胜败难知之战争。故初之失败,与日本同,而日本以渐回复其所损,我则不能。今日乃欲于庚子之后,更续一幕。此种举动,不谓之荒谬绝伦,不可得也。

试问中国何以不可不战?无论何方面皆不能答以确据。如谓此役为正义而不得不战乎。则德国方面,其违反人道之处,果如英、法、俄人之甚乎。谓德之潜航艇无警告击沉船舶为不仁,谓德国虐待比利时、塞尔维人民,谓德国强行通过比利时、罗森堡为无公理,诚有之。然协商国又何以胜彼。英国之进兵希腊,与德之进兵比、罗有以异乎。英国于开战后未几,即宣言将以饥饿屈服德国,禁绝粮食入德。英国报纸得德人妇孺饿将成殍之报,则喜而相庆;闻德国粮食丰足民生不匮,则忧且斥为伪;其视德人之待比、塞人民何如。德国待比、塞纵不仁,不致于绝食以待其饿死之甚也。同是对付敌人,何以英、法用以饿死人之政策,便为甚合于人道;而德国稍稍管束征服地之人,便不可恕。英国每年取印度巨额之粮以供已用,而印度十年之间以饥死者千九百万。印度绝非不产谷米也,其所产者夺于英人,已则槁饿,此于人道为何如。其视潜艇之攻击又何如。印度人果有饿死以让英人饱暖之义务乎。英之待印人,名义上固不为掠夺。然其苛敛与虐政,使印人不得求活,实一大规模之掠夺也。最近英国强迫印人担认战费十万万磅,而美其名曰印人乐输。其出此十万万磅之战费,不外苛敛重征而已。故此议一出,印人不容反对,而英国人自反对之。兰加斯商人以此议实行,将于该地所产向销印度之棉货,加有重税,遂力言其不可。其实兰加斯商人纵稍受亏,决无大碍。而印人出此十万万磅,则必卖妻鬻子,转死沟壑,犹苦不供。此为合于何种人道。法人对付越南之人,年年加以重税;举足犯法,接耳有刑;一下圜扉,没身不出。北圻一带,安南之沃野,自来开辟。自法人治越,则科以重税,岁岁递增,其极至于有地之家收租不足以纳税,耕者亦不能复其本,乃尽弃其田,入居城市,求作小工以自活。从此北圻赤地千里,而越人饥饿困乏,死者相踵;幸得延生命,无复乐趣。法人则大招本国之人往垦荒地,免税以优之。实则所谓荒地者,即从前开垦之地,以重税逐去安南人使之就荒者也。此于人道为何如。德人所不施之征服之地者,英、法之人以施诸其属地、其顺民,则为不悖人道矣乎。谓德国代表有强权无公理之势力,德国一胜,公理将沦。则试问英国所以并杜兰斯哇、并印度、并马拉者,据何公理。所以夺我香港,据何公理。逼我吸销鸦片,划我国土地为彼势力范围,据何公理。俄之吞我满洲,间我外蒙,又据何公理。就此数十年来之历史,无甚高论。协商国亦岂非有强权无公理者乎。数十年前,英国能用其强权以行无公理之事,则不顾公理。今日英之强权逊德,则目德为无公理,而自讳其从前之曾用强权。此种议论,奈何可轻信之。如使今日有人果为护持公理而战者,必先与英、法、俄战,不先与德、奥战也。然而吾人对于英、法、俄尚不主张宣战,自无对德、奥宣战之理由。

然而吾知公理人道云云,不过极少数人所误信。至于大多数主张战争者,皆不过借为门面语,开不实心信奉。所以三数语后,仍旧露出利害之辞,而段祺瑞即首言,非以谋利但求死害者也。诚使为利害而战,则苟为国家之害者,孰不乐除去之。但今者不能不先问德之如何害我国,与我国开战,何以能免其害。

国家之生存要素,为人民、土地、主权。故苟有害于此三者,可以抗之也。抗之不足,于宣战,亦有理由。然不能不审其损害之重轻,而向其重者谋之。今自开战以来,德国曾以损害加于我人民乎?无有也。有之,则自往法工人乘船沉没始。而此诸工人者,皆被诱往法,为其兵工厂作工者也。英、法自知其船不免攻击,故迩来一切妇孺,例禁乘船,而独募华工往。及其船沉,华人则任其溺死。岂非英法人设圈,引我国人,入其术中而致之死地乎。且如今者日本报载德国假装巡舰现在南洋,乘员三百余人,中有华人苦力八十。他日又谓此舰已被击沉,可知此八十华人同归于尽。在德船上作苦力,与往法国兵工厂作苦力,有何区别。何以我国不能向协商国提出抗议,无他,德舰华人自甘冒险,其死也由于自误,与协商国无尤。惟能向德国怨其引人入此危地,不能怨协商国之不稍宽容。反此而言，则往法华工遇害，只可怨法，不能怨德，已甚明矣。况英、法属地，年中冤死华人，何可胜数。俄国年前招我国人往充工作，约定所给工值既不照给，华人集众要求则以排枪御之，死者数百。吾友自西伯利亚归，亲见其残伙欲生不得，欲死不能，挥泪述其惨状。此其视德国击沉敌船以损及我华人者，罪恶奚啻百倍。何以对彼则安于缄默，对此则攻击不留余地。如谓开战可免人民受害，则必吾国海军力能扫荡德潜艇，建英、法海军所不能建之奇功，然后可保华人之生命。否则开战以后，国民不复许旅行欧土，亦曰可避其殃。今开战之结果，首须多送工人往欧工作。即无异使德国攻击商船，可以杀更多之华人。则何以言开战为防御人民之损失耶。

以土地论，德国将来之野心，诚不可知。论其过去与现在，实可谓之侵犯中国最浅，野心最小者。以割地言，则中国已割黑龙江沿岸最丰饶之地于俄，割香港于英，割台湾于日，而德无有也。以租借言，则英占九龙、威海卫，法占广州湾，俄占旅顺、大连，又转让之于日。论其前事，德之占胶州，罪无以加于他国。而今者胶州已归日占，更无德人危我领土之虞。以势力范围言之，英国占西藏、四川及扬子江流域，约占中国全国幅员百分之二十八；俄国占外蒙、新疆、北满，约占百分之四十二；法国占云南、广西；日本占南满、东内蒙、山东、福建；均在中国全国幅员百分之五以上。至于德国，前虽树势力于山东，不过中国全国幅员百分之一，以视英、俄曾不及其二三十分之一，即法与日亦数倍之。同是有侵及中国土地，而有多寡之分，又有现在继续与已经中断（将来如何尚未可知）之别。而于已中断者则追咎之，近日益加厉者不过问也。侵我较多者则助之，侵我较少者则攻之。是与其谓为防人侵我领土而战，不若谓为劝人侵我领土而战也。如使欲人侵我领土，则无宁昌言卖国之为愈也，又何必辛苦艰难以与德国战哉。

若论主权被侵，则德国诚亦随英、法之后，有碍我主权之举动，然比之俄国往者驻兵占地以起大战，与首设领事裁判权，首划势力范围之英国，当有所不如。今日开战以后，民国再建，法国尚越界捕我巡警,强扩租界。此于主权为有益乎?抑有损乎?今日西报尚言京津运兵设炮台之制限,与使馆之驻兵,所以惩创中国,使不忘拳乱。试问中国国内不许设炮台,运兵不得自由,主权何在?各国驻兵我国京都,无异德国于战胜法人以后所以待法人者也。德行之于法,期年而撤。法人恨之至今。北京驻兵迄今近二十年矣,岂其于我国主权有所裨益,而不容置议。苟为完全自主之国,则宣战媾和之事,岂容外人之参与其间。今者美国对付德人,可谓宽大已极。彼欧洲诸国,何尝敢措一辞。我国处理德人,稍不如协商国之意,便劳诘责。然则协商国果在何处曾尊重我国主权也。

由此以观,所谓免害之说,完全不成理由,结局只是求利。中国之与德绝交,非以公道绝之,非以防卫绝之,而以贿绝之也。所谓贿者,以公言之,则关税增率,赔款停付,庚子条约改正是也;以私言之,则道路指目,自有其人,吾不暇为之证矣。

二　加入之利害

今日所谓加入条件者,关税增率,赔款延期,及庚子条约改正;更有益之者,则曰一万万借款,如是止矣。为此四者,果须倾国以从事战争乎?否!不然。凡此所谓条件者,皆可以外交手段求之,不必以战争手段求之。抑且只能以外交手段得之,不能以战争手段得之者也。

所谓改正关税者,有依马凯条约增至值百抽七半,俟战后实行裁厘增至值百抽十二半之说,与依旧约改至从实价值百抽五之说。而前说今已无人过问。所谓商酌,皆就后一说而言。今姑就此说一查其沿革,可知指此以为加入利益,可谓荒谬绝伦。查现行税则系据一九〇二年与英国所订条约。以一八九七年以降三年之间平均价格作为标准,将紧要货物,按比价格算出每件抽税若干。此项价格比现在时价为低,故现在税则名为值百抽五,实则值百抽三四而已。然此种价格变迁,订约之时,早经料及。故于中英条约中,已经订明十年期满之后,六个月内,两国均可要求改订税则。此后对于他国所订通商条约,均有此项规定。民国元年八月,我国已经向驻京各公使声明约期已满,货价有变,税则应改。此后又于民国二年再向各使声明,当时英、美、德、奥、比、西、葡诸国,均无条件承认我之提议。惟日、俄虽亦承认,而仍附有条件。附条件者,不过稍欲得他种利益以为交换(即如欲减轻一两种出口税之类),并非拒绝我之改正。盖改正之要求,订在条约,断无拒绝之理由也。故苟非遇欧洲大战,此事早经完全办妥。即以战事停议,不过属于我国之礼让。此时再提议,各国亦不能不应之。何待绝德,何待加入宣战,始有此商量。今我国自认此为加入条件,而人亦以此为加入条件,非加入之后不容讥及,岂非庸人自扰。如使我不发生此加入问题,早与外人磋商,则此种改正税则,久已为各国所认,无待今兹。试观马凯条约,裁厘之协定,比之此次之要求,相去之远,何止数倍。在彼尚可以协商而得,在此岂日必以战争求之乎。平平可以获得之件,必危一国以求之。然而因其求之,人更不与,果何苦为此耶。

赔款延期之说,在中国则求延期十年,在彼只允延至欧战终了。而一面又不允停付今年之数。夫欧战必在今年结局,在英法方面固如此言,在德奥方面亦未尝不如此言也。明知欧战结局,不过年月间事,就令和在明年,所延不过数月;若以今年罢战,则值无停付可言。此种延期之议,明为一种欺骗。就今欧战更有二三年延长,则赔款可得一二年停付,此种利益,岂为外交手段所万不能求。且如美国前此退还赔款,其额岂不甚大,何尝须中国与一国绝交,与一国宣战,始肯退还。今日金价正跌,各国所受赔款,较之年前,实价大减,其乐为暂缓收受,亦出于计算利益之常。延期云者,不过暂停,并非以后不付。现在号称延期,将其财源挪供别用,异日又须筹填,不啻剜肉补创,于我何益,于彼何损,而必出于开战之手段以求之。

庚子条约,禁止天津设垒,限制运兵,并定驻兵中国以防拳乱。

今之修改,即欲去此限制,并于驻兵限度有所改更。但欲各国尽撤驻兵,早料其为不可能之事。即曰运兵筑垒,可以稍得自由,亦不过敷衍体面之法。岂有国都屯驻外兵,以监督其政府,使不敢得罪外人,尚有体面可言、主权可尊者。若徒为体面计,则战前德人何尝不倡减少驻兵。若使外交能应时顺变,此种改订,即日无大效果,决非难办到之事。自中国认此为加入条件,遂使《字林西报》等力言:"此庚子条约为惩戒华人使不忘拳匪之祸,决不可宽。即欲稍慰中国人心,亦但当于加入以后,酌量宽其末节。"其语气明示中国为彼犯罪之囚徒,此次求其宽免,无异欲求弛刑立功。彼则必先立功,乃许酌量加恩核减。中国不自求可以友谊得去束缚,偏自甘同于囚虏,听彼揶揄。此等利益,谁能认之。

借款一节,政府之所最垂涎者也。然借款真为恩惠之借款,则当不取担保,不取折扣,不待中国之困乏而豫周之;如此则数之以为利益可也。今者美国借款已将有成议,四国银行团始延美入其团中,谋共同贷与我国。是其贷款已为定局,折扣抵押,无异昔时。使无此绝交加入问题,恐此借款已先成立。偶遇此事,彼反借以延迟。其实美国自开战以来,国富骤增,投资无所,不患财少而患其多,故有黄金泛滥之虞。其投资于我国,实为稳固而有利者,岂因不加入战争便失借款之路。况此次抗德,虽由美劝,而对德宣战一节,美人殊不见乐助,加入岂能影响及于借款乎。

统而言之,所谓加入条件者,皆可以外交手段得之,并不须加入;而加入之后,反终不能达此改正关税等目的。所以然者,中国原与外国订约,利益均沾。现在纵与德国绝交,将来必有言和之日。言和之际,决不能以英、法诸国已许之故,强德、奥以从同。况于关税之改正,德、奥早经承诺。如不因绝交而中断,德、奥势难反汗。今乃断绝国交,使前诺无效,而后怨方增。再议和之日,如何可使德、奥更认前说。德、奥既翻前议,则英、法、日、俄自当援例均沾。夫中国不能强德、奥以英、法所许者许我。而英、法能强我以所以优待德、奥者均沾于英、法。则今日纵以战争而改正,异日必亦由此推翻。乃至赔款之延期,庚子条约之修改,则德、奥本不与同,异时何能拘束德、奥。德、奥不允缓收赔款,不允撤改条约,独行其是,英、法各国岂得守信不渝。夫有利益均沾之原则在,无论何种政策,各国所赞同者,一国足以梗之,欲其事之得行,全赖销除各方之怨怒。今为数国以得罪数国,而谓将来不致因利益均沾一条,破坏已成之局,其谁信之。且今之所谓加入条件者,于协商国为有利乎,有损乎?如其有利于我,复有利于协商国,则久矣其当订定,何须作为加入之条件。若其有损也,则此时暂为承认,非所甘心;异日议和,即使德、奥无言,尚恐其暗嗾两国不与承认,以图均沾之利;尚安望仗义执言,为我尽力。且此种条件,果由要求以来,信所谓乘人于危以徼小利。人纵负我,我亦何辞以责人。然则此项条件,纵能被承认,亦不旋踵而消灭。其所以消灭,即由加入战争。然则战争果何所得也。

然而所谓加入而得此条件者,今已完全失望。关税之议,日人极力反对,赔款亦不允停交,条约修正亦以惩戒中国为理由,不肯实践。当劝诱加入之初,英人以此条件开示陆某,以为中国之非常利益,乃至报告国会,亦据此为言。至于绝交之后,确问各公使之主张,则忽诿为个人之言,不负责任。识者知其皆因日本之反对而来。英国竭力牵入中国,设此以为饵。然其所牺牲之利益,则日本之利益,非英国之利益也。日本不肯以己之利益,供英国之牺牲,英国遂深恨日本,又畏日本在远东能持其短长,不敢公然道之,乃设此遁词。而盲从者尚日言加入利益,试问利益果何在也。

反此而观,则因于加入所生之害,显然可指。宣战之后,国中回教人民以归向教主故,难免暴动。既为当世智者所力言,又已有新疆、甘肃之事为之证实。其害之大,自无待言。而此外尚有甚深而极溥之害二,则无制限招工与运粮是也。法国现在招工为政府所禁,有往赴者,不过少数。一旦加入,招工为我义务,自不能禁使勿前。今日往法国工人不过一万数千,而一船已殁数百。将来赴欧工人之况,可以意想而知,即不死于中途,而俄国之已事,可以明鉴。

虽英、法真意，未必在招我工人，而往者已纷纷罹害。一面运粮出口，内地米麦价值，必见飞腾。贫民所入不加，食料骤贵，饥馑之祸，即在目前。夫饥馑者，非必全国米粮不足供全国人之食始然也；一地缺乏，而他地以交通不便，不能运来，则饥馑立见矣。试计前所列举条件，借款一万万，赔款三千万，加税五千万，不及二万万之价值，而令我全国受此灾厄，此其为得为失，何待琐言。况此不及二万万之款，结局皆须偿还，且须付息，不能以利益算。所谓益者，止于关税之五千万耳。此五千万之收入，谁负担之？固我中国人，非外国人也。外国人不过贩运稍觉困难，实际仍是我国人出钱买货纳税。然则国家取之人民，亦复多术，岂必出于此途，而使数十万人置身虎口，数千万人饥馑穷困，以易得之。反复推求，所谓利者，真不成为利，而其所生之害，则触目皆见，屡举不能尽也。

虽然，上所言之祸，犹其小焉者也。以贪此小利之故，甘为英、法之牺牲，其结果必至于亡国。虽欲隐忍自拔，亦复不能（详后数章）。国民于此尚未觉醒，异日衔索过河，悔将何及耶。

今日欧洲战争，事至惨酷。指此以为中国千载一时之会，固非仁人之言。然必欲就此战争以求利益，则亦非无道。譬如日、美两国，即以经济上之活动，乘兹战争，各博巨利者也。欧洲各国以从事战争之故，人力、资本并形缺乏。其向从工作之工人，皆移以为兵士。其向供制造之机器，皆移以为制造军需之用。日常所需不给，则求之外国。即战争所需，亦一部分赖之外国。故日、美两国制造之业，运输之业，无不获利。日本向来每年贸易皆以输入超过之故，不能维持其金融常序，必赖借入外债，始可勉强支持。自前年以来，输出骤增，现金流入；去年之杪，已储现金七万万元，迄今增加未已。而美国现金流入，又数十倍于日本。日本始战争而中道归于和平者也。美国则今始为战争者也。而以经济上言，则两国皆免于战争之害，因以遂其发达。诚如是，则虽求利益亦何害之有。今日欧洲中立诸国，以荷兰、瑞士、西班牙、丹麦等，皆以过近战场，所有贸易，皆受妨害。其中斯堪达奈维亚诸国及荷兰等，以英法封锁之故，贸易几于全灭。惟美洲、亚洲诸国,差可乘时自谋振奋。我国若欲求利益,保持此中立态度,以经济上发展,补从前之亏损,开日后盛大之机,固甚易也。何不知出此,而徒以开战规求区区必不可得之利益,遂陷国家于危亡而不自惜。此所以不能不切望吾国人民一致注意于此中国存亡问题也。

经济上之发达,自然力、人力、资本三者皆有巨效。而今日谋中国之发达者,不患自然力之不充、人力之不足,所缺者资本而已。以中国土地之大,人口之众,荒地在野,游民在邑,苟知利用,转贫使富,期月间可办也。以此无穷之富源、无穷之人力,稍有资本,不必用新机器,其效果已可使中国成为世界最富之国,因之亦得成为世界最强之国。而少许之资本,又甚易输入者也。自开战以来,欧洲诸国,尽力以产出其所需各品。其向销中国之货,来源皆形短绌,而输送之费,数倍从前。此真中国振兴农工业之机会也。如中国之农业,发达已久,所缺者,农民之新知识,与政府之善良管理耳。故苟有适宜之经理,不患其腐败销磨;而不足之地,亦不患因输出之故,致生危险。盖如由彼外国采办粮食出口,绝无限制。则彼单就运输便利之地,以高价吸收谷物,以故谷价亦腾,而饥馑无可挽救。若以一有统系之管理,加于谷物之上。则有余之地始输出,不足之地有补填,统中国所产谷物,未尝不可敷其食料而有余。然则虽输出谷物,亦不为难,贵在于有调节有统系之行动,不容彼无限制之运粮耳。粮食以外,他种农产物,亦复如是。苟能整理,使归秩序,输出之额必可骤增,即其利益已莫大矣。今之称劝业者,未尝着手于是,而反以苛税留难农业,使运转不得自由。于是收获丰者坐见腐败;其歉者无所得;设关以害人者,正此谓也。又如矿业自有矿章规定之后,请开矿者,必百计留难,始予给照。给照之后,有侵占者,又加以勒索。一矿之矿权,恒须费数万而后得。比之未有矿章以前,图办矿者,更形退缩。他国设矿律,所以保护营矿者也;而我则更害之。华侨在南洋开矿,处欧洲人势力之下,不获平等之待遇,至不幸也。然其经营矿业,尚可有利。及其归祖国,欲开发天然富源,一阅矿章,即废然返矣。是外人虐待华侨之矿章,比之我国优待华侨之矿章,尚优数倍。矿业之不发达,又何足怪。其他工商诸业,无不有类于兹。人之设部,所以卫民;我之设部,乃以阻其发达。若是者,岂能谓中国不可富强。若以欧洲已行之事为师,革去留难阻害之弊,即使学得欧人百分之一二,已足致无上之富强。试观德国开战之际,粮食百物,常苦缺乏。自施以秩序之管理,即觉裕如。彼以战争销耗其国力之大半,仅以其余力,犹能获此进步。我之天然力、人力数倍于彼,又无战争,当此世界消场正广,渴待供给之会,其能获大利,何可更言。今日为中国实业之害者,部令之烦苛,与厘金、落地、销场种种恶税之窒碍为最多,此皆可以咄嗟之间除去者也。更有当注意者,美国自开战以来,虽屡沉船舶,而其业船者无不获大利。日本最近暴富者,大抵皆以买船,即日本邮船会社一家,去年一年之间,亦获数千万之利益。此一公司之利益,虽似不足概乎一国之荣枯,而实际则此运输无滞一事,已足令国中百业蕃昌,各致巨万之富。今试反观中国,其运输状况,岂不可悲。自开战以来,上海常积三万吨之货物,待船不得。此每月三万吨之息,所损几何。三万吨之仓租,所损几何。非一年数百万之损失乎。三万吨之货,屯于上海,则内地各埠所停者当十倍于上海,此非每年数千万之损失乎,内地各埠,货尚停滞,则各原产地之货,亦无从运出,坐待腐败,此其损失,不仅在息,乃在于本,此非每年数万万之损失乎。即此一端而言,苟能改革,已可敌加入条件之全部,抑或过之矣。合彼借债、延赔款、加关税,不及二万万;此则一年之增加,已不止二万万。彼为剜肉补疮之计,所入旋即须付出。此则为真正之增富,无论如何,不生损害。苟欲求利,则何不舍彼而取此乎。今日所谓船荒之时代也,以中国之人工造船,必较他国为贱;即输入机器铁材以制新船,亦决非难。若为应急之计,则以较高之价,买既成之船,尚可及时通运。今计屯积之货三十万吨,其中多数,不过输之近地,匀计每一月半可一往还。则欲于一年之间,清此三十万吨之货,不过四万吨之船舶,足以敷用,此决非不能办到之事也。此四万吨之船,一面输出有余之农产，一面输入必需之货物，且从而为建新船之基础，则此停滞内地各埠之货，不及一年，可以悉去，而原产地之货，亦可陆续输出，无朽腐之余。即此一端，已足使经济上遂非常之发达矣。夫使用游民，开荒地，除厘金之限制，奖励航业，期年之间，不冒危险，所得必较加入条件为多。而彼则冒危险尚不可得，此乃安坐而得发展农业，开掘矿产，振兴工艺。彼日本以两年而获七万万之国富，比例计之，我国即欲年获十万万，亦复何难之有。

今之政府，惟以财政为忧。不知财政根源在于国民经济，不此之图，而求目前之利，求而得之，尚足亡国，况其不得而坐受无穷之害。此何为者也！以此千载一时之时机，而不肯于经济上奋发有为，坐失发展之路，不亦谬乎。不能有为，若能安贫，而徐补救，犹之可也。贪目前之利益，自命奋发有为，而所为者为害而非利，其危险可以亡国，而利于政府者不过借款成功而已。苟能以一国冒如此之险，则何不以此精神，改革内政，奖励农工，而利交通，险较少而利较多乎。吾人决不能信当局者为尽无此眼光，乃排一国之舆论，弃其宿昔所信，而冒此不韪。则吾不能不疑其决心之时，惟计自身之利便，不计国家之利益也。

吾国亦知此中有一部分之人，真出于救国之热诚，而欲以此改善中国之地位。即在旧官僚中，其为利而动者不必言，其非为利动而主张加入以图抵抗排斥日本者亦不少。通计主张加入者，除极少数之人以外，无不怀有一种想象，以为日本欲专握在东方之权力，此举可以争回中国国际地位，联合美国以驱逐日本之势力。无论其以此为对德宣战之动机与否，而在旧官僚一派，其心中无时不有联美排日之念存，无疑也。而前年日本禁阻中国加入一事，更足惹起此辈之怀疑，以为日本既不欲中国加入战争，必为其有损于日本，而因之信有损于日本者，即为有利于中国，益以坚其亲美之决心。然今者亲美而美不亲，欲拒日本反不得不从日本之指导，此辈之目的不能达，已彰明矣。然而其排日亲美之心，未尝息也。岂特不息而已，方以为美国扩张海军之案，不久完成，至时可资以排斥日本。不知中日关系密切，决非单以同文同种云云说明之而足。国际上之真结合，必在乎共通之利害。中国惟与日本同利同害，故日本不能不代计中国之利害，而进其忠言。即如往岁英国劝我加入，而日本反对之，彼诚有其反对之理由，决非以中日利害冲突之故，而专自利损中国也。盖中国一旦加入以后，无论如何，必成为英国之牺牲。以中国供英国之牺牲，则享其利益者，非德即俄。以德、俄占中国之利权，则日本更无发展之途，且无自保之术，此日本之损也。而其所以损者，中国先受其损故也。为日本计，为中国计，其出发点虽殊，而其结论必归于一。日本为我计其利益而进忠言，本非为我设想；而吾人决不能因之弃其忠言也。今之言联美者，何尝知东亚之势哉。

三　中国加入非美国宣战之比

今美国与德宣战矣，然而加入协商国否，未可知也。美国之宣战，伴于实力之宣战也。他姑不具论，美国之海军，于世界居第三位，一旦开战，即可负清扫大西洋之一部分责任。夫德国之潜艇，果有所畏于美国之海军否，虽不可知；然美国要可谓之有武力以为战争者。其陆军则依现在所公布者，为预备二百万之兵。此中送之战场者能有若干，虽不可知；而陆军力之存在，即为可以实行战争之证凭。况其计画，乃将自此益加扩充也。美国频年增加海军，其费动数万万元。此次开战之后，首决支出陆军费美金二十九万万余元，海军费美金五万万元，盖有此实力，然后可以言战争也。我国能望其百分之一否乎？能以一无畏级舰、一潜艇向人乎？能有完全之军队一师乎？其不能无待言也。塞尔维、门得内哥罗、罗马尼亚于协商国为无力，然其在战场之兵，多者数十万，少者十条万，败亡之余，尚能斩将搴旗。中国之对德国，能为彼所为之什一乎？中国绝交宣战之实力，不能学美国百之一，不能学比、塞、门、罗诸国什之一，不过凌辱少数在留之德人，而自称胜利；不惟可危，又甚可耻可笑者也。而妄人反相称曰："宣战无须有实际之战争。"然则所谓战者，将徒以供戏笑而已耶。

夫美国不能不与德宣战之第一原因，在其国之工业状况。英、法自开战以后，自国军需品已苦不给，一面尚须供给俄国及意大利大军需品，故不得不乞助于美国。美国应协商国之求，以扩张其工业，专注于此一方面，于是输出之额骤增，全国之人惟以金满为患。去年一年运往欧洲之出口货，价值美金三十七万万五千万元，即华银七十五万万元也。其中货物有加数倍者，有数十倍者，而铜、铁、粮食、炸药为尤多。依俄国"诺窝时的诗诗"所录美国公表数目，实如左表：

美国近年重要物品出口表(单位法朗)

品　名	民国三年	民国四年及五年
牛骡马	23,500,000	494,000,000
铜	295,000,000	1,285,000,000
粮食	825,000,000	2,175,000,000
飞机及附属品	1,130,000	35,000,000
自动车	165,000,000	600,000,000
自动单车及货车	250,000,000	835,000,000
化学材料	137,000,000	620,000,000
炸药	30,000,000	2,335,000,000
铁钢亚铅	1,257,030,000	3,330,000,000
手枪	17,000,000	90,000,000
机器及车床	70,000,000	305,000,000
金属线钉等等	51,500,000	250,000,000
生熟皮革	182,000,000	400,000,000
靴鞋等	90,000,000	235,000,000
炼牛乳	6,500,000	60,000,000
精制糖	9,000,000	395,000,000
羊毛	34,000,000	225,000,000

夫美国之出口货骤增，一方面为丰富之金钱流入，一方面亦为

资本之偏注于一部份。此表中多数新增之出口货,实由新增之工厂造成之。此工厂既投莫大之资本而设之,一旦出口有阻,则此诸工厂皆归无用,而恐慌立起矣。德国提出和议之时,美国市场为之震动,即以此故也。然则德国潜艇封锁之策,美国所受影响可以知矣。夫欧战以前,美国在德、奥暨丹麦、那威、瑞典等地商业至盛。自英国封锁德国海口,美国遂失其销场之一部分,幸以英、法、意、俄之需要补之有余。故但见战争之乐,不知其苦。然而德宣言封锁地带无警告击沉以后,美国及其他国中立国船,皆有中止之惧,于是美国之工业为大摇。美国为保护此种利益,乃欲打破德之潜艇势力,而继续其通商。此其宣战之本意也。抑此美国之加入,皆有剿绝德国潜艇之效否乎?在美国工业者亦未尝不疑之。但若使美国为宣战而备军实,则从前所欲供之外国者,今可移供本国扩张军备之用,即无资本误投生产过剩之患。即使德艇依旧跳梁,欧洲贸易杜绝,彼资本家固可高枕无忧,此所以美国全国主战不休也。今我中国果有若是之景况乎?欧战既开之后,我国除对美国贸易不变外,对于欧洲诸国出入口货,有减无增,此盖以我国政府之不留心与人民无智识使之然。然而中国所产之货,不合于彼所急需,实为最大原因。而在近年英、法之限制入口货,尤为大不利于中国者。依此限制,则中国丝、茶诸货均遭停滞,而农商俱被其祸。然则美之受祸,在德之封锁;而我之受害,在英法禁入口。各异其景况,各异其加害之国。然则若真与美一致行动,岂非先须抗议英、法之限制入口,而以绝交宣战继之乎。我国与美情形不同,中立不倚者,自谋利益之道,即自保之道也。

且美国此次之开战,固德国迫使之然而然,非美国所得已也。今日以前,美国供给无限之军需品于欧洲诸国,不见其匮者,美国自不从事于扩张军备也。德国察知其然,故挑战于美国。美国之开战,决不如中国之毫无预备也。则必辍其供给英、法、俄、意之军需品,以充实己国之海陆军。试以今次通过之美金三十四万万元,比之去岁出口往欧洲之货值,可知其相差不远。故使美国此项经费,于一年内支出完毕，则恐出口到欧洲之军需品，比之前岁不及什一；而英、俄诸国之供给，将以是竭蹶矣。论者但见美国富力军威，若足以大为德国之害。其实以海上言，即以美海军加入英、法队中，仍决不能奏扫潜艇之效果。以陆上言，则美国输送数十万兵于欧洲，殊非易事；即曰能之，其所收效亦不过如英国之稍稍增募兵队，于战局决无影响。然运此数十万兵者，其供给补充交代，又须征用巨额之船舶，即同时使英国缺乏粮食之祸益增，故其所得不偿所失。德国惟深知其如此，故百计迫美加入战团，在美国真不欲其如此也。试观美总统提议媾和，力主不待胜负而致平和，其心欲战者哉。通牒调和，认为美国之权利，且认为义务，其意气何如。而三礼拜后，忽而抗议，忽而绝交，忽而宣战，恐威尔逊博士自身，亦决不料其如此也。美国之开战为德之利，故德强迫以成之。中国无此不得已，而必欲以美为师，岂非捧心瞑里之亚乎。

中国与美国此次地位完全反对，言实力则彼有而我无；论损害则彼受诸德、奥，我受诸协商诸国；论加入之不得已，又为彼之所独，我不与同，则我何为自苦若是。试观日本前此尽力建立其势力于山东及南洋，至其既得，遂谨守不进。前岁有请日本派兵至巴尔干之议，欧洲各国，翕然主张，即日本人中亦有少数为其所摇，而鉴于多数民意不悦。不敢实行。彼日本于协商诸国关系非我之比，且其实力亦优足以办之，然尚不徇一时之外论，而置举国之反对于不顾。我国政府胡不深思而遽言随美进退耶！

四　中国加入与各国之关系

中国加入战团以后，以见好于欧美诸国故，将来可望得其援助，此种思想全由中国历年远交近攻之遗传的愚策而来。中国自与外国接触，即有以夷制夷之画策从之俱生。李鸿章之外交，以联俄制日为秘钥,而卒召欧洲列强之侵入,旋致瓜分之说,势力范围之说,不割让之约,租借之约,相踵而至,此非其成效乎。然在旧官僚知有所谓外交者,无不敬奉李氏遗策,以为神奇。袁世凯之策外交也,曰:“引一国之势力,入他国之势力范围,使互相箝制。”此即以夷制夷之哲嗣,亦即远交近攻之文孙也。其姓字虽殊,其本旨无改。今之当局者,又承袁氏之遗策,乐于引入美国以排日本。故抗议,美国劝我者也;而至其加入,则美使声言任之中国自由裁夺加入,日本所尝反对者也;及中国既从美国之劝而抗议,日本又转劝我以更加入协商国中。质言之,则此次对德之交涉,实有日美之暗斗含于其中,而美国之主张遂不及日本之有力。然则中国政府亲美不如亲日乎?非也。中国旧官僚亲美之主义,而未至亲美之时机,其隐忍以从日本,不得已而欲待之他日,使他人为我复仇耳。故今日诚惶诚恐以敬献于东京政府者,意谓犹璧马之寄外府,一旦时至,辄可取而复之。其貌愈恭,其志弥苦。此种亲美思想,吾不敢谓其非发之至诚。然而其迷梦之政策,果足以益中国乎?我知其必不能也。特是以日本政治家之近眼,与英国之牵率,遂相蹙迫而生此绝交加入之议。考论其实,于加入有所主张者,协商一面虽云七国劝我,而意、比、葡三国,实可谓初不相关(如其逆计将来议和时,可借中国以减己国之负担。谓之有间接关系,亦无不可,但决不视为重要);法、俄两国求助于我国者,亦复甚易得之,即不开战,未尝不可满足法俄之欲望;故真望中国加入者,英国也;不得已而迫中国加入者,日本也;欲中国与己采同一态度者,美国也。此外皆与本问题无甚深关系者也。

彼协商诸国所认为中国加入后协商国之利益者,曰供给人工,曰供给粮食,曰扫荡德国人在中国之经济基础,如是而已。试一研察,则知此三者纯为自欺之口实,在协商国亦不能认为必要中国加入之原因也。今先就经济基础而言。德国之贸易,开战以后,已全杜绝。德人在东方惟一之商埠青岛,已归日本占领,今所余者,绝无贸易等于故墟之数十商店而已。彼数学校之解散,数卫卒之被拘,与此数十商店之闭锁,在官厅少数德人之解佣,便可谓之驱除德国之基础。而前此攻略青岛,杜绝贸易,反不足以比其功。日本费财亿万,劳师数月,死伤及千,不能扫除其基础。今乃不如三数警吏之能,此不能信者也。须知德国在中国贸易之所以盛大者,在其商品之信用,与营业之精神,对于中国人之精密之研究。以此三者为他国商人商品所不能及,故后起无根据而能以短时期内侵入英国之地盘,与之争胜,此非可以人力遏止者也。今试检德国占有青岛之后,其输入输出之状况如何,可知德国在东方之基础,并不在于青岛。

一九一一年青岛输出入价表(单位两)

国	输 出	输 入	共
德	4,665,000	1,596,000	6,261,000
日	4,309,000	1,174,000	5,483,000
法	8,000	4,329,000	4,337,000
英	199,000	1,551,000	1,750,000
美	1,282,000	124,000	1,406,000

若言除去德国根据,则虽占青岛亦不足尽其根源。将来欧战既毕,决不能禁德货之来。德货既来,则发挥吾所谓精密研究与商品信用营业精神,转瞬即可复其旧观,益加发达。是则所限制者,不过一时。而在此一时,德国本无商业可言,无须限制。故此一说,决不能成为理由也。

至于人工之帮助;则惟俄、法两国实需要之。英国本土,人口虽不多,而在印度领土,已有三万万上之人口,决不忧劳动者之不足。况且英属华工,向来最伙,但使一令召集,即马拉半岛、婆罗、缅甸,旬月之间数十万决不难致。一面中国往南洋觅食者,后先不绝,故南洋所招华工,亦无尽藏,非如俄、法之必求之中国也。俄、法虽求人工之助,若特定条约,准华工之到法、俄,亦复甚易之事。且迄今虽无条约,招工之事,俄、法早巳实行,则无事因此必强中国加入,明也。又自粮食言之,俄之缺粮,乃由转运之难,非以生产不足。在本国尚难转运,则自无由移粟就民。英国产谷固稀,而求之于美国、坎拿大,较求之中国还易;且向来输入中国之面粉甚多,今但移此以供英人之用,或更输入中国之面麦亦足供其所用,何必宣战始能行之。且闽、粤之米,向仰给于安南、缅甸,彼若需粮,则转运于其母国之英、法已足矣,又何待求之中国乎。要之,无论从何方面着想,决不因此人工、粮食两层,至要求中国之加入。此所以真与吾国加入有密切关系者,止于日、美与英三国也。

论此次之劝诱中国,美、日居其冲,而英国若退听焉。考其实际,则英国为其主动,而美、日之行动,适以为英政府所利用耳。何也?英国之运动加入,非自今始。往者袁氏称帝之日,英国曾欲以加入为条件,而承认袁之帝制。袁未及决,日本出而反对,遂中止以迄今兹,然而英国之运动未尝息也。但以英国曾对日本外交总长石井约言,此后在中国无论何种举动,必先经日本同意。英国在东方之外交,本不能自由行动,故英国欲动中国,必先动日本;欲动日本,惟有借美国势力侵入中国以挟持之。此次美国之劝告中国,以何原动而来,非吾所敢议。而英文《京报》辛博森一派之论说,则显然谓中国抗议之后,以美国之经济力与兵力为可恃,即可无虑日本之挟制中国。其论调如此,则一方面代表中国政府亲美排日之初心,一方面又表明英国在东洋对于日本之甚深之恶感者也。吾闻亲美论者动谓日本年前阻止中国加入,志在使中国外交受日本支配;此次抗议,即图独立之外交。不知在东洋外交受日本支配者,乃在英国;而加入之后,英国可回复其外交之独立耳。中国之外交何由得独立乎。

中国之旧官僚,有其习性,只有与营私利之人,或被其认为好意;此外无论何事,彼必以不肖之心度人。日本之不愿中国加入,固曰大隈内阁不欲助成袁皇帝,然决不得谓为主要之原因。主要之原因,乃在中国加入自身之不利。从公平之观察,以批评日本当时之态度,可谓第一为中国谋其利害,而后计日本之利害(此时中日利害相同,自不待言)。以此友情,救中国之危,而措诸安定。中国之论者，不知感谢，反以是为失我外交独立，欲推刃而复仇，诚不能谓此辈官僚之思想为尚有理性存者也。日本诚见中国加入绝不能为协商国摧败德国之助，而一旦加入，无论孰胜孰败，中国必不免为牺牲。以中国为牺牲，中国之不利，亦日本之不利也。为避此不利而不惜得罪于同盟国，亦可以谓之无负于中国矣。而论者则谓之挟制中国，谓之不使中国有外交，此所以动失东亚联合发展之机会，而为白人所利用，抑亦以彼辈洪宪遗臣，对于袁氏加入称帝，实有无穷之属望，故一旦失之，惭忿交并，转而致其深怨于日本也。论者动谓日本要求廿一条款，即为独占中国利益之征，侵略之实行。然当知廿一条款初非日本之意，而日后袁氏称帝事急之际，曾以有过于第五项之权利供于日本，而日本不受也。始袁氏既解散国会、改约法，第二借款将成矣，而败于欧战之突发，乃改其昔者排日之态度为亲日，因求日之承认帝制，而诺以利权为报酬。所谓廿一条项要求者，袁自使日本提出其所欲，以易其帝位，非日本自以逼袁也。袁之排日，夙昔已著，日人惟知事定以后必为反噬，故重索其权，以求免未来之患。顾此条件无端而泄漏，无端而有国民之反对，各国之责言。袁尚欲贯彻其主张，乃暗请日人派兵来华，致最后通牒，以镇压国中反对者，而便于承认日本所主张，然终不敢诺第五项。如是者又半年，帝制起而云南倡义。袁忽使周自齐东为特使，不顾国中反对，诺允日之第五项，且益以他种利权。尔时日本欲助袁平定民党博取利权，易于反掌；然而举国反对，不为利动，袁策遂不得行。以此二者比较而观，可以知日本于中国不必以侵略为目的，其行动常为中国计利而非以为害。论者不察于是，徒以日本为有野心，非笃论也。日本之不赞成中国加入，与不受周自齐所赍之贿，同为纯粹之正义所驱。吾人于大隈之举动，固不尽赞同，而公论要不容没。即在此次日本虽翻然劝我加入，而吾尚深信彼中不无审察利害，不乐促我堕此漩涡者，故于所谓加入条件者，日本不遽与赞同。即其心中以为日本对于英国，既有同盟关系，势不能永拒英国之求，而亦不欲负诱我以入协商之责任，故但劝以言而不肯供其贿（关税改正、赔款延期以为加入条件，则皆贿也）。彼岂不知利益均沾之约尚存，将来不难追补；今兹所失，朝四暮三，本于名实无损；而必坚持之者，其心诚亦不欲中国以此而自决堕入危途，将以自慰其良心而已。况乎以终局利害论，中国之不保，同时即为日本之衰亡也。日本之劝我，非本意也（以上所引外交秘密，皆有最确之来源。徒以责任所在，不能明指。要之，此中事实，当局自知其不虚；而吾之操笔，亦绝不以私意稍有所损益以就吾论据，此则可以吾之良心与名誉誓之者也）。

中国之加入，于美国为有利乎否乎？则将答之曰：美国欲中国随彼一致行动，无异欲他中立国随之。美国不以他中立国加入为己之私利，即亦不以中国加入为己之私利。须知美国劝我抗议之通牒，对于诸中立国一概发出，与前此劝和之通牒同。论者但见美国劝我抗议，谓中国加入协商，亦为美国所乐闻。不知美国为向来最大之中立国，常欲使他中立国行动与彼行动一致，以保中立国之利权。故前此提出调停通牒，则亦劝我为调停，所劝者非止我国也。一旦提出抗议通牒，则又劝我为抗议，所劝者亦非止我国也。此为美国外交当然可采之手段。而论者先有成心，乃于美国之意思，加以曲解。故前次调和之通牒，忽然集矢；今日抗议之劝诱，又忽焉以为抵排日本之机。吾信美国之通牒，必不存此心。中国官僚日思排日，因美之来劝，遂自扇其感情，发为虚想。此种举动，适投合于英国人之需要，而其波益扬，此亦美人所不及料者也。中国苟但随美行动，则美国可以各中立国之一致为基础，而谋中立国之利益，此其所愿也。过此以往，本非所求，虽有抗议劝诱之一事，美国不负引入中国之责矣。

统以上所言，则知劝我抗议之美国，劝我加入之日本，均未尝因我之加入能受何种利益；即在协商欧洲诸国中，亦决无非中国加入不可之理由。然则何以七国公使不惮再三干涉我国对德之所谓“独立外交乎”？则以其主动者有英国，故不惜百方以求引入之机会。袁氏之称帝，一机会也，不幸而挫于日本之干涉。故又利用此美国之劝而扇起中国排日之感情，即以此耸日本之听，而促其决心。此年来英人所经营者,其迹历历可观睹。此中摩理逊、辛博森等于种种方面皆当自白其尽力于中国加入协商一事,可见中国加入而得利益者,非意、比、葡,非俄,非法,亦非美,非日也,惟有一英国而已。则有问者曰:英国于招工、运粮、破坏德人基础以外,更有何等甚深之理由乎?曰:有之。英国自数百年以前,迄于今兹,有一不变之政策焉,曰:求可以为牺牲者,以为友邦。中国适入其选,则英国之欲我宣战也固宜。

五 大英帝国之基础

除去印度,大英帝国不过世界之三等国,此英人所自认者也(《中央公论》引喀逊语)。英国之帝国,以何者为基础乎?伦敦之市场,何所资而能为世界市场之中心乎?英国之外交,何以常能使人尊敬为第一有力者乎?以偏在欧洲西北三岛之地,而其所领土地周绕地球,自诩国旗不逢日没,其操纵之,操何术乎?非巴力门政治之力也,非二强国海军标准政策之力也,非条顿种绅士精神之力也,所恃者印度而已。惟有印度,始能控御此周绕地球之殖民地。惟有印度,伦敦市场始得为世界中心。亦惟有印度,英国始得至今执欧洲之牛耳,横行于世界。英国之君,称为大不列颠合众王国王,兼印度皇帝,英之所以为帝国者,在印度不在英伦也。

往者英相张伯伦,以其所领之统一党,倡帝国主义,而以殖民地互惠关税为入手办法,即说明此意义者也。英之殖民地偏于五洲,自英本国而南,占有非洲之大部分,而握埃及以为交通之枢纽,且取直布罗陀、摩尔泰、亚丁以联之,而以好望角副之。出红海而东,萃于印度,展而及马拉半岛,则星架坡为之枢,锡兰、香港以副之。其东南则有澳洲,越海而为坎拿大。盖其领地统治之法,随地而殊。坎拿大、澳洲皆有自治政府,英国之主权仅于对外认之。而澳、坎对外所以姑认英之主权,非以为母国利也,以其若离英独立,则海陆军之费较现在必且大增。现在可以轻税薄敛支持,将更而为重税,故宁依附英国,以保对外之安宁。其用心如此,故英国欲求国家所需要之资源,不能仰之澳洲、坎拿大也。今日母国布征兵之制,强制劳役之令,不敢望之澳、坎也(去年十一月澳洲之国民投票即反对强制征兵之案)。非洲之地虽亦巨大,而人口较疏,地势分散,必不可用以为发展之基。只有印度、马拉比较地位适当,而向来统治,惟英人意所欲为,初无扞格,故以为联合之基础最适。而马拉半岛消费生产之力,均远在印度之下,所以不能不舍马拉而取印度也。张伯伦之策,乃在改高英国之税率,对于外国输入之货加以重税,而于本国及属地来往之货物,则特免其税以励之,所谓特惠也。以此特惠之结果,澳洲之农产及印度、马拉所产各原料,可以专擅英伦之市场,不容他国货侵入。而英伦工业制品,亦可专占坎拿大与澳、非等大市场,而拒绝外国货之流入。使此政策完全实行,则经济上英国全国农工商业皆能自给,以其余力操纵世界市场;论其根本所需,不必求之国外而已足。所谓农工商三位一体主义者,即此之谓。而英国之帝国主义,亦于此计划实行之后,始可望其进展也。从前欧洲之取殖民地,无异蜂之取蜜。所志者在吸其精华,以益本国,绝不存一联为一体之念。故其所谓殖民地者,单以能使本国得益若干为算计之基础;以经济之利害,决经营之方针。然在二十世纪,此种中古之政策,不适于用,自不待言。张伯伦之帝国主义,乃由是倡。彼以殖民地与母国,当视为一体,痛痒相关,母国之工业,即借殖民地以为销场,而农产则由殖民地供给。然而此所谓销场者,专视人口之多寡。英国全国人口,不过四万万内外,其中三万五千万为印度人,本国人及印度人外,所余人口仅数千万耳。足以证明英国若无印度,即不能成为帝国矣。

抑英国之获得殖民地,非有一计划以整然之组织行之者也。始得领地于美洲,旋夺法之坎拿大。未几而合众国独立。值拿破仑战争之后,乃以种种手段,继受荷、葡两国所领,且占有澳洲。于此参差错落之殖民地中，谋其联络，然后占有苏彝士河、好望角、星架坡等地以为根据。印度之经营，乃自一公司始，资本才七万磅耳。中间有葡萄牙之先进，复遇法、荷之东印度公司与为竞争。适印度小国互相攻击，而皆借助于外人。克雷夫，印度公司中一书记也，凭其智力，扇构印度诸王，假以资粮器械，已则乘之收其实权。自十七世纪以来，迄于一八五七年之叛乱，印度统治皆委之于公司，英国政府初不过问也。暨乎叛乱戡定，一八五八年英国始声言并合印度。一八七七年英国始以维多利女王兼印度皇后。其时公司所以付与母国者，面积一百七十六万方英里，人口三万万余。自兹以降，英人复尽力谋其扩张，且保护维持其殖民地。然而作始非有计划，故当然为大英帝国之基础者，至于二十世纪之初，犹以偏隅待之，所有政治上之施设。往往背驰。此则凡属逐渐长成者所同有之弊害。小之如一都市，当其始未有计划，任意以延长之，则其形必成为不规则之状，其交通配列必不如意，其天然应有之中心与实际现存之中心乖离，统治改良，种种阻碍，皆由斯起。论世者试以中国之南京、北京、广州、汉口，日本之东京，比之美国之华盛顿，可以知其差异矣。彼南京、广州、东京诸市，非故意为此不规则也，任其自然发达，以变田园为市街，由田园进而任意附益于都市，不由都市自立计划以取用田园，则其糅乱无纪，必不可免。英之殖民地，亦正类此，本来既无秩序，则一旦求整其统系，自属非易。然无论如何，英国经济之基础，即其国家之命脉，在于印度，事至了然。若此基础失去，则大英帝国亦惟有瓦解而已。除去印度，虽以澳洲、坎拿大，亦不足以为英伦工业品之销场，不足以完农工商三位一体之实；既不免求销场于外国，则国内自给之策完全破坏，母国与殖民地浸益疏远，终至各相离异，不复有为。故无印度者，澳洲、坎拿大皆成为无意味，而非洲与马拉半岛更不足数矣。故英国所以能保有国旗不遇日落之殖民地，以印度也。

英国之所以得握世界商业上之实权，以世界市场置之己国之支配下者，以其国之出产力与消费力，俱优越于他国。而其生产消费各在一地，即在国内营通商转运之业，已臻极盛。挟此基础，以为商业，以为航业，他国不能与争也。夫世界之货物，有其生产地与消费地之距离，视其两地之距伦敦更近者，其价反待决于伦敦之市场。此非以经济社会关联较多，他物集于伦敦，一物不能独异之故乎。凡世界市场买卖，虽以货币计数，而买者之资源，必由于卖一种货物；卖者又常以其资金购取他种货物。故有一地为多数货物贸易之所者，其他货物当然趋而附之。英国以其对国内之贸易，集中于伦敦，随之对国外之贸易，亦集中于伦敦。此贸易之额，既已甚巨，故此二者以外之贸易，亦为其所吸引。而伦敦自然成为商业之中心。除去印度，则英国之商业已去大半。其根本既伤，自无吸引之力，而雄制世界市场之资格，从此失矣。印度之存亡，即英之存亡也。无印度即无殖民地，无商业，无航业，内不能自给，外不能取足于他人，虽欲苟存，安可得乎。

不观乎西班牙、葡萄牙之历史乎。彼二国当十六七世纪间，中分地球各取其半，以为势力范围，其所领殖民地，势驾于并时诸国上。徒以不能谋其统一协合，母国与殖民地，两不相亲，稍有不利，即离而独立，或他属焉。今之非洲海岸诸地，暨南洋英、荷领土，往者非皆葡领乎。葡萄牙惟不能占有好望角与埃及诸殖民地，遂无由联络。西班牙亦坐不能收联结中美、南美诸地之效，所以入十九世纪，纷纷变为独立之国。盖其对于母国，本皆无经济之关联，其离叛固事势之所使然，不足怪也。荷兰承葡萄牙之敝而起，一时雄视东方，亦以不得经济上之联结，一失好望角、麻六甲于英，其地位遂大低落。使葡萄牙与荷兰得英之印度，则东方岂容英国为霸。使英不得印度，则不特马拉半岛无由经营，即坎拿大、澳洲亦久已师美国而独立矣。英国惟得印度以繁荣其商业，因以担任此巨额军费，以保持其海权，使澳、坎托其庇而安焉，此所以不蹈西、葡、荷之覆辙而强盛百年也。

事固有始行之甚易而莫之行者，亦有偶然行之不知其关系之大如是，而幸收其良果者。英之设印度公司，在他国之后，侵略全由公司划策，母国初不之知。即克雷夫当时，岂知其经营印度，关于英国之荣枯若是哉。事后推论，归功尸名，亦适有运会焉。嗟乎！使中国而遇有若印度公司者存，恐当英国并合印度之际，中国已相随俱尽。尔时英国欲吞中国，易与吞印度同耳。当一八六〇年之交，中国方南北争持，未有所定。清帝北走道死，举国无以抗拒外人为意者。使戈登袭克雷夫之策，以中国之兵征服中国，决非难事也，况益以国家之助乎。当是时葡、荷已衰，法、德未起，在东方无与英争殖民地者。自克列迷阿半岛一役，英法联合助土敌俄以来，英常以法、普之交恶为利，乘其间隙以图利于东方。当时虽以英法联军攻陷北京，论东方之根据，法实无有。英国当时如不但以通商贸易为满足，而求并吞中国，实无一国可以牵制英国者也。假令英国以十年之功，收中国于掌握之中，则法国正败于普，德意志帝国新成，而亚洲已全入英国统治之下矣。使其然也，则今日之大英帝国，非特保有印度莫能摇动，且可以并中国、印度为一团，取世界最大之市场，纳诸囊中，而莫敢窥伺之。非持无此次之战争，即在将来，苟非英国内讧，恐亦无人能问鼎轻重。使吾人为英国人，必不能不痛惜当时英国无人，坐失此万劫不可复得之机会。而吾中国人则又不能不深幸英国之无人，使吾人今日犹有研究中国存亡问题之余地也。

吾不云乎：事有始行之甚易而莫之行者，亦有偶然行之不知其关系之大若是，而幸收其良果者。故吾人追论英之偶然而得印度，偶然不得中国，为英国计者，惜其未收全功；为中国计者，幸其不早覆没，皆从其已事而征其效。然而英国有帝国主义之实行，有互惠关税等等政策，所以保持其偶然所得者，使不以偶然失之也。而我中国则何如，幸不见并于英，且不知戒，而轻心以掉之乎。英国虽失并吞中国之机会，心未尝忘中国也。值法国于战后专力经营殖民地，与英角力，德国寻又起而乘之，英国犹欲以瓜分之结果，占有中国之大部分，以为印度之东藩，补往日之失策。而计划未遂，忽有日本起于东方。日本一出，战胜中国，虽曰从此中国败征益无可隐，而实际瓜分之局，转以日本之突起与俄国之远略而中破。俄国既与土战胜，势可突出地中海矣，而英嗾德以挠之，使不得伸，易志而东图我新疆与彼印度。英国为自保计，不能任俄国之发展，而于东方陆上之力不能制俄，值日本之新兴，遂利用之以为敌俄之具。东方既有此角逐，利益更难平均，因之瓜分说破而均势之说代之。日俄战后，日之地位更固。而英国亦无法使瓜分之际日本满意。日本亦知瓜分之后已国地位无由巩固，力主保全中国。盖法、德之着手东方，为英国并吞中国之障碍，其政策遂变为瓜分。而日本之勃兴，又为欧洲瓜分中国之障碍，再转而为均势保全，于是英国不得不以保守印度为满足矣。虽然，英之帝国，保守印度，固曰足矣。为他国计，亦能容英国之保守印度以为满足乎？人皆知其不可能也。以英国之帝国主义，恃印度以为基础，故英人必百计求保印度，不惜以万事为牺牲也。

六　英国百年来之外交政策

欲论英人之用何术以维持此帝国。不可不先溯之于英国向来对外之政策。

英国自战胜西班牙之无敌舰队以来，其对外有一定之国是，即联合较弱之国，以摧抑当时最强之国是也。当十八世纪之后半期，英国以法为标的，对于法之战争，以路易十四、十五之强盛为欧洲最故也，非修百年战争以来之宿怨，亦非属望于欧洲之领土。惟英国欲维持自国之利益，则不许欧洲大陆有一最强国发生，苟其声之，必合诸国倒之而后已。此对法之战争，结穴于滑铁庐一役。自此以后，至于今兹，百年之间，英国霸权，未尝衰歇。虽然，其间保存维持之业，亦复非一。自法国摧败以后，英国不复忌法。而俄国逐渐发展，势将南吞土耳其，既并土耳其，必据埃及、制红海，而地中海之权失，印度之门户亦不固。故于十九世纪之中期，英国舍法而敌俄；举土耳其而御俄罗斯,动则曰扶弱锄强。当是时,土耳其之奉回教,无异今兹,其苛待基督教徒,或又甚焉;然而不惜悬军远征以助之。今日则曰土耳其之文明已不适于欧洲,须逐之使复归亚洲之故土。狐埋狐搰,翻云覆雨,曾不知愧也。实则前之保土耳其,所以保印度。今恐德因土耳其以取印度,则不能不合俄以攻土耳其也。既一败俄于一八五三年之战,又于一八七七年俄战胜土结约之际,强结德以抑俄。盖自拿破仑败后,英常亲法而敌俄,则以法已失势俄方日强也。

然一方法国自见败于普之后,思有所取偿。而俾斯麦亦欲斗英、法使自敝,因嗾法国致力于殖民地之扩张。于是法国占突尼斯,占阿遮利,占安南,占马达加斯加,而伸张其势力于摩洛哥,于是乎得罪于意大利,又得罪于英。俾斯麦因是收意大利以入于三国同盟,而激英使敌俄、法。英于斯时,实远俄、法而亲德,至其极,遂生东方之冲突。英人自度在东方力不能胜俄,乃乘日本怨俄之干涉辽东割让一事,耸日以拒俄。日本之与俄战,在日人言之,则为取朝鲜也,为保全东三省不使俄人驻兵占据也。自英人言之,则不过日人为英人守卫印度,驱除其东方之敌人而已。方俄之盛,日饵日人以攻俄;及俄蹶日强,则又百方窘日。此即英国百年不易之国是,以为忘恩负义,以怨报德,而讶之者,未知英国之历史者也。

一方得日本以制俄,一方德国之势又日隆,于是英国又弃法、俄不以为敌,而转搂诸国以敌德,然后造成此次之战争。盖俾斯麦之为德国划策也,曰让法取海外之殖民地,而德国自以全力修治内政;内政整理既毕,始可外图。于时法果以扩张殖民地与英大冲突,英国欲专埃及之权,而法挠之,法国欲固其力于摩洛哥,而英国又以直布罗佗之关系,不欲法国占此非洲北岸突出点;两不相下。既而威廉第二黜罢俾斯麦,而图扩张势力于国外,以是经营非洲东西海岸之地,在在与英冲突。英国不得已始与法国协商。法国承认英国在埃及之权利,英国亦承认法国在摩洛哥之优越权。于时俄犹未败于东方也,及俄国既败,英法益亲,法遂实行前约,以兵力干涉摩洛哥,德国乃出而抗议。是时法之外务总长笛卡西与英为约,一旦法、德决裂,英当以二十万兵助法,经由丹麦进攻基尔运(此种计划正与德之强行通过比利时同。英国不过偶未逢此实现之机会而已。何人道公理之可言)。后卒以调停终局,而英之义华第七与法外交总长笛卡西遂始终成就英法联结。统此以观,百年之间,英与法再为敌,再为友;于俄一为友,一为敌;于德一为友,一为敌。要之,当其最强之际,英国必联他国以敌之;及其有他国更强,则又联之以共敌他国。二世纪间,英国之外交政策,未尝变也。其以一国为友也,非有诚意之结合,不过利用之以攻击他国,以友国军队为己之佣兵,敌其所忾而已。及乎强敌既挫,惟有友强,则又转而以友为敌。而英国始终居于使嗾之地位,战则他国任其劳,胜则英国取其利,此则数百年来未尝变者也。故论英国之外交,断不能谓某国必可为英国之友,亦不能谓某国必为英国之敌。抑且除印度及与印度有关之数地外,虽为英国向蓄有势力之地,亦不惮移以赠人。如摩洛哥,固英国宿昔所经营者也,为搂法以伐德,不惜以让诸法。从可知英国向来为破灭欧洲最强之国,不惜以种种为牺牲。而其所以必破坏欧洲最强之国者,不外以保存其帝国。换言之,即不外以保全印度耳。自道德上言之,必损己以害人,信为罪恶。然以利害而论,为英国谋者又何以加于兹。英国之结日、结法、结俄,均以其强不逮德国,故纠合而为之首领,使从于己之支配也。其于土耳其,亦思用此策,以绝德国东出之途,同时又不使俄国得志。然而英人有恒言曰:"血浓于水。"故又常助土耳其支配下之白人,使离土独立而收以为己党,自希腊之独立而已然。而于塞尔维、门得内哥罗与罗马尼亚、勃牙利,又以对俄国之关系,英亦阴袒之。故土卒不甘为英之牺牲而合于德。藉不然者,英国已以土为俄国之饵,而君士但丁久在俄国统治之下矣。不观夫土未与英、俄决裂之前,英国之所以诱土助己者乎。英国上下无不以为土国厚受英之保护,以有今兹。而不计其对俄之宿憤,以为一旦揽致土国,即可乘势满足俄之欲望也。夫英国之利用他国也,方其得势,则牺牲他同盟国以满其欲望;及其势不足以为助,则又取以为他国之牺牲;此其历史已彰彰然明矣。论者以为土苟维持中立,尚可免俄、英之攻击。不知为英之与国者,方其有力,英必乐与以种种之利益,使与惧敌其敌,及其无力,英亦必重苦之以快他国之意。无他,英之求友邦,贵能为英尽力。今既无力,自然应以其国为英之牺牲。譬如饲蚕者,三眠以前,束稿伐桑,昕夕覗候,惟恐不逮;孝子之养父母,无以过也。茧抽丝尽,则命鬻鼎镬,骸饱鱼鳖。今日英之友邦,皆蚕也。其犹得英之承迎者,丝未尽耳。故如塞尔维受俄之命以图奥,即间接受英之指挥以图德者也。首发巨难,亡其宗祐,亦可谓忠于其事矣,而英人之待之固何如。方勃牙利之未附德也,英人不尝与勃牙利议,割塞之地以饱勃之欲,使参战乎。当时议固未成,而英国亦以此借口,谓巴尔干外交失败,非己之罪。夫英国欲饱勃之欲,何不牺牲己之利益以求之,何不牺牲俄之利益以求之,而必以塞为牺牲者,塞之力已尽,勃之力方可恃也。亚巴尼亚非塞尔维日夕所想望者乎,以人种言,以地理言,皆近于塞,塞以外无通海之途,迫而与土战,倾国以争此地,卒为奥所抑,不能逞志。今者塞既为奥所败,若以英、法之援而得亚巴尼亚,固曰义当尔也。然而英、法为联意计,不惜以亚巴尼亚为意之势力范围。观其所以待塞尔维者如此,则知假令土耳其附英、俄而敌德、奥,英国亦必不保护土耳其以令俄、英觖望。此无他,土之力先尽于俄,故其利益不免为俄之牺牲也。今试观察此全战役,英之得与国,有不以利益饵之者乎。如其于意大利,于罗马尼,所谓参战条件者,非土地之豫约乎。其于日本,非以山东与南洋诸岛为饵乎。其以利诱勃牙利,诱希腊,而不成者,更不可悉举。而问其所以许与人之利益,有一为英国自所捐出者乎?无有也。非约取之于敌,则使友邦忍苦痛以与之。英国之利益不伤,而有力之国,皆用命焉。此真蚕人抽茧,豆人煮豆之术也。刍狗之未陈也,被而祭之。既其陈也,驱车以轹之。大英国不仁,以万国为刍狗。塞尔维罹其网而丧其邦。土耳其幸不从英而已,其从之也,欲俄国之进兵,必以亚美尼亚、君士但丁与俄;欲勃牙利之从,必又割其西偏以与勃;欲希腊起,又将割其西南以与希。夫巴尔干诸邦，皆为可左可右之国，而无国不有领土之野心，故土耳其苟为英友者，巴尔干诸邦必悉袒英。非土耳其之声号足以来之也，其膏沃形胜之领土，足使诸国奔走熙攘；而来者逾多，土境逾蹙；英收其利，土蒙其害。故苟无其力，慎勿为英之友。苟无其力而为英之友，必不免为英之牺牲。若其无力而欲免于牺牲，中立上策也。不然者，与其为英之友，无宁为英之敌。此无论英之终局为胜为败，必无疑义者也。塞尔维与土耳其，其最良之标本也。南洋之矿山主，买人以开矿，其未至也，优之百方，虑其不至也；一旦入工所，计无所逃，则畜类遇之矣。英之所以待友邦者若是而已。为国者其将师塞尔维乎，抑将师土耳其也。

则有问者曰：英之不欲牺牲自国利益，固也。均是以他国利益为牺牲，何必友邦？虽中立，英国亦何所爱惜，而不害其利益？曰：是非不欲也，不能也。英之友邦，得友之名而已，其举动皆惟英之命是听。故英国用其力，则为之保护其利益；不用其力，则求善价以沽其利益，有保护之权，故亦有赠与之权。譬如摩洛哥与埃及之交换，英苟无力于摩洛哥，法岂肯以埃及与为交换；法苟无力于埃及，英亦岂允以摩洛哥与之交换。故微生高乞醯其邻，以与乞者，邻既以醯与高，则醯固高之醯也，不必问其所从来，乞者终戴微生之德。若微生使乞者自乞诸邻，则邻犹中立国也，虽所与不止于醯，人惟感邻之惠，而微生不与焉。此犹中立国之利益不足以为饵，而英国之急于求友邦，若不暇择者，非以其力足恃，乃以其利益可以为英国牺牲也。中立，于此乃可见其真价矣。

英以此政策行之二百年，以致今日之盛大。每于战胜一强国之后，英国若无所利于欧洲之土地者，于是以义侠自鸣。试以英国政治家之心理，置之检镜之下，知其言之必不由衷也。英国之领地偏于世界，无论何国，苟于欧洲有优越之权力，即于英国对于殖民地之利益生冲突，从而英国为保其殖民地计，不得不与之战。使其强国所志，在于他所，如法与意，目的只在非洲北岸，犹易妥协也。然既在欧洲为最强之国，则必不以是为满足，其目的必在于印度，而无印度是无英帝国也,故英国尤不得不合他国而与之战。惟其谋之于未事,制之于未形,故人但见为仗义锄强;而不知其举措无一非为印度之保全计也。

虽然,自有此空前之战争,而英国地位已大变。平和而后,将仍持此策不变乎,抑且改弦更张乎?此现在所须研究者也。吾人以最上之智慧,绝对之忠诚,为英国谋将来保全印度维持帝国之策,则有其必变者,有其必不变者。以最强之国为敌,此必变者也。以较弱之友邦供牺牲,此必不变者也。英于此战争以前,每摧抑一强国,必得数十年之苟安,于此从容以备他国之兴。其所破者,创巨痛深,数十年间,未得复起也;其所防者,数十年未及长成,已逢英之摧败矣;故其政策可以无变。自德之兴,而英国之步骤乃乱。方欲遏法,法未衰也;又以防德之故,不得不助法。方欲遏俄,俄未全败也;又恐日之一盛而不可复制,于万不得已之中,巧收俄、法以敌德,而劫日本使从之。辛苦十年而后得今日合纵攻德之结果,平心而论,从英国者为祸为福,故不与计;英之外交,终不可不谓之大成功。然而其成功同时有为英所深不愿者。何则?假令战而胜德,德未成死灰,复燃未可知也。法纵不加强,俄必坐大。自从战后,俄、日知互角之不利,故两国各相亲而疏英。德国覆没之日,即俄、日鼎盛之期,英欲与俄为敌,则无与制俄者。且前此使日敌俄,英之元气,未尝伤也。今与德战,虽幸而胜,国富民力已殚矣。是不惟不能自与俄战,即欲他人与俄战,亦莫为用。何则?土塞之教训,已深入欧洲诸国政治家之心,英欲再求忠诚之仆如塞尔维者,终不可得也。往者英为盟主以攻一国,丰功伟绩,英人尸其大部,故其敌固畏英,其友亦畏英。至于此战,则群知英之易与,无复尊崇之心,其于战后无复宰制欧洲之望,明矣。更假令英国于此役不能战胜,则俄国已晓然于英之不亲己,将来必不尽力;即日本亦必深悔从前之误,舍去不援。当时之国,仍以德为最强(现在德国胜利之势已可推,即成为美总统所谓无胜败之媾和,德已居最强之位)。英欲以德为敌,在今日尚不能有成,何况今后。此又事至明白,无可讳言者也。然则英国为将来百年立计,不得以最强之邦为敌,必以最强之邦为友,相与中分世界之利益而俱享之。自己国以外皆可以为牺牲,而其选择牺牲,由亲者始;此即英国所以报其倾国以保卫印度之友邦之厚惠者也。

七 协商国胜后之英国外交

主加入协商国者,辄言协商国必胜;反之者,多言协商国必败。夫以为胜而附之,与以为败而去之,本为一国之道德上绝不能容许者。而主张之者必计较利害。若曰,苟有利焉,无恤乎道德,此亦一说也。今姑无与争协商国之胜败,试与设想,协商国全胜之后,英国之地位如何。今日英国所恃以敌德国者,非英国之力也。英国以几及二倍之海军,不能封锁德之海港,而肆德国潜艇之跳梁,拥五百万之大兵,而其战功略不可纪;于海、于陆,皆失其威信,其犹得执协商国之牛耳者,能为经济之援助耳。暨乎战后,英国更无可以制人死命之武器,则代德而雄于欧洲大陆者,必有其国。法之为国旧矣,且于此一战,实已殚其精力,不能于战后骤望发展。意虽旧邦新命,而其海陆军两无可恃,在今日以最有利之状况进战,尚不能得志于奥国;至于战后,意已成孤立之况,在英、法尚视为疏远,在德、奥则积有深仇,其不能为英患亦明。其在东方,则英国可袭十余年以日制俄之策,引美国以敌日本。所不可如何者,俄国而已。俄国自十八世纪之初,彼得改革以来,无时不有并吞世界之计划,所谓彼得遗训者,久已为世人所公认,而俄国之地势,实又足以成之。盖俄之为国,在欧洲为受敌最少者,其北则北极之下冰雪之区,其东与南皆为荒野之国,力不足为俄害,而其土地则足以满俄国之欲。其向来有战争,皆从其西面或西南面而起,其胜则略地增长势力,不胜则退婴其天然之险,人莫能屈之。征之于历史,彼得与瑞典王加罗十二战,尝一败矣,而不为之屈;休兵八年,卒复其仇,获波罗的海之地。此后,又参与七年战争,遂乘波兰之弱而分割之。及拿破仑战争之兴,屡为法国所败,而拿破仑终无如俄何。一八一二年,法人悬军远征,以破竹之势,大胜于哥罗提诺,遂占莫斯科;然终不得不退兵,以自致来布芝之覆没。俄国虽败,不为法屈,而反以屈法者,其地利使然也。十九世纪之中叶,俄得伸志于土耳其,会英法之抗拒,君死军败,地削垒陷,乃至黑海舰队之出入,亦不得自由。然而俄国之力,毫不以是摧败,又东而出于波斯湾。俄之经营中亚细亚也,自十九世纪之始而已然,至一八七三年,占有里海之要港加斯福斯克,遂进而吞高羌,又窥阿富汗斯坦,以与英人利益冲突,波斯遂为英俄两国之争点。迄一九〇七年,英俄始为协商,波斯北部为俄国势力范围,其中间为中立地带,其南则为英国势力范围;以是三十年间之努力,终不能达占有波斯湾之希望。其在东方,又遭日本之打击,并其所已有之地盘而失之。若是者,在他国有一于此,必为败亡,而俄罗斯自如也。其胜则威瑞典,收芬兰、割波兰,取中亚细亚;其不幸,亦不过莫斯科之退军,斯巴斯图堡之城陷,柏林条约之改订,旅顺南满之退却,波斯湾之让步而已。故俄国挟此自然之地位,先为不可胜以待人之可胜,英国固无如俄何也。

英国之外交微妙而敏迅,吾人不惮称为世界之最,且尤不能不佩敬其主持者有远识而不摇。即如今兹之战争,英国本为间接之利害关系,直接有关者固法、俄也。德国之压迫法、俄,以其优越之陆军力也。使法俄而退让者,德亦未即侵及英国之封。然英国知苟德国得志于法与俄,即为世界最强之国,至尔时英始与德为敌,则无所及,故豫料德国之必为己害,而先联法、俄以攻之。夫法与俄诚有恶于德而结同盟,而于德外交固向无冲突;至摩洛哥问题与波、治二州合并问题起,始成葛藤,渐演成以战争解决之局。而此二事皆有英国居于法、俄之背后,励其决心抗德;此英国外交之用心,固远非凡人所测也。此次战役,英国本尽有中立之余地,而英不顾也,不惟不顾中立,且其正为商议调停之际,忽以曾向德使警告德国须豫定甘与英国开战之言,告法使。此其强硬,固不得不谓之有计算有斟酌之行动。抑且对于德国之提议保全法国本国及殖民地以求英国中立,及问英国如德能尊重比国中立,英国亦能中立否?英国概以行动自由不受束缚,不能豫约中立,复之(故英国谓为比利时而战绝不可信)。此皆足证英国苦心孤诣,不欲法俄独与德战,而勉加入焉,正以其深忌德国故也。其忌德国,非有他恶感,亦畏其强耳。然去德国而得俄,其足为英患无异。且往日德之祸法、俄为直接,而祸英为间接,故俄、法为英用;异日俄起,则直接受祸者惟英国,此英国所甚无如何者也。俄人方为英攻德以获利,而英又联他国以攻俄,则人将尽以俄为戒,不敢为英尽力,此又英国政治家所逆见者也。且德既败,则必弃其东进之策,而与俄无利害冲突。法、意本与俄近,美国本不干涉东欧、中亚之事,日本又已先事亲俄,英国欲求俱与敌俄者,必不可得。无已,惟有改其故步,因利乘便以联俄。虽然,联俄非可以口舌毕其效也。英国欲收俄国不侵印度之利,必先有以利俄国,而所以利俄国者,又须为英国势力所及,不徒以口为惠。故如以非洲饵俄国乎,则非洲之领有。不过稍增其面积,毫不足以为发展之资。且如媵以埃及,则英国与印度之联络,不得不复于好望角之旧途,此为制英国之死命,英所不能容许;即俄国占有此非洲北岸,亦终无由满足其野心;明也。将在亚洲方面为让步乎,则收波斯、阿富汗斯坦于俄国城内,益以危印度之边藩;而俄之野心,亦断不能满足。故结局欲与俄联,须捐印度;英不捐印度,则须求与印度相当者以赠俄,则在今日有为第二印度之资格,而为俄所满足,无逾中国者矣。故英、俄交好之日,中国必不免为同于印度之牺牲。

盖凡所需乎殖民地者,以本国生齿日繁,富源已尽,借之以免人口过剩之患也。然其所求以为殖民地者,如为荒寒待辟之区,则必费多额之金钱,始可望其发达;而发达之后,又恐其羽毛丰足,背弃母国。故英之殖民也,已失合众国,又将失澳洲、坎拿大。此无他,新领地之生产力,一由移住之人成之,其本有之人民稀少,无生产力,因之亦无消费力;及其培植成功,则其生产者又足自给其消费,而无以益其母国。夫人民乐故土,多亲族友朋之牵率,利不什不徙其居。得殖民地之国所最希望者,其殖民地能供给己国原料,同时为工业制品之销场;因之,使本国之人,可不出国门而得丰足之给养。惟然,故需其殖民地本有多数之人口,且为勤于工作者,则其原料丰富,而其消费力亦大加。彼全由本国人开辟者,始则无此消费力,终则成为自给之组织,不可得而压抑也。惟对于异种之人民,可以不公平之待遇,使常安于低级农夫之位置,而永收贸易之利,以为己国工业品之销场。故今日之世界,求得新领土者,必以此为最上之标准,而中国与印度其首选也。

为俄国计,均可以资己国之发展,则亦未尝不乐舍印度而取中国。盖俄国于西伯利亚铁道复线之输送力之下,久有北满、外蒙、新疆之布置,成一包围之况。苟英国助俄以抑日,则其南下犹行所无事耳。是故,英国于战后苟欲与俄更为协商,俄必乐为承认。于是英国可收阿剌伯、波斯、阿富汗斯坦诸地以及西藏,而北以高加索、昆仑两山脉,及里海为天然之境界。此局既成,则法意及巴尔干诸邦,均立于英、俄之下位,而地中海两岸之地,悉成英之势力范围。英之指麾欧洲大陆,无异今日指麾西、葡;而英与俄一为海王,一为陆帝,两不相妨,百年之安,可坐而致也。此英国战胜以后之态度,不难豫想。如使英之政治家,于此战后千载一时之机会,尚不知出此为英国谋此上策,吾不信其为真爱英国者矣。

八　协商国战败或无胜败讲和后之英国外交

今更豫想战败后之景况,则英国为此决战役之首领,同时握有媾和之权,故常能于有利之时机为媾和;若欧战以无胜负终,媾和之时期,亦惟英国决之。所以然者,英国及协商诸国,始料以数倍之力加于德、奥,则战争可不期月而决。既而事与愿违,寖成持久之战,于是俄国屡有媾和之说,法国凯约一派亦有平和运动。英国察而先制之,遂成所谓非单独媾和条约,日、意后亦加入焉。以此约故,各国非得英国之同意,不能媾和;而英国欲媾和时,自然能得各国之同意。盖于财政上英国对于法、俄,实有操纵之力;而对法之煤,对俄之武器,一旦断其供给,皆可以制其死命,虽欲不同意而不能。故非单独媾和条约者,不啻以媾和全权委之英国者也。挟此媾和之全权。以与德遇,无论胜负,英必能使德国对于英国之提议,乐为承诺,以为日后之亲交地步。故虽在战争中,英国常握有可得与德接近之地位,而其实行则视左之二条件:

一、英国有联德之必要否,此本章所当论者也。

二、各协商国守约之能力如何?今日俄国已屡有单独媾和之传言,意国亦公表德、奥若加兵,而英、法不能为助,则势恐不能支之意。俄、意能甘居比、塞、门、罗四国之惨境与否,不失为一问题。若竟单独媾和,则英失其巨利。

英国既握此全权,则于协商国不得胜时(包以无胜负和之场合在内),英国必思所以利用此者。而英国之地位如前第五章所述,不能用百年来旧策,以最强之国为敌,即当以最强之国为友。协商国如不得战胜之结果,德之军国主义决无打破之期,罢战之后,最强之国仍是德意志。则豫言英国之亲德,决非妄测也。

德之形势与俄反对,故其立国基础,其历史,各不相同。俄为负嵎之国,受攻击者只有西南方面。复有沼泽之阻,与严寒冰雪之困难。德则不然,其地四战接境之国,旧不相能。故俄以退婴持久立国,而德则不能不猛进。征之近世之史,俄虽屡败,不见其损;而普鲁士自有国以来,非战功煊赫,即国势衰颓,决无能暂时保守之理。而其军制,经三度之改革,即三树功名。始以非烈特力大王之力,发挥其军国精神,遂一跃伍于强国。拿破仑战争时,一旦败衄,即全国失所倚恃。王后路易沙以为法所侮,其倡复仇之议。当时以法国之限制,常备军额极稀,商何斯德乃采用续备兵役之制,豫养成多数之军队。于是在拿破仑战争末期,普之兵威,在大陆诸国上。暨乎威廉第一再改革兵制,扩充军备,即破奥,破法,建造德意志帝国。盖以其地形无自然扩张之余地，一出而图发达，则有战争；一不利于战争，则阻其发达。其为国如是，故协商国一不得胜，必且见德国之伸张其势力于世界。而无论何国，苟新伸张其势力，必不免与英国利害冲突者。又英国挟有若许殖民地之自然结果，前所已述者也。

英国对于此德国之发展，将何道以御之乎？以力，既一试而知其不可矣，则惟有与之均分利益，一如战胜时之亲俄。盖非然者，德国之发展，必先见于地中海而埃及危，又见于波斯湾而印度危。亡印度则失其本根，此英国所不能堪者也。英国非不欲长为欧洲之雄，不使一国与之比肩称霸。然以事实言，则战胜亦万不能达此目的，乃不得已而有与德提携之事，此则所谓必要生出可能者也。

英国为达此目的故，于德国不愿与英接近之际，常尽力打消和议。使德人知其然，而复以适当之条件满足英之愿望，则由英国可以主宰媾和。盖当英国订此非单独媾和条约之时，固已决定能梗和议，又能促成之者惟有英国。则德之于英，特与以便宜，持为不破坏和议之条件者，虽使协商国战败，亦不难想象其然也。

英国既有联德之必要，又非不能联之者，则亦不能不筹画所以满德之欲望者矣。德于非洲，虽亦有领地，然横贯非洲之策，今已不能实行，而实际但以非洲沿岸为殖民地，于德人更为觖望；即在波斯方面，德人之经营，不过以为进取印度之准备，亦决不以但取中亚细亚为满足也。于是英国为图满德国之欲望，必当以中国为饵，与其联俄同。夫两国之联盟，匪以其条约而有效者也；真正原因，乃在其利害之共同。英国本无急切与德冲突之必要，业如前章所已言。此次交战，既不能达摧抑最强国之目的，英国为保其存在，不得不弃其所欲得之利益，以保其所已得之利益。而德国苟以英国之助，得其所欲得之利益，即为利害共同，而联盟之事自生。譬诸意大利，本与法为近属，且得法之助以立国；而一旦争非洲北岸之地，与德、奥有共同利害，则加入三国同盟以敌法；及其战土以后，利害与奥冲突，而对法缓和，则又复活其同种之感情，与建国之旧恩。故知国际恩怨要约，两不可恃；同种云者，亦不过使利害易共同之一条件。其他感情上之事实，随时而变更，非可规律久远之政策也。欲两国之真正利害共同，必能有割舍之决心。所谓协调者，各着眼于永久之计画，于将来两国发展所必须者以交让行之。若是则德人可抛其窥取印度之心，并抛弃其经营非洲之计画，而专意经营远东。于是乎，可以仍为帝国，而德亦可快其东向之心。故战后之英、德同盟，为自然之事实。

又自历史言之，自非烈特力大王以来，英国非与普为攻守同盟，即守严正中立；除此数年间短期之冲突外，英德之间，本未有葛藤。言其种族，则盎格鲁撒逊，固亦条顿之一分枝，而其交通往来无间，德人之血与英人之血，递为灌输，其亲密乃在法、比之上，英、美、德、奥相去真不远耳。一旦释兵解仇，则条顿同盟成立，比之德、奥之同盟尤为易易。故闻英、德同盟而惊者，殆未知历史者耳。世人有疑此者，请视日、俄。日、俄以倾国之力相搏，事才十载；日、德之宣战，距朴资贸斯条约，不过八年有余。当日、俄媾和之际，吾在东京，亲见市民热狂，攻小村和议特使为卖国，以桂总理为无能，焚警舍，击吏人，卒倒内阁，舆论未闻有赞成和议者。曾几何时，而人人以狂热欢迎俄人之捷报。夫感情随事而逝，亦随事而生，一国当时之外交，必决诸恒久之利害，决不能以暂时之感情制之。以日、俄之前事，可以判英、德之将来矣。不宁惟是，英之于德，自俾斯麦退，始肇失和之端；自英王义华第七访法，始定拒德之计。然在三数年间，奥国并吞其委任统治之波、洽二州之后，德国即向英国提出亲交之议；及一九一一年摩洛哥事件结束后，英国又派其陆军总长哈尔田秘密赴德，共议协合之法。其条件之详，虽不可知；而其主要之点，为两国减少其海军扩张竞争，及有事时两国互守中立，已显然共喻。后其交涉卒归不调，要之，两国皆非无意。此事在英人言之，以为无伤于法、俄之好。然其实际果如是乎？一九一一年英国外交总长葛雷在议院演说之言曰："新友虽佳，若云得此须失旧友，则所甚厌。吾等尽所有之手段以求新友，然决不为是而绝旧友。"其言则善矣。然当哈尔田赴德之翌日，法、俄驻英大使急趋英国外交部，人皆知为质问哈氏赴德之事件,则葛雷之演说,果能不爽乎?此交涉不过终于不调而已。设其成立,则英、德之联合,早已实现;或者并今日之大战亦不发生,未可知也。而谓英国战后不能与德同盟乎,英国以通殖民地事有名之约翰斯顿,于大战开始前一年,著《常识外交政略》一书,谓:“英国上下正注意于意、土战争一问题,以中欧之军国主义、征服主义、武力主义为忧。其实英、德妥协至易,而英、俄调和至难。英欲与德接近,则容德国之出亚特力海及君士坦丁,则在大西洋英国可以避与德冲突。”此即代表战前英人不愿与德开战之一部分人之心理者也。此种思想,于战后最易传播,又无疑也。

故战后英、德之接近,在英国有其必要,有其可能,而以非单独媾和条约故,又能收德国之好感;则战后之以中国为交换目的,又必不可逃之数也。

是故英国无论为败为胜,英国国运皆有中坠之虞。惟有改从前之政策,结合强者,与同其利,始可自计百年之安。与人同利而不自损,则必于向属己所支配、有可借口视为己从属之国,掬其利益,以饱贪狼。此无间于为德为俄,中国必先受其痛苦。而以其人之性质,及其智识之差等而言,俄人之待遇中国人,又较德人为酷,征之前史,无可讳言。彼主张协商国之必胜,而欲加入者,以为协商国胜后可得若许之利益,增若许之光荣;不知俄人之在其后,其惨状乃恐较协商国之不胜,为尤甚也。无论协商国之胜否,中国加入,必为英之牺牲。故无论胜否,日本必受中国加入之恶影响。假令英国以中国属俄,必复其前日南趋之故步。南满、朝鲜,先不容日人之鼾睡,此可无疑者也。日俄近虽结协约,不外利益之调和,俄以此一心对德。至于强敌既挫,俄国与英亲善,自然可择取东方膏腴之地,以快其心。英既欲俄不取印度,则将于中国助俄以抑日本,此皆理之所宜有者也。然则日本将何以自处乎?南进则与英冲突,北进则与俄冲突,自守则不足,求助则莫应。故英、俄之结合,即日本国运之衰亡,亦即黄人势力之全灭,亚洲之永久隶属欧人。事至显明,无劳思议。反之,英国不胜而联德,则德亦将继俄之位,抑日本以自张。故中国加入之前途，不特中国存亡所系，亦为日本兴衰所关，此亚洲同人所当注意者也。

九 中国之存亡——其一

综以上四章所述，可见英国离去印度必成为三等国。而向来保印度之法，恒有压抑欧洲最强之国，使居己下。至此战后，势不能不改其策，非联俄，则联德，而必以中国为牺牲，始可以保全印度。英国人之外交眼光之远，其计划必不出于吾人以下，则于此战未了结以前，豫储其战后之资料，以便与俄或德开妥协之途。此其事实，殆为公然之秘密，无事掩饰。特是为此种材料者，自甘投入英国之支配下，而待刀俎之施，为可伤耳。英人所以百计劝中国加入协商者，为此故也。

论者必曰，我今不加入，祸在目前；加入协商，祸在日后。我国既无防卫之力，即使仍旧维持中立，何能保英国不以我为牺牲；不如及此时机亲美国，以图公道之援助。此说非无一理，然不可不知者，在今日我国决不能以无端之胁吓而畏缩。故目前之害可以不言，在他日美国决不能为我利害无干之国，与世界至强之国为敌，故不可恃。欧美之人，言公道，言正谊者，皆以白种为范围，未尝及我黄人也。美为平等自由之国，亦即为最先倡言排斥黄种之国。今日美国与我和好，或有同情之语调；若在将来英、俄、德合力图我，美国又岂能与彼抗争，倾一国以为异种人正义公道出力乎。不观之高丽乎。英、日既合，高丽合并将成，首撤公使不应高丽之求援者，亦美国也。高丽识者衔日本之并吞，尤恨美国之始为耸动，中间坐视。昔人所谓："上人着百尺楼，掇将梯子去。"美之于高丽，势有若是。虽然，此岂可以咎美国哉。高丽存，则日本有不能发展之患。高丽亡，美国无过商业上间接受极微之损失。以彼美国暂时之同情，敌此日本人存亡得失所关之决心,其不能胜固无惑。然则高丽之亡,恃其所不可恃之为殃,而非美国之咎也。今者中国又将为高丽,而使美国再冒此坐视不救之恶迹;及其事过境迁,始追论今兹之所画,悔其谋始之不臧,抑何及矣。且美国苟能助我,本无间于我国加入协商与否。今日即无加入之事,美国之好感初无所伤也。

论者或谓中国之破中立,不自今始,自龙口许与日人上岸以后,已不得德人之好感;至于绝交以后,即不宣战,中立亦决不可恃。为此言者,可谓大愚。中国之中立与否,论其人之所以自处者何如,不可徒以形迹判。且过失非不可挽回者,无取文过遂非。龙口登岸一事,日本以势相驱,实即间接为英国所迫,非我政府之本意,人所共知。易曰:“不远复,无只侮。”不亦可乎。受人迫胁而破中立,不可也。然其破中立仅以受人迫胁之故,则一旦能守其正义,不受迫胁,即可以湔洗前过,自保其尊严。故使有龙口之上陆,而无过激抗议之提出,中立可维持也。有此抗议,不至绝交,可维持也。绝交后之今日,假令能不加入,犹为最后之补救时机。绝交之后,仍不受迫胁以加入协商国中,则虽已绝交,未尝不可补过。过贵不惮改,罪莫大于遂非。使中国于此时机,示其决然不可强迫之态度,则人将益服其勇决,不敢以协商国之从属英国所指挥者相视,即欲牺牲我,亦有所不能。善乎始以善乎终,固所愿也;不善乎始而善乎终,亦所难也。以能人所难示天下,即自免牺牲之一手段。彼以为前此已破中立,故今日无审慎之余地。吾以为惟往日已被迫胁而破中立,乃至绝交,今日尤不可不立一矫然不屈之态度以补往昔之过,而来日可恃以自存。彼龙口之进兵,以至绝交之通牒,视以为今后之警鉴,可也;以为遂非之理由,大不可也。

至于仍守中立,不保无以我为牺牲之事,此固智者之所当虑也。但不可不知者,加入协商国,则牺牲中国为二国之利,而仍守中立,则牺牲中国仅为一国之利。加入协商,则此后必以中国之利益,补强而未有充足领土者之缺憾;仍守中立,则向可希冀他国不争我而争印度,徐谋补救。是故加入协商国,则中国终不免于亡;而仍守中立。尚有可以存之理由。故加入问题,即中国存亡问题也。

今且离战争而论,所谓欧洲强国者,有不具侵吞中国之能力者乎。侵吞中国之力既具,而不侵吞之者,一以均势之结果,一以经营之便利也。均势之说,人所共知,不烦多说。至言其经营,在各国亦常觉中国于未被侵略之际,所以利列强者已属不赀,无事急于侵吞;于是常思尽解决其它问题之后,始着手以并吞一完全之中国,不欲于时机未熟之际,强起纷争,已既不能专享其利,又使人疾其为天下先,故分割之议一变而为保全之说。夫中国苟守中立,始终不变,则其状能亦复与前无异。即使德国全胜,英不能以中国为饵,而得德之欢心。又使俄国独强。英以中国示恩于俄,俄人亦不感谢英人。何则?在东方英国商业虽盛,不能自诩有独力指挥中国之权能,此事实自开战后而益显。英国如不能以中国置之协商国中,则他人侵略中国,英认许之,不过一寻常之友谊,非可以示恩也。英国认许既非恩惠,则将来之最强者,亦不因是提议而有与英联络之必要。抑如上所历言,协商国胜,英不得不联俄,协商国不胜,英不得不联德;从英国一方面言之耳。而既胜之后,俄若德者果有联英之必要乎,此当视英国所以与彼之利益如何耳。英国未能以中国作为自己所领有之一种利益赠诸德、俄,则德、俄本无所得于英,何必合其近而远是谋。如使和平以后,德、俄不以联英为务,则其所争之地,将先印度而后中国。何则?彼若先得印度,而破坏大英帝国,则其余力以领中国,尚犹可及。抑且但得印度,已可达其目的,又不必汲汲图取中国也。而察俄、德数年之经营,与此次战争之发起,苟非中国自投旋涡,惹起乱调,则战乱结后,俄、德之所求,必为东欧、中亚之势力,即以埃及、印度为目标。俄国自败于东方,即与日本为协约,抛弃远东之经营,而致力于东欧。英国既许以君士坦丁之占领,又与划分势力范围于波斯,乃有此战。俄人于此战而胜,必且合罗、勃、塞、门隶其麾下,而据有君府,降土耳其以为附庸,埃及即在掌握之中;又必从高加索伸其权力于波斯,此两方之交通设备,均已于此次战役,陆续准备完全,俄国将因而用之,进窥印度。夫英国有联俄之不得已,而俄国无联英之不得已。等是以强力取之耳,图中国则英为之助,日本为之敌;图印度,则日为之助,而英为之敌。其势相亚,而俄国既得中国之后,欲还取印度,则英国生聚教训之能事已毕,得否未可知也;先取印度,则日本尚未能取中国,中国之利益依然存在。为俄国计者,未尝不以取印度为较有利也。即在德国亦然,德国所谓柏林、伯达铁路政策者,本将取波斯以通印度。战胜而后,必翕合勃牙利、土耳其,吞塞、门、罗三国入于联邦之中,故其东境已接波斯。取波斯所以取印度也,其准备既久,骤更而东取中国,必更为甚大之经营,此亦非德之所利也。故苟非以中国置之协商国中,从于英国之支配,则人将各择其简易者,必先印度。

抑犹有不可不知者,中国今为世界所同享利乐之市场,未尝于一国有所偏袒。故从经济上言,即不占领中国,未尝不可以享中国之大利。开放门户而领土可以保全者,以其开放之结果,所以利各国者不亚于占领也。惟然,故各国能于商业上有优越之势力,当然享中国较多之利益。从此一点而论,中国即依然独立,占有印度者已可握有中国利益之大部分。虽然,若反之而占有中国,毫不能因是于印度占何种之便益,此即中国向来所以幸得自存者也。中国惟不袒于一国以害他国之利益,任之各国自由竞争,各国营有享其利益之机会,而不必致力于占有。如能中立不变,各国皆觉瓜分中国不如存置之利为多,必至中国自示其偏趋一方之意,然后他人有亡我之心。由此而论,假令英保印度,而俄若得占中国,则占有中国者永无占有印度之机会,且并不得分其利益。若德、俄夺英之印度以为已有,中国之利益犹在,日本决不能独占之。是得印度同时能享中国之利益,而得中国不能同时享印度之利益。此所以为德与俄计,联英非计之至上者也,取中国非利之至大者也。惟中国自进而乱此局,使英国借以示恩,英之计划始能如意。故曰中国加入,惟英国有利。中国既加入,则英国可以中国为牺牲。故加入者,召亡之道;中立者,求存之术也。

加入之后,英国可认中国以为己所引率之国,故当然有杜绝他国并吞之地位；而其容许并吞即为一种之惠与。得其惠与以占中国者，有利益矣；而以中国与人者，亦得自保其利。故曰，加入之后，牺牲中国，为两国利。夫为两国之利，而以一国为牺牲，其视以一国之利，而使为牺牲者，尤易成事实，不待言也。

凡论一国之事，当各就其利害之端不可移易者，以为基础，而各为之想象其所取之策，孰为最宜，因之可以决己国之趋避，决不能徒诉诸感情。今人动谓协商国战胜有朕，故欲加入，以博同情，而收列席讲和之利益。不知战胜者分配利益，以各国利害为衡，非以一时感情所能动。试观拿破仑败后，维也纳之处分，可以知之矣。当时荷兰王以背大陆条例忤拿破仑废，各国即举此以罪拿破仑（奥帝于莫斯科败后出为调停，尚以复荷兰为请）。顾拿破仑败后，所取以酬英国之功者，非法之属土，亦非罚助拿破仑者而夺其封也，乃择荷兰之属地，取其最要枢机之好望角与锡兰以为之报。世以为但得依附胜者末光，亦能收遗秉滞穗之利；岂知其同盟虽战胜，而已不免削地，有若此乎。维也纳之会议，奥、法、英、普、俄议定处分之案，而使列席诸邦承认之。是知强者虽败，犹有宰割之能。弱国而图依附强国以佳兵，即令得胜列席议和，犹是听人宰割。胜败皆蒙其祸，惟有中立，可免无因之灾。勿谓协商国胜算既明，遂以国供一掷。须知此际中国欲免危亡，惟恃中立，无他道也。

夫治国有必亡之道，而无必存之术。凡所谓亡国之原因者，有一发生，即足亡国，而单防止一亡国原因者，未得谓国基已固不忧亡也。故不中立必亡，此可证明者也。中立必存，则所不敢言也。然而在此时代，外交之主旨，亦略有可言者，顾非若今人之必倚某国而拒某国。今之论者，或主亲美以排日，或主亲日而排美，皆非也。日与美皆有可亲之道，而亲一排一之策，则万非中国所宜行。今以日本论，其关系可谓亲矣。而中国之亲日，必使日本不与美冲突，然后可完全遂行其扶助中国之任务。中国官僚好引美国之势力以拒日，此大误也。若但以兵力论，日本固不如美国。美国前十年海陆军之力，几于无有，虽欲远骛，势所不及。十年以来，翻然改变，岁造超无畏舰二艘，海军力逐渐凌驾日本。去岁更提新案，于向来制舰之外另加十万万元，以之制成超无畏级战舰十，巡洋战舰六，期以五年成之，今岁改促其期为三年。及与德绝交，更通过十万万元之制舰费；宣战之日，又决定战费六十八万万元，其中亦有十万万元属于海军。不特此也，依最近所发表制舰计划，更有空前无敌之设计，即在战舰排水量加至八万吨，速率二十五海里，而备炮则为十八寸十五门。此类之舰，一艘费一万万，而其炮力比之现代之超无畏舰不止三倍。其舰数以五艘以上为率，其长及深可以通过巴拿马河而无阻。反观日本之海军，则数年之后，才得完成八战舰、四巡洋战舰之一队而已。两者相比，其不敌较然。故曰引美以排日误者，非美不胜日之谓也。使美国战而胜日，于中国无所补，而于美国、日本皆有所损。日本而败，大者国破，小者地削，其损无俟言矣。为美国者，果有利乎？倾国家之财以张军备，即能胜日本，元气已伤，所冀者不过获中国之利权而已。美国固向来于中国之利权最少野心，此世界所共知，抑其地势宜然也。今使摧抑日本，亦不能有最上之权力于中国。今日欧洲战局，虽难豫料，而和议定后为最强者非德即俄，业于前数章详为论述。此二国者，若中国加入吞并无余，则美人无希冀之余地，固不待言矣。即令中国以中立故，犹得俨然成国者，彼俄与德，果能任美国于中国取特别之利益乎？必不能也。既胜日本之后，利害即与德俄冲突，因之更须与一最强国战，而以美国今日状况推之，美国尚未有此制胜之能力。然则美国之倒日本，适自召强敌之接触，终于两败俱伤，非日本之利，亦非美国之利，尤非中国之利，明矣。中国今日欲求友邦，不可求之于美、日以外。日本与中国之关系，实为存亡安危两相关联者，无日本即无中国，无中国亦无日本；为两国谋百年之安，必不可于其间稍设芥蒂。次之则为美国，美国之地虽与我隔，而以其地势，当然不侵我而友我；况两国皆民国，义尤可以相扶。中国而无发展之望则已，苟有其机会，必当借资于美国与日本，无论人材、资本、材料，皆当求之于此两友邦；而日本以同种同文之故，其能助我开发之力尤多。必使两国能相调和，中国始蒙其福，两国亦赖其安，即世界之文化亦将因以大昌。中国于日本，以种族论为弟兄之国；于美国，以政治论又为师弟之邦；故中国实有调和日、美之地位，且有其义务者也。妄人乖忤之计，讵可信耶。夫中国与日本，以亚洲主义，开发太平洋以西之富源；而美国亦以其门罗主义，统合太平洋以东之势力；各遂其生长，百岁无冲突之虞。而于将来，更可以此三国之协力，销兵解仇，谋世界永久之和平，不特中国蒙其福也。中国若循此道以为外交，庶乎外交上召亡之因，可悉绝去也。

十　中国之存亡——其二

存者，不亡之谓也。从无有而使之有，则为兴。不使从有而之无有，则存。故不可亡而后能存。一国所以兴、所以亡者，或以一种手段，为其直接原因，可以指数。至于存在之根源，无不在于国家及其国民不挠独立之精神，其国不可以利诱，不可以势劫，而后可以自存于世界；即令摧败，旋可复立。不然者，虽号独立，其亡可指日而待也。此非徒肆理论也，凡其国民有独立不挠之精神者，人以尊重其独立为有利；即从国际利害打算，亦必不敢轻犯其独立。此可从历史证明之，亦可从现代事实归纳得之。

比利时之敌德国，可谓不支矣。今之比利时政府，乃在哈佛。比之国土，仅余弹丸黑子之域，然而非特协商诸国尊重比国之存在，无人敢谓比国可亡，即中立国亦无不对于比国有特殊之尊敬。所以然者，比国独立不挠之精神，先已证明比国为不可亡之国。即使今日比境全失，比军悉数成擒，吾等亦可决中立诸国不以此致疑于此国之存在。何则？比之人民、领土、主权，立于此独立不挠之精神之下，其断绝者形式，其不断绝者在精神，比境虽亡犹不亡，其民虽虏犹不虏也。盖比利时尝一被人强迫，并入荷兰矣，而其国民能具坚确不挠之志,故卒得恢复其自由而成一独立之国。夫其民性如此,故人终不能服之;虽一时屈于兵力,不足以使其国亡也;即使有国欲永占之,其利少,其害多,不如不占之之为愈也。

同于比利时者则有希腊。希腊于国覆数千年之后,崛起成为新邦。谓其所恃以存者,但在诸国国民之同情,与正义之念,不可也。希腊之兴,亦以其民族精神历久不稍消磨,且益振发,终非土耳其所能屈,故人从而助之。希腊既以此精神兴,即亦可恃此以存。今之希腊,其受协商国之迫胁,可谓至矣,然卒不能摇之。夫希腊之对协商国,与比国之对德无殊。德人能以兵力灭比之国,而人之视比如未尝灭者。英、法能以联军上陆于撒伦尼加,侵希腊之中立,而人至今视希腊不以为英、法之党也。英、法奖希腊之革命,欲以变希腊之政策。而希腊王则曰:"吾不忍为罗马尼亚。"遂不屈。此希腊所以能复活于国灭二千余年之后,而以至弱抗至强也。今者英、法联军未与希腊宣战,未至尽占希腊之土地也。然即使英、法人之覆灭希腊,无异比利时,吾知中立国人不敢视希腊为亡国,与今之不敢视比利时为亡国同耳。比利时以其不屈不变之精神而存在,希腊亦以其不屈不挠之精神而存在。国于天地,必有与立,彼不能保其自主之精神,何取乎有此国家乎。

须知国家之受损害,有时而可以回复。若国家之行动为人所追胁,不谋抵抗,则其立国之精神既失矣;虽得大利,亦何以为。昔人有言:"匹夫不可夺志。"士有志也,国亦有之。以国家之志,而见夺于人,则其视宋姬待姆,齐女泛舟,不尤有愧乎。夫战不可必其胜,守不可必其完,然于不胜不完之余,使彼胜于兵而工略地者,不能夺其志;则人将亦逆知其志之不可夺,而不以无理凌之;故不胜于战而兵不折,不坚于守而地不夺。不然者,英、法非不能以较多之兵力,侵希腊之土地也,而不为之者,知其志之不可夺也。故以中国比之比利时、希腊,其宜守中立为同,其守中立之难,则彼百倍于我。希腊,英、法进攻巴尔干之途也,英、法之欲得之以展其力于巴尔干也,久矣,而德亦欲得之以拒英、法,此非可以口舌争也。中国非希腊比也，中国之租借于德国地域，已为日本所占，中国之撒伦尼加，已供日军之用；中国之于协商国，固已受其迫而为偏袒之事矣。虽然，龙口登陆，非由我之所愿，德人知之，中立国亦知之也。龙口登陆以后，我国依旧维持中立，德人信之，中立国人亦信之也。于此时，英、法、日、俄之追我，决不如其迫希腊之甚也。且以英、日人之所主张，则彼固未尝强迫中国也，则何故不以希腊为师乎。同盟国迫比利时，比利时以兵抗之；协商国迫希腊，希腊亦不听也。我国之受迫，不如人之甚也。则何为自弃其当采之态度乎，国家之精神果何在乎。

夫中国之力不能抗协商国，此无如何者也。而中国之力不能为协商国用，则不可隐者也。中国财力不若人，海陆军力不若人，人材智计不若人。平素对于德国，惟事联络，以得其欢心。论吾国军队教育学术，随在皆依德国之助。一旦失势，则为落井下石之谋，非特不知是非，乃至不知利害，不知恩怨。夫背友而希利者，就令得其所欲，其所益于物质者，决不足以偿其精神上之丧失。为一国之政府，而以趋利忘恩号召国中，人既知我为惟利是视之国矣，可以利动者必可以不利劫之，不知报恩者人将莫施之以恩；今后有外侮来，吾知其必烈于昔日，而莫为中国助矣，抑又何以令夫民。中国民德，纵曰偷坏，负恩趋利之辈，尚为乡曲之所羞称。以齐民之所不屑为者，政府腼然为之，是则民之视政府为无足重轻、不关痛痒者，正义之当然耳。政府尚有何颜发号施令，以奖人赴国家之急，报国家之恩。爱山水者不爱粪壤浊流，嗜酒者不嗜败醪，好饰者不衣污染之服，故乐从政治之事为国家尽力者，望见此背恩趋利之行为，皆避而去之；其能同此背恩趋利之污者，将又以此背恩趋利之术，危其国家。

中国将欲于此危疑之交，免灭亡之患，亦惟有自存其独立不屈之精神而已。弱国使皆可亡，则二十世纪当无弱国。弱国既有自存于今世之理由，而独我中国有亡国之忧，则可知亡国之责任，不能一以积弱卸之。夫国民有独立不挠之精神，则亡者可以复兴，断者可以复续。不惟希腊足为其证，又可征之波兰。波兰之分割，至今百余年，德已吞俄领，忽复建立波兰王国，而俄人亦许波兰战后自治。是此战结束以后，波兰之复国可期也。夫德之复波兰国，与俄之许自治，皆不外欲得波兰人之欢心，初无关于义侠之念。然波兰于亡国之余，尚能使人欲得其欢心，则岂非其民独立不挠有以致之耶。夫彼百年亡国之胤裔，能使人畏而思媚之。我国犹是国也，而畏人之相迫胁乎。以俨然一国而使不如此利时，不如希腊，乃至不如波兰，此谁之罪欤。

中国国民皆知加入之不可，宣战之无理，为商者言之，为士者言之，乃至为军人、为官吏者亦言之；而三数政客倡之于前，政府国会从之于后；亡国之责任，谁则负之？中国者，中国人之中国也。最终之决定，当在国民。今不闻稍顾虑民意之向背，而独断行之，中国之前途，谁则能任其危险者乎，政府勿以为国民无能问政府国会之责也。使人民蒙昧莫省其祸之所从来，则虽国家已亡，亦无人能纠其责。今人民已晓然于无端加入背德招尤之故，则社稷未墟，将先有问责而起者。内失群众之心，外无正义之助，恐其败裂，不待国亡。夫国强而民弱者，力不周于物，将有偾事之忧；民强而国弱者，必以颠覆泄其愤懑之气。夫民之不可狎易也如是矣。

以四万万人而成一国，同其利害，故托治于千数百人。此千数百人者，负至重之责任，而为当前之决断，固曰不能无误，亦当自视其良心何如。若曰前既赞成，今不能以人民反对之故，改其前论。则是以中国四万万生死存亡之大事，为自己三数语之颜面牺牲之，尚曰有人心者，吾望其不出此也。

中国今日，如乘奔骥而赴峻坂，其安全之途，惟一无二。而由此惟一无二之途，不特可以避现时之厄，且可以为永久不败之基。吾不惮千百反复言之曰：以独立不挠之精神，维持严正之中立。

据1929年1月大东书局重印本刊印，以《民国日报》与胡汉民编《总理全集》校。

致朱秩如函①

四弟览：

前致数言，想已达。此次归粤，竟无往晤舅舅及彦平之暇。明日又当赴外县，风云靡定，遂此漂忽，交臂无从为面言，殊所歉也。不面弟复近二年，三妹又随君直之任阳江矣，不知何时始得一堂为乐，今且图杀敌自娱而已。军中较处家宅为安全，向来战死者，视在家被杀者少，可知也。陆士衡所谓有恶而必得，有爱而必失者，吾侪正当念此言也。又先人初无他贻留，惟此耿介之性实赋诸我。傥腼颜苟活，岂不有忝于祖。如谓若敖鬼馁，则兄娶妇十年，三育皆女，纵葆此生，何可必其有后乎。此意愿弟正之。即请近佳。　兄大符泐。

1917年〔?〕写。据《朱执信集》刊印。▲

---

① 原函无日期。据函中说，“娶妇十年”。按朱执信结婚系一九〇六年冬，似为一九一六年冬季之函，但一九一六年冬季朱执信未回广州。疑此函为一九一七年秋朱执信随孙中山回广州，组织护法政府时所发。

死者已矣

今日为民国国庆日，吾辈不敢谓民国全无可庆之事，然甚惜引以为庆之人之不可多觏也。民国之生七年，不但于未生之先，费若干人之生命以浇培灌溉之；且于既生以后，犹日以至高贵清纯之血供其养育；此殆亦无可奈何之事耶。而乐为民国死者，虽其既死以后，犹不敢信民国之果能生也。民国之罪欤？死者之罪欤？抑未死者之罪欤？然而，死者已矣！

间尝与友论人生死之际，以为形体之死一事也，而人之所以能称其形体之生存者又是一事。则如我者，虽块然犹是人也，吾犹死骸耳。何则？向者为我冒艰险忍困苦为人所不欲为者，今方次第物化；而所不欲与交游晋接者，方日来分我精神之一部，以置诸无用之地。仅有一二尚能与我戮力者，又往往远隔不复可亲，虽欲有所言而不得言，欲有所尽而不能尽。内疚宿心，外负良朋，此犹墟墓游魂，待时而化，则复何生之可言也。然则子之不生也，将遂失其所事乎，则又何事于言？曰：否！吾生其躯而失其所以生，亦或死其躯而未尝死。未尝死者，是其精神将托吾以生也。以若人之死而吾丧其所以行，亦以若人之不死而吾将又不能不有所行。彼其揕胸断脰而不悔者，非徒以一瞑为足，以为此之不成，将有他人起为我继，犹之乎其成之自我也。然则吾虽无所能，安能不进而求友，使我死且复生乎。来者有作，死者固未尝已也。是所以望于知民国国庆之可庆者也。

载于1918年10月10日《民国日报》，署名蛰伸。

致蒋介石函

介石我兄大鉴：

惠书奉悉。景良[①]兄往汝为[②]方面，必有益处。弟现在观察中国情形，以为非从思想上谋改革不可。故决心以此后得全力从事于思想上之革新，不欲更涉足军事界，故漳[③]行只可暂罢矣。昨接沧伯[④]来电，淡游[⑤]于本月五日逝去，现由仙峤料理后事。先生接电，甚为惊悼。电文简略，不知以何病逝去。淡兄家事，弟等亦不知其详。彼临行时，闻已将日本妇及幼子送往日本，不知其与日妇所定条件如何。并其乡间尚有妻儿亲属否，亦不得知。一时无从查考。兄于此层，当较明了，乞示知。此请大安。　弟大符顿首八、六[⑥]、七。

1919年6月7日函。刊于《朱执信集》。据《朱执信集》刊印。

---

① 景良，即丁景良。

② 汝为，许崇智字汝为。

③ 蒋介石当时在陈炯明军中，居漳州。

④ 沧伯，杨庶堪字沧白，时任四川省长。

⑤ 淡游，周日宣字淡游，浙江奉化人。一九一八年冬随杨庶堪入川

⑥ 《朱执信集》作七。函中说“本月五日”周日宣去世。按周死为六月五日，此函当为六月所写。

睡的人醒了

（一）

“睡狮醒了！”这句说话，十多年来，常常听见人说，并且拿着很高兴很有希望的意气来说。我想这句说话，本来不是中国人自己做出来的，却是欧洲里头要压迫中国的一部分人。拿来恐吓其余的人的，同“黄祸”这句说话，是一样的意思。不过中国人向来怕惯人了，忽然听见人家怕起他来，便高兴得了不得，睡梦里也想着做狮子。此种思想，于中国人的自觉帮助不少，这是好处。不过在第二方面着想，这种论调，坏中国的事，也不为不多。

醒了！这是最好没有的事。不过为什么醒了不去做人，却去做狮子。他们要侵略中国的，像俾斯麦、威廉一辈子的人，自然提起中国来，便说，这是狮子，他醒了可怕，将来一定有“黄祸”，我们赶快抵御他。中国人为什么要自己承认是一个可怕的狮子，我且从根本上来说。“人生”是不是要拿“使人怕”做目的？一个民族生存下去，是不是要拿“使人怕”做目的？一个国家建立起来，是不是要拿“使人怕”做目的？如果你答应说是，我们可以预备着做狮子去。横竖做狮子比做人不见得难，至于结果好不好又另是一件事。不过我看“是”的一个字，不能这么容易答应出来。

人生目的，不是许我有便不许你有的，不是我有这个目的，你便不能有这个目的的。并且你能达你目的的时候，我还是可以达我目的，他也能达他目的，才行得去。比方你拿一个“使人怕”来做目的，一定要有一个人怕你。那怕你的人，你自然不怕他（如果还怕他，你也不是狮子）。然则这一个人便已不能达他目的了。可见得人人都拿“使人怕”来做目的的时候，一定弄到大多数人不能达目的，万万推行不去的。

再拿民族上实例来讲。从前蒙古民族便是一群大狮子，大食民族也是一群大狮子。蒙古吞完了亚洲，又到欧洲北部去，大发狮子的脾气。弄来弄去，还是内面自己打自己，外面人家打他，现在倒还是天天怕人家吞了他去。大食族吞了非洲，又到现在西班牙、葡萄牙的地方舞牙弄爪，在当时果然人家怕他，不过不久却是吃醉了塌下来，现在连影也没有。这便是做狮子的好结果。再讲几年前一个俄罗斯倡起大斯拉夫主义，一个德意志倡起大日耳曼主义，也是好好的人，无端去学起狮子来了。一个站在北边，便要朝南吞过去，一个站在西边，便要朝东吞过来，巴尔干半岛便做了两个狮子抢的绣球。一打起来，便东拉西扯，搅到全世界都蒙着他的福荫，死了的已经算到六七百万人，那受着伤没有死的，还多着哩。后来结局还是这两个民族受苦受得多了，赶快把狮子的招牌收下来，换上一面民族自决的招牌了。为什么要讲民族自决？就是不愿意有人家来做他的狮子，他自己也不去做人家的狮子。就这么一看，一个民族不应该拿“使人怕”做目的，是很清楚的，不消再说。

民族是这个情形，国家便可以想得出，差不多不要另外去说。不过现在另外讲一个较平和的狮子来做个例。这个狮子，额头上凿着字，叫做“武装平和”。武装平和的意思，就是我不要做吃人的狮子，不过如果有人采吃我，我可不能不去吃他了。所以“武装平和”的国家，并不想做狮子，不过狮子的牙爪，总得摆出去。这一来，如果是人人相信他，也没有事情了，然而已经把狮子的牙爪，摆了出来，还要人相信他不做狮子，那是万做不到的。所以一个国说，我“武装平和”；第二国也说，我也要“武装平和”；第三国又说，我更不能不“武装平和”。到后来，武装是真的，平和是假的，东方把火烧起，全世界都保不住要相杀。所以现在威尔逊提倡国际同盟，减除军备，也不过求免了“武装平和”这一个悲剧再演出来。论他不学狮子吃人，只学狮子使人怕，这一种心思，是很可尊敬的。不过世界的国家，做过吃人的狮子的不少。这种国家，虽然自信还不至忘了人性，人家却是相信他不过，所以乱子就闹出来。《西游记》上头说的，虽然不吃人，日前坏了名，便是“武装平和”不能通行的缘故。那国家不应该拿“使人怕”做目的，更显然了。

使人怕总比不上使人爱。动物里头，也有拿争斗出名的，也有拿互助来出名的。狮子便是拿争斗出名的一种。这一种喜欢争斗的兽类，除了动物之肉，他是找不出东西养活他，难怪他天天寻人厮杀。人却是从猴属发达来的。人之祖先，固不曾磨牙吮血的争斗。就是人类的近亲猿猴、猩猩之类，也是吃果子度日。到人类更把互助的精神发挥出来，成立人类社会，所以人自己说是万物之灵。试问万物之灵，好处在那里？不过多了一点智识，晓得互助。如果论手足有力，那狮子、老虎、牛、马总比人强多了。如果说眼睛、耳朵好，那狗同鼠的感觉，总比人灵敏得多。这个万物之灵的招牌，就要让给别种动物了。惟其论智不论力，所以贵互助不贵争斗。一个人晓得争斗不如互助，就是论智的结果。人人相互扶助，就是好争斗的狮子、虎豹，也敌不过人。人为万物之灵，把别的动物不放在眼里。为什么做了人类，已经几百万年，倒转去仰慕起狮子来了，不把自家当人，却把自家当做狮子，岂不是大上其当。

人能够互助，故能够组织社会。组织社会第一要紧的事，就是爱人，且使人爱己。这使人爱一节，便是人胜于他种动物的地方，比起使人怕来，差远了。自己使人怕，人又使自己怕，是个冲突的事情，万万没有人又能使这个人怕，又能怕这个人的。至于自己使这个人爱，自己又去爱这个人，却是很容易，很合理的事情，人人可以做得来的。所以人生目的里头，或者单止相爱一件事。然而相爱这一件事，总算是人生一件要紧的事。不特一个人对一个人是如此，就是一个民族对一个民族,也可以用相爱的精神,行互助的手段,免了民族间的恶感。一个国家对一个国家,也可以用相爱的精神,行互助的手段,免了国家间的轧轹。所以拿人与人相处的办法,推行于民族与国家间,尽可以说,一个国家,从前没有觉醒,就像睡了的人。现在醒了,就把人待朋友的方法,来待友邦。我爱我的国家,也愿意别国的人爱我的国家,我也可以爱他的国家,像他爱我一样。这个相爱的精神,就是国家间的人道主义,这是觉醒了的人应该做的事情,比着说睡狮醒了强多了。

(二)

有人说——个人爱别一个人,像自己一样,可以行得去,至于爱别一个国家,像爱自己国家一样,可是行不去的,因为一个国家,同别一个国家,利益是有冲突的,如果爱了别一个国家,就不能爱自己的国家了。这一个见解是很多人会有的。不过要晓得,如果人碰着狮子,要是把自己肉身布施了他,算做爱狮子,那是行不去,不过如果有方法,变他做人,那就用不着耽心爱狮子错了。然而因为狮子本是狮子,不是人,人也没有方法去改变狮子的性质,所以要爱狮子也无从爱起。至到国家,虽然还有学狮子去侵略人的,不过这个国家还是人组织的,只消得把他国民唤醒了,晓得做狮子是不对的,除了狮道以外,还可以人道相处,那所谓利害冲突的地方,就消灭了,两个国家,仍旧是好朋友。所以爱别的国家,同爱自己国家一样,并不是拿自己国家做牺牲,去满足别一个国家兽性的野心;只是开一条路子,给别一个国家走,自然不会冲突。论起一个国家,尽他的力量,去开发他自己的天然利源,本来不会不够用,犯不着去侵略别人。那侵略别人的,口里说是为国民经济的必要,为国中大多数的幸福,国里头人太多了,不去侵略,没有法子养他。其实去侵略人的时候,大多数的痛苦是有的,等到侵略到手,就算是少数人的幸福罢咧,还要骗人做什么。就如这次战争,人人都说因为人口过盛,所以发生侵略政策,大势所趋,无可如何。我只问一问他,这个无可如何,是不是情愿的。比如法国,不是人口渐趋减少的么?何以他又奖励生育想把人口增加起来?既然以为人口多就会发生侵略政策,那奖励生育的,岂不是自己情愿逼自己采用侵略政策!其实照理而论,人口减少,不一定是坏事。就是人口增多,也不见得没有法子去调剂他。这都是另外一件事,同国家的利害冲突,是不相干的。所以爱自己的国家,同爱别的国家一样,不是难做的事情。如果爱别一国,就把这一国的国民弄清醒了,让他把侵略的政府推倒,换一个不侵略的来,那就是爱他,也就是爱己,就是拿人道来感化狮子了。所以前几个礼拜,徐世昌褒扬一班卖国贼公忠体国的时候,我说他体国是体日本,不是体中国。后来一想,这是错的。我也有个把朋友是真爱日本的(同我一样),并不想日本去侵略人(不止中国),只想他变成一个人道的国家。像这班公忠体国的人,何止不爱中国!何尝能爱日本!要看透人类社会互助的道理,我要把地球上国家统笼爱起来,也没有冲突的。或者像墨子说的,爱无差等,施由亲始便了。晓得这个道理,更应该高调喊起来,说睡人要醒了。

(三)

你如果说中国睡了几百年,我是承认的。说中国现在醒了,我是很希望的。说中国没有睡以前,是一个狮子,所以醒了之后,也是个狮子,我就不敢附合了。因为人类当野蛮的时代,或者有时学过狮子的办法,到了开化以后,改变过来,便不能拿他当狮子看待。中国有史以来,很少自动的对外战争,却是受动的多。从周朝玁狁算起来,二千多年,到了明末,总是防御北方,没有去征服他的。除了北狄以外，东边的高丽，西北的西域各国，有时把来当做属国，也不过羁縻着他，没有侵犯他自己的行政。就算打仗擒来的俘虏，也养起他来，同汉人一样待遇。比起欧洲罗马时代，捉来的俘虏，就当他做鹌鹑、蟋蟀，逐对儿放在大圈子里要他对打，打死为止。两下里那一个文明，那一个野蛮，可以看得出了。就像蒙古、满洲，把中国打平了当做奴隶，过了一两百年，中国人起来了，还是把他请回老窝就算了结，没有叫人家还过什么账，倒贴了优待经费去。这种狮子在什么地方看见过？他们欧洲人拿蒙古来代表中国，因为蒙古侵略过欧洲，所以讲起中国，就想起蒙古，凭空想出“黄祸”这一个名词，就是未曾了解中国的凭据。他们叫我“睡狮”，也是这个意思，我们晓得自己的历史清楚，何必随声附合。

不特历史上如此，就是向来论政治的及理学家，也是主张做人，不主张做狮子的。疲惫中国，以事四夷，算做皇帝一件罪恶。开边拓地，与求仙封禅，在史家看去，不见得相差甚远。汉武帝把历年经营的西域丢了，却博得悔过之名。隋炀帝弄到突厥可汗稽颡，却要挨骂。此种论调，已是千篇一律。至宋儒推广孟子行一不义，杀一不辜，得天下不为，这种理论，简直没有征服的事可以承认的。只有拿着文化去开导人，柔远怀迩，舞干苗格，便算做守在四夷。这种理论，到明末还没有改。所以中国未睡以前，学说上全然反对侵略，没有恭维过狮子。

惟有满洲统治中国之时代，人民不能自由批评政府所用之政策，只可竭力巴结，政府做狮子便说狮子好，政府做人便说人好，然而已经说是睡了的时代，不必管他。到近年来，欧洲学说输入中国，半面的物竞天择，与自暴自弃的有强权无公理，流行起来，比鼠疫还快。仕宦不已的杨度，便倡起金铁主义，似乎一手拿把刀，一手拿个元宝，便可不必做人了。热昏昏闹做一团，究竟还是他们几个人要中国做狮子。中国的传统学说，同这少数人不是一样的。

现在中国思想，是顶混乱的。旧日学说，也有有价值的，却因为没有权威了，人家不大安心去信他（没有权威不算学说的不幸，不过中国人信学说只要他有权威,或是思想自由的一种障碍)。新的学说,没有完全输进,而且人家用过的废料,试过不行的毒药,也夹在新鲜食料里头输进来了。这就是军国主义,侵略政策,狮子榜样了!如果是这种乱吃一起,一定是中毒无疑的!要晓得近来中国祸乱,都是强有力政府的主张种出来的。那一班主张组织强有力政府的人,多数还不是有私心的,却是听信谣言,以为惟有强有力政府,可以做狮子。就是真心相信杨度筹安的人,所望的也不过如此。办法固然不对,不过就用对的方法,做起一个狮子来,岂不更为中国人之不幸。总之,恶念不除,无有是处。求福得祸,求安得危,不是无缘无故来的。

临了总说几句。一个国对一个国,一个人对一个人,要互助,要相爱;不要侵略,不要使人怕;要做人,不要做狮子。既然从苔鲜起进化成一个人,便有人的知识,有两不相侵两不相畏的坦途。在这个时代,还要说我是狮子,那就同变老虎去吃亲哥的公牛哀一样。好说,也是梦还没有醒。自己以为醒,大吐气焰,就合着庄子"梦之中又占其梦"一句话,太可笑了。我只可再说一声:睡的人,要醒了!

原载1919年6月28–7月3日《民国日报》副刊《觉悟》。

复一心社函[①]

惠书辗转,久始入手,稽答为怅。来教所以相诘者,即持理论而不实行一点。然弟以为凡对于一种旧道德、旧习惯,加以改革,而主张新道德者,至少须如蔡先生所说:“取予之间,一介不苟者,乃可言共产。男女之间,一事不苟者,乃可言自由恋爱。”然后于推行其学说有益,否则适足以为之碍。故对于足下向来主张,并不反对。而对于足下向来办法,并不赞成。足下之疑,诚非无故。弟亦正欲借此机会,一贡所怀于左右,并以发贵同社诸君之研究也。

共产主义与自由恋爱主义,以思想及物质上趋势论,为进化过程将来可能实现之一范型(纵使非永久如此),故可有实行之一日,此弟与足下所共信者也(至其实现之时间与条件,或者弟之所见与足下不相同,有时或至相去甚远,则另一问题)。然吾与足下既共信其有实行之日,而不肯安坐以待之,对于其学说,有所主张,并且所主张有不相同时,互相排斥,互相纠正,此何故耶?足下必不以为我辈研究共产主义,犹之天文学家之研究星云,但知其将来必变成如何而足,自己绝无着力之处也。如其不然,则我等主张之,不可无必

---

① 一心社来信节本,亦刊于《建设》杂志。转录如下:

执信吾兄足下:

往日常闻足下持论,对于共产及自由恋爱,绝少怀疑,仆颇向人引为同调。仆之友朋中,固亦不无浪费如某某君者,然仆等与足下同事数年,当知其自奉淡薄,绝非不甘寒苦者也。而足下每谈及吾党,辄有不满足之意流露,仆不敢谓足下头脑太旧,然以为理论家排斥实行家,即不彻底之证。于足下本旨,得无伤乎。此论久欲相叩,恐难于面答,伤感情,故以书达。若不欲答者,亦不必示人也。(下略)一心社友白。五月十九日。

主张之理由。

主张之理由，在足下未知何如。在弟观之，则：（一）主张有益故。（二）吾之主张有力故也。何谓主张有益？依理论上，进化将来虽必经此阶级。傥永无人主张，社会上不生改革之自觉，则此有害之制度不去，有益之制度不来，因之人类之大部分须被淘汰，吾人所甚不愿，故不能不主张之。又以既为将来出现之事实，而于其未出现之前，社会实有种种苦痛。苟能以我主张之故，早一日实现，则社会早一日免其痛苦，故又不能不主张之也。何谓吾之主张有力？以上所说，主张所以能有益，因人信其主张之为正当，故其主张较易见诸实行。此主义既有人主张之矣，而人犹信之未笃，故欲以我之主张，加人之信服，即主张有动人之力，始成为有益也。此两层虽为弟之所提，然察之一般心理，当无矛盾之处。

于是吾人可以进入本题，即如何主张始有能力（因之使其主张有益）之问题也。以足下来教之精神演绎之，必曰：以身教者从，以言教者讼，故实行使主张有力，此虽弟亦未尝不承认之。然而于所谓实行，不可不附以条件。盖此种实行，以明吾所信之主义，非社会上已实行我所主张，又只为推演我所主张之手段，并非以止我一人实行之为目的。因之所谓实行者，当限于义务方面，不宜涉于权利方面（所以言方面者，一部分学者不认社会上应有权利义务之存在，故此所谓义务方面，即尽所能之种种事情；权利方面，即取所需之种种事情；其他可类推也）。凡主张一事而已实行之，令人见而感叹曰，其人以欲主张此事而实行之如此乎。虽不必即从吾主张，而必信吾之主张为出于纯洁之动机，则其主张为有力，而其人主张之有益矣。如往日史坚如之行事，无论赞成、反对之者，未有信其为私利而为之者也。则于革命之主张，直接间接，所裨助者非浅鲜明也。反之，若其主张一事而已实行之，令人见而惊疑曰，其人乃以欲实行此事而主张之如此乎。虽素从其主张者，亦疑其向者观察之误。故其主张无力，而其人主张之反为有害也。如雍正之作《大义觉迷录》，虽素尊君者见之，亦为之蹙额。此何以哉？前者为主张而尽其义务,此则为其主张而要求权利故也。故实行能使主张有力者,为尽义务言之也。

今如与足下实行共产主义,各尽所能以供给于社会。此种实行,不必以各取所需随之,然后为完全者也。以具体之例言之。譬如吾人作工八小时,而雇吾人者只付与吾人以六小时所产之价值之货币,此无可如何者也。然吾人一方于此八小时以外,为社会服务,不要求报酬,即循吾辈各尽所能之主义以行,则已可谓之实行矣。故假使吾为工场主,吾必不能效马克斯所谓余剩价值掠夺之行为,至少须学德国赛斯工场之组织,以绝资本主义之形迹。此以其权利为吾所不应要求者故也。然吾为工人,则不能惟择赛斯工厂,即在最苛之厂主下作工,亦与主义无损(至同盟罢工之属,又另一问题也)。盖吾之实行,所以为例,并不以为全社会皆已如此(到此时,亦无须我辈主张矣)。故注重于使人见吾尽其义务之结果,信吾为主张之动机,如是而已。此例亦可推之于男女之间,现在婚姻制为社会所行,而自由恋爱为个人所信。故吾于恋爱上未尝欲束缚人,而有人于恋爱上束缚我者,我甘受之。何则?此于主张无冲突也。

故主张者之责人也,于其现制所许,而主张上所不许者,不责其人,而责其制度。于主张上所许,而现制不许者,斥其束缚,而以解放为可。其责已也反是。主张上所不许者,固不为也。主张上所许而现制上不许者,亦姑不为之。此非故为矫激,所以使其主张易实行而已(此所论限于道德、经济方面,政治、宗教则不以此论)。即如吴稚晖先生虽当旅费乏绝,而同志贻之数磅,亦不肯受。李石曾先生以寡欲闻于时。故即其主张共产,主张自由恋爱,亦无人敢疑其动机之不正当也。弟惟望足下以及社友,能如两先生所为而已,何敢拟议一字乎。

总之,传播主义之人,与在此主义实行后一般社会之人,地位不同,所负责任亦异。责备贤者之义,欲为吾子陈之。往见《自由录》对于蔡先生之言,下一评语曰:“取予男女之间,只有要不要,并无苟不苟。”弟以为此于将来已实行此主义时,对一般人言之可也。至于蔡先生之言，为主张之者言之也。自主张之人言，不苟即为所要。世上断无对于体欲，尚不能自节使至于不苟之人，而能以其主张改革社会者。若有人信之，则足下亦必谓其自视其力量太大，而视社会之力量太小矣。此弟所以不敢即以贵社为满足也。　　朱执信白。六月廿九日。

原载于1919年8月《建设》第1卷第1号。▲

复古应芬函[①]

湘兄大鉴:

来书论为人类奋斗一节,恐怕中国人民尚未做得来。弟以为惟未做得来,所以不能不提倡。至于此次风潮[②]仍系以爱国两字激发,弟岂不知,但欲望其于爱国之内容,更加一研究,百尺竿头,更进一步耳。爱国与爱人类,是有个程序,弟之意正与兄同。忆精卫舅氏在《旅欧杂志》上有《论国家主义》一文,意亦正如此。然非于提倡国家主义时,同时警告之以尚有较高之目的,将恐流入褊狭之国家主义,而侵略主义即随之而兴矣。即如往年主张强有力政府主张帝政者,不外谓如此始能富强耳。求富尚有不损人之途,求强则不免于侵略。故杨度谓德、日能强能富,法、美能富不能强。在彼虽为赞成帝制之口实,而在信其说者则固以为强为国家目的,从而当效德日,

---

① 古应芬字湘芹。古应芬致胡汉民(字展堂)、朱执信函节本,亦刊于《建设》杂志,转录如下:

展堂执信兄鉴:

(中略)执兄为人类奋斗的话,道理上本系如此。但弟的意思,以为中国人民恐怕尚不能做得来。弟的见解:(一)弱国的人民尚不能不讲爱国,譬如这回的风潮,仍系以"爱国"两个字激动出来的。若完全采用托尔斯泰的无抵抗主义,就首先被强国摧残尽了。(二)爱国与爱人类或者是有个程序。譬如我们十余年前,已经知道"爱国",其时尚未有"人类都应该爱"、"国界应该打破"的思想输进来,故只知道"爱国"。如今有些人比我们十年前的思想,还攀不上,怎么能够晓得爱人类呢。这真是难解的问题了。望两兄想一个解决的方法。执兄致日本友人书,弟读过一遍,很以为然。但是日本人恐怕做不到。此次排货风潮闹起来,日人心理恨中国者仍居百分之九十几。(中略)大约日本人的思想,仍是"爱国"的思想呢。兄以为然否。湘白。　六月二十六日。

② 指"五四"爱国运动。

不当效美法也。即应学侵略主义,不应学抵抗主义也。观于睡狮醒一语,人人之深,可以知之矣(弟近有一文论此事,载《民国日报》)。人人知爱国而爱之,适所以害之。如兄所谓日本人心理,仇视中国者,仍居百分之九十几,仍是爱国的思想。正证明爱国不特不必于人类有益,抑且不必于国家有益。惟爱国同时爱一切人类,始能有益于人类,且有益于国家耳。此弟所以提出为人类奋斗一义也。至于爱国一层,在已有知识者,无论如何,打破不来。其专行不顾之度,或有差别而已。本不须吾等另有提倡,而吾人现在仍非不提倡之也。大抵被压迫国民,如与以知识,自发生热烈的爱国精神。观十九世纪初期普国爱国主义之发生径路,自可概见。故中国人之爱国思想,现已有外国人在山东、满蒙、藏卫替我提倡。将来替我提倡之人,亦正不少,不必忧其绝响也。弱国人之国家主义,本为一重要问题。尚欲有所论著,以质当世知者。先述概略,以贡左右,仍冀有以发我。　执信白。六月三十日。

原载于1919年8月《建设》第1卷第1号。▲

论军官之改业[①]

中国今日患兵多矣。兵为督军而设,则去督军,意者可以免增兵乎?是未尽然也。督军之外尚有使督军设兵者存,则军官是也。非减少军官,决不能达成裁兵之目的。盖今日所以有造成无数军队之结果,实基于昔日有造成无数军官之原因。自民国以来,军官之粗制滥造,可谓速且多矣。如仆者,亦曾经此粗制之一人也,故习知其不祥之状,且信中国今日非设法消灭此种投效军官,决无宁日。

从来非不讲消纳军官之法。但向日所谓消纳者,消纳之于军官之中,而非消纳之于军官以外,所以愈消纳而愈多。消纳之于军官之中者,去其直接领兵之职,姑假以将来可得领兵之希望,复处之以有所资挟以交游煽动之地位,助之以不事事之薪俸,而又暗示以此局并不长久,此投效人员所以必结党钻营也。此中国之兵所以不能裁且益多之由,又致乱之原也。

以政府向来所用之方法言之:于将官尤优异者与以将军,次者顾问咨议,其校尉则差遣委员。犹不足以容之也,则各省督军、护军、镇守使,各司令之参谋、副官多设之额以容之。又不足,则多设局所于中央及地方以容之。又不足,则多设学堂、多派留学生以容之。将军咨议以降,至于顾问、差遣、局所委员之属,固明为一时的制度,不能永不裁撤,立法用人者知之,为其所用者亦未尝不知之也。既不能立一计画,何时可以有若干之缺额以用尽此一辈人。则

---

① 本文发表的报刊与日期不知,据《著论存查》所载提纲,知为一九一九年六月三十日写。

纵使将来有补缺之时，亦不过别免去一人而已。然则消纳之用，固不行也。至于设学堂派学生，则更有甚者。在浅见者，以向日军官无学故，谓施之以教育，则于军事上当有所裨也。其实不然。中尉入学堂毕业，则望上尉。中校出外国回国，则望少将。在前述将军、咨议、参谋、副官之属，不过望以原官补用而已。此辈又益上之以升官，自然不能餍其所求矣。

今各省设兵，各为自厚其势力。而欲自厚势力之人，必不能无倚赖也。于是投闲置散之军官，闻风而合，攘臂自献。将军则望督军、省长。问其如何求督军、省长，则运动总理、总统使已招兵也。咨议则求镇守使、师长、司令。问其何以求之，则运动陆军部、各督军准已招兵也。参谋、副官、差遣、局所人员不能自运动，则运动其为将军、咨议者，使出而争督军、省长、镇守使、司令，然后人招其兵，我补其官也。总观向来军人构祸，无不由于欲得自己之地位。而凡构祸之将军、咨议，亦必先有逢恶之投效人员。逢恶者不得作恶之人，无所恃也。作恶者不得逢恶之人日夜耳提面命，或者其兴会亦不至若是之淋漓也。以欲得复其军职之故，则虽帝制、复辟、卖国、扰乱各省、涂炭生民之事，皆不惜为之。则以有投效人员，推之、挽之、激之、厉之，甘言以导之，危辞以悚之也。投效人员之不祥也若是，其人之罪欤？非也。使其为投效，则自然迫使直接间接构成祸乱。

吾固言之矣，去其直接领兵之职，而又许以将来仍用为军官，则其投效者，招之使来者也。既来投效，而授以有名义而无责任之官，则彼日无所事而思生事。又聚之于一所，以同为军官故，有名义以集合谋议，则必互相允以将来之利益而立共同密谋位置之契约。且其人又不必自携费用以来为构扇也，政府实给薪俸以养之。如此，安得不成祸乱之原。况彼已知为养此多数之人，政府所费，固自不鲜，长此继续，断非所堪。则其密谋之迫切，又可知也。

既有如此之军官，日夕以借名招兵为事。无论在南在北，为战为和，谁能使招兵之事不见。既有招兵之人，则安有肯裁兵之人乎。

不肯裁而强裁之，必恃一部分人之力。而裁人一营者，自必添招一营以上。又成例所已证明者也。

总括近日造乱情形，大抵先由此种投效人员各构成小团体，而奉一咨议、顾问级者为之魁。又由此咨议、顾问级者三数人，共推一将军级者为代表，以求总司令，以企为督军。甚者则先就地方招集无赖，然后请委任以成军。此其例。吾于南方见之尤多，而北方亦正不乏此曹也。

非特此也。此等投效人员，苟得为营长，连长必择其所谓心腹者为之，必择其不反抗已者为之。连长于排长亦然。然则同在团体之中，未必悉如其所需之人也。于是凡择部下，先求之于亲戚腹心，而不求之同为投效者。故如有一师官长为投效，非有新招两师不能消纳此投效人员。异日再裁兵，则此投效官长之数，增加为两师矣。是故愈消纳则军官愈多，无可如何者也。

此种投效军官，大部分未经相当之教育，而以从军之故，习于不耕不织，不复耐劳作，惟军职是求。长此不问，除槁饿以死，岂更有他途可出。则其构祸之结果虽可悲，而其迫使至然一层，未尝不可悯也。故惟有消纳之军官以外，即改业之说也。如上所论，军官所以必须改业者，不外以其仍保军官地位，即能搅乱和平。故其改业，亦必以远离政治为必要。譬如现在广东以军官充警长，欲使其所习相近，功用相侔，不致废其所学。而其流弊，遂使警察复化为军队，警察长官即为借机会以扩张军队之人。盖以聚此变相之咨议、差遣为一团之故，时时促膝，追论宿昔，拊髀兴叹，事有必然，无足深责。广东一例也。而北军所至，无不移兵作警。及其有急，又复抽警为兵。故如汉口、厦门其警察皆已化为军队矣。警察如此，其他官吏亦莫不然。高之各部总长，特任官吏，次之道尹、厅长，又次之则知事，无一不以军官杂入其间。即无往不见日夕经营，作招兵植势之预备者。以寓军官于吏为策者，其失败必且与前述消纳之策无异。

欲使军官改业有始有卒、不致中途而废，则第一要点，为置之使彼平昔所受军事教育毫无所用之地位。今日之军官，实际有几人曾学其所应学之军事学者。不过强自标号曰,已学军事学,不能转营他业耳。试将今日军官来源,一一分析论之。其一为学生。学生之中,首为留学欧美者。此其研究,大抵较久,虽其中亦多有燥进之徒,要其知识学术,概为首出,然其数极稀。次则日本学生,此自始派以来,已毕业者不止十期,其课程则除少数人外,皆以振武学校十一个月之豫备,约一年之士官学校教程,益之以联队实习数月。而振武本教日语及普通科学,为军事所费教育时间,不外约二年耳,不可谓多。其次为正规学生,经小学中学以入军官学校者。此中青年有为之士较多,前后毕业者概算当有数千人,而其中往往为政府所疾视,止于见习。论其学术,宜于军事方面较为优长。然中学毕业,其程度高于普通中学,而稍底于高等学校,非军事专门方面,素养亦不弱。又次则为速成学生,有教授二年以上者,有仅六个月之教授者,有自江南、北洋、陆师学堂出者,亦有随营讲武学堂等等各司令、镇守使随意自立者。要之,其大多数于军事上一下士之知识尚未完全获得,而少数者之智识,不让留日学生,不能一概以论。然而所谓学生之中,速成而实未成者,十人而九也。第二种为行伍。此种多为北洋及前清各镇目兵,有所藉而升转,所学本不过一棚之指挥而已。第三种为盗贼。此种人只学杀人放火,其军旅未学,则与孔圣人无异,其不能以军事学弃掷可惜为调剂安置之理由,明也。第四种为恩泽军官。此种或出狗屠,或本刀笔吏,或黔面为氏,或吹箫给丧事,攀龙附凤是其所长,坐作进退是其所短。一人掌兵,戚友带剑。品类不齐,惟有以汉恩泽侯比拟之耳,于学非所问也。故统论以上诸人,真有校尉官相当军事学者,百人中不得三四人,无疑也。

由此言之,则立消纳军官之策,而曰因其所学以为之利用,则百中之九十几惟可以上士棚长之资格,使尽其所学。过此以往,非所堪也。下者以盗贼恩泽得官,则并此亦不胜任,然则非置诸永不适用军事学说之地位,如何能望其称职。既不称职,则不能久于其位,终必又循前所说明之轨道,以入搅乱之途而已。故为消纳校官以下多数军事学本不充足者计,吾首欲提议别授之以初级工作之教育,使为将来土木工头。盖以中国开发言,将来筑港路所需苦工,至少每省亦有数万人,则为监督者亦不可少。此等军官虽无他学识,点名排队,编册散饷,尚所习为,故于非专门之土木工头,优能胜任。合中国全国计之,如使五十人而一头目,此所收容者已二万人矣。而不止此也,今铁路、船澳、仓库、工厂,一切有利生产机关,均须于短时期内同时建立。除技术上人员及苦工外,大抵可以一年以内养成之人材为之。比诸事业所须用者数亦不少。譬如铁路之监守者、发信号者、管车者、管票者等等,每千里之路,必不止用二百人也。船澳、仓库、工场之监守巡察者,大者须数十人,小者亦须一二人。将来此种工业上雇人,必可改造军官以充其选。又次则开矿为不久当大发达之事业,而矿工亦必须工头。故如大规模之矿数十,各用工头五六十人,小规模者数百,各用工头十人而外,则亦可以略另施适宜教育之军官充其选,所消纳者亦近万人矣。更次,则垦辟之业,亦必同时举行。而初时垦荒或须用大农制,则其管理监督又必须人。凡此皆可以消纳未成学之军官者也。

或以为上所举诸职业,薪俸太薄,中少尉官或能忍此,上尉以暨诸中级官决不愿就。夫今日陆军部差遣,所给亦不过数十元,势不可长也,而犹争求之。则安能谓中级官不甘薄俸。以彼学无所成,智识不及他国一排长,而授以高位,不过从前滥赏之结果,决不能引以为正当之权利,而以为非此不可也。

在真有相当于中下级官之军事学者,实不过百分之三四,此中大部为军官学生,小部为速成长期生。此种军官消纳,比之前者,大为易行。盖其人国文必略通顺,普通学已有相当之教授,理解之力较强,更有大部分已略解一国外国文。故于今日需用各种技师正急之候,采用此种人,施以速成之工业上教育,不久可以成材,为主任技师之助手。邮电路矿在在须人,不忧其无投足之地。况今日纵裁留二三十师,官长尚多未学,则现时需用此种军官正多,苟有志于澄清,实无所事于消纳也。

凡上所述,均就中下级官言,至于上级官,实无消纳之必要。盖今日之将官，非早经改业，则已混入政客一途，虽不收容之，固无害也。中下级军官已去，投效无人，则所谓将者，贵而无位，高而无兵，小小亢龙，终于有悔而已。悔则改，改则通矣。

1919 年 6 月 30 日写。载于《朱执信集》。

复黄世平函[①]

均甫先生足下：

本志文体，本随各人之便。弟有所撰述，亦不用白话体。然问我所主张何如，却不能不答以赞成。大约此种态度，必又有人指为主张而不实行。然弟对于作白话文者，拟加以一种制限，即能用普通话演说者，可以作普通话之白话文。于我等仅能用广东话演说者，只能作广东话白话文，不能用普通话也。所以然者，作文如但求人解其大义，则用我等现用之文体，已为多数人所了解。然而作文者，并不求人仅解大意，直欲于其所用每一字所函有意味，全数秤量；至于极准，使其一字一句所表示之意味，不少于所欲表示者，并不多于其所欲表示者，所引起之联想，略等于吾现在所有之感想，尤不可引起与吾相背之感想，又须集中之于短句短章之中，使之不至于得此意味，已忘彼意味，起此感想而已失彼感（即所谓散漫冗长）。且其文中所示，必有萃中之

---

① 黄世平字均甫。黄世平致胡汉民（字展堂）、朱执信函节本，亦刊于《建设》杂志，转录如下：

展堂执信两先生鉴：

（前略）闻邹君言，先生等创办杂志，主用白话。仆于此尚有怀疑之点。夫辞以达意，虽甚新甚旧之学说，不能违也。吾国社会之语言，其拙劣甚于文字。将以明繁赜之事理，则固有之文字，犹病其不足，曾谓白话可以胜任愉快耶。中山先生亦云，中国人非不善为文，而拙于用语。往往文字可达之意，言语不得而传。然则求合达意之本旨，固不宜舍文而用语矣。吾人所怀，诉诸社会，欲其共喻，则立言必以简明为贵。乃有时一种理解，纵为文字语言俱可表现者，亦文字简，而语言繁。仆尝试先为文，而后译以白话。后者之篇幅，不啻多于前者一倍。此以文之函义较深且广，则能取语言而约之。而白话适与为反比例也。白话盖便于操觚，近人因是欲破旧文学之壁垒。仆以为若吾国学术思想长此不进，即人人可以振笔疾书，亦复何益。先生等素豪于文，今兹或有长厚者亦复为之之意。仆病未喻，求有以诲之。　黄世平白。六月二十七日。

处，兼不能无变换，以致生精神刺激效用减退之结果（所谓平直板滞）。此种条件，略举数例而言，已不易满足。吾辈有时作文，欲满足此种要求，常苦现在通用之字，不足以供用，不得已有时须借用古字以成文。并非要作古典文学，实出于不得已。作文如此，出话更难。我辈于文字上微妙之转折，或者亦有研究不完全之处。然比之作官话，则自信尚多。若口中所能说之话本不多，勉强以的、呢、呵、吗，代之、乎、者、也，则人即懂其大义，终不能于其呼吸细微之意，驱使如意，即此已失白话文之真价。故弟之不为，非不主张，乃未学也。非未学白话文，乃未学足白话也。至于白话文之用途，尤要在宣明学说一方面。如汉民兄所言，苟早用白话文，各归国学生，早已吐丝成茧，衣被学林。然今日白话文中，亦正有宜注意处。即如今日普通所用“的”字，在十余年来，我国受日本之影响，已用之译形容词，及其他形容性语句，殆成习惯。与助词之“之”字并行，各有所司。今日一律用“的”字，反害其区别。即如某甲言我家中有一个暴君的父亲，此“的”即指父之性质为暴君的，而人皆知其人为某甲之父也。反之若言我家中有一个暴君之父亲，此“之”即指谁为此父之子，人必谓其人为一暴君之父亲，偶然在某甲家中耳。若两皆用的字，则其区别之效果亡矣。二十年来，日文直译派笑话尽多，其功用亦有不可埋没者。主张白话文者，意固将取话而改良之，则于白话之中，采用相当之文言，未始不为一助。否则区别不明，用语界限不立，用以剖析精微之理，固有未能驱使如意者，则虽用白话文，未必即便于转译也。此亦学界当前之急要问题。用文言夹杂以成文，或者初看近于不伦不类，久之亦必成为风气。但其目的在使人了解而止，说不到引起联想一层，则驱使总较易，此即应用文与美文之分功固无妨也。足下所指语言拙劣一层，弟亦有同感。然拙劣有我辈未学，故觉拙劣；与从来学术少由口讲，故本质拙劣两种。前一种只可自责，不可推己及人。后一种正当以文补言，亦不足为白话文不适当之理由也。（下略）　执信。七月二日。

原载于1919年8月《建设》第1卷第1号。▲

国家主义之发生及其变态[①]

第一节　吾人得为国家主义者乎

问吾人是否主张国家主义？则将答之曰：然。问吾人是否主张超国家主义？亦将答之曰：然。国家主义，非吾人所绝对主张者。于国家之上，更认有一种生活形式视国家为重要，且以彼为目的，而认国家为之手段。以认其为手段之结果，而主张国家主义者也。此所谓更重要之生活形式者，即近日渐次为人所认之“全人类社会”。而所谓超国家主义者，即亦不外社会主义。

于此制限之下，以认国家主义，则有左列之数点，为吾人所特注意者：

一、以国家主义但为手段，故只对于个人主义，认国家主义之优越，而对于全人类社会之事实，国家主义当有所退让。

二、以国家不为人类之最终生活形式，故对于本国以外之人民，以同在人类社会之故，不能不认其有同等之权。因之，于以此种人民为分子而组成之国家，亦不能不认其有与我国家

---

① 朱执信《著论存查》稿本中有一提纲，内容与本文相同。提纲无标题，也无日期。据前一篇七月十二日写的《非叛逆也》和后一篇七月廿一日发表的《学生今后之态度》，似可推断本文写于七月中旬。

同等之权。因之，不能认排他的优越的国家主义，只能认絜矩的共存的国家主义。

三、以上项主义之故，强国之与他国共存之保障，已完全具有；惟弱国之保障不完全。故于弱国，特须主张弱国之国家主义。

四、国家非最后之生活形式，则国家主义亦不能为永久之生活标准。故世界国家发达至一定之程度，当然不必要国家主义之提倡。

五、国家主义有时为病的发达，则不特无益于国，抑且有害于人类社会。以人类社会之害，将还为国家自身倒坏之原因，故不可不防其变态流弊。

以于弱国认国家主义为必要，故吾人认今日中国为当提倡国家主义者。但一种主义不能忽焉而发生，必有其所以然之原因，所以能然之缘曲，与所以得然之条件。此种原因、缘由、条件，均须由历史研究以得之。

又以第二、第五之故，须求其排他优越与病的发达之来由，而除去之，从而亦须于历史上探究其发达之过程，然后有对应之术。即第一、第四之制限，亦与此二者相关联，要求具体的研究。

故于下文将分节以论国家主义自身之意味及其变态，其发生之条件、缘由、原因，他国国家主义之发生径路，及其趋入变态之情形，中国现在能否具备此各缘由、条件，及现在致力之方面，将来不陷于病的发达之手段，以为吾中国人民参考。且望因此种研究，而开促进世界人类幸福之途也。

第二节　国家主义与军国主义帝国主义

国家主义、军国主义、帝国主义，三者完全不同。国家主义者，但认国家为绝对的或相对的必要制度。故于谋其国家自身生存,抵抗其危险,主张以国民之全力,供国家之用。其为国家主义可与他国人之国家主义共存者也。军国主义者,以维持国家生存抵抗危险之目的,而采用武力以为手段,从而不避侵略。其国家基础,立于武力上。其他文化上、经济上之发达,完全遗弃不顾。此乃国家主义之病的发达。然尚非必以征服为目的也。帝国主义,则为以一国民为基础,推其权力及于他国民之上。以一国民统一无数国民。故其主义为不容并立之主义,为必然侵略之主义。譬如希腊人抗土耳其而起,爱尔兰人抗英国而起,此皆国家主义之运动也。而不必有军国主义、帝国主义存乎其间。斯巴达之建国,可谓军国主义的国家矣,而绝不含有帝国主义之内容。必如罗马在欧亚非三洲之行其支配权,而后可以有帝国主义之实质。亦惟如英国前在南非所采政策,然后有帝国主义之定名。探其本言,则纯粹之国家主义,未有不由反抗他民族之帝国主义而起者也。

盖凡所谓国家主义者,类以民族为基础,以同一民族之不能结合,于是各个受他民族之压迫,因之其民族间起一求心运动,而倡国家主义。即十九世纪初期日耳曼之国家主义是也。亦或一民族为他民族所支配,因不满意于其支配,而起一离心运动,以倡国家主义。则意大利独立时代之国家主义也。此两种虽有结合与分离之殊,而其所认之国家主义,均以民族为单位,或豫防其将来之被征服,或矫正其现在之被征服,皆对于他种人之支配权之反抗,亦即由另有一帝国主义,始逼此国家主义发生也。然比国家主义发生之后,稍误其适用,则将偏重于武力。以他民族之压迫,必以武力为基,故非有武力,不能反抗。从而高调提倡武备,遂以其它一切文化上、经济上事实,悉供牺牲,惟务武力之强,即军国主义之发生,常难幸免者也。既已采用军国主义,则国民之精力,大部分销耗于军备,使其军备一无所用,则无以引起国民之热心。故设军备之目的,本在抵抗强者,而实际军备之用,反在压迫弱者。吸收无力民族之膏血,以为扩张军备之资源。而国中文化上、经济上向受压迫不能发展者，得此宣泄武力之涂，亦形发达。如此，然后军国主义可以永久支持。否则偏重军备之结果，将令国家负担过重，驯致破产而后已。故帝国主义者，以军国主义之彻底，不能不采用之者也，所以维持军国主义之生命者也。无征服则无以奖励军备，无以唤起国民之从军兴味，且无以供给其军备之资源。故国家主义虽不必为军国主义，而军国主义往往非依帝国主义不能久存，此其变迁径路最当注意者也。

更从他方面言，则凡提倡国家主义，必使其民族自信其为优越，自觉其力，从而生当然在他民族上位之确信。一步逾越，则以一民族支配全世界之念，自然发生。故帝国主义之根源，亦有在于国家主义中者。

第三节 国家主义发生之原因缘由与条件

国家主义之发生条件，为有他种民族压迫之。而条件者，非原因也。盖“发生”与“得发生”为两事，使之发生与使之得发生，亦为两事。使之发生者，原因也。使之得发生者，条件也。外来压迫仅使国家主义得发生而已。真使国家主义发生者，国民之自觉也。认国家主义之必要，欲其发生于一国家，惟有唤起国民之自觉而已。

国民自觉，不可由命令而发生者也。必根据于历史之事实，现在之努力。

民族的国民，对于其国家过去之历史，感觉其伟大，而认为有追怀之价值者，国民结合不可少之事也。民族者，部落所合成，而非部落之谓也。同文化、同历史、同其繁荣、同其衰落，则忘其人种学上之差别同异，而专以历史上已成事实为根荄，自信为一民族。故其结合，必有历史传说，而后可能。譬如中国人民，自称“黄帝之胄”。举此四字，即觉历史上中国人民，有若许优越之文化。一方面崇尚古人，一方面即以为前者惟能结合，故能致若此之盛。现在惟结合不如古人，故见衰落，实则国民非无此力量也。持此心以读历史，则国民确信其过去之事实，即引起将来之希望。以为昔人既可以如此，吾辈何不可以如此。现代所受物质上压迫，不能沮及其精神之奋起矣。如其民族既得自由，不受压迫，则自然不感国家主义之必要矣。若其既受压迫，则往往以现代实力之缺乏，物质上被人超越，驯至有颓丧之气，几以奋发恢复为不可能。夫惟于此时需要国家主义最切，亦惟于此时令人笃信国家主义尤不易。欲救其病，则惟有以历史为根据，取已然之迹，以破其现在之无远见。彼如穷日以研求现代压迫之情况，则几谓全国民绝无生路矣。若回其耳目以注于已往之事实，则视听一新，其绝望复变而为有望，理之必然也。

然单恃历史，决不足以致国民之自觉也。历史所示之繁荣，往往令颓败之国民，徒知尊古非今，则害多而益少。故必待有进步之知识，以培养其消化民族历史之力；必待有文化上贡献，以实证其民族精神之存在。得此两者合力，以形成一种事实，即为国民自觉。历史者，民族各有之。而对于其民族，历史有若干效果者，专视其民族之智识何如。其智识进步者，研究历史，而得其所以兴废盛衰之故，其批判中理，则其根据之以为推论，自不入于误谬之途。否则，如中国往代非无光荣之历史，非无文化上之贡献，而研究者拘守故方，不求新知，所注重者，不过君臣父子纲常之迹，战攻权谋得失之故，而于人类生存，国民发展上所必要之文化上、经济上事情，付之疏略，乃至以其研究之不足，以古人为不可及，致有鄙夷现代之结果。不知苟解放知识上之束缚，今人必胜古人也。于此时代，以束缚而缺知识，则其研究历史，徒见其害，不见其利，此不能消化历史之过也。

若其既有知识以理解历史矣。傥“民族内在之力至今尚存”之一观念，不溥及于人心，则其结果，或为仅少之抵抗力所摧残，遂以薄志弱行之习惯，为听天由命之主张，其自觉仍不可冀。故如现代文化上之贡献，至少有一种之天才，为外力压迫所不能及者，兴起于此民族之间。即使其所贡献直接与国家无关,而实足以影响于国民之精神,增其确信。彼以为我民族之力,虽无路以自显于政治上,而即此文化上之贡献,已足令人不敢轻视。而后以此现代事实,证民族奋起之可能。即如德之历史家,以一八零八年格第[①]之《阜斯特》[②]第一编发表,为日耳曼民族奋兴一大动因。非以格第之艺术为有国家主义寓其中也。但以当时人人心中,常怀一旧德意志是否已全无望之疑问,于此衰颓苦痛之中,见此冠绝当时之创作,遂生一惟德人能为此诗,诗中人物与德人血脉相通之确信,于是欣喜继之。通当时诸创作家中,能大有变化于德人之情绪者,首推格第。凡以证明文化上之努力,决不可轻视。而于过去历史,有正当了解之外,复使于现代创作,得民族精神未漓之实证,而后能使国民对于其所希望,保有确固之信念也。

由此而论,则研求知识、革新思想、努力创作,三者为国民自觉发生之缘由。即以文化上之有余,补物质上所不足,使深知其民族之力,又深信之者也。

第四节 德意志之国家主义

近代以国家主义著者,德国为首。其国民自觉与国家主义发生之径路,可借以为研究之模型。故下文将略述德国十九世纪初期思想变迁之概略。

甲 超国家主义

德意志人之思想,以一八零六年烟拿[③]战败,画一时期。此后之

---

① 格第,今译歌德。

② 阜斯特,今译浮士德。

③ 烟拿之战,指1806年拿破仑与普鲁士——撒克逊联军在耶拿和奥尔施培特附近的会战。这一次会战,拿破仑取得胜利。

思想，主从于国家主义。然前乎此之思想，概受法国启蒙哲学及卢梭学说之影响，以知识文化自由为宗，虽未尝不受普鲁士军国主义之激刺，一般思想家尚保守其旧学说，以指导一般人民。故当时德人之理想为超国家主义所支配者也。

当时学者何以采用超国家主义乎？第一，则以启蒙哲学重知识，轻感情，所求者为永久不变之真理，所蔑视者为历史上变转无常之事实。其视社会上事实，犹自然科学上现象也。故欲求人类全般之本性，及其归趣，不以时处为之制限。而历史恰与之反对。国家之存在，又与历史相关联而为特定之事实，不能通于人类全部，且随时随处而有变异。则国家者，启蒙哲学者所不求也。不特不求而已，且有以为妨害人类发展本领之趋势。此即以世界主义反对国家主义者也。第二，则卢梭一派之学说，排历史的文明，而以纯粹的自然为宗。其尊崇感情，与启蒙哲学相反，而其蔑视历史则相同。又卢梭以为一切权利自个人起，复止于个人。所谓天赋之人权，遥出于历史的权利之上。国家之事，惟由个人意志联合作一集合体，委之以权力而已。故重自由，重个性发达，而归于个人主义。因之，反对国家主义也。此两种思潮，同时流布于德人中，恰与其当时事势相应。一面奥大利之统治，蔑视个性，压抑沮害知识之传布，使国民对于当时日耳曼帝国不发生一种爱国之感。一面为日耳曼帝国之敌者，即法兰西，又启蒙哲学及卢梭之所自出也。彼以思想上之师，为政治上之敌，与以思想之敌，为政治上归向中心，皆于人之感情有不安，于理性有不协。故无论主知抑主情之学者，同归于超国家主义也。

故当法兰西之初侵略及于德意志也，南德意志首当其冲。在烟拿大战之前，已成立来因同盟，仰拿破仑以为首领。北德意志之学者，亦有主张北德意志与法兰西结同盟者，其论以为“法国本爱平和，而以英之重商利己主义，与普军官之倨傲，强法国使为战争，以腓力特力大王之国家，而与野蛮之俄国结同盟，世之可厌，孰甚于是。”此种论调，徧布于伯林学者之间。殆无敢主张国家主义者。

康德之政治论，以国家为基于人民契约而成者。治者，当尊重人民之意志，以拥护其自由为义务，且希望国民间永远之平和，反对战争。故以其思想全体言，虽不得指为超国家主义，而与日后以国家主义者之理论相去悬绝。一方人文派哲学者之格第，乃至倡言"毋干与诸王之争"，即以政治为欧洲诸王之事，而以隔岸观火者自居也。格第为人文派首出之思想家，而对于当时之爱国运动，至为冷淡。当十八世纪末年，德意志有一诗人，名轩利克来斯特，以其所作，颂扬普鲁士之军国主义，推奖武勇与复雠。晚年见祖国之无望，遂至自杀。格第对于克来斯特，反视为狂暴之兴奋，以恐怖迎之。以为德意志之有大乱破坏，为命运所定。且以普鲁士为不可复救者。而转以拿破仑为伟大，信其幸运。其自身则执世界主义，于此毫不容心。盖亦受前两思潮之影响而来者也。

乙　**佛特**①

于德人之思想上，生一大转向，以哲学二七基础与国家主义者，佛特也。然佛特决非生来之国家主义者也。当烟拿败战之前二年，即一八零四年五月，佛特在伯林为演讲，尚主张欧洲为不可分之一体。其言曰："欧洲人而为基督教徒者，本为惟一之人民。彼等以此共同之欧洲，为彼等之真祖国。于是通于欧洲全体，常追随于同一目的，常为同一动机所动。"又曰："广言之，则有教养之欧洲人，以欧洲为祖国。若以特殊之意味言之，则不论何时，凡在文明顶上之国家，即欧洲人之祖国也。"又加之曰："如此之世界人心，可以安然不问诸国之运命。"当是时，佛特之非爱国，正与格第相等耳。然至烟拿战后，佛特之思想陡变。盖佛特于烟拿败战以后，受聘入伯林大学。是时法军驻伯林，荷枪鸣鼓，日过校舍之前。其在普国中，则丧领土过半，负一亿三千万之偿金义务，与被军队不过四万二千之限制，内政每事皆为法国所干涉。而普鲁士以外德意志各国，无不屈服于法国支配之下。以此佛特一改其平日之所持论，其在伯林所为

① 佛特，今译费希持。

演说，题曰《告德意志国民》，其中力言："德人今日有此惨境，皆由其各怀利己主义使然。此际万不容不内自省察，自觉其为德意志民族，自考察其不可不为之义务。"且引宗教改革，以明德意志人于过去曾建如此伟大之业。又示之以德人今日之使命，较昔时更大。而励之曰："必使德意志之名，为世界之恢复者、刷新者，且为万国中最有光荣者。"于他所又曰："惟有自原始时代而来之国民，惟有理解其自身之精神之渊奥，理解自身言语之国民，得为自由，得为世界之解放者。德意志国民者，真此种国民也。"于斯时，佛特之思想，撼动全德意志。盖佛特初年之思想，注重个人，主张统治以"使民无须统治"为目的。有类于恭己南面、烹鲜治国之中国学说。其所想象者，为自由国家。此思想更进一步，则为前所述之欧洲祖国论，其所想像者为文化国家。及此时，则急转而为国民的国家矣。

佛特于其哲学上，以国民性为人生爱与力之源泉。其意以为凡人所以真能爱一事一物者，必心中以此事此物为永久者，以此事此物溶合于自己情意之永久性中。若其不然，决无真爱。是故在生人现世之生活，与其活动，所以有真爱有真力者，亦由其人之得有一种结合。其结合之确为相承不绝，须由人之所为。时之所历，足以信其非虚。而谁能使人有此结合乎，则国民也。国民者，由生人社会之特殊精神性而出，且由之养成，以有今日者也。此精神性，则又人之自身，及其一切思想行动，与其对于自己永久之信念所由来也。此国民特质，实为永久之物，人人以其一身，及其发展之永久性托之，即为永久之事物次序，其中藏有各人自身永久之事物者也。凡人不能不望此特质之继续。何则？人生有涯，于此人间世，欲扩张其永续之生活，惟有此特质继续为解缚之手段而已。佛特所持论略如此。故其结果，当然引起黑智儿[①]之历史哲学也。佛特所谓永久者，固信念上之永久，非物理上之永久也。物理上惟无始者可以无终。至于国民，明明有其始期，则于永久之意义，当然不能适合。然

① 黑智儿，今译黑格尔。

在人人心中之所期望,则异于是。于其国家将来有无穷之希望,不作种必灭、国必亡之想。佛特所谓以之溶合于情意之永久性者也。此情意上之永久性,全恃过去未来之想象,与先民之努力,以维系之。以过去、未来为同于现在,望子孙之努力,等于先祖,所谓后之视今,犹今视昔。亦所谓"薪尽火传"、"逝者如斯,不舍昼夜",皆情意上之事也。而由此相承之一点,所有一社会之特殊精神性,一国民之特质,无不有历史之基础。国民特质,每国不同,因其历史不同故也。则反言之,同历史者,当然同其特质。古人死矣,今人之情意即代表古人。则后人之情意,又将代表此今人。其身虽异,其性常存,此所以为永久。而人人心中有此永久,所以能致其爱能用其力也。

丙　黑智儿之历史哲学及国家论

黑智儿之少时,专心于思辨之学。当烟拿大战之际,亲见拿破仑乘马以为侦察,尚只赏叹其"马上之世界精神",惟觉好奇,初无爱国之热情也。然至其大战败后,遂以宿昔所感德意志政治上不统一,与军备上不整顿,为一切惨状所由起,而以其全力为国家主义奋斗。

黑智儿之论国家也,以为近代国家之本质,存于以特殊之完全自由,及个人安宁,与普遍之自由安宁结合。其普遍者,即国家也。故视国家为优越,而反对前此偏重个人之理论。又以为国家无一为完成者,然每一时代,必有一国民为其运动之主代表。一切文明国民。皆有其宣威世界之时代,然其时代不过至有他国民取而代之为止。各国民各时代之一切成果,只供精神发展之用而已。而此所谓精神者,即指艺术、宗教、哲学等,所谓绝对精神而言。黑智儿谓犹太国亡,而民族所造出之一神教为不朽。希腊国亡,而希腊所造出之科学、哲学、艺术为不朽。方其国家自图优胜,自保生存,不绝努力,而不知无意之间,已为宇宙理性所利用,成为发现绝对精神之具矣。而依黑智儿之评定,则精神之发展,在当时惟以德意志人,可以为欧洲历史之中心。此黑智儿历史哲学之概要也。

黑智儿分精神为主观精神、客观精神、绝对精神三种。凡宇宙理性,始现于自然,继现为人类个人之精神,即所谓主观精神也。又次现为家族、社会、国家,此则谓之客观精神。终极现为宗教、艺术、哲学等,则为绝对精神。绝对精神,不随国家而迁变,而非有国家,亦无以发展此绝对精神。故国家立于文化之下位,同时立于个人之上位,由是引入彼之国家论。

黑智儿以国家与社会家族对举。黑智儿所谓社会者,指多数个人为其利益而设法律规约,立行政机关之团体而言。而如瑞士者,黑智儿亦以入之社会之中。至黑智儿所谓国家者,则为由国民精神而统一之有机浑合体。故反对民约之说,以为由契约而成立,只可谓之社会而已。当时英法学者,以为国家目的在于保护个人生命财产幸福,黑智儿则以为个人有为国家而牺牲其生命与幸福之时,正以国家全体为目的,而个人不过为之手段故也。然则个人非先存在而后为国家之一分子者也。乃先为国家一分子,乃得真为个人耳。故家族为以分子之个人目的委之全体目的之小团体,社会为以分子个人目的为基础之大团体,国家则为此两者之总合,以分子之利害举而委之于全体目的之大团体也。故支配家族者,爱也。支配社会者,利也。而支配国家者,国民精神也。黑智儿之说如是,故其于国家对个人之权力,认为无限。凡国家之制度,皆认为当由历史的发展,经过长久之时间而成者。至于纯然人所作为之制度,均以为不可用。彼取例于法兰西革命后之制度改革,及拿破仑在西班牙所建设,以明制度不能纯然为人所作为者。又于佛里厮(康德之徒)之主张:“处理一切公务之生命,当由国民之中出现,当由下级出现。”则对之痛驳。以为如此则伦纪之世界,将为臆见与乘兴之主观的偶然性所左右,理性之事业为感情所支配。及其论官僚政治,反推奖之以为国家之真代表。是以黑智儿之国家论及法律哲学,概偏于保守主义,不认人权也。

一方认个人对于国家之无限服从,一方又以国家为发展绝对精神之具,即以“拥护文明”为国家无意中之一目的。前者提倡国民精神,后者崇尚文化,即合佛特之文明国家与国民国家为一途而主张之者也。黑智儿以为世界历史虽为破坏之记录,与冲突斗争新陈代谢之连续,而其所破坏之旧者,即入于更高等之新者中,而永久保存。故有植物,而矿物仍存。有国家,而个人不消灭。不特仍存不灭而已,且非有人民,国家无以立。非有国家,文化亦无所托庇也。实则黑智儿之主张国家优越,专从历史而来。而所以谓德意志人为欧洲历史中心者,亦以深信德意志国民精神之优越,有大贡献于文化也。而其所认之历史,本为一种实在。于此实在之中,见有不绝之发展,复欲从不绝发展之中,指出终局之归结。于是在黑智儿思想之中,一方尊崇实在,暗示精神之进化。一方又尊崇现在,而局限于德意志中心说,与保守的君主立宪论之内。其矛盾有不可掩者。然论其政治上之影响,则后者为大。凡保守党、军国主义者、有神论者,皆托黑智儿以求庇。

丁　其后之国家主义

佛特、黑智儿之学说,于德意志国家主义之生成,影响至大,无事更言。同时则诗列尔、些陵①等亦于提倡国家主义,有所贡献。

诗列尔之思想,本以自由独立为宗。一八零四年,以其所作史剧《维廉梯尔》一出,高倡国民之自由独立,实为佛特与黑智儿之先河。而些陵亦于其极端崇尚艺术之结果,以国家之境地,为人之省察所不能及,推之以为自有潜在之生命,自有其必然性。于是以全体居于一切物之先,以无意识之生成长进,居于有意识之行为之上,愈重经验,愈重直观。其对于德意志人精神上之指导力,决不可轻视者也。

黑智儿以后,德意志国民中心说,得一般学者之绍述,而变本加厉。乃至机西布列,遂谓:"德意志之使命,在支配世界。德人如不能居于统御众民族之地位,则必沉沦于劣等地位。然而德人本为天之选民,本为可贵人种,故其运命,必为统御。凡天赋之精神强力较

① 诗列尔,今译席勒;些陵,今译谢林。

优者,其个人权利义务尚较大,则以德意志民族,支配其四围禀性较弱较低者,可谓德意志人之任务矣。”蒙仙又谓德人优于他人种,故对于他国之发达,当负责任,当以强力代他民族谋幸福。次则特来齐克主张遇有好机,即征服邻国,以扩张领土,为德意志之神圣使命。此皆从国民优越之说来,而并黑智儿精神发展更高目的,亦束缚之于国家之内者也。

于他方面继承黑智儿之保守的国家论,而主张人民当为国家牺牲者,亦不可胜数。而其极则为特来齐克之国家权力论,与柏伦知理之国家有机体说。从其理论,则国家之目的,要求国民之盲从。而决定目的者,止为独断之政府。故凡以国家之名行之者,实际皆属于政府之决定。此政府之所决定,即为绝对不容拟议者,人民止能服从而已。即政府等于有机体之精神故也。又柏氏虽以主权归属于国家,同时言人民主权不可容,君主主权可容。是以不特流于军国主义,并陷入“朕即国家”之危险也。

自此以后,军国主义、帝国主义,皆依倚于国家主义之名之下,次第发张,至最近战争而止。此则在耳目中,不烦复论者也。

第五节　古代及近古之国家观

通观上节所论,可见德国之国家主义发生及其盛长,全恃思想之变迁,非外力所可强致。而其各家共有之点,则为文化中心之哲学。即在英法哲学者,凡有标举多归宿于自由。而德人则多标举文化。自由主义延而近于个人主义。文化主义则结合于国家主义,此近代思想之一特征也。然在古代,则反以世界主义为重。

祖国之说,自罗马而来,迄于中世之末,未尝于实际上惹人注目。盖罗马以其征服而倡世界主义者也。交通所及,皆以为领土,凡有民族,皆欲置之支配之下。罗马公民以世界为其国境,不认有他国与之齐,自不须雷祖国。至其属地,则更不欲其言祖国也。中古在封建制度之下,国家之意义,惟有采地之贵族与知之;至于人民,知有地主而不知有国家。更以教会高唱其教权,蔑视人间之组织,从而不许思想上以国家为界限。故于古代,伊壁鸠鲁派,已表示无论何种支配皆所欢迎之态度。而斯多逸学派,则明倡"一切人皆为理性世界之国民,世界为一切人共通祖国"。且有自言"以余为安东尼,则以罗马为故乡,为祖国。以余为人,则以宇宙为故乡,为祖国"者(罗马皇帝马克欧黎安东尼之语)。此明与罗马之世界主义相应者也。至于中世,基督教哲学者奥古斯丁(四、五世纪间),惟认基督教为祖国,对于当代之国家,绝不认政治上之爱国,惟以世上平和为务,凡能致世上之平和,不为宗教之害者,听其自然而已。次之,则十三世纪之妥玛斯,亦以祖国呼"彼岸",要求以教会支配世界,以法王为基督教国王所当服从者,皆可以推见当时基督教神学者之思想趋向矣。而封建制度,使国家人民关系薄,益使基督教之世界主义可以发扬也。

意大利于文艺复兴期,先见国家学之发生。次又于改善国内政治之外,以苦心及熟练处理对外关系,所谓外国政策,乃于是导其源。威尼斯与佛罗连斯,实当时政治外交理论技术发生之乡土也。意大利之思想,直接承继亚里士多德而来。当希腊之末期,亚里士多德主张国家为个人之扩大,以个人为绝对当服从国家。同时以国家为当限于区域小、人民少之程度,力排扩张领土侵略战争之事。盖受希腊市府政治之影响,在意大利当时,恰与希腊早期情形相近,故对于前所述世界主义之反动,先见于意大利。当时所谓国家权力握于少数人之手,而其行政功业实多,志望尤高,以欲达此甚高之目的,故凡国家之行为,一切至无理者亦皆为学者所赞同。马奇发利①之学说即应时而出。是时欧洲大陆法兰西王、西班牙王及神圣罗马皇帝各振其王权,近世国家之模型已具。而意大利诸小邦,日受四

① 马奇发利,在《论社会革命当与政治革命并行》一文中作马奇斐利亚。

围之迫压，自然不能容认一般所崇之世界主义，而别倡新说矣。马奇发利之学说，最足注意者有三点。

第一、为各教国平等论。向来基督教徒所谓世界主义者，非全世界也。仅指奉基督教之一小部分而已。马奇发利始从历史以为政治研究，因之主张国家无论奉基督教否，无有差别。一方扩大所谓世界之范围，一方即不能不认各国自己保存之必要，又进一步而并认扩张领土之必要也。

第二、为国家存在必要论。即“目的神圣手段”之第二面也。其说以为方国家之有危机，人惟当取必要之手段，以救助国家生命，维持国家独立。至于孰为正，孰为否，孰为慈，孰为酷，孰为荣，孰为辱，何暇复顾。如此以国家存在必要为第一义，一切道德宗教，皆只认为国家所用手段而已。乃更进而言曰：“人不能兼众善，为君主者，行恶以维持国家可也。”又曰：“信用虽可尚，若为维持政权，虽诡计伪善，亦不容已。”所以马奇发利，至今以主权术知名。

第三、则为领土扩张论。马氏见西班牙与法兰西皆并吞数国，以致隆盛。而意大利则以分立衰沉，故常醉心统一，而主张并合。其言曰：“在言语习惯相同者，征服者只须断绝旧君血统，守其遗矩可矣。若其言语制度有异者，则征服者处之甚难，而以君主统御旧共和国之人民为尤难。”盖以同民族之统一为主旨者也。马氏又以此论推及共和国，谓：“君主嗜权无餍，自然采用扩张领土之策。即共和国，即基于必要，不得已而用之。苟共和国宪法有不适合扩张政策者，遇有必要，则国家基础破坏，宪法亦被蹂躏矣。”

马氏之论，不过当代政局之反映，以其奉职二十余年之经验，使成为非宗教、非道德之政治家。论史以罗马为宗，从而不止主张国家主义，实并主张帝国主义。但其实际所热望者，不外意大利各邦之统一，初非以征服全世界为梦想。观上所述，可略知其故矣。

反观意大利当时之社会状态，则一方面十四世纪以来文艺复兴之思潮，流布于全意大利；而十五世纪哥仑布之美洲发见，尤足以摇动一时之人心；然后马氏生此统一同民族之思想。其著《君主论》

也，以之历干意之诸王，终不见用。且其时国民之自觉，与马氏之国家主义，尚不能相应。故马氏所论，实际暗中为普鲁士乃至全德意志所采用。前述之特来齐克，亦自少以马氏为宗，而于意大利反不见其效果。卒之国家主义在意大利中，仍待玛志尼始能昌明也。

以马氏之学说，与德国之十九世纪国家主义思潮，比较而观之。可见英法启蒙哲学，及卢梭之学说，影响之大。德人之国家主义，认个人之对国家为绝对服从无可抵抗者，与意大利马奇发利之说相同，皆与上古、中古世界主义背反。顾马氏之书，数百年间，不能感动唤起意大利人民，而德人则于佛特、黑智儿之说，有桴鼓之应，此盖有显著之两差别存于其间。第一，马氏只以国家非结合兼并不能自存，主张国家主义。然于国家何以必要一点，未见其著明之主张。反之则佛特以来，德人所见之国家，皆为"为一目的"而存在者，即文化之拥护，为国家所由必要。无论从何种方面说去，归结皆为文化之推进。夫人民何以要为国家牺牲之间题，必当以国家为何存在答之。若如马氏之说，则单以国民不牺牲国家不能存在答之。即遇以国家存在为不必要者，不复能有所开悟矣，此自穷之道也。惟如佛特之说，从主观上要求永久之结合，然后爱与力有所借以发生，则与以永久结合者，自然有要求牺牲之权利。如黑智儿之说，从历史上认个人之主观精神，应经国家、社会、家族等客观精神之阶，以达成文化之绝对精神之目的。从人生盲动不知何所为而存在之中，授与以一种目的，然后以国家为其过渡之手段。凡对于文化、对于永久结合，为赞成者，当亦赞成其国家存立必要之说矣，即于目的动机方面较进一步者也。第二，则马氏之发挥其主义，单向君主立说（马氏虽亦认共和国，但仍主执政官制）。其《君主论》一书，惟以欺侮取服残贼立威为本位，当然亦不能向民众宣传。虽马氏亦知同民族易于结合，知民心为国家存立之本原，而绝不注意于人民之自觉，反以愚民虐民为止当。所谓目的神圣手段者，不过当时迷谬之想。其实彼时马氏目中之国家，只马氏谓之为神圣。照之于近代国家之理论，其目的尚无神圣可言。至其手段，不待更论矣。反之，则德意志人之宣传国家主义，不向君主立说，而向人民。自佛特之演说起，以暨一切历史家哲学家，所注力皆在向人民唤起其自觉，而同时以其所主张之国家发展，为国民自由之涂径，以国民为国家分子，与前之以为机械者远绝。又其提倡民族精神，归于一国之历史，事实具在，不难得各国民之信仰。故前者失败，后者成功，非偶然也。

然而德人所以就于国家目的有如是之深切说明，就于人民自觉感其必要者。正以启蒙哲学主知之结果，于国家存在之一事实，尚不以为满足，而洛克等国家为人民存在之说，先入于各人意念之中，求自由之结果，仍觉最终解决未易得，其反动乃以文化为依归。在他方，又认国民真正之力量，排斥其视为机械之见解。复经法国革命之激刺，深知民众势力之伟大。故各国无不诉之人民，使自觉其责任，高其自信，其结局有如首节所言之思想变迁。此二者之比较，足明非经过启蒙哲学及卢梭学说，德之国家主义亦不发生也。

第六节　中国如何可以见国家主义发生乎

于此尤有趣味者，则德人主张国家主义最有力之二人，本皆为非国家主义者，皆以烟拿战败之后，变更其思想。而意大利之烧炭党，亦发生于法国占领意大利之期间。可知在人民之思想，非至种种条件、种种理由俱已备具之后，不能使有国家主义发生。即在主唱者之数人，亦非至此社会上必要国家主义之时，其思想不能成熟。则从他一面言，可知苟无此烟拿大战之刺激，则佛特、黑智儿，或竟维持其世界主义，与康德、格第同其趋向。苟此局面早现二十年，则国家主义之倡导，或变而为康德、格第之功绩亦不可知，所谓易地皆然者也。

从上所历述，则知国家主义发生内在之缘由，与外具的条件，略可归于左之数点：

一、非有同历史之民族,国家主义不能发生。

二、非其民族过去历史,有以引着各个人之心情,起其向慕者,国家主义不能发生。

三、非其国民知识进步,已识国家之目的所存,不自视为国家之机械者,国家主义不能发生。

四、非其国民对于政治上、经济上或文化上,于现代或近世,有相当之伟业,国家主义不能发生。

五、非由他国之侵略主义帝国主义之胁迫,国家主义不得发生。

前四者所谓缘由,后一者所谓条件也。缘由条件具备,然后学说一倡,众人自和。否则学说自身。固难成立,即其成立,影响亦复无有,此于意大利显然可征者也。

以上所归纳,应用之于中国,则外逼之条件,久已具备;第一、第二两缘由,亦蚤已完成(同历史民族自以汉人为限);所不可知者,则知识与功业二事耳。

试观德意志国家主义发生以前,德人智识之进步为何如乎?当十七八世纪,以文艺复兴期诸国王奖励教育之结果,暨非力特力大王之倡导,国中大学林立,各遂其自由之研究,学者辈出,其所研究既广及于各方面。故当国危民奋之际,有一适合于当时实态之学说出,即所谓愤悱启发者,人同此心,心同此理,传播至迅,亦绝无犹疑迷惑之说杂于其间。故德人当日知识所以为优者,非但能出此有名之佛特、黑智儿三数人之谓也。乃在其尚有普通无数无名之人,能了解此二人之学说,而与之共鸣。今问中国三百年来,数学上有能如来布尼[①]之发明微分理论者乎,论理学上有能如来布尼之发现充足理由之原理者乎。而来布尼之历史上位置,尚不以其数学、论理学而传,乃以其哲学。是人之出其绪余者,我已望尘不能及也,而况康德、黑智儿之哲学乎。而况格第、诗列尔、佛特、些陵之文学乎。而况其余无数有名无名之学者,无数不为学者而有深造者乎。中国

① 来布尼,今译莱布尼兹。

尚无传播启蒙哲学之和尔夫与列星，又安望有佛特与黑智儿也。中国今日而患国家主义之不兴，正当于人民之智识求之耳。夫国家之目的，在马奇发利辈，则置之不问者也。在古代基督教，则国家为宗教设者也。在启蒙哲学，则国家遂成为为人民设，故国家之目的在人民自由。此其说虽于后日为德人所不采，若无此递嬗之研究，则人民岂复注意于国家人民之关系乎。其关系若为无意识、无目的、不可抗者，则有何方法能唤起人民之兴味乎。人民于国家既缺兴味，则更无从有国家主义发生传播矣。惟启蒙哲学，认各个人之人格个性发达为重要，追求自由，一洗从前国家以个人为机械之思想。然后更转而进一步设想，不但求一个人之自由，乃当求一民族全体之自由，然后国家目的，入于人之注意。又进一步，而所求之国家目的，不限于自由，而后文化主义代兴。英法人之雅言自由，与德人之雅言文化，实与其人生观、国家观相应，有阶级可寻。中国之政治上学说，仅见三数不完译本，未有真正系统的研究提倡，是则启蒙时期之豫备，尚未完全，一般向不知真爱自由，则进而言国家主义，非易事也。

就一般知识上既如彼，就一部分之政治论，亦尚如此。彼既不知人何所为而生，国何所为而存，而日聒以爱国，是则拳匪之爱国而已。

更就功业一方面观之，中国以近年革命之成功，使人民增加自信不少。然政治上功业，不过功业之一种。而以民权之实不举，致人民对于革命之结果，不表感谢之意，故其影响于思想之力不强。他一方面，则民国成立以来，贸易日衰，经济困难，重以兵燹，益窒塞其奋发之趣向；而文化上尤缺乏鼓舞人民自信之成绩，故其效果不显著也。

然要以此数十年间极不完全之学说输入，与民国以来名义上之国民主权存在，所以鼓舞人民者，效果已异常之大。观于近日有所谓爱国运动，已可概见。顾在中国人之举动，他国恒以五分钟热度相诮。而在今日运动者，亦时时持此以勉国民。当知此五分钟之弱点，非中国人所特有，亦非中国人所不能离之弱点。实在所以爱国运动缺持久力者，因其感情方面较多，认识之力实少，既不认识事实，则感情之一涨一落，遂使事态不常，人得从而利用之，以施其术。真正国家主义之发生，则有智识以为感情之根据。人人恃其智识之不误，得于感情衰退之日，尚保持其一贯之态度。更以他方面之功业，增益其自信，以此战胜艰辛，欲避五分钟之诮，惟有从智识功业方面着力，徒恃激厉不足以致永久之感情也。凡根源于智识功业之感情，可以激刺而愈奋。苟其不然，则久且感觉益钝，非理性所能制也。忧中国国家主义之不兴者，于此尤当注意也。

第七节　防止帝国主义发生之手段

德意志之国家主义渐变而为军国主义、帝国主义，略如第四节所已陈。乃至共酿此次大战，召全世界之反对，今日则以革命而湔洗之矣。然在所谓协约国者，帝国主义犹存在也。民族自决主义，犹未承认也。彼自始以侵略立国者，吾不欲论之。如意大利者，固主张民族主义而起者也。固以未回复之意大利悬为国耻者也。所谓未回复者，仅得回复，而其要求遂及于民族范围以外，终至以非姆问题暴露其帝国主义之真相。更进而对于中国，仿效日本之成例，要求承继奥国权利。以玛志尼之故乡，有此大反于民族自由之举动，闻者皆为惋惜。然一思意大利为马奇发利之故乡，远察其对小拿破仑之关系，近观其加入协商之过程，可知意大利之要求领土扩张，绝无足异。盖意大利之统一，虽与德意志同时完成，而其国民内有之力，与其自觉之度，现代智识文化上之满足，均远在德人之后。故其国家主义发现效力之过程较缓。且以周围之情形，与德殊绝，迄于今日，仅乃可比普国夺取丹麦两省之时耳。则今后之发展如何，正足深味者也。假使世界思想无变，则德意志所经之迹，实足为意大利之前车。其始受外国之激刺、高倡国家主义。以国家主义适用之故，一切思想上之成果，无不有排他的自尊的意味，存乎其间。所谓扶醉人扶得东来又倒向西者，正此之谓。始求不为人所支配，继遂欲支配人。始只为民族自由而战，继遂为民族优越而战。求其恰如分量，决不可能。对付此种帝国主义，自然又唤起他种国家主义历史循环，殆若有不可避者存焉。苟非同时豫于思想上有以救其流失，则今日以国家主义为能为国民谋自由幸福者，异日反当推原以为祸始。抑亦非计也已。

由被胁迫而见有国家主义发生，从国家主义而变为军国主义，从军国主义而流入帝国主义，复胁迫他国家使生国家主义，而帝国主义自身即因之而倒。此种历史循环，思之令人于邑。使知军国主义之必倒，何如自始不为国家主义之主张。然社会上之事，不能如是简单决也。始感外国之压迫，不期于推倒持帝国主义之他国，而不能不推倒之。既已推倒他国，则当然以可承继其权利自居。其病皆在于只知国家有目的，不知人类有目的；只知国民要为国家牺牲，不知国家要为人类牺牲故也。则欲以国家主义为抵抗帝国主义之具，而又不使其尤而效之，蹈复辙不悔者，必当于国家主义以外求其救济矣。在英美之学说，以最大多数最大幸福为国家目的，即国家为国民自由幸福而存在者也。政治上之个人主义，洛克、休蒙、卢梭之学说，至今犹存其外形。与功利主义之边沁、弥勒相应，以支配国民之思想。顾于实际，所谓最大幸福者，果最大多数之幸福乎，抑最大少数之幸福乎。所谓国家为个人自由幸福而存在者，为国中全体之个人乎，抑为其一部分乎。个人主义之国家，一方面对于国内要求大部分国民之牺牲，无异于国家主义之国家。一方面对于国外，仍以统治异民族为根本政策，实行帝国主义，亦无异国家主义之国家。故对于国家主义末流之弊，决不可以个人主义图其救济。即在近代，英国采用国家主义于战时，以救个人主义之无力，以完成其帝国主义之功业，亦显其已有由个人主义仍趋向国家主义之势矣。故对于个人主义主张国家主义者，思想上易占胜利。实际上国民之力亦以主张国家主义者为较强。事至显然者也。

反之，则以国家主义对社会主义而言，则国家主义不能不让一步。所有人类全体经济上，及经济外之发展，为社会主义目的者，非特超出于各个人以上，亦且超出于各国家以上。为社会之目的，当然不可不以国家为牺牲。故于帝国主义之压迫，固所不容许，而对于曾行帝国主义者为报复，亦所不容许也。以抵抗而倡国家主义，或为所暂容许。以侵略而倡国家主义，则决不容许也。认国民不受他一种民族压迫之权，同时不认其压迫他民族之权，此社会主义所以能补足国家主义，正犹之国家主义足以补足个人主义也。

人以为国家主义与个人主义相反，则似国家主义不利个人。然实际各个人之人格内容，非因国家主义而有损其价值也。既有各个人自由幸福之目的，更进而有保护发展文化传之人类永久之目的，反所以使个人人格内容益丰富也。惟社会主义之对国家主义亦然。于国家主义所有发扬一民族之精神，以贡献于文化以外，更加一发扬他民族之精神，与之共贡献于文化之美德，则使国家目的内容益加丰富，而无害于国家之存在，亦不必与个人之自由幸福为两立。然而对于国家主义之病的发达，则有匡正救治之功，即永使其止于国家主义之一步，不进入军国主义之一步者也。

如此，则可以为絜矩的相容的国家主义。此种思想之型，殆可于相当之期间，不加变革，待至全世界之国家，皆采用此主义之日为止。自此以后，则国家成为可有可无之生活形式，所谓大同者，庶几见之于是时。既无国家之必要，亦无国家主义之必要矣。

原载于1919年9月《建设》第2卷第2号。▲

学生今后之态度①

此次学生关于青岛问题罢课一事，虽博举国之同情，而在校长方面，有一部分主张学生宜待学成始干与社会国家之事者。其说以为：学生求学，即为救国危难，改良社会而来；求学即为救国之豫备手段，所谓七年之病，三年之艾。似乎现在国家危急，痛不可忍，而实际非待学成，无从救国。则忍疼以就学，决非不爱国之谓，亦决非忘其本分之谓。此其说未尝无一面之理由，然而不可谓为绝对正当也。盖第一，求学固可以为救国之手段，而非必为惟一之手段。第二，求学固为救国，而各校是否能即授以救国之学。第三，发为此种议论者，固各以学成自居矣，试问其能否救国。此三层不能自解，而姑以求学所以救国之名，以阻其真正救国之行动，则断不可许者也。

学生，本一国民也，以求学之故，而得一学生之资格；未尝以为学生之故，而丧其国民资格；则凡国民之所当为者，学生无不当为。其事或不至于必要罢课，则行之于受课之余，可也。必无日力以兼此，则罢课亦无可如何者也。至于日力足以治学，而同时能致力于社会，则为校长者，尤当奖借之。此以学生、校长同为国民，以国民对于国民，固当望其尽力于有益国家社会之事也。抑且国家之有学校，学校之设校长，固亦有一部分目的，在使其就学者有所资借，以尽其为国民之义务也。则处今日之社会，而以学生为在学校中不宜与国家之事者，非也。学生之资格，可以牺牲，国民主资格，不可以

① 朱执信《著论存查》稿本中有："学生今后之态度　晨报廿一　廿二"等字样。故本文似于一九一九年七月二十一、二日刊于《上海晨报》者。

牺牲也。

凡上所言,为校长言也,而亦司以推之以及于学生方面。学生之应否参与救国是一事,而学生取何种手段以救国,又一事也。以学生过去之行动,能博一国之同情,生绝大之效果。故对于今后学生之行动,如何始可得一最有效最近于理想之用途,实今日所当竭力研究者也。在学生方面,亦万不可忘其出为救国之行动,只以国民之资格,非以学生之资格。故从校长中一部人所说,则学生应受教,不应教人。而从学生之所说,则国民应指导政府,而不应受政府指导。彼以学生资格言之,此以国民资格言之也。以当世国民不勇于发表其意见,不决于实行其主张,故为之唤起言论,为之率先实行,不得已之事也。使国民中已有多数能言学生之所言,能行学生之所行,则不待学生而目的已可达,此学生之所甚愿者也。不幸而言者既少,行者尤希,乃有待于学生罢课以为之,则学生于此,不可不觉悟其职任所存也。学生之所以贵者,不在其为永久指导,而在其为一时提倡。风雨如晦,鸡鸣不已,此学生之苦心也。日月出矣,爝火不息,则非所以喻于学生者也。学生以其国民之资格,故于人之未醒觉,当负其唤醒之责任。若其人既醒,其事既明,学生则亦当反其本初,而不久居于越俎代庖之位。前者之来,为其为国民故也。今者之止,则为其犹为学生故也。以其犹有所缺于学,故从其自己判断,亦不可居于师导之地位。所谓恢复教育原状者,蔡鹤卿[①]先生暨北京大学诸生,亦既持以相号召矣。夫恢复原状者,不外求学以救国,即亦蔡先生所谓:"一时之唤醒,技止此矣,无可复加。若令为永久之觉悟,则非有以扩充其知识,高尚其志趣,纯洁其品性,必难幸致。"盖永久指导者,正要求学生之更从事学问,待其学生变为学者,然后有指导之能。此其任务,在于唤醒以上,其所要求之能力,亦非徒唤醒者所能比也。

然而学生今后虽为指导之人,而仍不可不为监督之人。盖国民

① 蔡元培,字鹤卿,时为北京大学校长。

之觉悟已起，则根于觉悟所生之动作，皆为各个人自己之事，不特无须学生代谋，抑亦无从由学生代谋。然而学生今日犹若有所未能安心者，何以哉？学生之不能为指导，以为知识未充也。然而在社会中，学生为智识阶级，学生之爱国运动，基于知识之运动也。虽亦含有感情作用，而其感情亦由新知识以来者也。至于一般人之爱国运动，除极少数一部分人以外，皆由于感情而来者也。既由于感情以来，则其兴起固有轶出应取之态度以外者，亦或一时而起，一时而落，今日激越，明日沉衰，从其情之所往，遂失理之所中，即在近日，已不无其迹象。夫感情而不根于新智识，则对于现世事实，不能了解。一般黠者，遂乘机以为破坏民众运动之谋。一方则取他种可注目之事实，以移一般人之感情. 俟其感情既集注于他方，则国民之爱国运动，将无形消灭。他方彼又于同为爱国者之间，加以挑拨，使之互相冲突。结局国民所有精力，均消磨于爱国者互相攻击之中。此二者皆为向来破坏国民运动者常用之手段。而此种手段之所以能奏效者，正以一般社会之思想，无完全之智识为之基础，故易因外界之主张而有转向也。夫其中心几微之转向，不为异也。转向以后无智识以辨别其所趋，则愈趋愈歧，凡在社会上者，皆不能无过。是以随时监督，不使其变为他种运动者，学生当负其责。而在此次学生以至真挚之情，博社会上空前之信用，尤不能不善用其所长也。且如此之监督，决不碍于教育原状之恢复。何者？五四运动以前，学生固不无干与社会之事，特不至于罢学而已。今者所要求于学生者，不过不与社会绝缘，对于社会上运动，不绝注意，不绝批评，非有碍于其受课修业也。此学生今后之责任也。

学生之监督责任，从此益重。则学生信用，亦当更求其上进。今日学生之信用，已著明矣。而经历既久，将来更当望其益进不止。盖今日之认识学生真正价值者，仅在都市少数之人。将来当使农村僻野之人民，亦崇仰学生不已。然后其监督之效果大，而学生之信用著矣。现在虽然无可以自行破坏之理由，至于因缘假借欲利用学生以营其私者，实所在多有，而尤以宿昔主张贤人政治排斥暴民者为甚。此至可忧者也。学生本以不党为宗,彼不能遽改之以为党也。然而古人有言,有党必有雠。彼辈将必为学生造雠,然后引学生入党。一度为所利用,则信用既失,真价亦亡。故学生今后之态度,必当主论事之是非,而不轻信人身主攻击。但以主张为监督,不以责备为能事。则既无对人之雠,自不发生党派之嫌疑。信用自然可以永保,且益章大矣。或以为前此要求罢免国贼,即为对人攻击。如以后此为是,则当以前此为非。不知前者罢免之要求,不过以为唤醒人民警告政府之一手段,目的本在废除密约,回复主权。不然,则去一曹汝霖,来一曾毓隽,于国家之事,果何所裨。而订军事协约者段祺瑞、冯国璋,延长之者徐世昌,承诺二十一条款者陆徵祥,拥参战军者徐树铮,此外卖国之人,正不可悉举,岂独曹章能为国贼哉。故今后学生之责任,本在监督。则其所以实行之者,必为主张采用某政策某手段,尤当注重于商民自己力所能及之事。至于个人之事,苟不能以其力去元凶,不必以空言招反感也。学生永为无色透明之学生,无一党派可以利用。然后对当前之事实,为具体之主张,则其监督社会之功,庶几可以完成矣。

据《朱执信集》刊印。

民意战胜金钱武力

今日欧洲大战终结，世界人皆认为普鲁士武力主义之失败矣。溯开战之初，人皆以为此次战争，即英国金钱与德国武力之战争。又推言武力决非金钱之敌，以为不及一年，德国必降伏。然而事竟反所预期，德国绝不因金钱缺乏而战败，英国方面反不得不效法其征兵，以求武力之充足。一方英国又于海上振其武力，复加以美国二百万之新兵，然后战争终结。则今日虽人人口称正义战胜强权，心中未尝不认制武力者仍须武力也。其不然者，则移其迷信武力，以迷信金钱。参战军参战借款，即暗中表明此一种趋向者也。编南方国防军，南方分润大借款，即欲以武力对武力，以金钱胜武力者也。其头脑顽固正相同耳。

须知此次欧洲战胜武力者，非金钱，非武力，而为民意。非敌国之民意，乃用武力之国自身之民意。俄国政府有武力，人民不满足之，则排去之。德国政府有武力，人民不满足之，亦排去之。当俄国之与德国讲和，俄国自言虽于武力上为德国所败，而于主义上必征服德国。不及一年，德国人民果受俄国之影响，不数日而推翻德皇四年来百战不挠之武力，则俄人之言不诬矣。试问主义如何而能有力乎？人民之意志受其感化故也。而人民意志何以能发扬其力乎？则又当曰：有主义以指导之故也。故倒德国武力之力，即犹之倒俄国武力之力。固非武力，亦非金钱，乃有主义之人民意志也，即所谓民意也。

无论现在吾人赞成俄国过激主义与否。亦不问德国人之为革命，应否与以同情。而以有主义之民意推倒武力，已成为不可隐之事实。其理由亦极简单，一言可以蔽之。曰：武力之内容，为意志所支配，故其武力之崩坏，乃由其内部之崩坏，无论如何强之武力，不能抵抗之也。且其武力愈强，则以民意打破之愈易，此特须注意者也。

何故不能以他种武力打破此种武力乎？武力之根于感情者，愈加压迫而愈强。故敌人虽有优势之军人、器械、食物、材料，不过使我军益加奋勉而已。既拥有相当之人民，而其武力为人民意志所援助，非使之全灭，不能屈伏之也。

何故金钱不能打破武力乎？金钱之结果，可以使作战一时容易，供给一时丰足，然而止于此而已。应于民意而行之武力，可以坚忍胜缺乏，可以努力除障碍，以精神之有余，补物质之不足。金钱之丰裕，效果仅见于暂时；及其持久，同归不足。金钱生于人工之积贮，非有不涸之源，故无能打破武力之理也。

武力何故强？以其军人精练欤？勇敢欤？智识充足欤？军械新利且有余欤？由前三者，则其发挥之须人民有欲战之意志。由后一说，则须人民有为之制造之意志。人民意志之所存，或可以威迫使之暂不实现。而人民意志所已无者，不能以威力强之使有也。故民意之变更，不复以其所能，支持此武力，则武力自倒。非特倒也，武力自身，即为武力之敌。武力愈强，则自身受窘愈多。故如百万人之市，驻兵千人，其兵虽变，不足以动大局也。若驻兵一师而变者，不可收拾矣。然而未有可以悉反民意而军心不变者也。使其军队为乌合，不胜战阵，虽多犹不足论。若其军队为精练，有勇且智者，则其所恃于意志者多，而其各个人了解之力亦多，则其倒尤易矣。

人民未有无意志者也。然而民意之发现，或极显著，或极隐晦，或极有力，或极无效，则以其自觉否，与方向如何定之。人民不自觉其意志之所向，而各个人之意志不必同方向，甚至一个人而随时变易其方向，则民意之力隐晦而无效，无主义故也。有一主义以定其行动之所趋，则一确定之意志，可以吸集无数未确定之意志，引起其自觉,授与以方向,于是成为有主义之人民意志,其出之也显著,其用之也有力也。

以民意战胜金钱武力,须其发意者有更高级之感情。蔑视金钱与武力。金钱者代表货财,使人得之以生。武力者使人得之以死者也。而民意之所趋,不欲生,不避死,故于精神上先已战胜金钱与武力矣。所谓更高级之感情者,果何所求乎?曰:自由活动之生,与心安理得之死。

徒然而生,无所益也,必有生之内容。人生所以异于死者何哉?但以其有气息能行动欤?则狂人、白痴、中风麻木者,皆生也。然而吾不欲如是之生。且曰,若是者生不如死。则以缺生之内容故也。不能自由活动故也。物理的、生理的自由活动尚如此。而政治的、社会的自由活动又过之。终身监禁之囚人,与社会上所屏绝之人,人亦相率目之曰生不如死。亦以缺乏生之内容故也,不能自由活动故也。故一种生活与他种生活之内容,不可以其生活资料多少分别之。贫者之生,有时胜于富者之生也。又不可以其生活时期多少分别之,十余龄之国殇,其生活之意义,固已胜于顽钝无耻之老臣也。童汪踦①为是耶,长乐老②为非耶。贫贱之骄人乎,富贵之畏人乎,论未有定也。而一则以为是而自由为之,一则知其非而逡巡不敢避也。是贫者、夭者之生之内容,已过于富者、寿者之生之内容矣。其人所自感者如是,人之所以批评者亦如是。无他,能自以其意志决定其行动而已。

论其寿命虽短,其享乐虽缺,而其自由之程度,过富贵寿考者,其活动之成绩,多于富贵寿考者,则其生之所以为生者贵矣。是故

---

①　汪踦(踦亦作锜),春秋时鲁国童子。鲁哀公十一年,齐伐鲁,踦与齐师战于郎而死。孔子特称赞其“能执干戈以卫社稷”。

②　即冯道,五代时人。后梁时为刘守光(据卢龙,称大燕皇帝)部下。后唐灭刘守光,冯道为后唐户部侍郎,又升端明殿学士。后晋灭后唐,又事后晋为司徒,封燕国公。契丹灭后晋,又事契丹为太傅。后汉驱逐契丹,又事后汉为太师。后周灭后汉,又事后周为太师兼中书令。晚年自号长乐老。为历史上投敌无耻的典型人物。

世有贫于财货而富于意志，绌于年命而丰于功绩者，古今所同认也。比较人之生存而计其价值，则以活动为单位而计之，不以其贫富寿夭。又只取其活动之自由而计算之，其受胁迫束缚而不关于其自由意志者不计也。故自由活动之生，有内容之生也，吾人所求之生也。非自由活动之生，犹不生也。

人生而能活动，活动又得自由，此谓之生之内容丰富。然其自由同时为一种主义所支配，使其活动有一定之方向，其人虽可以自由活动，而遇某情形，为某种活动，可以理测度得之，则以有主义故也。例如后汉赵苞守郡遇寇，敌缚其母，以劫持苞。苞遂不顾进战，兵胜母死，苞亦哭母而卒。后之论者，或以苞为不当立功而亏孝，或以为苞不能不重职而轻其母。此种争论，永无决定之日。何则？一以国家之利害为首，一以家族之利害为首也。王阳过九折坂而去职，王尊则曰，阳为孝子，尊为忠臣，驱车过之。此各有所主张，必不能相折服。犹之论赵苞者，一以为当，一以为否也。然而至少赵苞有苞之主义，以苞之所主张，可以推知其行为。王阳，王尊各有主义，可以推知王阳必不叱驭，王尊必不回车。此所以赵苞、王阳、王尊各自得有丰富之生之内容，而其行动决不入于非理也。即其平生行动，皆由所信而决定之故也。以其为一主义所支配，故虽常得生，亦常不避死。合于其主义而不得生，于其生之价值无所损也。以一死而贯澈其主义，则死之前，死之际，所有活动，皆足以增加其生之价值。以其死而能使他人感动奋发，从其主义益为活动，则即死之一事，亦可视为活动之一种。是故为主义而生者，亦为主义而死。为主义而死者，无所恋，无所惜，视死如生，所谓心安理得者也。

人生不求其寿考富贵，而求其生之自由活动，与心安理得。故金钱不可以诱之也，武力不可以劫之也。意志既居于不可诱劫之地位，则他社会、他国家之金钱武力，不能征服一国之民意，明也。即一国之政府所有金钱与武力，尤不能征服自国之民意，更明也。民意既不可征服，则反于民意之行动，虽挟有金钱武力，无所施之。同时民意有所主张，政府所挟之金钱武力，即转而变为遂行民意之利器。故政府不能以兵力、金钱征服民意,即民意必能征服政府之兵力与金钱。

以北京、上海最近之学生、商人爱国运动观之,亦可以为民意战胜金钱武力之一证。政府固未尝割所爱之金钱以防沮人民之行动,又未尝能运用其武力以压抑国民也。然人人皆知此运动非金钱武力所能抑。何则?以其为真正之民意,非由单纯之煽动可致,亦非少数人所能利用也。政府即用金钱亦无从买收,即用武力亦无从压服,即借外国之金钱武力亦无所施其技。此其成效显然可见者也。染丝者染色黄则黄,染色红则红,随其所染而丝色变,此以能染者言也。既染于黄,又染于红,红色薄黄色浓则见为黄,黄色薄红色浓则见为红,此以能染故能相胜也。若以玻璃之丝染,则虽百染而无所变,不能染故也。既为不能染,则无相胜之问题。以金钱武力敌少数治者阶级之野心,则犹染丝也。彼自有所求、有所恃于彼自己之金钱武力,故亦不能不有所畏、有所屈服于敌人之金钱武力,是则犹所染色之有浓薄足以相胜也。至于民意,非有所恃于金钱武力,亦不求获得金钱武力,而非金钱武力之所能胜也,是则不能染之类也。欲恃金钱武力以胜民意,犹之欲染玻璃者,但求浓其染色,不知其根本上为不可能也。

误谬之思想,常致最大之损失。彼批评国际战争以武力、金钱为判别胜负所资者,皆与俄、德前皇同其观察。如使其人乘权借势,或者不免陷于同一之过失也。在昔国际战争,常有止因于少数治者阶级之意志以动者,两国人民均无自觉,故其较胜负以末节决之。此犹人在空气中,不觉空气压力,而东西南北可以随意所之,一推一挽,皆足令之易位也。若使人身有一方面接触真空,则空气压力立见,挽之不来,推之不去。惟战亦然,人民既有自觉,不以治者阶级之意志为其意志,而自有其意志。则其意志所附者加强,所拒者不复能自支持。于是前所视为决定胜负者,如金钱,如武力,皆毫不足恃,以为民意所弃而复灭者相继。然而论事者犹挈其金钱、武力以相较,且以为削弱一国之金钱、武力,即足以永绝其国民自立之基,此种误谬,真与挑战之俄、德二皇无异也已。

夫俄、德两国今日之全失败于战争者,专以民意反对战争之故。而人民反对战争之意志,则由主义而生。此种有主义之民意,有优越于金钱、武力之力,则无所恃于金钱、武力,亦不以夺去金钱武力为忧。如此而欲以军备制限、经济绝交为制御其敌国之方,是犹视电灯为桦烛,而欲吹气以灭之也。

中国人民知金钱、武力之可畏矣,而未知所以胜之之具。故对于国内神奸大憝,非不知恶之,而以为武力不足以倒之也,金钱绌而不能有所营以抗之也。对于国外侵略之相加,非不知畏之也,以为金钱武力不若人,虽举国战犹不胜也。是不自觉其力也。自觉其意志之力,则政府所以对国民之金钱、武力,可以有主义之民意转移之,使不为用。外国所以来相压迫者,亦可以主义动其人民意志而消去之。夫使有金钱、武力而莫为用,是则所谓不战而屈人之兵也。弱于物质者可以精神强之,此现代弱者最有力之武器也。

原载于1919年8月《建设》第1卷第1号。▲

神圣不可侵与偶像打破

今日偶像打破之声四起。然如何是偶像，如何始非偶像，本属各人观察之不同。故甲以西洋学说攻击在来之谬论，自命为偶像打破。乙又以其悬想攻击甲之攻击，亦自命为西洋偶像打破。究竟谁能打破谁，自是实力问题。决非但以偶像二字加之他人，即可推倒其说者。吾今所欲论者，自称打破偶像者之态度而已。

偶像者，过去之事物而借以名现在论者对于一种事实所采之态度。故言某种事实为偶像，非偶像，无定者也。而某学者对于一种事实，是否以崇拜偶像之态度出之——甚者对于自身——则有定者也。故偶像打破者，不使人以一种事实为偶像，即对于一切事实，皆以一时的、对人的为评价，而不容为永久的、绝对的评价。而崇拜偶像者则反之，神圣不可侵，即偶像之标帜也。

以宗教为神圣不可侵，非也。而非宗教亦不容其为神圣不可侵。以君主为神圣不可侵，非也。而国会亦非神圣不可侵。以信条为神圣不可侵，非也。而科学亦非神圣不可侵。何则？以人类为进化的生物，一切事实，皆应于人生进化之道程以为评价。故昨日所是者，今日不免以为非，无所谓永远。于彼是者，于此为非，无所谓绝对。其有非之时，有非之处，即为可侵。故神圣不可侵之幻想，决不容其出现。苟其出现，即使事实成为偶像。而主张之者，亦成为不合于人生之用益者矣。

以上所举，最近于神圣不可侵，宜莫如科学。科学之效用，可以垂之久远，可以普适于现所知之世界。然而谓为绝对的、永久的，不可也。吾人能安心以信科学，而不能安心以信宗教信条。何以故？

以信条不容人讨议,而科学随时容人讨议,故也。故于科学去其容人讨议之精神,即等于信条,即亦一种之偶像也。然则偶像打破者,对于社会上各种已成事实,无一可认为神圣不可侵者。然于其中自不可不分别次第,以定其置信之程度。而其置信之度,每种适与其神圣不可侵之度为反比例,其反抗所应用之力,则与为正比例。列举之如下:

第一种　规约之结果　此如二加二为四,为数学上原则。凡过一点,只能引一与他直线平行之直线,为几何学上公理。大小前提中,须有一为肯定,为论理学上规定。并非观察而得,乃由规约而成。故人亦可随时改定之。譬如用三进数则二加二为一一而非四(包尔氏数学游戏参照)。用非欧几里得几何学,则可认过一点之无数平行直线(林鹤一译几何学原理)。而二重否定之前提,实际等于肯定,亦无所碍于采用。故凡所谓规约之结果者,随时得变更之,其本身绝不含有意义。吾辈亦可安然信任之,永远不劳心于其改革可也。以其另有更便利者出,自然采用也。

第二种　研究之成果　此占科学之大部分,凡今所认为定论者,如物质不灭、势力不灭之属,本为一种任人攻击之说,而至今未能倒之(镭质出后已有疑此原则者)。以其任人攻击之故,吾人可以信其不倒为绝有理由者。进化理论,亦正与此同。而吾人对之,亦非经极端审慎之后,不能轻为排斥。

第三种　道德　道德于中国本离宗教而独立。道德上规律所要求者,皆随时代地方而逐渐变更。但其变更常缓,而不应于社会之急激变化。故有不适合之道德,即要求其革新,为当然之事。而社会上既以道德为神圣不可侵,故其对于道德规律,尤不可以无条件信奉之。然于他一方面,对于道德上规律,认为不适当者,惟不要求他人对己负此义务耳;己对于他人,决不轻弃此义务也。此即蔡先生所谓一事不苟,乃可言自由恋爱也。

第四种　规制　法律其他政治经济上规定,本亦随社会以改变。然在其实际上能梗阻之者,本属于一特别阶级,此阶级即因于制规之停滞腐败以受特别利益者也。故欲排除此种梗阻，彼必主张其神圣不可侵，拒绝一切改革。于是小者争之以口舌，大者诉之于武力。则如英法之革命，如俄德前此之农奴解放，如美国之南北战争，皆其实例。而现行之种种政治经济改革，无非对于昔日所命为神圣不可侵者之反抗也。盖此种社会事实，本以社会之保护，故打破之常须诉于越轨之举动。即如吾人往昔反对满洲，对其君主权，事事反抗，虽至微末，亦不愿让步。盖其强要人民服从，根本上不可许容，与道德上之规制不以强力随其后者，殊绝也。但在近代，立法及其改正，可依于代议政治，及直接民权制，以达其所主张之一部，故于此制度既行之国家，可以平和之手段，达所主张，则于其所反抗者，态度可稍缓和，而准用前项之说明，不蔑视其义务。

第五种　宗教信条　此种信条，有设立与废弃，而无改良者也。他种事实除却认为神圣不可侵之外，尚有存立之余地，即虽不神圣，不害为道德；虽不神圣，不害为规制也。惟信条，则自其本身性质言，非有神圣不可侵之一要素，不能成立。抑且以神圣不可侵为惟一要件，苟备此性质，则虽处女清净受胎，亦可成为信条。故对于信条，除绝对排斥以外，不能再认有他种办法。

凡上所述，明社会上事物神圣不可侵之性质愈重者，其可信性愈薄，而吾人对之反抗当尤烈。虽然，苟其观察之人，舍去神圣不可侵一种态度，以凡百事实，置于均等价值之下研究之，则吾人不能遽指为偶像，而豫蔑视之也。故如指某人为偶像崇拜者：第一，先问其所信者可成为偶像否（假如其事属于规约的，则本不能成为偶像也）。次，问其崇拜之之人，是否视为神圣不可侵。第三，打破者是否别立一神圣不可侵者，以破此神圣不可侵者。前二层已由上所历述，可以显明。今欲就第三一层更有所述。

偶像打破，非必有益。若以较良之偶像，打破较不良之偶像。则正如萧伯讷所云，将革命之责任，转置于第二代人之肩上。亦即夷齐所谓以暴易暴，不知其非，于社会上总皆谓之不澈底。若以较不良之偶像，打破较良之偶像（如果可能），则为社会进化之逆转，不容其借打破偶像之名目以自庇。故打破偶像之人,是否自奉一偶像,与其所奉偶像之比较,亦复为一重要之事实。即如从前教徒攻击中国之伦理说,以不信上帝为人罚所由来。吾人据中国之科学思想,与伦理学说,以反攻之,则可谓之西洋偶像打破也。就使其人视其科学思想,与伦理学说,有神圣不可侵之性质,要不能斥其逆转而归咎焉。然而吾人甚望其论者,并此神圣不可侵之思想而去之。若夫有一部分人,以对于西洋科学之迷信,而打破中国伦理规制上之偶像,而论者乃反欲以宗教上或规制上之偶像对抗之,而自号西洋偶像打破,则是万不可许容者也。此则逆转,且贻害于社会故也。近日所见自命西洋偶像打破者,吾甚望其不蹈此病,抑又甚惜其已有陷于此病者也。

以吾之意,打破科学上偶像者,惟以科学之研究可以得之,此外皆不能成功。打破道德的打破,可以科学的研究,道德上改新为之,而不容规制信条,施其权力。如欲以信条规定为根据,以破道德科学之理论者,则其自身已为僭妄,不必问其内容如何。如使世尚未有能仆我此论者,则破除邪说纷扰,此亦一直截了当之区分法也。

原载于1919年8月《建设》第1卷第1号。▲

舆论与煽动

天下有不由煽动而起之舆论乎？如使人民不须煽动，同时自起一种感觉，同时有一种办法，虽使其国民众庶如我中华民国者，亦将四万万众不约而同其主张，则舆论诚可以不由煽动而成立矣。试问此为可得实现主事否乎？如其不能实现，则欲有舆论而无煽动，则犹之乎不认舆论之价值而已。

鼓吹与煽动，其范围常不得明了。主张其说者则曰鼓吹。反对者则目之为煽动。其实皆是也。煽动者，主就感情而言之。而鼓吹者，则自认为根于理论。其实人民苟无热烈之感情，舆论何从成立？但当问其所煽起者为正当之感情，抑为偏颇之感情，为合于理性之感情，抑为悖于理性之感情耳。苟其感情正当，无悖理性，则安能以其为煽动之结果而蔑视之哉。

今试一研究舆论成立之经过，即可以知煽动之不能免也。凡一国之国民，对于国家之事务，能一一察知其详细之内容乎，否也？政府亦肯以其详细之内容，一一示诸国民乎，否也？就令政府肯示之，国民能了解之，国民之大多数，果能舍其日日之正业，割其时间，以阅览批评其事实之详细报告乎？抑又必不可得者也。惟然，故国民多数心目中之政事，皆极简单之事实，非至繁复之条件也。所认识者止于大体，则其所是非者亦涉于粗略。于此有为详细之研究，一一抉其所以是、所以非之点，则国民固以为于己所见不相悖，益加详焉，然则随其理论而感情动矣。此善言之谓之鼓吹，恶言之则谓之煽动无疑也。又假其人已能涉猎得事件之纲要，知其当有所主张矣，而未知当如何主张，此又一般常有之现象也。于此而有人，以笔以舌，宣其所见，不特于事件观察已得要领，又揭出生出此项事件之原因，提出对于此项事件之办法，则国民因无条理、无办法而扰攘者，一旦得所归依，则不特于理性上信服之，又于感情上觉其非如此办法不可。然则此以笔舌为宣传者，善言之固可谓之鼓吹，恶言之又必谓之煽动无疑也。又对于一事之办法，在知识未充之国民，惟知此为办法而已。至于有知识者，则必不以此为一种办法而已足也，必求其办法所根据之主义。若此之主义，决非多数人同时思而得之者矣，必有始倡此主义之人。则主义之宣传，无时不由少数人以及多数人。而多数人对于事实上之办法，常以不统一缺系统而起烦闷者，得此一贯之主义，以为意志所依，以立行为之标准，则冰释涣解，其感情奋兴，必有过于寻常单纯得一办法之时数倍矣。此授与以一主义者，善言则谓之鼓吹，恶言之则又不得不称煽动无疑也。由此观之，舆论之成立，先必有其事实之观察，又须有其所主张之办法，更进而求其所根据之主义。而凡供给以事实，为之定办法，导之以主义者，皆可以煽动目之。然则人言此种舆论为由煽动而起者，不啻言此舆论由造成舆论之方法而起者耳，于舆论之真价决无所增减也。现在世界除此种舆论以外，更不能有他种舆论故也。

即以今日对日本之交涉言之，二十一条之约文，军事协定正附各件，高徐、胶顺铁路其它种种契约，欧洲和会交涉之经过，无一曾经政府以真相告国民，国民惟有暗中猜度。而于此有人，据外国所传，耳目所接，联属编缀，使成为一系统，以待国民之研究者，必不可少之事也。然此为煽动乎否乎？既已不免为煽动矣，则除政府以其真相普告国良以外，国民有何方法，不信此所传者，而他有所信乎。政府既不发表矣，假此少数人复不本其所知编缀以显其事实，舆论将从何而起乎。次则国民虽知政府曾立丧失国权驯致危害之密约，曾有人争之于和会而失败，国民当求如何之手段，以挽救既往而防止其将来之再发乎。国民之中，固各极其心思，而未必有一定之办法也。且如甲主张与日本开战，乙主张不认北京政府，丙主张排日货，丁主张惩国贼，戊主张不签字，己主张速成和议，凡若此者，其办法可数之千百不穷也。然而终必惟采一种或数种办法而已,不能悉采用之也。盖其观察事实同,而主张办法各异者,必且以辩论相胜。而归极采此舍彼者,即亦可目主张一种办法者为煽动之人矣。不止此也,现代国人对于日本有侵略野心之事实,久经确认,而其如何对付,则自问而自不能答者,十人中有九人也。至于倡抵制货物,驱除国贼,废止约定,然后各人翕然从之,盖本无主张,专待办法者,多数人之常态。而能与以主张者,必为少数人而已。此亦可谓之煽动者也。而无此煽动,舆论又将何由而成乎。又此次国民之起而有所主张之根源,一方为爱国主义,一方为民权主义,此两主义合而有所决定,始能采适当之办法,不致为无定见之主张。且办法者,因时而变。而主义进化变迁之度,远不如办法变迁之急激。即如同以爱国、民权主义而起,而有时采用平和手段,有时不免激烈,各有其适当之时期。然而无论平和、激烈之手段,不能与其主义相背无疑也。假令有与此主义相背者,必不能容纳也。故假设极端之例言之,如采用无政府党之手段以反对日本,此未尝不可谓之一种办法也。而无人欲采之者,以背于爱国主义故也。又如使张勋为复辟,联德国以敌日本,亦可谓之一种办法也。此虽国民明知其无益,然令其有益,国民甘为之乎,否也?以其背于民权主义之主张故也。此知舆论之所去所从,皆以主义而决。而谁则以此主义与国民者?三十年前,国民曾有爱国之表示乎?十五年前,国民曾要求民权乎?爱国民权之主义,为少数人所提倡,而浸入于多数人之心,今者遂为舆论决定之准据。凡三十年来革命党所以号召于国民者,皆此爱国主义、民权主义也。凡其宣传,皆敌人所指为煽动者也。无比煽动,舆论又何自而成乎。今者无人敢以此次对日外交之舆论为无价值者也,则煽动不足以为舆论之缺点,明矣。

煽动者,以其结果得名。立一说而人感受之,以起热狂的感情,皆可目之以煽动。然煽动之为有益有害,则当视其所立说如何。吾固非谓凡煽动皆为正当,亦犹之舆论之不必为合理。然须知煽动之有害,只限于以虚伪之事实为基础,与以不适合之办法为手段时。

使其所据事实为虚伪，国民因之采用不适合之手段；或虽根于实事，而相率采用不适当之方法；则其煽动为害于国家，岂特他人排之，吾人亦必反对之。不特反对之而已，必且尽其力以谋绝去此种煽动之根源。然而不可即以此为煽动罪也。

今试举例明之。则如数十年前，盛传耶教神父收集小孩，皆以供烹啖，以是人民仇教日盛，致屡酿事端。此以虚伪事实煽动之害也。又如十余年前拳匪之祸，以为毁教堂、灭租界、破使馆，即足以抉清灭洋。此以不适当办法煽动之害也。凡此煽动，不外基于人民之无知识，与无适当之主义。惟无知识，故不能认别事实之真伪，办法之有效否。惟无适当之主义，故以同情而生仇教，以爱国而成拳匪。然则救治无知之法，惟有以知识与之。既已以知识与之，又以真实之事告之。国民已知政府所处景况如何，措置如何，则虚伪之煽动自无从而入。救治无主义之法，惟有以主义与之。不惟一主义而已，并其主义之内容，应用之范围方面，而一一告之。则不适当之办法，终不为国民所采取矣。然试问此二方法，其自体如何乎？授与知识，告知事实，宣传主义，其自身亦一种煽动也。吾人欲除去有害之煽动，惟有有益之煽动能为之而已。

更有不可不知者，中国自来处于治者地位之人，未有不恶人民之参知国家政治者也，未有不恶人民之言政治上办法者也，未有不恶人民之有主义者也。何则？专制之治，国君各以恣睢为极致，其自身向不愿有主义支配之，何况国民以一主义而欲为之决定国政。而办法既欲出于专制，更不容以国民而有胜于君主之办法。复以议政之根源，由于人民之知国事，遂并禁遏其知。此其情固有相关而至者，抑且为世界专制君主之通病，非独中国然也。惟其如此，故煽动之性质，本为有利者，彼亦以有害目之。抑且以其秘密独断愚民之政治，实足使有利之煽动亦变为有害。所谓天下之危险无有过于无知者，正为此辈设也。

今日政府对于人民之举动，无论合理与否，皆以被煽动排之。于是凡有舆论之起，不问其内容如何，而惟探索其煽动之人。始于内政暨及外交，有反对北廷者，则曰南方之煽动也。有反对日本者，则曰英美之煽动也。相惊相戒以煽动，则煽动者亦相与讳言之而已。彼知舆论之不可明攻也，而攻其煽动，可谓巧于立言矣。而为人民者，岂可以避煽动之名，而使舆论坐萎乎。国民之自觉，岂可遂以畏被煽动之名而中绝乎。当仁不让，是在不舍其主义而已。

原载于1919年8月《建设》第1卷第1号。▲

侵害主权与人道主义①

当和会之议山东问题也，日人主占有，中国人主交还，而欧洲诸强国则有主张委任统治者。今此问题既照日本所主张在和会决定，则委任统治自不成问题。然因对德宣战而增进国际地位欲列为头等国之中国，何以须委任人统治？山东之委任虽不成问题，异时异处能保其无委任统治问题发生乎？统治而委任他人，则其损失国家主权，何异割让！

委任统治与民族自决，根本上不能相容者也。此次欧洲和会先已抛弃民族自决之主义，然后有非洲南洋及小亚细亚阿剌伯各地委任统治。假使山东问题不如日本之所主张归其占有，而决定在国际联盟委任统治之下，日本受其委任以行其权，中国人又将谓之何？认其可忍乎？抑不能复忍乎？夫以胶州本为中国之领土，本对德国约定不能转租，则无论如何，不能强中国以允从委任统治，犹之不能强中国以允从日本领有耳。山东应归何国，胶州当受何国统治，在法理上，当问之缔约之中德二国。在主义上当问之山东胶州主人民，何处有委任统治之余地。但须知委任统治之例，固不自今日始。当时认委任统治与租借均为割让之变形，未尝有人谓之不当也。即以此次条约论，德国殖民地及土耳其领土之大部分，皆以委任统治之名，归于各国管理。此中德国殖民地，殆全数为以德国与前土人酋长结保护条约而获得之者。论德国之条约上权原，与事实土人意

① 朱执信《著论存查》稿本中有本文提纲。下有“晨报八月一日至五日”等字样，故推断此文曾发表于《上海晨报》。

思,均可以与山东问题比拟。法理上各国之不得容喙于德国与非洲酋长间之条约,犹之其不能容喙于中德间之条约。主义上非洲、南洋土人之不应束缚,犹之山东人民不应束缚也。此种委任统治之理论上不圆满甚明。而各国犹公然主张之不已者,至少必有口实。而当时各国所以仍主张中国土地应归国际联盟监督下之委任统治者,亦至少不可不有一种口实,谓山东之情况不能比于法之阿尔萨斯、罗林,丹麦之修列斯维,然后可以中国与彼花面裸体南洋土番、非洲黑人同科,故可于法理及主义以外倡委任统治之说也,而中国主权遂有时不暇计及也。

中国人论及此层,往往以为有强权无公理,不复追究其所以然。其迷者不过仍欲蓄其武力,俟有机会以我强权,代彼强权。而怠惰者则又以为人道终必战胜强权,我辈惟当诉之于人道,此皆悖也。民族自决之主义,根于人道。侵害主权之口实,亦未尝不在人道。患在授人以人道上之口实耳,患人之不以人道相待也。果使在人道无许人侵害主权之口实,则无论早晚,必有回复其当然应享之利益之日。以武力得之可也,不以武力得之亦可也。否则虽有武力,虽倡人道,固无益也。欲讥人有强权无公理,自己先须无强权有公理。

须知人道主义并非将各人现所占有之天然恩惠,悉视为正当。同时亦不以从前曾经占有过此种自然恩惠者,为必正当。如使但计现占有者,则胶州正在日本势力之下,吾中国尚何辞以与之争。如追求其权原,则日本夺之德国,德国夺之中国,疑若可以为真正之主人矣。但试一思晏子对齐景公,古而无死,非君之乐一语,能不憬然。地球上有人类之迹,已数十万年。中华民族之入中国,才数千年耳。若谓曾经占过此片土地,即为真正有权之人,则中华民族之对德人日人,不过以五十步笑百步;均之,非原始占有之民族也。而必争其当与此,不当与彼,则是毫无动人之理由。人道云云,适足自证其无占有之权而已。故于人道之意义,常不可以此种轻率之解释为满足也。

真正之人道主义,以世界之自然恩惠,供世界人类发展之用。

故凡独占一土地之自然恩惠，而使其地方住居之民族，反不能享自然之赐者，为反于人道主义。因其反于人道主义之故，以民族自决之手段，免一地方住居之民族，为住居他地方之民族之牺牲，此从其积极方面言之也。一地方之天然恩惠，即为全人类应享之一部分，不使一民族独占之故也。又有与此相反者，一地方之自然恩惠，为住居其地方之人所锢闭，不得自由开发，则全世界人类之享乐，又为此一部分人所牺牲，则又不得不别为其开发之计。此自其消极方面言之也。前者于其民族所不居住之地，要求土人让其生活所资，归彼专占，固不可矣。而究竟享其利者，尚有一部分之人。后者则虽不被人夺占，仍不自求开发，则是货弃于地，全世界人类中，竟无一人能享其利者矣。如从其土人之眼光以为观察，则与其以利权与人，不如彼我两无所得，尚可留待异日土著之民族进化至若干程度，便可以纯为自己利益。其赞成后一层，自不待言。但自全人类眼光观之，则以土著民族之不进化，天然恩惠委之泥沙，比之开发之以供一部分人类之用，更不及矣。所谓人道主义者，本就全人类而言。若其民族行动，有违反于全人类利益之处，则从人道主义言，有时不能纯任民族自决主义者，所谓侵害主权之口实即在此也。

今人民之于国家，利害不必其悉相同也，然而国家有事，忘己身以赴之者，何哉？以其身为一个人以外，尚有为国家分子之一资格，故有时害其个人以利国家也。然除却国家一分子之资格，尚有为全人类社会一分子之资格，故有时又以全人类利益之故，以一国家之利益为牺牲，此于理论上全然无可非难者也。然则一承认此原则，其结果当如何。如使世界人类进步相亚，则此原则将为国家互助之起源。使世界民族进步相差至远，则此原则适为进步人种侵略之口实矣。

从来侵略者未有肯自承其为侵略者也。必曰：某地为未开人种所据，某种利源藏于地中，无由开发，其民因之穷困，而世界亦不得共享其益。使归于文明国之统治而开发之，则为世界全人类之益，为文明国人益，亦为其民族益。此种议论，欧洲人时时倡之，时时实行之,至其结果,世界人类有益几何,未可知也。其土著民族有益乎,抑有损乎,亦不可知也。所可知者,苟强国不行侵略,其土著人种安固守常,世界人类亦必不能受其益而已。故一国持此论调以辩护其侵略政策,他国决不肯从根本上尽排倒此说。近日虽有承认民族自决之原则者,亦仅少数国家而已。即如德国向来主张以德国为世界领袖,主张德人优于他人种,故对于他国之开发,常负责任,当以强力代他国民谋幸福,其所以自居者如此。其敌国之英国,则又常以天之选民自居,以开发非洲、印度、马来、澳洲、埃及等等,为其生来之任务者也。其于人道,固未尝视以为敌,且又引以为盾。诽之者则曰,欧洲人之人道主义,不为有色人种而设。彼将应之曰,人道主义,亦为未开化之一部分人所未尝实践而已。侵略非侵略,谁其知之。然于此得一教训焉,则凡不为全人类尽力,徒以自私之心,要求领土保全,民族自决者,不能得人道主义之援助是也。

吾知我国人民,于其本意,未尝不希望以其全力为全人类谋幸福,未尝有私心存于其间。虽然,孟子食志食功之说,吾国人当熟闻之。吾国人自与全世界交通以来,所以为世界全人类谋幸福者,果有几何乎。直接谋全人类幸福之事,固不易觏。若夫利用他国人所已发见之科学原理技术,开发天然富源,以为国民经济发展之具,同时亦间接为世界全人类之益,此所谓人己交利者也,顾何所苦而不为,而必待外国之强迫要求,遂让其占领经济权,而有今日委任统治之问题乎。经济上之权为他人所握,政治上之领土为他人所占,于是始呼号以求援于人道,此片务之人道主义,未免授人口实矣。中国虽非不愿为全人类尽力者,要已为未为全人类尽其力者矣。

今日之最显然之中国不利者,外人在中国所有之领事裁判权、警察权、路矿权也。然试一思此诸种权之被人要求,责果全不在中国乎?抑他国有其九分之责,中国犹有其一分之责乎?领事裁判权,非以立法、司法之不良而诱起者乎?警察权非以自己行政之不良而被侵者乎?路矿权非以官吏顽锢、绅民迷信而丧失者乎?凡此种种,无无因而至者。外患之亟,实清代数十年迷妄之罪恶,有以致之(此非专罪满人,汉人大多数亦当同负其责)。而至今日,中国人犹不能谓无罪也。

试观北京政府,以约法言论出版自由规定之下,而以演说刊印之罪名,捕辱学生拘禁大学学长,至今未释。以谋叛民国之帝制复辟罪犯,反蒙特赦。军人日日掠杀,而不敢问。商民一举一动,皆吹毛求疵。假使外国人立弃其领事权,而使其国人悉听中国法官之裁决,受笞杖条例之适用,随时遇有戒严,可以自由枪毙。于是使第三者加之批判,则谓此放弃领事裁判权者,为合于人道主义耶?抑不合于人道主义耶?又如外人立以租界悉返还于中国,听彼不敢过问军队之警察,为之维持秩序。各租界中华洋数百万人,将皆任彼驻防军队所欲为,则上海日日有宽城子之案件,汉口亦不难变为徐州,人民惟有希望刺刀枪弹之偶不命中而已。则此为合于人道主义乎?抑不合于人道主义乎?岂特北方而已,南方以护法军政府所在之地,而司法完全隶属于蟠踞山穴之寇贼手中。国民以爱国开会,而警察向人丛放枪。凡有忤逆广西人一语者,立随之以枪毙。广东人箝口结舌,无所告诉,至于罢市,而贼寇出身之辈,遂取无罪之工学界代表拘禁,而将随之以死刑。问其孰为领袖,则曾吃陆阿发心肝之岑氏也。问其孰事巡阅,则跳梁越南交界杀越得名之陆氏也。无时不杀,无杀不冤,此种司法,此种警察,比之北方,罪大十倍。然则从人道主义上言,南方可得被人信任以撤消领事裁判权及警察权乎?中国人之政治上,受不平等待遇,果绝无理由乎?

从经济上论,中国国家所经营之铁路,其为腐败,久已周知。即以商民所办者论,如湖南之粤汉铁路,如川汉铁路,当时百死以争者,今又何如?使粤汉铁路仍从美国原约,继续筑成,则今日鄂湘粤三省所食之利当如何?使川汉之路,如其初计划以进行,则八年来之进步可想而知也,今又何如?中国人保留其铁路权之结果如此。在中国固曰,不利为所自招矣。而反思如中国得交通便利,利源浚发者,世界人类将以为大益,而中国必自沮之,能告无罪于人类乎。假使今日外国所有管理之铁路,已筑者悉还付中国,未筑者悉放弃权利，则二十年后中国铁路能增几百里乎？则为人道主义计，为全人类利益计，以公平之眼光观之，各国应放弃其路矿权否乎？所谓经济上之势力范围者，第一为满足一国之野心，第二为增进全人类之利益，故副作用遂成为其主作用之口实。嗟乎！谁则使其有此口实乎。

以深锐之眼光观察之，则所谓经济的优越者，常为助长一国内少数人独占利益之手段。故中国牺牲其路矿权，不特无益于彼外国之贫民，且令其贫富不均之事实，更为显著。此亦于人道主义相违反者也。使其长此不变，则人道主义之口实，亦将自亡。顾世界之经济组织，于战后亦将大为改革。此种不合人道之资本万能主义，必有取而代之者。彼等既经改革之后，对于中国之政治上、经济上利权，可以一切放弃乎？必不可也。世界皆开发其天然之利益，以为人类之用，而中国独封镇之。世界皆平等正义为司法行政之标准，而中国独立于此范围以外，则他人真有不容我自决之必要矣。

吾于此欲请读者再注意于土地上主权之由来。夫一国对于其领土，决无自开辟以来有其权利者也。国民生活于千百民族死灭无余之废墟之上，而曰有权以领有此土地，他国不应侵害我主权，此何以哉？不过曰，我国民对于全人类尽相当之义务，则世界人类，当我之生存权，而我生存所资之领土，亦不能不认其可以占领也。然至怠其对于全人类之义务，有如上所云者，则其权原先不可容，而对于人不能主张之矣。

故无论为占领、为租借、为委任统治、为一国所专、为万国所共，其侵害中国主权则同。中国苟不能尽革去此向日所行之迷谬不合理政治经济上之行为，则无论外国人为侵略主义，抑为人道主义，为资本万能主义，抑为劳动本位主义，中国领土主权，及经济上权利，必被人侵害亦同。民族自决之主义，须待国民之自觉而后实现。吾今日之反复致论者，非证明中国之当被侵略，乃研究如何始有权利以主张不被侵略也。

从来言收回领事裁判权者，皆知须先改良法律及司法制度，然后可以有收回之理由。然至今日所谓改良者,固未实现。所谓收回者,亦未见其端倪也。至于近日,则惟见日以权利与人而已。一般国民皆曰,是政府之罪,非人民之不欲之也。吾未敢以此答为满足。何则?中华民国固以人民为主权者,人民对于政府之犯罪,不能不负其责。彼卖国者固有罪,而酿成其卖国之罪者,独非中国之人民乎。人民早对于此不法之政府,不能代表之议会,默认而深恃之,不待论矣。于此以外,尚有根本理由存焉。曰:国民不视国家之事为己事。从而就于国家之事,太无知识,因之无有判断国家事务之能力。故北方人现在服从北方政府,南方人服从南方政府,一也。北方不服北方政府者,其心目中之良政府,犹之今日之北方政府也。南方之不服从南方政府者,其心目中之良政府,亦犹之今日之南方政府也。其无效果亦一也。即许国民自择政府而建之,自择政策而施之,犹不免为野心政客所诱惑。袁世凯死矣,而其欺骗国民之术未尝死也。国民之可以欺骗,即其国民自觉之缺乏,亦即向来主权被侵害之根源也。

所谓国民之自觉者,即自觉其生存之目的,自觉其对于全人类之任务,自觉其遂行此任务之力是也。孰为国民生存之目的乎?曰:人类之保持及进化,以一个人自身论,则生固有涯也,其活动有停止之时,凡人之所为,无足以永久抗自然者。然以人全体论,则死者既去,生者方来,相续不绝,今人所成就,胜于古人,将来人所成就,又必胜于今人也。即人类永远能支配自然也。使人类进而为超人,此人生之目的也。

孰为国民对于全人类之义务乎?曰:于不损他人之限度内,以求自己及其同社会者之生活向上,于保持自己之余,以其力谋全人类之进步,于必要之际,牺牲自己以图全人类之进步是也。人之生活向上,通常向时为全人类之进步。故其为自己而行者,同时有益于社会,有益于全人类。然而有时非为自己之利益,有时且为自己之害,而不可避也,则基于其生存目的以使然者也。人不但为自己一个人而生存,故牺牲有时非为己也。

然而认识此两者，正赖国民知识之进步。如使其知识不具，则并此目的与此义务，亦不能了解，抑且就知其当尽力当牺牲矣，而以何手段可以达目的尽义务，仍属其所不解，则固无益也。

国民既有知识而生自觉，则非特进其对世界之道德而已。即其对于国家之真正了解，真正之爱国，亦于是始发生。盖国民既自觉其生存之目的，而就于达其目的之方法论之，在今日必不能不恃国家。故人之生存，但为一个人，绝无意味；必为国家之一分子，始有意味可言。国民方生方死，而国家不绝进步，其终局即为全人类谋幸福。知此而生爱国心，是真正之爱国心，毫无弊害者也。既知爱国矣，又自觉其义务，而以人类进化须经国家之一阶级，故对于国家，亦愿尽方，亦愿牺牲。如此然后觉国家之事，值其研究，然后有兴味以受纳先觉者之所陈议，判断其是非。故其所自觉之对人类之义务，又先现而为对国家之义务。而廓清政治之机，即在于是。以此自觉之国民，选择其所赞同之政府，推倒其所不赞同之政府，于事固不生后悔，于力又不患不足矣。夫然后以其进步之政治，主张人道主义，在他国固无对抗之口买，抑且易得同情者之援助也。

于近日日本人批评我国人之说，亦有足促吾人之反省者。彼谓吾国之对彼极力主张国权，至于被欧美人主张干涉，侵及主权，则熟视无睹，且有欢迎之之趋向。此盖指铁道共同管理一件各国之态度，及诸政客之奔走而言。吾人不欲以人废言，亦不必因噎废食。凡外国以公道而为中国谋幸福者，皆所赞成。凡以其私利而来损中国主权者，皆所反对。但其事有损主权，而其举动不无口实者，吾人尤当注意于其对付。铁路管理，即其一端。此外欧美人倡中国行政应委外人代办之说者，不知凡几。吾人不能不反对其主张，而遂不能发见反对之之充足理由，则除却唤醒国民之自觉，更有何法哉！

今日国民一般之观念，以为推倒不良政府甚难，而反以选择政策求其实行，为不须多费心力。实则不良政府驱除甚易，人民惟不自觉其力，故视以为难。选定国家政策，本属甚不易，而人民以乏自觉故，反不用心于此。然则日以主权为言，亦复何益，又岂能禁人之为侵害乎。

是以吾得一简单之结论曰:尽其对世界人类之义务,然后可以主张人道主义。使其国家随于世界之进步以为改良,然后可以禁人侵害我之主权。而改良内治,即为对人类义务之一种。主张人道主义,亦为防卫主权之一法。两者交相依倚,在于现世之社会,未有能取一而舍一者也。而其实施之手段,则为唤起国民之自觉,勿恃政府,勿恃国会,勿恃政客,勿恃军人。

据《朱执信集》刊印。

复居正函①

觉生我兄足下：

兄买了杂志，看了几回，才把人家批评我们的话，传给我们，我们真是感谢得了不得，不止感谢你，还要感谢这位——或者不止一位——讥诮我们的先生。因为拿他真心来骂我的，比拿着假意来恭维我的，还有益些。我们欢迎驳论，欢迎讥诮，就怕恭维了之后丢在一旁。但是这个批评，我们却受不进。

先讲滑头一层，滑头借不论时局来掩藏他的滑头，是有的。不过我们所论的还是时局，是时局所以有今日之缘故，是把这不满意的时局，变做满意的将来时局之方法，都是现在拿着政权的人不爱听的话，不过不是替这派人攻那派人，所以觉得很不动火气的样子。至如学说，不是时髦的一定好，究竟好的总不免有时髦的时候。况且我们杂志里头，有好几篇文章的形式主张，还是同乙巳年出版的文章，是一贯的，不是现在因为时髦了才和身转过来，这一层我兄总

---

① 居正字觉生。居正来函亦列于《建设》杂志第一卷第二号，转录如下：

执信兄足下：

《建设》出版第二天，我就买了一本，真是花了钱的，爱读得很，翻来复去，读了几遍。除了孙先生一篇是建设民国的大计划外，其余文章，都是一种的时髦的学说，对于现在时局，毫无只字谈及。外间就发生一种批评，说是滑头杂志。又阅孙先生的发刊词，很堂皇，很正大，分明是一个大大的范围。后面载的建设社章程，却是狭隘得很。外间又发生一种批评，说是广府杂志。这两种批评。传入弟的耳朵内，却是有些痒痒的，因为我们是力争上游的，宁可受驳击的批评，不肯受讥诮的批评。所以赶着告诉我兄，想兄亦必不肯受此种批评，表明真态度，现出活面目，使一般读《建设》的人，晓然大白。才算替兄等争一口气呢。

正白。八月十三日。

可以替我们证明的。直接民权一层，在欧美算是时髦了，中国除了孙先生提倡过之外，我们孤陋寡闻，可以说得一句没有听见别一个人讲过。现在有一种言论范式，要把世界上所有的人类，都攻击完了，就剩了他自己，这不是叫人相信他的主张，只是叫人疑心他的攻击靠不住。我们觉得太无聊了，不愿意学他，大概学了他，我兄也许骂我们无聊的。

再讲广府一层，弟与精卫舅氏及汉民兄，均番禺人，五个社员[①]中占了三个，很像有地方主义似的。不过仲恺兄是惠州人，季陶兄是湖州人，可见不是拿地方来结合的了。这种小小团体，又不是股分的营生，就是几个朋友，信托我们几个人，还算谨慎一点，付我们几个钱，讲我们几句话。讲得对，愿人点一点头。讲得不对，人家骂我们两句，都没有大不了的事情，总不要在社里头自己把意见生出来。所以发表的意见不嫌其多，而组织的社员不在乎多。有了志同道合的人，五个人都同意，自然请他进社，如果有一个人不愿他进社的，用多数【表】决来承认了他做社员，将来不是两个社员就会冲突了么。社员本来只有义务，没有什么特别权利。至于发表意见，凡是合了本志宗旨的，我们是欢迎投稿，并且分请学者投稿，都登了在杂志上面。不见得多认几个社员就是大大的范围，少请了几位入社，就算狭隘。所以社章上通用全数赞同，不用多数表决是免了意见之冲突，不是禁人发表意见，尤其不是尊己卑人。况且现在我们的结社，不是一天的事情，本来不愿意用党的界限，来画住自己在圈里。所以结社也有不是中华革命党的人在里头。钱尤其不向中华【革】命党员勉强(因为他们对于党本有义务，不愿意再请他帮忙，所以除了我一个好友送我的小小一笔赆仪放了进去以外，现在所有社款，都是以弟等个人向党外的人，非广府的人，筹来的)。但是何至反要排斥党里头的人呢？宗旨，我们不会变的。恭维人，我们是不来的。排斥人，尤其不会的。请你告诉批评我们的人，只要看我们

---

① 意为《建设》杂志的五个编辑。即汪精卫、胡汉民、朱执信、廖仲恺和戴季陶。

的杂志，是不是公道，是不是诚实。如果不是专替一部分人说话，就算刚刚是社员全体都是广府人，那有什么要紧。比方你看上海的《密勒氏评论》，不是用一个人名来代表他的杂志么，那你就叫这个杂志做戴氏杂志、朱氏杂志，也没有大不了的事情。何况广府杂志，何况不是广府杂志。

再者孙先生也是广府人，孙先生我们也没有请他入社，我们也不敢拿他的名字同党的名字做招牌。然而孙先生很高兴把他的意见，放在我们的杂志里头，在我们是求之不得。如果我们不是排斥孙先生，就一样的不是排斥其他当代名人、党中旧友了。请你把这意思告给各位同志。　　执信。八月十五日

原载于1919年9月《建设》第1卷第2号。

再答黄世平函①

均甫先生足下：

弟前书偶述所见，本非指为定规，因此得引起我兄与汉民之研究，是文字界之幸也。至如文言所用字，有分功繁简之处，弟仍主张用文补言。前数日得侍吴稚晖先生，说及此层。吴先生亦以为："不论何种的文字，尽可以各随所便，用了出来。到得成为习惯之后，就有进步的言语。"大抵现在用白话作文，本欲其传达真意思，现出真感情，指示真事实，吾辈决不至以"夜梦不祥书门大吉"换作"宵寐非祯扎闼洪庥"。然而有时觉"有犬死奔马之下"之类，未尝不可用。文所不传之真意，固有时待语而传。而语所不能明白分析联络斩截之处，亦赖文助之。此固因言语未发达而来者，事实不可蔑视也。至如言语不进步，却有二种原因：一，以言语向不作指出幽微曲折之辨别之用。二，以言时有语调身形为助。前者以无知识之人务变繁复为简单，有知识之人亦愿以含糊代明白。"打"字在普通话中含义

---

① 黄世平来函全文刊于《建设》杂志第一卷第二号。转录如下（删去中间与白话文问题无关者约九十字）：

展堂执信两先生鉴：

前得复教，知贵志文体各从其便，而倾向仍在白话。两先生陈义甚高，仆仓猝无以为难。顾仆恒见今日所谓搢绅先生者，犹笃嗜旧文。一睹白话，即以为言不雅驯，罢不欲诵。此辈人于社会未遽丧失势力。且于改革之际，其力每较青年学子为优。杂志以开发社会为职，此辈人之心理，决不可以无视。故仆之意见，终以舍文用语为不宜。惟执信先生来书所云，白话文中："的"字用于形容词下，与助词之"之"字，各有专司，宜有区别。说甚确当。今睹《建设》月刊白话文诸篇，仍一律用"的"字，岂不以执信先生所提议为然耶。仆心有未安者，必求之不已。非敢吹毛，为是强聒也。　黄世平顿首。八月九日。

之多,即证明第一例。“商量”、“前途”等字,可使终其谈论,莫明所指者,则第二例也。故话之不进化,“推车卖浆者”与“冠盖苞苴者”当分任其责。而吾人所求改善者,即在此也。后者以求互相了解,不但注意于其言义,并注意于音声态度。试用同一之语,一用平调朗读,一用电话传声,一为直接谈话,三者历试之,看各人了解之度如何,则可知音声态度,大为言语之助矣。惟其为之帮助,所以亦为其发达障碍。凡可以音节态度辨之者,不别立一语,以明其区别矣。现在吾人必须求此种缺点,而谋其救济,故凡对于白话文,为概括的排斥者,弟不敢苟同。若一一指其缺点所在,则正弟等所乐闻也。

大符敬复。八月十五日。

原载于1919年9月《建设》第1卷第2号。▲

复林直勉李南溟函①

直勉、南溟两兄鉴:

所示胜义,本非弟所敢下转语者。但于研求佛理与做军官,有无冲突,则弟亦略有感及,姑举以待教。

佛说所求者圆觉,所欲脱者无明。惟因无明,强生分别,则有世界事物种种观念。今从根底打破此无明,自然不能以学佛而令人有为军官之必要。但从反一方面着想,做军官此一观念既从无明而来,如能打破障壁,何尝做了军官。则在世俗随顺见地看去,觉军官可做则做,不可做则不做,不必引佛为言。但有执著,则虚空亦障也。若除去执著,则屠刀即不放下,于成佛何碍哉。谢康乐生天成佛先后之语,亦是执著,不可不知。至于吴先生所说保障人道正义。人道正义,即亦无明妄生别之结果所认,至于无无明尽之境,宇宙不存,人道正义复在何处。所以人道正义不能与佛教并存,亦不能与佛教对立。第于此点,欲借譬于算学以喻之。譬如微分式级数展开之后,第一项天,为变数;第二项中之辛,为一次无穷小数;第三项中之辛二方,为二次无穷小数。一次无穷小数,无论以实数倍之至若干倍,不能等或大于第一项、第三项之二次无穷小数。无论其系数如何大,终不能比于一次无穷小数。又如几何学中之点,无论积若干点,不能等于一线分。无论积若干线,亦不能等于一平面。凡此

① 一九一九年八月九日,林直勉、李南溟函胡汉民和朱执信。函内说,二人往吴稚晖。对吴说,李南溟本为军官,以为军事学是杀人的学术,大不对。想研究佛经。特请教。吴稚晖说了一套话。不懂,故又问胡朱二人。

皆为普通算学家所知。故如佛学所立“真如”，比于微分第一项之天，几何之立体空间，则以“无明所生分别”。如宇宙中国家人类社会凡百可得实证之事物比之，仅可以比于一次无穷小数耳，仅等于几何学中之平面耳。从圆觉之后观之，自然不能认其有差别。犹之微分式之第二项微系数，为一或为数千数万，几何图形之平面，只有一个或叠积至数十个数百万个，皆不能生影响于其微分式第一项与立体图形也。但若退一步论，如求函天与函天加辛之较，再以辛除微分式之左右各项，则右边第一项（原第二项）变为实数之微系数，而第二项（原第二项）变为一次无穷小数矣。又如转讲平面几何，则线之不能积而成面，又与昔日面之不能积而成立体同矣。此即无异在国家社会之中，有有益于宇宙人类者，与有损者（正与负）。且有真者、有假者（实数与无穷小数）。于是有崇人道主义反对军国主义之说，有证明进化论反对神造论、轮回论之说，皆于无明之所支配之下立论者也。在其从顺世界不灭无明之际，傥可以人道主义进化论发挥出去，而排斥军国主义与神造论、轮回论，此犹之证明一次无穷小数比二次无穷小数大，与面之形非积线所能成耳，毫无不合理之处。蛮触斗于蜗角，固甚小矣。而在蛮触眼中，又有其甚小者。人虽不顾蛮触，若设身为蛮触之民，则其大小不容不分也。吴先生之理论承认宇宙（时间空间），即承认无明所生分别在此制约之内，并无矛盾，但非普遍绝对之真理耳。然现代学者，多以绝对普遍为知识范围以外之事，惟于康德所谓可得思惟不可得认识之疆域，庶几可以容之。进化论、人道主义等，本为在或条件之下成立容认之者也。故圆觉可得到达与否，不受做军官或不做军官之影响，做军官不做军官之决心，仍当以社会上情况决之，不必问之佛学。此弟之所自命为已了解者，究竟是否了解，仍须待善知识决之耳。　执信谨复。八月十七日

原载于 1919 年 9 月 1 日《建设》第 1 卷第 2 号。

中国米的生产及消费①

长江的米生产及全国米的集散

中国人大半是吃米的人,所以中国地方,大半也是产米的地方。黄河流域一带的人都是吃麦,生产也多是麦子,不用去讲他了。长江流域和西江流域,多是吃米,可以说这两大流域,都是米的消费地。但是西江流域一带,米的生产不敷消费,所以他们吃的米,许多都是靠外来的。除了长江一带的米输入而外,还有暹罗米、仰光米、东京(安南)米、西贡米,都是进口的大宗。单说长江一带,是中国产米的主要地,也是米消费的主要地。米既然是我们生活必需的东西,这米的生产消费,我们也就不能不留心了。中国向来没有专门调查食粮的机关——不但是食粮,甚么调查机关都没有的——所以关于米的生产和消费,也就没有的确可靠的报告可以作根据。如果说新规的调查,这就不是几个人的力量,几个月的工夫,可以做得来的。我这一篇文字,是参考外国人所著的书,采其较为可靠的写出来,供大家的参考,作大家研究调查的根据资料。

长江一带主要产米的省分,大约有七省,就是江苏、浙江、安徽、江西、湖北、湖南、四川,现在先把七省里面产米的主要区域写出来。

(一) 江苏省　苏州　昆山　黎里　同里　常熟　平望　无锡　苹裕　金浑　芦炉

(二) 浙江省　钱塘江一带　绍兴　嘉兴　湖州　杭州

① 原标题下有"(一)"字。故本文为全文之一部分而非全文。但未见续文。

（三）安徽省　安庆　宁国　太平　南陵　襄安　青阳　大西　西河　巢县　庐州　和州　永家镇　松皋　庐江　孔城　三河　无为州

（四）江西省　九江　抚河一带　赣江一带　鄱阳湖一带　修水一带

（五）湖北省　长江一带　汉水一带　黄盉湖一带　斧头湖一带　梁子湖一带

（六）湖南省　长沙　宁乡　辰州　常德　安乡　衡州　桃源　靖港　南州　关山　连水一带　湘江一带　洞庭湖岸一带　澧江一带　沅江一带

（七）四川省　成都平原　重庆　万县　泸州　渠河一带　涪江一带　嘉陵江一带

这七省里面，米种最好的，要算江苏；生产最多的，就是湖南。总共有多少熟地，多少米田，据较为可靠的调查，列表如下。

省名	既垦地(单位亩)	米田
江苏	58,480,000	10,184,944
浙江	56,670,000	22,891,905
安徽	74,810,000	22,443,000
江西	87,940,000	13,191,000
湖北	91,430,000	22,857,500
湖南	87,940,000	26,356,631
四川	156,653,000	41,885,398
共计	既垦地 622,923,000①	米田 149,310,277②

以上各省耕作的方法，都是用旧法子的。据日本的调查，东三省地方照旧式法子耕种的，上田不过每年收两石谷，下等田只收得到一

① 按七省数目计算，共计应为613,923,000。不知是此共计误，抑某一省的数字误。

② 按七省数目计算，共计应为159,810,378。不知共计误，抑某一省数字误。

石两斗。但是用新法的耕作,上等可收四石八斗,下等田可以收四石二斗(每石百五十斤)。长江省分的米田,通常是比满洲的田好。比方江苏的田,上等可以收五石;浙江的田,上等可以收四石五斗。四川的田,虽然各地不齐,但是成都平原的上等田,可以收六石(上海石)多。所以改良起来,应该比现在的收获,最少可以加多三分一以上。据中国政府所调查的米生产数目,七省的产米额大约如左。

江苏	20,596,374
浙江	25,951,500
安徽	33,664,500
江西	37,444,836
湖北	31,286,250
湖南	44,223,946
四川	33,351,662
共计	232,519,069①

这个数目,虽是不能说一定的确,但是照上列另一外人调查之亩数推算,亦不至于十分错误。所以可以用奉天改良耕作成绩推定,改良耕作法的结果,七省地方的生产额,可以增至四万万石。不但如此,妨害稻米生产的事,除耕作法不良而外,尚有他的原因,最大的大约有三:

(1)水害　水害最多的地方,湖南、湖北、江西、江苏,广东也是水害最有名的地方,不过不是长江流域罢了。

(2)旱魃　江西、四川两省一部分的地方,常受旱魃的祸。都是因为水源系山溪的水流,一旦雨水缺乏,山溪水流枯渴,便

① 按七省数共计应为226,519,068。不知是此共计数误,抑某省数误。

成旱象。不过比起下流各省水害来,是小得多的。

(3)害虫　长江一带,常有蝗虫的害。

以上三个大害,都不是绝对不能除的,这些就是农田改良问题上的重要事项了。至于中国米的缺点在甚么地方呢? 据专门家所指摘的有下列几件:

(1)不到黄熟的时候便割稻。

(2)碎米和半截头太多。

(3)白线多。

(4)土砂混杂,稗子、赤米等混杂亦不少。

(5)干燥不充分。

(6)煮成饭没有粘性,胶质缺乏。

(7)旧式的足捣、手捣、牛捣,那样的捣米法做出的米不白。新式的机器米,用石糕粉的装饰太过。

这七种毛病,分出来说,原因的所在有三:(一)耕作法不良。(二)碾米捣米法不良。(三)器械不精。这些都是器械技术、知识上的问题了。所以要改良中国的农业,图农事知识的普及,也是最要紧的。至上记七省当中,米的优劣,大概如下:

江苏　米种不同,最好的粿粒圆而又大,粘质很多,食起来很经饿。但是比日本米,仍旧不如,不过和他们的三等米一样。

浙江　和江苏米大概相同,但是近山地方所产,粿粒小质粗,并且有红米混杂在内。

安徽　粿粒细长,粘性少,吃在口里很粗燥,比起江苏米来差得多了,大致可以和西贡米相比。

江西　无粘性,比安徽米还要不如。

湖北　在江西伯仲之间。

湖南　湖南米好的比安徽头等米还强,次等的也一般和安徽差不多。

四川　品质好的很少,在安徽、湖南米之下,半截头、碎米很多,但成都平原一带的好田好种却在湖南之上。

照此看来,长江七省的米,只有江苏的米算最好,也不过抵日本的三等米,其它就可以想见了。但是米不好并不是应该如此,乃是没有人研究改良的方法,没有专门农事试验场。如果产米各省,能够设一个大大的农事试验场,把各处的米种,切实的比较研究,试验种植,取顶好的种,去求普及,米种的改良,并不是很难的,奉天就是顶好的证据了。奉天地方,从前所用耕作法固然不好,米种也很坏,粿粒小,碎米半截头又很多。但是改良耕作法和米种地方所产的米,居然和日本的上等米差不多,而且每亩的生产额,比从前加多一倍。就可以晓得耕作法的改良是必要的,米种的改良,尤其是必要的,而且并不是很难的事。只要去做,一定年年可以看见效果的。

此外要改良的事件,就是米的保存贮藏方法。乡间的农民,收来的谷子,有就地用草叠成圆形的无顶库贮藏谷的。仓库的设备,是幼稚极了,这也是最要改良的必要事件。

全国最最大的米场和市场的性质,大略如下:

(1)天津　中国米的移入　朝鲜米及外国米的输入

(2)烟台　中国米的移入　外国米的输入

(3)青岛　与天津同

(4)大连　同天津

(5)营口　同天津

(6)安东　中国米的移入　朝鲜米的输入

(7)宁波　中国米的移入　外国米的输入

(8)上海　中国米的移出入　外国米的输出入

(9)无锡　地方的集散

(10)移出[①]

(11)九江　移出

(12)汉口　移出入

---

① 原文如此,疑前有脱漏。

(13)长沙　移出

(14)岳州　移出

(15)靖港　地方的集散

(16)易俗河　地方的集散

(17)汕头　中国米的移入,台湾、东京(安南)、暹罗、仰光、西贡米的输入

(18)广东　同上

(19)九龙　台湾、东京、暹罗、仰光、西贡米的输入

(20)重庆　地方的集散

(21)成都　地方的集散

(22)梧州　移出

各地方米的量器都不同的,每石的斤数大概如左:

天津	一六〇斤	汉口	一四〇斤
杭州	一四〇斤	长沙	一四八斤
上海	一五〇斤	重庆	三六〇斤
芜湖	一四〇斤	成都	三二〇斤
九江	一四八斤	广东	一五〇斤

米价各地的差异很大的,最要注意的事实如下:

(1) 生产地、消费地的价格相差很大。

(2) 同一市场的米,没有标准价格。

(3) 没有米价的统计。

米价变动的主要原因,大约如下:

(1) 供给的增减

(2) 禁输及解禁

(3) 货币价值的变动

至于米价除了上海一个地方而外,都没有可以根据的统计。试把上海最近二十年来米和他种食品的比价表列出来:

品　表 年　度	米 （石）	牛　肉 （十二两）	鸡　卵 （12 个）	大　麦 （百斤）	煤　炭 （吨）
1900 年	3.50	0.13	0.12	—	12.50
1905 年	4.80	0.17	0.14	2.40	9.00
1910 年	7.50	0.19	0.15	3.00	9.70
1915 年	0.18①	0.18	0.17	3.00	9.75

原载 1919 年 9 月 1 日《建设》第 1 卷第 2 号，署名民意。

① 原文如此，疑有误。

吗啡之毒

去年中国买取税关仓库内所存烟土，值价千余万两，悉焚弃之。在当时虽有种种不正当之飞语，流布于国中，要之，从此法律上、条约上，运烟入口为不可许，则中国人民无端担负此千余万两之重罚，以为鸦片战争以来久未偿清之债，尚须于账簿上加此一笔，作为文明国一种商业之欢送，未尝不值。

然而事实殊不如此，条约上虽无禁烟入口之许可，而实际上中国并无禁烟入口之权能，尤不能查禁比烟更毒之吗啡、鹄肩等物。故事实上中国烟害有加无已，而又有鸦片以外之新嗜好附益之。往在漳州，闻厦门一埠，以密输入阿片、吗啡为业者数百人，皆所谓"东方英国"之绅士也。吸鸦片者，面目灰败，精神衰萎，众所共知。而打吗啡针者，抑又加甚。吸鸦片者，不吸则涕泪俱下，手足无力止矣。至于吗啡，一不注射，则立僵死，并手足亦不得动。鸦片之吸食，数十年如其始吸。至于吗啡，每注射一次，即留一黑点，终身不退。注射至三四年，则全身斑点，无复容下针处，其人亦垂死矣。喜罗英①之毒，又甚于吗啡、鹄肩，向为印人所用，近亦有输入中国者。此外尚有别种鸦片之支派毒物，相继输进，通于全中国，无地不有此诸毒物之踪迹，其挟之俱来者，则又皆我之亲善国民也。

日本自占领台湾以后，以鸦片归政府专卖，凡吸烟者皆给牌照，其数始本不多。既而调查以为吸烟者有避匿，复广发行之。此后每

① 喜罗英，下文又作"喜罗因"、"希罗因"。后来又有人译为"海洛英"。一般人都把这种毒品叫做"白面"。

调查一次必增加一次，忆其中有一次增至万余牌者，详载于台湾医学校校友月报中，(惜此书不在手中不能转载其统计表)。此吸烟之人，果因受日本开发之政治，而见增加者乎？必不然矣。大抵初发牌照时，领牌者必为真吸食者。至近十五年内，则中国鸦片愈贵，私运之利愈大。而台湾私运鸦片之业始盛，牌照之发行亦愈多。近年来台湾真吸鸦片之人，略已死尽，而凡领照之人，皆以运入中国为目的。即政府之发照，亦非解为默许其输出不可矣。台湾之收入，鸦片专卖居其大宗。凡其不平等政治之财源，殆非台湾人为之供给，实中国吸烟者共负担之耳。中国之人民，尚不觉醒乎？

上所述者，不过概略之观察。至其实证，随在有之，不能一一举。举最近者数事以见其余：

第一，东三省进口之吗啡 《大陆报》载辛博森所论，谓中国海关 民国六年计算，在旅大租借地输入吗啡，声言作为医药用者，有二吨半，可供一万万又三千万次之注射。而除此地以外，全国进口作医药用之吗啡，不过四十安士而已。又谓私运之数，较公然输入者为巨，每年由大连或安东铁路桥或海参威输入东三省者，约有十吨。总计全年全国运入中国之吗啡及喜罗因，不下二十吨。其毒物制造本厂，则在大不列颠之爱丁堡，而运至日本转运来中国者也。又据辛博森征引一九一七年英国会议员哥林斯质问吗啡贸易一件，西悉尔卿所答复，谓英国非见日本内务省执照或关东日官执照，即不准吗啡、鹄肩二物出口。辛氏并谓四年之内，输入日本者有五十吨云云。照前推算，此数可供注射二十六万万次之用。日本人民，只有五千余万，即每人平均须注射五十次也，天下有此理乎。实则除此以外，日本自制之吗啡，亦尚有甚多，均由大连等埠，输入中国。二十吨之数，本依据伍连德所计算，而伍氏所注目，主在北方，故谓此所输入吗啡，专销东三省内蒙北省。考其实际，则中部南部，未尝不有此同一之毒药销流，征之下列各件，可以明矣。

第二，高江吗啡片案 近日在上海有日人西田等七名，以私运吗啡、希罗因来中国贩卖，被控于日本领事署。其输入方法，据《上海日日新闻》所载被告之陈述，则西田等先以货箱二箱，满藏毒药，另以二货箱，盛洋磁货。而两种各用一相近之英字母作号，编列号码，由日本邮船运到上海，贮入汇山仓库之中。携带者高江，乃另托工部局之通译中井，串同汇山码头买办王某（据王某自供，则谓未诺其请），将毒药箱上记号铲去一部分，令与洋磁箱号码相同。一面将此洋磁二箱，经普通报关手续，得有出仓凭照，即以其凭照往起出毒药二箱，分次发卖。即高江所认之额，已值二十五万圆，卒被发觉。以上海论，则税关检验只及此洋磁二箱，作弊在仓库中人，自可无论。至于日本方面，西田公然在大坂买得六十八磅之吗啡，与三千五百安士之喜罗因，果说明何种事实者乎。

第三，泷喜代治之吗啡、喜罗因事件　与高江事件相次俱见公判者，泷喜代治一案也。泷以正月在上海与茂木洋行之山口共谋，得大坂茂木洋行主任白地之助，分四次买入吗啡值十万圆，另喜罗因六百安士，值五万圆。藏入鲜鱼之中，径由日本运至上海，税关亦绝不觉察。运到之物，悉卖与洋泾浜之兴隆号。所有资本，均由兴隆豫付，经三井汇交大坂。其买货于白地也，白地以其非营业，不肯赊与，亦由茂木洋行员证明之。泷等始营此事，均不费一钱之资本也。

第四，森鼻事件　森鼻五郎以鸦片烟丸四磅，藏衣箧底到上海，被税关搜出，亦以前月杪见公判。当时日领事署检察官，声明被告为专门学校出身，有药剂师之头衔，而公然为此，明为意图贩卖。盖前后不过半月，而上海有鸦片、吗啡之案三件，在日署审判，则其它略可知矣。

以上均止于一二十日之内所见者举之，然即此而论，已为可惊之数，况乎其不止此也。辛博森据伍连德所算，谓每年二十吨。在日本人或以为诬捏，然伍连德固非轻为推论之人。但就海关所记录言，只吗啡一宗，已有二吨半之数，则其以不正之目的输入，谁不知之。日本政府于此，岂可以痴聋自解乎。况东三省之吗啡贸易，已为公然之秘密乎。

高江正庸一案,起于案中之西田茂一。以事至大坂,遇卖药店之山元岛田两人,受其耸动,然后电上海以求买主。泷喜代治一案,则先由泷氏发意,在上海觅得买主,然后往大坂买药。此两事实似甚寻常,然因之可见在日本之所谓卖药店,随在皆觅贩吗啡入中国之路。遇有在华营业者,即与商量,毫不忧其货之不售。在上海之日本人,先觅定商人以卖其药,然后归国以求买药,毫不忧其药之不可得也。此二事更进一步言之,则惟因卖药者运吗啡入中国获利之多,(以至秘密之行为而不能使同业者不羡,则其每月运吗啡至上海未被发觉者,有百数十倍于此两件者可知)。故大坂商人觌面,即问毒药销场也。又惟因大坂药商已积存无数毒药待售,为在上海二万日人及他所无数日人所周知。但得买主,即无论何人,皆可成约。故先索买主之钱,然后归而觅货也。计高江、泷喜两件,所输入喜罗因已有四千一百安士。泷所输入二百磅,据日本报称为鸦片,实则据其所记商标与高江同,当亦为吗啡,非特鸦片而已。合之高江之六十八磅,亦约有四千三百安士,即合计有四分吨之一以上也。以二件而有如此之巨额,则其未及发见者,可想而知。通常此种秘密贸易,十件中无一件发露。则一月之输入,假定为此二件之十倍,已抵旅大二埠一年所输入之数有余。而一年上海输入吗啡、喜罗因之数,乃在三十吨以上也。夫以一年而输入注射一万万三千万次之毒药,已足令人舌挢不下。况以上海一埠,一月所输入之数,已又过之乎。而此未发见主犯罪,以十倍算,已作为至少计算,实际有增无减,又可断言者也。

论森鼻五郎事件者,往往谓其额非多,不足深责。然吾以为此正见日人携带鸦片一事,已习为故常,不论何人,随力所及,各思携带,少者自少,多者自多,而少者之合体,正恐不让多者也。同时尚有一水夫携带鸦片被获,自认为受中国人贿嘱,代为携带者,其言实否,读者当自知之。但即照其所述,中国人亦自日本买得此毒药,而携归中国者耳,又安能为此"东方英国"恕乎。

总之,现在吾人日夕忧虑惊讶之间,正有无数卖药商在大坂等地,准备无尽藏之毒药,以待买药者之光顾。亦有数万之亲善国民,时时遇有我国要求买药者,即可相勾成议。事实具在,无可讳言。尤可痛者,则不患无人允售,并不患无法觅此欲买之人,可见物腐虫生,罪不止在外人也。

辛博森之言曰:“英国卖药商在法律上,每有吗啡等毒药出入,均须列册报告。而在中国,则外人随意卖药,领事既不干涉,令其造册,税关亦不检查之,但有执照,即惟所欲为。今欲除去罪孽根苗,必由中国要求英、美、日三国政府,派人检查吗啡制造所,限于药用之范围内,准其运出。在中国卖药者,必备册籍,记录吗啡等物售出多寡。凡吗啡运出运入,均应经由税关,税关并有权以检查其册籍。其有擅自买卖吗啡者,均驱逐回国。”此所言之病根,征之前述上海之三案,已显然可见。至其办法,亦非难行,惟待日政府之决心耳。

然而吾人不当徒责人之来卖,正当自责中国人何以往买。在七十年前之鸦片贸易,可曰强为输入,亦可曰未知其害之深。至于今日之注射吗啡,则知其亡身祸国而甘为之,则使外国真能禁绝吗啡入口,中国人民,又岂不能于国内自制之。若内地之烟禁能澈底,则决不至吗啡之禁独疏。外国即能输入通商口岸,其毒决不能流布若斯之广。故中国之人民与政府所负之责,比之外国政府人民尤大。吾欲警告国人者,非欲其对外为言,乃欲其自省而已。

原载于1919年9月《建设》第1卷第2号,署名琴生。▲

中国古代之纸币

为多忙者告　如不暇阅全论，则请阙去历史的叙述，专阅第二、八、九、十、十二各节。

第一节　绪论

自欧洲战争以来，世界用金本位之国，无论其现存有兑换制否，均受不换纸币之影响。而中国恰亦与之相先后，以袁世凯帝制之结果，成为中、交两行之不兑现，各省相继陷入纸币不换之状态，至湖南与鄂西而极矣。今日但以中国论，似纸币以不换而跌价，即恢复兑换，为惟一救济之方法。但若思及欧美现在状况，则有刚足与中国现在过去之事实互相印合，证明不换不必跌价，兑换亦能跌价者。由此可以阐明货币价值之基础，及其对于物价之关系，即现在制度之真正缺点，及其救治着手之处，亦可由之发见。吾人以此目的，将取九百年来中国纸币之历史，加以近代学术上之批评比较，窃信其非无益之业也（宋太祖建隆元年至今年刚九百年）。

第二节 货币之原始职分

中国之纸币，盖起于唐之飞钱，然真正具纸币之形式，为法律上所允许保证者，自宋初之交子始。自九府圜法以降，迄于宋初，二千年间，皆可名之钱币时代。然当时钱之地位，决不如近代之银币之巩固也。自秦以前，钱之用于交易，不过为间歇的，而主要贸易，时时用粟帛。此可于《周官》、《国语》征之（《周官》固是伪书，然惟其伪，益见伪之之时，尚知钱非专用之物）。《周官》《司市》曰："国凶荒札丧则市无征而作布。"注言：凶年物贵置钱以饶民。夫凶年所缺者粟帛，非有不足于钱也，作布何以能饶民。且以今日学理衡之，断无增加钱币可救物价腾贵之理。然则作布者，所以代谷帛买他物而已。以谷帛平时兼货币之用，凶年谷帛既贵，惟有多作布以代之，则轻赍便于交易，而谷帛之价亦不至有增长的腾贵（至其原始缺乏之贵，自非可以钱救）。即《国语》单穆公对周景王所云"古者天降灾戾，于是乎量资币，权轻重，以振救民"也。在此种状况之下，交易用钱，决不如用粟帛之多。惟管子盐筴之计算，皆以钱为准尔。而管子亦认禹汤以历山、庄山之金，于凶年作币以救民饥。故吕祖谦谓："古人论财货但计九年之积，初未尝论所藏者数万千缗。何故？所论农桑，衣食之本。钱布流通，不过权一时之宜而已。先有所谓谷粟，泉布之权方有所施。"要之，钱之通用，自战国而盛。如李悝所计算，农民卖谷得钱千三百，则其购售皆以钱为准。而同时行金或以斤计，或以镒计。故秦制上币为黄金，而铜钱次之。汉以来始通用钱耳，而其间尚有废钱用谷帛之时（三国之魏，南朝梁初之州郡一部，北齐神武时），且俸禄、赋税、赠遗仍以粟帛为主也。推钱之所以能通流，学者大抵归之于其价值少变，人共爱重，易于分合，历久不坏之诸性质。然于此性质以外，更不可不知其有约定将来可易他货之作用。原古人所谓救荒作币者,皆出于此意。即代表尚未作成之货物之作用也。阙此作用者,终不能成为货币也。

第三节 纸币之起源一

货币既为代表尚未到手之货物者,即纸币又为代表尚未到手之货币者,此一般人所容易推测者也。但在历史上实际代表货币之纸币,与直接代表货物之纸币,同时并有,不特并存而已。即论纸币之起源,亦为分两路以发达,后乃汇合而成一统一之钞制。其间转变之迹。历然可寻,今先就代表货币者言之:

唐宪宗时,诸商贾至京师,委钱诸路进奏院及诸军诸使富家,以轻装趋四方,合券乃取之,号日飞钱。此犹今之汇单。以当时商贾不能自携钱出京,故托官吏有势者为之转送耳。当时尝被禁止。后又许就三司飞钱,而商人亦不至。盖唐时贸易,仍多挟缣绢,足抵钱缗。飞钱之必要,尚不甚盛。但以其合券取钱,故后代推原交子、会子之所自出,归之于飞钱而已。

五代时,各镇多铸铁钱,钱重不可以致远。宋初,各路略皆禁绝,独蜀地行用如故。张咏守蜀,以为不便,为之设质剂之法。使富人十六户主之,一交一缗,以三年为一界而换之,六十五年为二十二界,谓之交子。故交子为钱券之一种,而其额面为一缗,即后世所谓一贯(额面千钱,实七百七十钱)。其券有效期限为三年,三年以后,即须换取新券,即有使用期限之纸币也。

其后富民赀稍衰,不能偿所负,争讼不息,于是官设交子务以榷其出入,而禁私造。此所谓交子务,即国立之地方银行,有发行纸币之权者也。当时定额,每界一百二十五万六千三百四十缗,而有本钱三十六万缗贮备兑换。故其初制,兑换准备已不及三分之一,而民乐行用之。其后书放(即发行)溢于原额,又用之于四川以外陕西诸路，至徽宗大观元年，遂改为钱引。凡交子前后行四十三界。

交子既以铁钱不便运输而起，其性质当然为代表可以入手之货币。虽然，就其本制而论，预备本钱只有三十六万，而出一百二十余万之券。则虽自其要约言，代表货币；自其实质论，决非但以有钱三十六万之故，而有价值。犹之今日三十六万元资本之银行，若发行一百二十余万之钞票，而毫无增加准备，断不能有价值也。然而交子在绍圣以前，价值毫不贬减，可知其所以能行之故，不特在有支兑之现钱，尤有国家之信用在其后。而国家之信用，更分析之，即亦不过可得征收粟帛金银及钱之确信耳。故交子者，制度上虽为代表铁钱，而实际上仍代表货物明也。

第四节　纸币之起源二

纸币之不专代表货币者，最初有宋开宝之便钱。便钱者，许民入钱京师，于诸州支付现钱。其后诸州钱皆输送京师，当给钱者，或给以他物。至道末年，商人便钱一百七十余万缗。天禧末年，又增一百一十三万缗。此后不见其结末。此制度虽本以代输运现钱，而后期以物折付，则便钱非专代表货币，已为制度上之一事实。便钱与交子异，交子由官发行，以充政费，故其末流有增额迟支之弊，皆以政府之意向决之。至于便钱，乃由商人入钱，请在某地受领，而末期转见增加。则可见使用便钱之人，纯以其自由意思，承认以货物代铜钱为支付，而乐用之。此最可注目之一事实也。

其他方面，则有入中刍粟金银钱货，给与茶盐钞引之制。入中者，谓输纳货物于特定地方，求政府付之以专卖物品也。此种制度，本与货币无关。亦不成其为初期纸币。然其后变迁，遂亦成后代交钞之导源。宋太宗雍熙间，以用兵乏饷，始令人输刍粟塞下，令江淮荆湖给以颗盐末盐。其后仁宗天圣间，以与西夏战，用兵西边，所有羽毛、筋漆、钱炭、瓦木之属，亦皆许人入中，偿以解池之盐。其时始有盐钞之法。解池之盐，每一钞在边郡当钱四贯八百（三千七百九十六文），至池请盐二百斤，任其私卖得钱，以实塞下。盖宋初盐制，除特定地方外，皆归州县给卖，以其所得，申报中央政府，各有管辖，不能相越。惟此由他处纳刍粟来领盐者，随地可与官盐竞价。而入中者又可得请茶及杂物。其制入中刍粟于边界，给券以茶偿之。后又益之以就南东收现钱，与香药、象齿，通谓之三说，随商人所欲得与之。而入中者多塞下人，不知茶利厚薄，且急于售钱，得券即转卖于茶商，或卖之京师坐贾，号交引铺者。商贾以之博厚利，此茶券称为茶引，与盐钞并行。

茶之引、盐之钞，皆易货之券，非贸易之媒介，与交子不同者也。而自神宗熙宁七年改制盐钞，遂有流通之性质。是的陕西用兵，取刍粟多，盐钞因之滥发。中书省议请用西蜀交子法，使其数与钱相当，可济缓急。诏给内藏钱二百万缗，假与三司（宋之财政机关），使市易吏行四路请买盐引。故钞价有贱，则以钱买钞，钞滞则毁之。《文献通考》云："祖宗以来，行盐钞以实西边。其法积盐于解池，积钱于在京榷货务（专卖局），积钞于陕西沿边诸郡。商贾以物解至边入中，请钞以归。物解至边，有数倍之息，惟患无回货，故极利于得钞，径请盐于解池。旧制，通行解盐池甚宽，或请钱于京师，每钞六千二百，登时给与，但输头子等钱数十而已。"故当时盐钞之法，变代表盐为代表盐及钱。商人持钞，可以易盐，亦可以易钱。官备数百万之钱，以为准备。一方以其价额，定为钱若干，即所谓用交子法者。盐钞遂展转流通，占有货币之位置。熙宁初年，以西蜀交子推行于陕西，有司即以有妨入中粮草为言。非交子之不利也，以行交子则市面上流通之货币增多，从而向为货币代用品之盐钞，遂失其流通之效。因之入中粮草者不愿受盐钞，故曰妨入中也。其后数年间，交子与盐钞互行，卒至熙宁七年，始定前记之法。可见其时不特政府以盐钞买物，有货币之性质，而在人民，亦以盐钞代货币流通矣。

当时虽名为发钱收买,而实际所买不及所出之多。三司买钞缺钱,又还以钞卖之人民。于是钞价日落,六缗之钞,只卖二缗有余。同时四川之交子,亦以发行逾额跌价。蔡京始改盐法,别依交子之体,作为钱引,以代盐钞,行于陕西。而四川交子,亦改为钱引。于是初期纸币分两源而来者,遂合流而为钱引矣。其后钱引推行偏全国,不用者惟闽浙、湖广而已。盖至崇宁、大观间,钱引已成为真正之纸币。始交子仅通行于四川,盐钞仅沿用于陕西,今则公然为全国法律上之支付正货矣。而西北习用盐钞,故金人入中国即沿用钞子,兼取交子之交字,名为交钞。元明清之纸币。(注一)皆以钞为名,今日中国人一般简称钞票,皆足以示纸币发达之途径,兼由两方而来。盐钞、茶引皆为中国钞制所自出,不可忘也。

第五节　南宋之关子会子

中国纸币成形以后,复分二系:其一则所谓关子、会子,从交子之形式以分界偿还为名,而实际则逐界抵换者,行于南宋。他一则所谓交钞、宝钞,以永远行使为名,而实际亦仍随时收回旧钞,另发新钞者,行于金、元、明。会子以限年兑换,发行有额(关子比较行用时间较短),为其特色。交钞、宝钞则以杜绝用钱,独以钞与银相权为特色。前者继承交子之特质多,后者则较少。

关子者,宋高宗绍兴元年所造,谓之现钱关子。其时屯驻婺州,有司请储备应用之钱,而以舟楫不通,钱重难运,始造关子,付婺州,召客人(行商)入之,执关子赴榷货务请钱,有愿得茶钱香货钞(盐钞)引者听。然此特制度上然耳,实际榷货务所有钱,货只拨三分一以偿关子,故关子之性质上本为一种支付命令,而事实变为限制兑换之纸币,不复可行。及绍兴三十年造会子,遂不更用关子。

会子者,以关子末年不见信用乃造之。其法,贮现钱于城内外流转,其有合发官钱,则赴左藏库纳之,兑取会子以付。其时会子务隶都茶场,以为客旅请买茶、盐、香、矾等,岁以一千万贯,此等皆收会子。则会子不独以所贮现钱为本,又非全仰会子以助国用也。然其后以各州县征收,均须现钱,不用会子,所以会子价低。各路商贾以低价买取,就官支取钱物。自绍兴三十年,至孝宗乾道二年、六年之间,会子发行数二千八百余万贯,支取过一千五百六十余万贯,另有宫中存储预备者,实在流通之额九百八十万贯而已。是年复设法继续收换,迄乾道三年六月,民间仅余四百九十万贯。此为会子之第一期未立偿还定限(所谓界),而许支取钱物,以税课征收,未能通用,故致跌价也。

于是第二期之会子,立定每界额为一千万贯,以三年为一界,逐界造新收旧,尽收旧会子,以新者代之。自乾道四年,始印新会子一千万贯,令请算盐、茶、香、矾钞引者,许收第一界会子。(注二)以后每界收换如之。其州县诸色纲钱(纲指解京运载而言,此所谓纲钱,即解京之钱),七分收钱,三分收会。故第二期之会子比第一期为进步,以其各州县解钱用会子,故外郡通行。盐、茶两项为南宋岁入大宗。占国家收入总数过半。故其收入会子之机会较多,不待以金银收换,亦有收回之路。即此干道四年以降,迄于宁宗庆元元年,三十年间,为会子通行最少弊病之时。其初以三年为界,及淳熙三年,令第三、第四两界各展限三年,则六年为界矣(其后尝欲再展三年,三界并行未果)。论其每界之额,始为一千万贯。至淳熙三年,始令以第四界续印会子二百万贯。自后更有增加。庆元元年,诏会子界以三千万为额。当时立定之额,尚有三千万贯。则绍熙以来,每界不止三千万贯可知。而其时会子既已展期,新界发出之后,旧界仍不收回。二界会子,同时行用,其发出之额,须不止六千万贯矣。原其初定制,每界以四月造新会子,至岁终造一千万贯,自十二月一日始,置局收换旧会子,至明年三月十日终尽绝。每界只有一种会子行用,其额不过一千万,与此更不相侔矣。然而第一期发出才二千余万贯,实际流通者不足一千万贯,而已苦价低不行。此期之末,会子发出计有六千万贯，而仍能支持，则以其外郡税入盐茶市易通用会子，会子已夺钱之位置，民间需求货币之额日多，官铸铜钱太少，不能不用会子，会子之流通力，较第一期为强故也。

自庆元元年起，入于第三期，迄于理宗淳祐七年，凡六十七年。其间各界会子，既不依期，又不依额，惟于会子价值低落之际，讲所谓称提之术而已。称提云者，谓设种种法令，用种种手段，使会子价值增加也。而此期初年，以用兵伐金之故，军费诸支出浩繁，发出会子益多。嘉定二年，发出未经收回之会子，三界有一亿一千五百余万贯，其中十一界较少，十二、十三两界较多。以此推算，每界发行实在六千万以上，于是会子价大减，现钱既皆藏匿，则惟见物价腾贵而已。其时称提之术既穷，始以封桩库（特别储积所），金银度牒、官绫、纸、乳香凑成三千万贯(注三)付与临安府官局，收回旧会子，而以旧会子二准新会子一，即当时会子之价，约跌至半额也。自嘉定二年至绍定五年，廿四年间，递次加增，皆为十四、十五两界之会子，至有三亿二千九百余万贯。绍定六年以后，则所行者为十六、十七两界，(注四)其逾额亦同前例。及端平二年则十六、十七两界之价仅得五分之一矣。以史考之，嘉定初年，会子价尚值钱七百二三十文（足额七百七十），袁说友之疏可证。廿余年间，价跌为五分之一，则以废年限与贯限，出之无制，收之无期故也。其时虽屡设收换之法，而旋收旋发，卒不能减其额。而旧法，凡收到旧会，或毁抹重造，或竟营销毁，不复收存。自端平二年，定以所收旧会子，付封椿库藏贮，以备缓急，故会子更壅积。嘉熙四年，袁甫疏言十六、十七两界会子五十千万，则视绍定五年之数为尤多。盖八年之间，又增一亿七千余万贯。据张端义《贵耳集》所记，当时十七界会子，价不及六十七文，即跌至十分之一以下也。当时会子既不可通行，乃令以十七界之五贯，准十八界之一贯，收回十六界，不复行用。其时计画，本造十八界一万万贯，收回十六、十七两界五万万贯，既而不能实行，仅换去十六界，而十七、十八两界相并行使。是后会子价稍定，而官印之数虽损，私造之币转多。十八界会子定价五倍于前，更易诱致伪造。淳祐初年复修伪造改造之令,而伪造初未止,会子价复日落。总之,此期会子行用之额既多,收换复不依期,价值缘之日落,然实通行之币。

第四期会子,为不立界不限额之会子,起于淳祐七年二月十七八界更不立限永远行使之令,至咸淳之末,凡二十九年。此期前半以新行十八界会子,且屡诏减造会子,故价虽不能比于现钱,尚能暂免变动。景定四年,以收买逾限田之故,每日增印会子十五万贯,次年另发所谓现钱关子者,而币法更坏矣。盖所谓现钱关子者,兑换为名,不换为实,发行既无限制,尽侵会子流通之领域,于是会子更贱。咸淳四年,定制关于一贯作现钱七百七十文,十八界会子三贯,当关子一贯。然其时关子实价已经低落,会子实价更在三分之一以下矣。盖不限额不限期之结果,必至于此也。

现钱关子,盖拟高宗时之关子而发行之,始造于景定四年十二月,凡二千万贯。以后续造之额未详。然咸淳七年命四川造纸岁二千万,则其发行之额,亦可推想而知。其始虽称为现钱,其后不闻兑换。十一年间,所发出者当不下二亿贯矣。元灭宋后,暂仍用交、会,后遂行中统钞,关子、会子俱废。

川之钱引,自蔡京改称后,仍继续行用。南宋初期,西北用兵,川陕之军,皆恃川引以行。绍兴末年,三界积至四千余万。宁宗嘉泰末,则至五千余万。于是钱引价半减,每贯值铁钱四百以下。嘉泰间励行收换,其价始复。又别有湖会,为会子之别种,行于湖广(今两湖);有淮交,行于两淮;各营数百万。川引与淮交均代表铁钱者也。综观南宋货币,实以会子为主,虽时铸有铜钱,不过以供零碎贸易。盖北宋尚以河北、京东西诸路为经济中心,陆路交通便于载钱市易。至南宋之国境,则除水路所通者外,皆山地,不便载运现钱。又以铜矿多废,旧额七百余万斤者,乾道间仅入二十余万斤而已。铜缺则铸钱难,钱不足则非以纸代之不可。故向来言南宋会子之病者,谓废楮币然后现钱出(叶水心论其一例也)。不知惟钱不能出,而后纸币不得不行。一方国家苦铜缺不能铸钱,一方面商贾乐轻赍喜用纸币。会子之兴,实非得已也。而会子之额面,一贯之外,尚有五百、二百、三百数种,而无百文以下者。关子亦止于百文。故百文以下之交易,仍须用钱。因之,纸币对铜钱之价额,随时变动,随时须政府为之称提。政府发行收换,一不得宜,效果立见,则以不另设补助币之过也。晚年滥发,自毁其信用,则又不足言矣。

会子自第二界以后,皆以新易旧,无有兑换之事。其所谓称提者,皆由征收会子以减其额,其拨现钱兑使者,亦不过以一定期内日出数千缗而已,比之每年所出数千万缗,不足比数甚明(恰似今日中国银行之限制兑现)。收回会子之方法,仍以赋税、盐、茶诸项为主。至临时收换,则率用金银,当时金银固亦货物也。惟端平二年以前,收到会子,即行毁坏,而官司收纳诸税,平均现钱会子各半。故一方发出以当现钱,支付政府所负之债。一方以金钱盐物等货物收回之,或以征税收回之。是会子虽以现钱为额面,而实际不外代表政府所有之盐、茶、金银等物而已。

第六节　金之交钞

金之初起,只用南方铜钱,未自铸钱也。及炀王亮贞元二年,效中国楮币而作交钞。盖以西北向行交子与盐钞,故合之以为名也。其时定制,交钞额面十贯至一百共十种,七年为限,作现钱流转。限满纳换,限内亦许赴库支钱,仅付工墨钱而已。故此项交钞,仍为袭交子之旧法者,而以现钱为准备,同时亦铸铜钱。世宗亦沿用其制。

章宗即位于大定二十九年,即罢七年一换之制,改为不限年月行用。惟于字文故暗,钞纸磨擦之际,许于所属库司,纳旧换新。此为金之交钞制确定之始。同时罢铸钱之制,其时交钞尚不滥发也。明昌三年,制令民间流转交钞,不许多于现钱。盖金人作交钞实以苦流通之钱不足故。而正隆以后,虽屡铸钱,其费实大。据丁用楫复奏所言,则当时岁费八十余万贯,始铸出十四万余贯之钱。检之宋志,则北宋治平中冶铜之所四十六,分在十一州一军,皆在今赣、闽、粤三省之中。故金虽得宋地弱半,而不得其产铜一冶,宜其铜缺钱稀,不得不借助于交钞也。然至交钞发出后,转用低折,于是以银辅钞而行。承安三年,始以银铸承安宝货,自一两至十两分五等,每两折钱二贯,以代钞本。另有先经行用之大锭,重五十两,值一百贯(金之贯初为千钱,后为八百钱,与宋异),均与交钞相兼而行,同时并禁铜钱输出。泰和以后,乃并禁一贯以上之交易用钱,而钞仍滞。自明昌元年以至宣宗贞祐二年,二十六年之间,钞价日低,于是更造大钞。始造自二十贯以至千贯者,复屡易其名,而竟不行,千钱之券,值数钱而已。迄于金亡,未尝有名实相应之通货也。

夫实际交易须用货币,而钱不足以应其求,宜钞出可免低折,而竟不得其效者。金之行钞以一贯至十贯五等为大钞,一百至七百五等为小钞,凡持大钞求兑易现钱者,官仅与小钞及银而已。惟以小钞求兑者始付现钱。故初行之际,人皆趋用小钞,而官不欲。靳不造小钞,惟出大钞。《金史》志谓在官利用大钞,大钞出多,人益见轻。在私利得小钞,小钞入多,国亦无补。故实际所要求者,小额交易之货币也,而不可得,则钱独行,其价益贵。政府所增发者,大贸易之所资也,而不能兑易为小额所用之币,则钞日壅,价益贱。泰和之末,始以高汝砺言收大钞,行小钞,而已晚矣。未几,遂行二十贯以上之钞。故金之钞法,仅贞元、正隆、大定间,限年收换,同时铸钱,可以通行。明昌、承安之间,钞未滥发,犹可支持。泰和以后,不复可以制度言,民间既苦钱少,又苦钞多;不惟苦其多,又苦其数变;末年民间但用银以市易而已。

第七节 元之宝钞

元之制钞，从金故法而变之。其初有银钞，以钞代表银，其发行额，大约不过五十万贯。(注五)又有丝钞，以丝为本，每银五十两，易丝一千两。此两种纸币，皆无甚大之影响。盖以承金之敝，力戒用钞过多。而银为当时通用之币，丝又诸货物中较为轻便者，故暂用以代表价值。然至中统、至元钞行以后，则真成为不换纸币本位制矣。实际以纸币为本位货币，兼为补助货币，而纸币所代表之银锭，徒有虚名而已。自中统元年，迄至正十年（是年以后钞不复行，郡县以物相贸易），九十一年之间，无有他种货币并存，此钞制之极盛也。

中统元年，始造中统元宝交钞。其制，自一十文至二贯凡十等。以二贯准白银一两。别铸元宝，以银五十两为一锭，当中统元宝交钞一百贯。而元宝实不行用，用元宝交钞而已。其后省称中统钞，仍以五十贯为一锭（与白银一锭不同），收支大数，均称钞若干锭。其发钞之法，先须诸路以金银解京为钞本，本至然后钞出。诏赋税皆令纳钞，各路均设有平准库，给钞以为之本，主平物价，使不至低昂。而私市金银应支钱物皆止以钞为准，即官民收支交易均令用钞。其始最低额为一十文。至元十二年，始添设厘钞，有二文、三文、五文三种，然未几即废。自中统元年迄至元十二年，钞仅行于北部，其额不多。元既灭宋，始行钞法于江南，废宋铜钱不用，而钞出益多，价益贱。至元二十一年，用卢世荣以整治中统钞法，无效。至元二十四年，改用至元钞，依《元史食货志》所载，则：

中统元年至至元十二年十六年间共印造

中统钞	一六九七二七三锭
最少至元六年印造	二二八九六锭

最多至元十二年印造	三九八一九四锭
平均印造	一〇六〇七九锭
至元十三年至至元廿四年十二年间共印造	
中统钞	一三〇〇七七七八锭
最少至元廿四年印造	八三二〇〇锭
最多至元廿三年印造	二一八一六〇〇锭
平均每年印造	一〇八三九八一锭
二十八年间统共印造	一四七〇五〇五一锭
平均每年印造	五二五一八〇锭

从于右列数字,可略知其纸币发行数目,又可知其初行后壅之故矣。

至元廿四年,改造至元钞,自二贯至五文凡十一等。以至元宝钞之一贯,准中统钞五贯。而凡收支仍皆以中统钞。计至元钞以二十文为一钱,二百文为一贯(当两),一贯为五两,二贯钞五张为一锭。故至元钞虽名五倍中统钞,而元代所称收支钞若干锭、若干两者,仍与中统钞无异,单位未尝变更也。(注六)始行至元钞,本欲逐渐收尽中统钞。而实际中统钞有补助货币之用,未能猝废,乃始以之相权而行耳。其时至元钞定值每二贯当白银一两,每二十贯当赤金一两,则中统钞一贯仅当白银一钱,而前之一十文钞仅当一厘,故市肆贸易,不感其不便。而至元钞制,亦仿中统,设立官库,收金银发钞,复收钞给金银。然日久发行既多,其价亦转低。自至元廿四年,至武宗至大二年,价值约减至五分之二。(注七)而其发行之额略如左:

二十三年共印造	一七五六六六六三锭
最多大德六年印造	二〇〇〇〇〇〇锭

最少至元三十一年印造	一九三七〇六锭
平均每年印造	七六三七六七锭
前三年平均每年印造	一二三四二四一锭
中十二年平均每年印造	三五七五九六锭
后八年平均每年印造	一〇六二五〇〇锭

即其初期以欲收回中统钞,故印造较多。中间十余年,平均一岁印造仅三十余万,而钞价亦赖以维持。后期则印造过多,故钞亦不得保其原价也。

武宗至大三年,以物重钞轻,改造至大银钞,自二两至五厘凡十三等,每两准白银一两,至元钞五贯。是年造钞一百四十五万余锭。盖以当时欲收中统钞不用,且减至元钞流通之钞,又以武宗赏赐营缮所费至多,故一年所出多至如此(当时赏赐一人动至万锭,即以中统钞计,亦当银四万两矣)。其时兼铸铜钱,将以为补助币,而罢中统钞。次年而武宗死,仁宗乃罢至大钞、及钱,仍用中统至元钞。

至大四年,复至元中统钞法,仍印造至元钞,兼印造小额之中统钞(中统钞自至元廿四年以来未印),复循旧法。迄于至正十年之改制,其间惟至大四年天历二年,十九年间有记录而已。其至顺元年至至正十年,二十一年所印造,盖不可详。

自至大四年至天历二年,十九年共印造

至元钞	一九四一五二五六锭
首四年平均印造	二一九三〇八四锭
后十五年平均印造	七三六一九五锭
统共平均印造	一〇二一八五六锭

自至大四年至天历二年,十九年间共印造

中统钞	一四七〇五〇〇锭
平均每年印造	七七三九五锭

盖初期印造至元钞所以多者,以废至大钞,须发行多数之至元钞以收回之也。其后各年平均不过七十余万锭。而天历为元代财政最裕之时,当时发行与回收之额,当尚相去不远。此后史仅记至顺二年及至正元年印造之额,一为至元钞八十九万余锭,一为至元钞九十九万余锭,则此不详之二十一年间印造数目,亦可推知矣。

顺帝至正十年,始制至正交钞,以每贯准铜钱一千文,当至元钞二贯。同时复铸铜钱,与钞并用,而钞实不兑钱。又其时天下已乱,军费方多,每日印造,不可胜计,钞价大跌,而民间亦不复用钱钞,惟用货物相贸易而已。

元代用钞,虽不能维持其对银之法定价格,而其结果不过为缓徐的物价腾贵,绝不因之而呈经济的变调,诱起恐慌。外国之久行不换纸币者,未尝见其比也。以宋、金积弊之后,而能收此良好之结果者,盖由其:(一)发行回收略有一定之比例;(二)回收以盐茶诸税课即等于实物准备;(三)尽废铜钱。故即有低折,亦行于无形之间,不致摇动市面,不如钱钞差异之显著急激。此下当分节论之。

第八节　纸币之流通额与财政经济状况之关系

依上数节所述,南宋会子乾道二年初额一千万贯,继额三千万,两界并行为六千万。嘉定间三界一亿一千余万。绍定两界三亿余万贯。嘉熙乃至五亿万贯。二十五年之间,印造发行之额,相去悬绝如此。而其价值则乾道三年至嘉定二年四十五年之间,减为半额。故嘉定之收旧会子也,以新会子一贯,易旧会子二贯。嘉定新会子初发之额,虽不可详知,而计其数必在五千万贯以下。(注八)至端平二年廿七年间,发行额至三亿余贯,即约六倍之数,而其价则跌为五分之一。端平二年至嘉熙四年八年之间,会子数增为五亿万,视嘉定时数目约十倍,而其价适亦跌为十一分之一(每贯六十七文),十八界会子以一当五。其初尚见信用,及滥发以买公田,每日增造十五万,而价又落,咸淳间仅当三之一矣。此显货币之价值,与其流通额,为反比例者也。今列为表以明其变迁:

	十八界会子	十四至十七界会子	第二至第十界会子
流通额	?	五亿贯	一亿余
低折数	三分之一	十一分之一	二分之一
收回价值	三当关子一	五当十八界一	二当新会一
累积低折	三分之一	十五分之一	三十分之一

金之行钞,初以不逾现钱为限,后遂无制,其额不可悉考。而元耶律楚材称:“金有司以出钞为利,收钞为讳,谓之老钞,至以万钱惟易一饼。”可知金钞法之弊,在于滥发大钞,不肯收回,流通之额既多,而社会用货币之力不足。其末年更制,一贯仅值数钱,亦以钞多之故也。

元代之中统钞,行廿八年而价值减为五分之一,可谓急矣。然实以其后期十二年发行过多之故。盖元之行钞,专恃茶盐杂税等以收回之。而至元间此诸税入不过钞五十万锭内外,(注九)故钞少归还之路。而是时每年平均发行一百零八万余锭,就令收回之钞不复支用,每年已有新钞五十余万锭流通矣。故积至改钞之际,竟不知在外流通总数。然自此以后,以至元钞权中统钞而行,则其价值不甚跌落。盖至元廿四年以后,发行之数渐减,而国家收入之数渐增,钞之回收既便,则社会上之流通额,自当有定。迄于至大,增加发行钞数,而支出复浮于收入,两者相形,而钞价贬。至大钞代表白银一两,易至元钞五贯,则至元钞价廿三年间减为五分之二。然至大四年以后,收缩发行额而岁入有增,钞价仍持续不变,迄至正改制,不见其价之跌。盖元之本制,钞出钞入,常使相当。其法日造万锭,道官吏俸给、内府供用、各王岁赐、出支若干,天下约收税课若干,各银场窑冶日该课程若干,计民间所存贮者万无一焉(范济语)。所谓钞法岁会其数,以故易新,不出其数者也(天历元年御史所言)。故元代钞价与其流通额,亦为反比例,而至元、至大两例尤明显也。

更于他一方面,则每一时期钞之流通额,与当时人口、产业情况,政府收入额之比例,均有影响及于货币之价值。宋南渡后,绍兴末年人口仅一千九百余万,宁宗嘉定时人口二千八百余万,及蒙古灭宋所籍人口,则一千九百余万而已。其诸路商工农业,亦随于太平而见增长。自绍兴末,产业始稍复。乾道、淳熙间,民得休养,宁宗末年为极盛矣。理宗初年,淮有李全之乱。是后伐金拒元,川鄂淮各方用兵,民不聊生。故绍兴、乾道之间,一千万贯之会子,犹厌其多。而嘉定初年,一亿一千余万贯之会子,价仅半减耳。盖初定之民,虽平均二人一贯,而未见其用。产业既盛,则一人平均四贯,而可行也。

金之大定人口四千四百余万,明昌人口四千八百余万,其极盛也。卫王既败于蒙古,失东北、西北之地。李全兵起,南边复削。宣宗迁汴之际,人民数当不得明昌之半,而滥发千贯之纸币。夫民方苦于兵,无工商可言。是故通用货币主人半减,各人之事业大衰,则交易之额数自然减少。而一面所用以交易之币方增多数十倍,是其所以跌价也。于宋、于金,皆依于同一之原理可以得其真解者也。

元初所得金故地,人口仅数百万而已。灭宋而后,人口五千九百八十余万。(注十)而初行中统钞,流通额在一千万锭以上,平均每一人行钞十贯(中统钞流通额不可详,然在收回一部后,犹有拨借中统钞本一千余万锭之事,则始行时流通额不止一千万锭可知)。故其价之低落,亦与之有比例。至元钞行以后,所谓至元、大德之治世,产业既盛,纸币需用自多。至于至正十年以后,江淮兵起,以人口论,去其大半。而政府收入愈少,发钞愈多,即不改制,钞价亦不免于减落矣。

从政府收支之比例言之,南宋孝宗乾道间,岁出入五千五百余万贯。宁宗时岁入六千余万贯(赋税纳本色者不计),故以之为流通会子之法,常令半纳现钱,半纳会子。据《宋志》当时第四界会子发出一千二百万。“淳熙三年,户部岁入一千二百万(外郡收支不计故),其半为会子。而南库以金银换收者四百万,其流行界外者仅二百万。”可见当时岁入之数,与纸币之收回,实有比例。而回收速,则其循环时间减少,流通机会增加。即令其收回会子以后,旋复有新会子发行,亦已为会子开一循环之路矣。元之收支,至元中叶仅数十万锭,至元末年则二百九十余万锭,盖以盐茶增课为多(盐由每引九贯增至五十贯,茶税总额由千余锭增至四万锭)。大德间增至三百六十万锭,天历二年则增至九百二十余万锭矣(其中盐税占七百七十余万锭)。故范济言日造万锭,民间存贮,万无一也。元之收支既巨大若是,故其钞更有流通之机会也。

从近代学者之所研究,则凡货币之价值,当以货币流通额,流通速率,及其流通区域内之交易额参定以流通额与速率相乘得数,除交易额,则得货币之价。(注十一)而流通额,则决于政府之操纵收发。交易额与流通速,则视其国民经济状况。在南宋及元,交通未发达,则货币流通速率,不得骤增,此为当时可以容纳多额纸币之理由。而当时国民经济状况,除少数之都市外,不免仍为自足经济,故交易额亦同时不能甚大。此则不能多通用纸币之理由也。且其时贸易之品,主在谷帛以外。故每遇兵燹军兴之际,商旅不行,交易额面减少之数,非今日开明国家之比。而此交易额减少之际,同时常又为纸币增发之时,所以其纸币价值低落之效果,变为二倍,亦非平日滥发之比。若金之末年所行,虽使发行不过少额,仍不免为低折者,国民经济之状况为之也。

依非沙尔氏所计算,美国一九一二年市上流通货币美金十七亿元,其流通速率为每年二十二回。个人在银行来往数(代货币之用者)美金八十一亿元,流通速率一年五十三回。而是年交易额为美金四千七百四十亿元,每人平均贸易额四千七百余元。持以比宋代之每人平均十贯,元代之平均十贯,其流通速率又远不如今日者,真不相侔矣。以彼时交通贸易实况论,流通速率当不过每年三次。可知当时钞虽多发而壅,实则全因国民经济之不发达,无消化此会钞之能力。即一年每人三十贯至四十五贯之贸易额,尚不能及,然后有钞滞之现象,因之生钞低之结果。故根本上国民经济之缺憾,非可以人为掩之。纸币价值亦国民经济之一现象,不能蔑视其关系诸条件而下批评也。

然元之钞法,终为胜前人一筹。且单以钞法论,实为不可埋没之伟绩。其初期中统钞之跌价,固由收发机关之不灵。而至元钞行以后,发出收回,遂有定额。非遇至正改制,钞法即坏,亦必不至若斯之甚也。自宋代铜缺以后,钱易而为会钞,会钞复易为银。银之行用,迄今才数百年。始但以金钞之弊而见采用,元代所征银课,岁亦不过千五百锭,则银产出额,岁亦不过五千余锭耳(银课每百取三十),民间不见行使也。银之真流行,乃在明代,非甚久之货币,尤非一成不易之制也。但明钞既失败,世莫敢复以钞为言者,故使银能久据货币之位置,而货币价值之根本理论,乃无推阐之机会矣。

第九节 纸币价值存在之真正原因

考从前回收会钞之法,不外四种:一为兑换;二为买回;三为赋税收纳;四为另发新钞换取旧钞。由前一法为兑换纸币,由后三策为不换货币也。而中国历史,不换纸币为多。

宋初行交子、会子,与金初行交钞,宋末之现钱关子,元末之至正交钞,皆兑换制也。前二者以限制其流通额,而繁数其兑换手续之故，久而变为不换纸币。后二者以并不限其流通额，继且并兑换而不行，遂至失其为纸币之资格，直等于废纸。然则中国兑换纸币之历史，失败之历史也。中国之纸币制度，依于兑换以外之手段以生成、以发达、以巩固者也。

既为不换纸币，则惟有由政府之意思以收回，不能由人民自由请换，故缺乏弹性，而有与当时社会所需要之额不相应之虞。此排斥不换纸币者之通说也。然征之此次欧战，则如英、法、俄、意诸国，变其兑换纸币为不换纸币者，诚哉其缺弹性，而与社会所需要者不相应矣。故其结果货币价值低落——物价腾贵。然而在维持兑换制之美、日诸国，其货币又何尝有弹性，何尝能防止货币价值低落乎。盖兑换制之弹性，非对一国货币流通额之弹性，乃对于同本位国之弹性（或谓之求平均性，更为确当）。如使一国货币过多，则以兑换之故，可输出货币于本位相同之国，而他国货币数增，自国货币数减，因之可得调剂，如是而已。至如世界货币额俱增加，逾于需要之数，则絶不能因兑换以为调剂。观于非沙所计，一八九六年及一九一二年之美国货币数及物价，更参以全世界（金本位国）之金产出额与物价之关系，（注十二）可知此期间中金货增加，货币价值低落，决无何等弹性可言。故此次欧战，欧洲悉化为不换纸币区之结果，依于格拉沁法则，恶货驱逐良货，现金悉来美日。美所得者盖百余亿元，日亦得十数亿，从而纸币虽许兑换，现货亦见膨涨，物价腾贵，生活困难。然后知货币价值，决非兑换制可以维持，而世界的金货过多，反于不换纸币之异本位国有利。中国今日不兑现之中交票，其跌价尚不如美日人民持现金者之甚，此正足以破数百年来迷信兑换制者之迷梦者也。而中国古代之行纸币也，实以当时经济上之交通限界以内，为其流通区域，故兑换制不足以为调整之助，反生货币过多之效。在其平时，不换券之流通，驱逐现金，与兑换券同。一旦有事，兑换券不能吸收现金，亦与不换纸币同。惟不换纸币之推行，尚有他种回收方法，而兑换纸币则或无之。当初既以兑换为惟一方法，则异日必以兑换之不给而即崩解矣。此中国古代兑换所以失败，而元钞所以成功也。

收回不换纸币之三手段，结局归于两种手段而已。盖以新易旧者，无论为宋代交、会之三年一界定期交换，抑为金、元交钞之昏烂方换，或为会子及金钞法之敝，以新之一贯，易旧之数贯，将来新者均仍须收回也。故归结必为赋税收回、货物收回两种。

赋税收回者，于非由国家专卖之货物所收税，及商税等为之。今日关税虽占收入之大部分，而古代殊不然也。宋、金、元之田税、人口税，均纳谷帛、草绵本色。与专卖之盐、茶、酒、矿产，均为收入大宗。其余收课不过十分之一强，而牙税、关市诸征，皆在其中。此诸税在宋听纳半现钱、半会子，在元俱听纳钞。南宋又有经总制钱、月桩钱、板账钱之征收（其中有一部与专卖有关），其解京者，亦听收半现钱、半会子。此赋税收回之额，本亦不少，然不及货物。

货物收回，有用专卖货物者，亦有临时由内库拨支者。前者属于每岁经常之额，后者则为临时救济之策。今先以其常者言之，则第一项为盐。盐利为南宋立国根本，而民得以半现钱、半会子买盐。其次则茶、香、矾、酒、醋、药物，皆归政府专卖，其纳入之法亦同。宋制会子既经收回，即不再用。故淳熙间，户部岁入一千余万，半为会子，即其回收之额，为六百万缗也。然宋之收会子，不如元人之收钞。元至元中叶，岁入略得五十万锭内外。至于天历，为九百余万锭，其中七百六十六万余锭为盐引之收入，占全额十分之八。次之则酒醋四十九万余锭，茶二十八万锭，皆官卖之货物也。此外尚有所谓杂课者，凡三十二类，其中大半亦为专卖之物，小半为征收苇塘房地租之类，可以赋税目之，共十六万余锭。其余惟有商税九十一万余锭，矿产杂税数万锭而已。故元之收回宝钞，以卖出专卖货物为主要手段也。

宋代于经常回收会子以外，更有所谓称提之法，自乾道以降行之。即以金银随时买回纸币者也。称提虽无定额，而据淳熙三年之记录，户部收入会子六百万，另以金银买回四百万。则其额有时极巨，至不能以称提维持价额，则又出金、银、度牒、官告（此二件亦作货物卖出如前清之捐纳),绫、纸、乳香等,以买旧会子。此又乾道、嘉定、端平所尝行者也。

故宋之会子收回之法,主为政府以货物买回,与元无异。特宋之平时,仍须钱、会中半。惟称提收换,始全用会子。且惟解京之会子为真正收回,余则仍在各地支使行用。元之收回,则亘于收人之全部(除田赋、丁税)。故元之钞制,尤觉划一耳。抑通观上文所述,可知一切纸币,无论所代表者为钱币,抑为货物,其收回之际,必为以易货物,而非易钱币。故实际代表钱币之纸币,仍为代表货物,此最可注意之事实。即吾今兹所欲论者也。

更进一步言之,则即作为赋税而收回之一部分,实际亦与买取货物无殊。盖此项所征,皆为制造贩卖业者(除极少例外)。当其始征税时,本应就其所有之货物,取其若干分之一,既而不征本色,而折纳现钱。则其现钱,犹之以买回所应纳之货物耳。由现钱而变为会钞,亦犹之以会钞买回其应纳之货物耳。则谓不换纸币回收悉以货物可也。

尤有不可不知者,凡人之信用其纸币,只问其购买力如何,不必问其兑换之确实如何。故一般纸币,不论其兑换不换,皆以其购买力定价。即货币之根本性质,为代表货物,故可得换相当价值之货物者,即可以其价值流通,纵不兑换,完全其于纸币之价值无碍,于其流通之力亦无碍也。若使其纸币但能兑换,不许易取官物,则其流通之力,反不及前者。观于金之钞制可以知之矣。

今以欧洲历史言之,纸币起于二百年前之约翰罗。发行四年,而现金悉被驱逐,兑换停止,纸币价低至十分之一,此一例也。法兰西革命,发行亚西尼纸币,以土地为担保,而发行四亿法郎。其后滥发,六年之间,至三百六十亿法郎,其价降至约三百分之一,此二例也。美国革命战起,发行大陆纸币,未几而降为四十分之一,此三例也。英国于拿破仑战争中,停止英兰银行之兑换,于是英兰银行之纸币成为不换纸币。自一七九七年以至一八二一年二十余年之间,完全为纸币本位。其时物价亦见腾贵,然以调节得宜,不至大病,此四例也。其时奥国亦发行巨额之不换纸币，一八〇〇年其数为二亿孤丁，千八百六年至四亿四千九百万孤丁，及一九一〇年而价降至十一分之一。次年以新币一易回旧币五，而新币二年之间，又降为三百三十八分之一，旧币反得以约十七分一之价通用，发行之额至六亿余孤丁。于是设奥大利银行以谋收回纸币，维持价值。然实际奥之纸币，仍为欧洲之最不见信用者。直至战前，殆越百年，而奥之纸币尚不能以其额面价值流通也，此五例也。美南北战争时，发行绿背纸币，以七亿余元之纸币，行于二千万人口之间，而其价落至六成以下。北政府既统一全国，乃消却绿背纸币，而建今之国立银行，此六例也。此中惟英、美两例，以政府能举相当之公债，免纸币之膨胀，得收较良之效果。其余四例，皆失败至无可挽回。夫同为不换纸币，而其结果相悬绝若是，则完全为对政府或银行信用之问题，亦即其纸币最后效用之问题也。

凡货币之得为货币，不外以其有购买力。而其货币如为自身可供消费者，如金银铜铁之类，其货币自体之价，即其最后之效用购买力所自出也。盖至人民不复欲用其物为货币，则货币失其为货币之用，而得其自体物质之用，亦犹之以贷币购此物质也。至于纸币，则不能以比例推之。故兑换纸币，则以其所代表之货币之最后效用，为其最后效用。而不换纸币，则以其所预期回收时与之交易之一种物品之推定价值，为其最后效用。故如法国之亚西尼纸币，其收回以土地为担保，则人民信用之，以其土地可卖得金银，以偿其纸币。则由土地所卖得金银之物质价值，即亚西尼纸币之最后效用也。而土地既卖，金银不供回收纸币之用，纸币之价始跌。则以政府失信用，而人疑其纸币之最后效用存否足否之故也。其它不指定收回之手段，而不换纸币可以行用者，则人相信其政府每年有若干之收入，能消却此纸币；或银行有若干之资产，足以收回其纸币也。而当其回收之，或以他人偿还其所负政府或银行之债（税亦在其中），或以他人持以买取官有财产、银行财产，实际皆止于代表货物而已。何则？如使其为偿债，则偿债之人必因卖其货物（或因他人卖其货物）

而得此纸币。则当其交易时,偿债者所卖之货物价值若干,即表明纸币之最后效用若干。消去纸币者,实际为货物,与政府银行直接以货物买回纸币无异也。

更进而观之,则金币银币之最后效用,固亦货物之一种也。但其种类,金则止于金,银则止于银,故其价值随于经济状况之变迁,而有大涨落。金银之用,既以货币为大宗,则当货币过剩之际,正亦金银块过剩之时。故其实际最后效用,往往在豫期之最后效用以下。若在不换纸币,其所交换者为他种无数之货物,其效用各有不同,决不至因人以纸币易之而生过剩之结果。即其交易后之价值,不因纸币消却而有低落(非指其交换价格言)。故以不换纸币,较之普通金币其最后效用转多。然而不换纸币所缺者,其回收之时期不确实,与回收之货物价额不确实也。以金银币论,随时可以铸为金银块锭。纵使金银实价不高,而至少随时可以得若干额之金银。至于不换纸币,则不知何年可以回收货物,又不知货物价值如何。假使如金末之钞,万贯仅易一饼,其最后效用无足恃者,则以其不确实对彼确实,人自趋于用金钱等现币矣。此正如今日美金一元,比之战前其最后效用,以银价表之,不过得十分之四耳。今日之中交钞,犹有六七成之价,然人以美金为可信,而不欲留存中交两行钞票。则以前者为确实,而后者不确实也。前者之最后效用,最少每元总有纯金四分之价值,而此两行钞票则恐至于不能易一丝一粟故也。

然则假令有一确实之保证,令人信其不换纸币经过一定期间,可以换取一定之货物,则其纸币虽为不换,固无伤其价值也。此观于商业上实际以货物儎单发生信用,可以明之。即如有一商人,其提货之单已到,而货未可得卖,则以之付银行为抵当而借款。其所借款,非现钱也,特银行之贮金账目而已。及其货销售而还所借,则亦划消一笔账目而已。然人皆信之,乐与交易,则以银行为之负责也。银行信之,任其划账,则亦以其货物可供抵偿也。故此种贷借交易,可不借现币丝毫之助,惟以货物为基础,而商人之支票,银行之记账,其价值与现币无殊也。宋之盐钞流行,正此例也。

又使其纸币不特可以换各种之有用货物,且不限其时期,随时可以换取货物。即政府豫存若干之货物,然后发行若干纸币以代表之。货物具而后纸币出,货物销则纸币毁,无无货之纸币可以流通,则其价值必又比于现币有加。何也?金银不能行用,不过得非必要品之金银块耳。此种证券不流通时,仍可变为必要之货物。彼金银一时不流通,则金银块之价亦落。此种证券即不能通,其所易之物自在也。于是归结入于信用之问题,即所谓保证者果可信乎。如其谓一定时期,可以得货,而竟有过期不能支给者(如南末初之关子);或虽定为随时取相当价值之货物,而实际交付货物价并不相当者(如宋之旧钞折支);则其价值不能保持。而虽在政府之发行此种纸币,尚不能保其必践言,私人更无论矣。虽然,此信用之问题,不特在不换券为然,即兑换之银行,其准备金皆不足发行之额。如法兰西银行,则只限定为至少三分之一。美之国立银行,只规定其纳公债券为担保。英伦银行、柏林银行、日本银行,则许其于一定额内不用现金为准备。故对于兑换纸币,亦只以信用为基础。而论其价值,若不信其必贮货物与纸币之价相当,独信其能随时收集现币与所发行纸币之额相当,无是理也。则信用为不换纸币与兑换纸币之共通条件,不必以独责不换纸币也。

由此以观元代之纸币,则当时实保证其能易国家专卖之盐、茶、酒、醋等件。当元天历间,每岁收入有九百余万锭,则全国流通纸币,可于数年间得一循环。人民须要此专卖品一日,即纸币有一日之价,无事于称提兑换,而自然流通。此足证明前说有余。证以近代欧洲之纸币历史,又合若符节也。

彼宋末、元末所谓兑换者,对于所发行之纸币,实不储兑换之货币。而对于南宋之会子与元之中统、至元钞,国家实已储有与之相易之货物。此兑换制所以失败,不换制所以成功也。从来中国论钞制者,眼光不出称提以外,以为国家视钞有价值,则人民随之。故其观察,往往远于实际。在元代之行钞,固亦以为如此钞乃可通,未必真知其究竟之义也。但在中国论钞者,仍有一特长,即对于兑换制尚无迷信是也。此实中国宋、元、明行交、会、钞五百年之归纳的结果,至可宝贵者也。

第十节 为补助币之钱

纸币价值须以其最后效用决之,有如上述。则其同时以名义上本位货币之钱,当实际上补助货币之用,如南宋会子。抑尽去现钱,并补助货币亦用纸币,如元之中统钞,皆于纸币所以长价、跌价之故无大关系。然而以元之尽行钞票为胜于南宋兼用铜钱者,亦有故。如使纸币之价值始终不变,现钱之价值亦始终不变。则本位币与补助币之间,不生冲突。但南宋时,已在中国产铜日减之时代,据《宋志》所载,乾道二年调查之数,全国每岁产铜仅二十六万余斤,比之旧额七百零五万余斤,即约得二十七分之一。金之采铜须求之天山界外。元代既不用钱,铜矿更不见开采,仅见云南、辽东三数处,其额亦不详。要之自唐之末年以后,中国产铜,大抵不足供用,五代以之多行铁钱。北宋仅以竭蹶支持。南宋及金,遂大受钱荒之苦。顾铜不独用于货币,普通应用之场合实多。既以缺少增其限界效用矣,则一般乐销镕钱以铸器,盖其法定之价值低,而最后购买力高,无如何也。故南宋之交、会,即使能始终维持其实际价值,而钱则实际价值已高,以之平价交换必不可得。若纸币偶有滥发,其所准备以收回之货物,骤不能充足,则纸币实际价值更跌,而钱与纸相差更多,市场大乱矣。元既废去钱币,而中统钞本有一十文之钞,及后与至元钞相权,至元钞二贯等于白银一两,则中统钞十文仅等于白银一厘,与铜未贵前一钱之价正略相等。故实际可以通行。吕思诚谓:“中统至元自有母子,上料为母,下料为子。”上料者至元钞,下料者中统钞。母者本位货币,子者补助货币也。既纯然用纸币,故不受铜价涨落之影响,而即货币价值自身有低落,人亦但见其为物价腾贵而已。与美今日之货币价值低落之景况正同。而至元、中统钞所以能不见低折之形者,不用钱为补助货一事,实其主要原因也。

第十一节 明 钞

元之不换纸币史,为成功之历史。而明之不换纸币史,则失败之历史也。而其失败之原因,则正在其不能换取货物,又兼用铜钱。

明太祖洪武元年,铸铜钱,将以行之天下,而苦铜之不给,遂以洪武八年复立钞法。其制,钞自一贯至一百文六等,以钞与铜钱并用。然未几而信用大失。初制,每贯准米一石,至洪武十八年,定官俸折钞,已以二贯五百文准一石矣。三十五年(即建文四年),则令每石更增五贯矣。成祖永乐五年,则米每石三十贯矣。宣宗宣德元年,则每石四五十贯至六七十贯矣。成化以后,千贯之钞,仅值银四五钱而已。其时发行钞额,既不可考,而其用途则本限于官俸禄米赏赐。其回收之法,则有数种:其一以代纳税粮。然据洪武二十六年税额,天下夏税秋粮纳米麦二千九百余万石,纳钞仅四万五千余锭耳,是其无回收之力明也。其次为盐钞(与宋之盐钞不同),永乐二年,令天下军民计口纳钞食盐,大口月给盐一斤,小口半之。然其后并不颁盐于人民,而钞复折银(每贯折银三厘而已),至清末年地税中尚有盐钞摊入之项也。其三为中盐及卖积薪竹木。中盐制起永乐二十二年九月,至宣宗宣德元年六月而罢,不及二年。积薪竹木则一时之政而已。其四为脏罚,虽令纳钞,数实不多。其五为关税,自来纳钞,而官随时定其准银之价,其价常追随市价,故其末年每千贯仅准税三两。其六为门摊钞(营业税)、塌房钞(塌房即货仓)等。专为钞而设者,起于洪熙至正统之间,然皆无救于钞法。盖当时宗室世爵禄米,及百官俸米,岁时赏赐皆给钞,每岁出入亦常相当。钞无减少之期,亦无他途可用。王公侯尉得钞,则低价卖之。

民当纳钞则买之王公而献之帝，帝又还以赐之王公，殆等于儿戏而已。

夫以上所论列，则明人非不设法收钞，而终不能如宋人称提奏效者，即以其钞之缺乏最后效用也。以上述诸回收法论之，惟中盐之法差可令持钞者得实际之货物，其余皆以文面相欺而已。而中盐之法实行不及二年，是明之钞法，始终不代表货物。惟不代表货物，则民始终不以币视之，虽随以严刑，莫之听也。而当时所以终不能使元制复行者，实始于用钱之故。当洪武之初立钞法，未尝不暂行也。使其依元旧制，盐、茶、酒、醋一切专卖之品，悉许用钞，则固无不行之理。然而有司吝之者，以为国家收入必求其多，收逐渐低折之钞，不如收价较一定之银。而不知钞价之逐渐低折，正以其无货物易之之过也，然则使洪武之初，即用钞而废钱，纵使暂时发行过额，未讲回收之道，其弊不过如中统钞止矣（洪武十八年之价尚有十分之四，视中统之跌价为少）。既已全收钞不收钱，则量入为出，必可致一常久不摇之价值。国有一日之专卖，即纸币有一日之价值，固无伤也。诚然，则明之不换纸币制，视元制更善，传至于今，未可知也。乃昧于钞实代表货物之原理，遂至有此失败。天下之危险，岂有过于无知者乎。

明人惟不知此义，故洪武则尝禁用钱交易，而宣德间又禁用金银。不知虽禁绝钱与金银不用，民犹别求一种有相当最后效用者，为实际之货币，而不代表货物之钞，终不能夺其席也。至于惩其弊者则至归狱于钞。顾亭林至谓："废坚刚可久之货，而行软熟易败之物。宜其弗顺于人情，而卒至于滞阁，后世奥利之臣，幸无言此可矣。"实可以代表明人对于钞法之观察，而极之指为罔民之一事，皆以不明其本原，徒感其结果之不良，而深恶痛绝之耳。钞法之中衰，明人不得不尸其咎也。（惟夏原吉建议许民中盐以通钞，可谓卓识。）

第十二节 结 论

中国纸币,起于宋初,迄明弘治、正德之际,略五百年。其所以与吾人之教训,归于四点:

第一 兑换不必为利,不换不必为害。

第二 纸币起源,不专代表货币。

第三 政府发行纸币,有货物以回收之,则能保其价值;否则不能保其价值。

第四 社会受容纸币之量,视其国民经济之状况而定。

故救今日纸币之穷,惟有置纸币之基础于所代表之货物,而于其兑现一层,可以置之不问。国家有若干之货物,以回收若干之纸币。则当其纸币流通量过于当时所需之际,纸币自然来归于国库,而物价决无腾贵之虞。此则所谓钱币革命,如本志别篇所述者,正待国民共同之研究主张实行者也。

注一 清顺治初年尝行钞,未几即罢,于经济上影响较少。

注二 此所谓第一界会子,当指新会子而言。绍兴中所发行,不入界内。观淳熙三年命展第三界之限三年可知。其时为第三界满限之日,推之上至乾道四年,适得九年也。

注三 据《宋史》志称,凑成三千,而《文献通考》则为凑成二十万,各不相同,而皆不合理。《宋志》载所拨有金一百五万两,每两作钱四十贯,而无银。《通考》则称金银,而无细数。疑《宋志》当有所根据,既有金一百余万两,已可准旧会子四千二百万贯,即为新会子二千万,加以他物合成三千万,于理为合。《文献通考》讹三千为二十。而《宋史》则脱万字,故不可通耳。然要不外推定之数,不可确定矣。

注四 史无换十六、十七两界明文。但据绍定四年。尚造十四、十五两界会子二十万缗,而端平二年已以度牒官资广收十六、十七两界会子。同年又有人言两界会子远者曾未数载,近者甫及期年。知其收换必在绍定四年至端平元年之四年间矣。

注五 《元史·刘肃传》废银钞时,肃为真定采访使。真定以钞交通于外者八千余贯。乃陈三策,中书采其以新钞如数易旧钞之议,降钞五十万贯。此知全国之额,当不过五十万贯也。

注六 元代岁入岁出,不特言某钞者,均以中统钞计。孙承泽言,元世祖造中统钞,名银钞。后造至元钞,名金钞子。然据史志,则当时官设之平准库,每花银一两入库,价至元钞二贯。赤金一两入库二十贯。是至元钞兼以金银为准,非专代表金。中统钞初制,则两贯同白银一两,无易金之规定。然两者虽均名二贯易银一两,实际相差五倍,亦无金银与为兑换也。

注七 至大三年,定至大银钞一两,准至元钞五贯,白银一两,赤金一钱。以此推知当时钞价。

注八 嘉定二年,以金银等物凑成三千万贯,收回旧会,则可收旧会六千万贯。余五千余万贯以新会收之,不当在三千万贯以上。此外因财政上理由而发行者,当不过二千万贯,故推定为五千万贯以下。

注九 元史志云:“世称元之治,以至元、大德为首。厥后国用寖广,除税粮,科差(按此二者除极少数外均不纳钞)二者之外,凡课之入,日增月益。至于天历之际,视至元、大德之数盖增二十倍矣。计历二年收入钞九百二十九万余锭,则至二十余年之数当为五十万锭内外。又以其主要收入考之,至元十三年盐课每引九贯,延祐间增至百五十贯,是盐课仅得后世五十分之三。即令盐引数同,亦仅四十三万贯而已。茶则至元十八年始二万余锭,次年又增二万锭。商税仅以四万五千锭为额,其余杂税课更少。故《元史》言天历廿倍至元,决非夸大之辞也。(大德收入已有三百余万贯,天历仅得其三倍弱耳。)

注十 此仅据《元史·地理志》所载言之。依纪载平宋得户九百余万口一千九百余万,而志则言平末后至元二十七年籍得一千一百八十余万户,金故地户仅一百三十余万,已不相伦。而初期北方人口仅数百万,南方亦不足二千万者,十数年何能成为五千八百余万人,实不可解。姑举以资参考。

注十一 非沙原式为货币乘货币流通速率,加信用乘信用之流通速率,以贸易额除之,得货币价值。但中国古代信用之数量与形式不可考(其额当不多),故略之。

注十二 非沙著《货币与物价》第十二章第四节第五节所计算：

一八九六年	美国通货数	八七〇〇〇〇〇〇〇〇元
同 年	同物价指数	六十三
一九一二年	同通货数	一七一〇〇〇〇〇〇〇〇元
同 年	同物价指数	一百零五

即货币约增一倍弱，而物价则增六成有余也（不能照增者，以同时货物买卖量及流通速率均有增加故也）。更据同书第十一章第二节则：

一七八九年至一八〇九年	金银增加	物价腾贵
一八〇九年至一八四九年	货物买卖额增加	物价减为五分之二
一八四九年至一八七二年	旧金山、新金山产金大增	物价腾贵二分之一
一八七三年至一八九六年	世界多数国不用银币	物价低落
一八九六年至一九〇九年	南非及落机山等处产金多	物价腾贵

即显金产出额与物价之影响最大。而物价之高者，即指示货币价值之低。物价之低。即指示货币价值之高者也。

八年九月一日稿。

原载于 1919 年 10 月《建设》第 1 卷第 3 号。▲

危险之塞耳政策[①]

言论出版自由，为中国国民约法上之权利。顾吾人对于租界之检束报馆，则虽能以正理求其反省，不能主张权利，以指为不合法也。谁使汝不自于中国内地设报，而必择中国法律所不及之地，以营此生活。封汝禁汝，谁能代鸣其冤。

至于中国内地，本有法律上之言论出版自由，而杀主笔、封报馆之事，层见叠出，又有租界所不及。而最近则有更时髦之“过激”二字，可以随意指命。凡所疾恶，皆可以此名目摧抑之。《每周评论》今又被禁矣。[②] 在内地之以文字鼓吹新思想者，必叹曰：我亦不知命在何时！

天下之危险，无有过于不知者。清初采用西洋历数之学，杨光先等失其衣食根据，于是著书名《不得已》，力诋当时言西土学问者。迄于鸦片战役，中国读书仕宦者，皆不知欧罗巴为何如地，英吉利为何如人。非不欲知，不敢知也。苟有求知西方事物者，皆为杨光先一流人，以非圣无法视之矣。即徐光启、梅文鼎之徒，在当日皆过激主义也。非有鸦片之败，《海国图志》尚不得出也。

清之末年，刚毅、徐桐辈力主拳匪，举凡识外国事物者，皆指以为二毛子而杀戮之。幸其势力不能及于直隶、山东以外，而期间复至短耳。否则虽张之洞、袁世凯辈且不免也。而袁昶辈则固以当时之过激派死矣。北京不破，则谁敢更言使馆以外尚有洋人者。

---

① 本文写作与发表时间均不知。据《每周评论》被封事，知为一九一九年九月所写。

② 《每周评论》一九一八年十二月二十二日创刊于北京。为宣传新文化运动的重要刊物之一。一九一九年八月三十一日第三十七期尚未印成之时，即为北京政府查封。

后唐潞王云:“勿言石郎,使我心胆俱碎。”天下固有以为无而禁人之知者,亦有以为可厌而不愿知之者,更有深知其有而不敢闻之者。杨光先之《不得已》,其第一例也。刚毅、徐桐之杀二毛子,其第二例也。今日之禁《每周评论》,则犹之潞王之畏石郎愿人不言,是第三例也。

夫此三者,其所以不愿知有殊,而其不知者,其将来终于失败,亦必均耳。天下岂有不知其物而能抵御之者。往尝佣老妪,不识用电灯,欲息灯则吹之。广东甲午、乙未间,比岁的疫,市人祷神,佩符襟肘间,以为可不药愈。闻香港行消毒,则大惊以为殷纣斮胫剖心之类。告之欲使明其所以然,终不信也。故轻者不能息一灯,重者失数万人生命,而又重者则一以致割香港,亦以失主权之大部,今又将事其三矣。过激主义为何如物,而可以毫无研究者防之者乎。此无知之结果,将导中国人王于如何危险之地乎。

“盲人骑瞎马,夜半临深池”。古以为险语,以之比今日政府所为则何险之有。人马虽盲,尚不自塞其耳。闻人言深池如何可畏,如何可避,尚能了解其所言也。今之政府,既毫不了解如何谓之过激主义,如何可以防止过激主义。乃至并人研究如何认识,如何防止,而亦禁之。殆以为眼中不见过激之字,耳中不闻过激之言,便能防止过激主义耶?是正犹并其可以听人呼使勿临深池之耳,而自塞之也。天下危险,尚有过此者乎。

杨光先辈之不知,真以为世无有学术胜于我者也。拳匪之无知,真以为杀尽使馆人及二毛子即可太平也。至于现代之政府,则决非能谓禁二三杂志,便可无过激主义入中国;不过暂图耳根清净,偷安一时。在前二者,尚可称为无知之勇,如螳螂举臂自豪。在后一种,则直可谓怯之无知,如畏鬼者掩耳怕人说鬼耳。

天下之塞耳者多矣,未有能以塞耳免者也。吾愿中国人民早知此半夜深池之瞎马,即无明眼人驾驶之,尚望有不痴聋者受人指导也。

据《朱执信集》刊印。

不可分的公理[①]

《新中国》第四期里头有一篇文章，叫做《新国民的新觉悟》[②]。

他说的是，从前人家总相信：

“强力就是公理。”

到了欧战结束下来，便把来倒转了，认做：

“公理就是强力。”

然而后来：

“威尔逊提出军备制限问题。英相乔治首先反对，不肯抛弃海上优越权。法总理克里曼索氏且扩充陆军，比较大战争以前还要增加两个军团，意大利对阜姆港又提出无礼要求，真是愈闹愈糟。至于我山东问题结的果呢。唉！把公理一笔抹杀，不消说了！……强力和公理本来是你死我活势不两立的雠敌。今在巴黎和平会里头，竟握手言欢，左拥右抱起来，连威尔逊也赞成起来。……”

所以做这篇文字的天放先生，下了一个结论，就是：

“强力拥护公理。”

---

① 朱执信《著论存查》稿本中有本文题纲，标题《思想破产之征兆》。

② 《新中国》月刊一卷四期系一九一九年八月十五日出版。该文系程天放所作，结论说：“强力”为“公理”的“破坏”，有“强力”就无“公理”。“强力”为“公理”的“保障”，无“强力”就无“公理”。

说这是彻底的新觉悟，结局他主张的是：

“我们不能不用克鲁泡特金的互助主义。但必先崇拜尼采的强力惟我主义。这就是拥护公理的法宝，发扬国光的利器，为将来奉行互助主义的张本。”

他这些议论，都是打破障壁树立新理的话。不过在我看来，他这新觉悟还有不完全的地方，最少也可以讲得有说明不大透澈，容易引起误会的地方。所以我想再提出几层来，把他这个新觉悟，多发挥一点，磨洗他更鲜明一点。

第一层，是公理与权利是不同的。天放先生以为国家生活在权利生活里头，所以要竞争，所以要靠强力。这个说话，从国家本位上头看起来，是不错的。如果从公理上头看，就不尽然了。因为权利要拿强力竞争来保存的，不一定合于公理。权利是人同人不得已相与承认的，是一个社会里头的力量表现出来的。但是有个时候，公理不许他行使权利。比方我们跑到一个很野蛮的地方，这个地方的人，自己同自己打仗，偏要请我们外国人帮助。结局就是他们本地人都打不赢仗了，欠下我们的钱，就拿他的国家来抵偿。我们也没有抢他，也没有逼他，他们自己情愿把国家献了出来。这种是不是权利呢？在历史上已经屡次认他是权利了。在我们心理上，却是不愿意承认他是公理。所以我们碰到这个时候，应该不主张权利，应该主张公理，应该解去他这地方人的束缚，应该不用强力去竞争。

如果不承认这一层，就领事裁判权也是权利，租借权也是权利，铁路敷设、矿山采掘也是权利，就是到打死人不偿命、欠债不还钱也是权利。因为权利就是无可奈何允许了的一件东西。我们如果拿公理说，是要反对他的。如果从权利说，却是无奈他何，只有同他商量，无从将他勉强。所以拿强力去拥护权利，就会同公理冲突，就会翻身转到“强力就是公理”的地位，新觉悟又新了一层。这个危险，万万不可以不知道。

第二层，是公理没有国界的。天放先生一面说拥护公理，一面说发扬国光。虽然他的真意不是要蔑视公理来发扬国光。他的说话说出去了,就是发扬国光的才去拥护。所以拥护公理的范围,就窄了许多。实在公理只有一个,我们的公理是他们的公理。他们拥护了他们的公理,就是拥护了我们的公理。不是美国用美国的强力来拥护美国的公理,就于中国的公理无干。中国用中国的强力来拥护中国的公理,就于日本的公理有碍。至如国光是怎么一回子事呢?本来仁者见仁,智者见智,还没有一定的界限。大概从来主张侵略的,没有一个说是发扬一人的光,发扬一家的光的。不过在我看来,要是世界具有所谓"国光",也只有一国的文化,可以当得起。除此以外,是算不得国光。不过这个国光,如果用强力去发扬他,就差不多要学秦始皇焚书坑儒,要学回教徒用刀传教,会学欧洲的宗教战争,是有害无益的,是违反公理的。如果把这个国光解做战胜攻取,就更不消说了。尼采劝人超越人间,还要超越自己。他对于国光的主张,未必同天放先生一样。

第三层,拥护了合于公理的一件事实,不一定是拥护公理。比方美国这一次参战,本来就是声明拥护公理的。但是到底他所得结果,不特希望以公理解决的他国人不满足,就他国里自己的人民,也觉得不满足;不特对于过去的事件不满足,就是对于将来他全神注定的国际联盟,也不满足。这是什么缘故呢?就是各人所看见的,都只有于他有利的公理,于他没有利那一方面,就不看见了。所以各人都要用自己的强力,去拥护他所认为合于公理那一件事实,并且要人家也跟着去拥护他。他这个题目,还是拥护公理。这一来,各人有各人所主张的事实,各人都叫人去拥护他。然而拥护了这一个,就拥护不了那一个。结果解决下来,失望的多,占便宜的少,所以不满足的声音就四面俱起了。既然都是不满足,那自然解决的时候,有强力拥护那一个事实的,就如法国主张复阿尔撒斯、罗林就成功了;没有强力去拥护那个事实的,就如中国主张山东权利,就失败了。于是似乎恍然大悟,说法国有强力拥护法国的公理,中国没有强力拥护中国的公理。实在何尝是呢?如果法国的强力,果是拥护公理,就应并中国所要求,也一律看待。如果说他的强力不拥护别国的,那就还是叫他拥护法国的主张,何必用公理这么一个大题目来栽诬人家呢?这且不提他。究竟现在世界的强力,还是各自拥护各自本国的主张。他主张的不合公理,固然不算是拥护公理;他所主张的合了公理,也还不算是拥护公理;是很明白的事情。同张良打破了秦始皇的副车,不算打死秦始皇,一样明白。

第四层,是我们的强力可以用去拥护公理,决不可以说这个公理是我的,我去拥护他。所以提起尼采的惟我主义(照天放先生的译法),就要晓得我们只可以取尼采的向上的奋斗的精神,万不可以取他贵族的不平等的精神。尼采希望从少数人里头产出超人来,是大错的。如果把这民众的精神去了,把这同情去了,就是一个僵死的贵族。同清初乾隆不许满人学汉字、汉文,想永远得一个优越的地位也差不多。我们如果适用起尼采的话来,把"我"的界限推广到中国全部,那时候有了强力,才去讲互助,行不行呢?当然不行的。因为他已经把同情的要素,民众的精神抛去了。他那个时候讲互助,就是尼采所讲的侮蔑,就是弄到人家强不过你,才说我还用公理来待你罢。人家就算相信你是真心,也万不能就受你的侮蔑的怜悯。所以互助是究竟办不到的,公理的生命也从此呜呼哀哉尚飨去了。我们如果不把公理关禁起来放在中国强力保护之下,那公理本来是会生出力量来,拥护自家的。国家这个形式,不过是几千年里头作兴出来的东西。没有国家以前,公理原是在的。国家废了以后,公理还不会废。国家替国家自己耽心就够了,用不着耽公理的心。我们有力拥护公理,就不必把国家不国家放在眼里,便做了超国家的世界的人。这个公理我们是拥护定了,我们是替世界人类拥护他的,不是为我、为我的家族、国家拥护他的,不是因为有利来拥护他的。就是拥护了他于我有害,也是拥护他的。

第五层,我们对于公理同主权冲突的地方,要早一点自己醒觉。中国的主权,理论上应该是在本部及满、蒙、新疆、西藏都完全无缺的。但是这个主权,不过历史的结果,没有合乎公理的保证。他国要来侵中国的主权,固然不合公理。中国要主张主权,也不见得尽合于公理。这个地方,第一不可不认民族自决的精神。第二不能不认生人对于土地之义务。一部人民居住在一个土地,拿主权的名义,逼他合为一国,以多数民族的主张,强迫少数民族绝对服从,这是违反民族自决精神的,就是违反公理的。所以满、蒙、回、藏的人民意思,我们万不可不尊重他。然而他们所占的土地,本来是他的么?那清清楚楚不是的。从前在这几个地方的民族,有点在历史以前就灭亡了,有点是在历史里头还见他的踪影的。不但如此,就中国民族所占的地方,也没有一块是我们开辟以来相传的,不过是占了人家的地方来应用罢了。那我们要把所占的地方通抛弃了,做一群世界流民么?不是的。我们能对土地尽我们的力量去开发他,就能享用这个土地的利益。如果我们怠惰对于土地的义务,就没有在这土地上生存的权。如果我们把能够养多数人的地方,用少数人独占了,就犯了幽闭土地的罪恶。所以不管你主权不主权,对于土地,总要开发,才能保持;总要不专利,才能安享。这是公理所要求。如果我们要拥护公理,就要从自己能力做得到的下手,这才是真的新觉悟。

总而言之,公理不是保护一国权利的,不是可以要一部不要一部的,不是喜欢就要不喜欢就丢的。拥护公理,就要拥护全世界人类的公理,伤了他一节,就是伤了公理的全部。简括来讲,就是“公理是不可分的”。

原载于1919年9月21日《星期评论》第16号。▲